麦读
MyRead

【美】理查德·罗兹 /著

王兢 张晓宁 /译

Why They Kill

# 他们为什么杀人

The Discoveries of
a Maverick
Criminologist

人们何以
变得暴力，
我们对此
能做什么

RICHARD RHODES

中国民主法制出版社
全国百佳图书出版单位

# 序　言

　　他们为什么杀人？为什么有的男人和女人，甚至是孩子都会袭击、殴打、强奸、残害、谋杀他人？从没有这么难以回答的问题。宗教、意识形态、触及人类行为的各门学科或是科学门类都给出过答案——这些学说诉诸道德的、超自然的、行为的、社交的、神经学的或是遗传学的成因。它们广为人知，却没有任何一种能可信地、权威地解释我们每天在新闻里看到的暴力犯罪。暴力情况随着群体、文化、年龄的不同而不同，因此，很难让人相信"人天生暴力"的说法。当大部分有脑损伤的人并不暴力时，用脑损伤来解释暴力行为也是不足信的。贫穷、种族、亚文化、精神疾病、虐童、性别……一切并不够格的理由或单独提出或联合使用，都无法成为解释暴力犯罪的理由。每项解释之下都有着绝对数量的例外，哪怕是临时起意的调查也足以揭示这一点。

　　我个人体验过一段暴力生活，这也是我为何钟情于这一问题的原因。十岁到十二岁的这两年里，我在继母的手下遭遇了殴打，饱受心理和生理的折磨，还几近饿毙。这位以歹毒为乐的继母证实了民间故事里的那些恶毒继母的存在。就在我和哥哥被一家开明的少年法庭移出虐待者的暗黑领地，送到一处私人孤儿院恢复元气的时候，我在三个月里足足长了 30 磅肉。因为我个人长期遭遇邪恶，所以我的绝大多数著作都在以某种形式检视人类暴力，我这么做只有一个目标：探究这些暴力的起因是什么，我们又如何才可防治、减少这些暴力，或者至少从这些暴力中幸存。

我与朗尼·H. 阿森斯博士的研究不期而遇，我在翻检伊利诺伊大学出版社出版的图书目录时，恰好碰到了这位美国犯罪学家的著作。图书目录列出了阿森斯 1992 年的著作《危险暴力罪犯的诞生》，此书立足于他对 100 多名暴力罪犯进行的深度访谈。与那些警方记录的统计研究或是与对罪犯大脑的 CT 扫描相比，这种研究方法似乎耳目一新、直截了当，于是我就订购了一本。这本书让我惊喜而且着迷，它不仅仅就阿森斯访谈的那些暴力罪犯"何以习得暴力"的过程提供了一种可信的解释，而且有助于阐明我每天在报纸上读到的暴力犯罪故事。（比如说，暴力罪犯常常吹嘘他们的罪行，这似乎是一种自我毁灭的行为，常常招致了他们的被捕。阿森斯的研究指出，下决心诉诸暴力的当事人个体需要他们至亲之人的敬畏尊重，为此他们甚至冒着被捕的危险。）

审慎考量之后，我找到了阿森斯，他在位于新泽西州南奥兰治的西东大学任教。我计划写一本与他和他的研究有关的书。在采访过他、研读过他的著作，并在大量阅读犯罪学、心理学和历史学的暴力文献之后，我意识到，他的发现也许对于理解暴力行为有着深远而广泛的应用。

阿森斯的个人所经受的暴力使他发现了之前研究者的遗漏之处，因此本书将从他本人的故事开始，接着关注他的研究，检视那些阿森斯并未研究的著名罪犯能否适用于他的学说，看看他的理论能否应用于其他文化、其他历史时期，以及战斗中的暴力折磨，以此检验他的理论发现。最后，本书将探查阿森斯最新的研究成果，它们的视角超越了暴力，关注人类人格的结构和重构。本书将考量阿森斯的发现将被如何应用于中止、防治暴力犯罪的发生。遗憾的是，一旦暴力进程完成，无论是阿森斯还是其他人，都没有找到某种办法来力挽狂澜逆转它。

# 目 录

# 第一部分

# 与杀人犯交谈的人

我们之中有谁真正了解他的兄弟？

有谁探索过他父亲的内心？

有谁不是一辈子被关闭在监狱里？

有谁不永远是个异乡人，永远孤独？

——托马斯·沃尔夫:《天使，望故乡》

# 第1章

# 放马过来

年复一年，日复一日，詹姆斯河从弗吉尼亚州里士满市流过。河面水流湍急，在上游瀑布线附近，来自阿巴拉契亚山脉的水流在岩石上撞击出白色浪花，随后波涛汹涌地流经原来南部邦联的要塞，最后慢慢化为涓涓细流。在这片水域，生活即斗争，自原住民时期便不断发生着暴力杀戮，从 1607 年英国殖民者入侵詹姆斯敦攫取黄金，到南北战争期间的遍地焦土，直至今天因毒品猖獗、谋杀频发而分崩离析的市镇。如果谋杀确实是件疯狂的事，为何影响如此深远？为何有这么多人死于暴力？

相较于中世纪，詹姆斯敦西部地区的谋杀率自殖民时代起已开始下降。中世纪的欧洲，人们常因争斗而杀人，谋杀率甚至与今天美国最凶险的城市不相上下。在中世纪那个无政府、无管控的年代里，城市和农村的情况恰恰与今天相反：农村暴力猖獗，城市则相对安全。17 世纪，新出现的国家垄断开始运用警察和军队压制暴力。谋杀纷争的解决从街头走向法庭，谋杀率也开始大幅下降，到 20 世纪早期已跌至历史最低点。直至第二次世界大战后，现代城市兴起，谋杀率也开始回升。

每当朗尼·阿森斯忆起里士满那条大河，总会想起曼彻斯特餐馆——那是他外祖父龙布罗·扎哈里亚开的小饭馆，在里士满城南、梅厄桥边，位于林立的造纸作坊和烟厂中勉强开辟出的一块狭窄三角地，专门面向作坊工。母亲用外祖父龙布罗的名字给他命名，但把希腊名"龙布罗"改译为英文名"朗尼"，不让当地那些乡巴佬借此取笑他。在那动荡的童年中，外祖父扎哈里亚是最能让朗尼感到心安的人。

8

曼彻斯特饭馆具有典型的爱德华·霍普作品风格，作坊工人们叫它"伸缩接头"：大大的玻璃窗，白人黑人有各自的入口和座位区；刺着文身、穿着汗衫的彪形大汉们把胳膊肘撑在大理石台板上，喝着酸奶；黑色座椅上汗渍斑斑点点；还没领到下月薪水的常客们所赊的账被记在一块小黑板上；菜单有热松饼、汉堡、腌鲱鱼、黑咖啡、橙汁、苹果酒、啤酒和外祖父的招牌豌豆汤；吧台里卖着香烟和嚼烟，沃利策自动唱机上播放着汉克·威廉姆斯的《相思布鲁斯》或伍迪·格斯里的《费城律师》；作坊排放的煤烟滚滚，如同云影般笼罩，外祖父栽的花和无花果树只得在饭馆后面的小花园觅得栖身之处。"这里总是有吃不完的便餐、热闹的场景、有趣的故事，没有烦忧，也没有恐惧。"当然，家里也不是不热闹，只是那种热闹总让人隐隐觉得，暴力下一刻就会如风暴般来临。

暴力归暴力。或许由于外祖父在曼彻斯特饭馆守住了一角安宁，朗尼·阿森斯最终得以在加州大学伯克利分校取得犯罪学博士学位。他矮小结实、相貌英俊，时常开怀大笑，非常谦虚和专注，总能说服最不友好的狱卒，在没有任何保护的情况下独自一人进到监狱里采访强奸犯和谋杀犯，尽管这有时意味着以身犯险。于凶残的叙述中寻找人性中的兽性，他会发现这些危险的暴力犯罪源于粗暴、残忍，以及日常普遍的程式。他会第一次确定地发现暴力行为的恶意逻辑，那是精神病学、心理学、社会学和犯罪学领域的几代同僚们曾陆续研究但仍无法理解的事情。他会发表两部极具原创性的精彩著作。然后他会花上二十年时间，苦口婆心地劝说那些顽固的专业人士。那些人不愿接受他所指出的事实，而这些事实很有可能为犯罪预防提供指引，帮助刑事司法系统识别并收押暴力惯犯。

外祖父守护着自己的女儿艾琳，而艾琳嫁给了野蛮的彼得罗斯·阿森斯，他自称"希腊佬彼得"。"二战"接近尾声的某一天，彼得穿着军队制服，优哉游哉地走进曼彻斯特餐馆，点了一杯啤酒，要求和店主说上几句。外祖父过来后，彼得改用希腊语说道，自己在教堂组织的一次野餐中遇到了艾琳。彼得即将退伍，艾琳觉得自己的父亲或许能雇用他。外祖父认为彼得的言行非常不得体，愤怒并轻蔑地警告彼得，以后不准再和艾琳说话，除非艾琳的母亲也在场。饭馆不需要帮手，但他认为希腊人应该帮助希腊人，所以同意让彼得在前台试试。

彼得有一头浓密黑发，梳着大背头，肩宽膀阔，手臂强壮有力，但腿却很短。外祖父觉得他长得像吉姆·朗多斯——人称"希腊金人"的重量级摔跤世界冠军。彼得自己也这么觉得，郎多斯是他的英雄之一，另一个是洛奇·马西亚诺。

彼得娶了艾琳，成了这个家庭的一员，但并没在饭馆前台干太久。作坊工人们戏称希腊人为"扁平足妖怪"，嘲笑希腊语的发音：嘎嘎嘎，嘎嘎。"你既不是黑人，也不是白人，你不过是某个夹在两者之

间、被边缘化的古怪外国人。"关于希腊人在当地的地位，朗尼这样解
释。外祖父则不以为然，他认为要在这做生意，就得承受这些。早在
1920 年代，他就开始推着小车贩卖甜甜圈和咖啡，然后发展到有一个
小凉棚，直到如今有了自己的饭馆，在伯德公园边上安了家，也在银行
里有了些积蓄。

　　彼得则不太一样，他的处世原则简单粗暴：愿意就放马过来，不愿
就拉倒。他在宾夕法尼亚州长大，父亲是砖窑工人和职业摔跤手——一
个来自斯巴达的粗暴、强硬、一文不名的乡巴佬。彼得的母亲在一场车
祸中惨死，身首异处，死在自己儿子的臂弯里。每当作坊工人来曼彻斯
特餐馆作弄彼得时，他都会解下围裙、蹿出柜台，痛打那些人。"有次
他把一个人从窗户扔了出去，"朗尼说，"还有一次他差点把一个人打
死，但不巧那人正好是标准造纸厂的工头，于是饭馆遭到该厂工人的集
体抵制。外祖父训斥彼得：'我们到这儿不是来打人的，是来赚钱的。
我已经听够了关于希腊人骄傲的废话。如果你有钱，就有骄傲。如果你
没钱，就没有所谓的骄傲。你到底在做什么？如果你想摔跤，就去当
职业摔跤手好了。'然后他就不让彼得在饭馆干了。"之后，彼得在幸
运打铁厂找了份工。

　　1945 年，朗尼的哥哥里科出生，1949 年朗尼出生，他还有一个姐
姐、一个妹妹和一个小弟弟，而两个较大的儿子和妈妈是彼得主要的施
暴对象。朗尼还记得，彼得总这样教训他们："不管男人、女人还是孩
子，这都无所谓。我没让你对我不敬，是你自己敢对我不敬。如果你连
老子都不敬，你简直要反了天。"他这么说是有原因的。彼得的父亲由
于常年在砖窑劳作，手上都是老茧，常把彼得打到嘴唇爆裂直流血。有

10

一年他父亲因为用砖拍了另一个人的脑袋，被砖窑辞退了，一家人差点饿死。最后有一次，当父亲差点用烧火棍打死他后，彼得决定离家出走，先在一家旅馆给人擦鞋，随后入伍，随军南下到里士满。

被幸运打铁厂解雇后，彼得又去雷纳德金属厂打工。他总是翻来覆去地自说自话，朗尼模仿了一段他父亲的长篇大论："老子我就是个勤劳杂种，都给老子放尊重点。老子有份正常工作，也能赚个外快。老子天生擅长瞎扯淡，是拉皮条的一把好手，老子能把东西卖给任何人，能到处搞到钱。老子根本不需要啥大学文凭还是工会证书，也不用每周巴巴等着发工资。只要老子愿意，哪天都能搞到钱。说话根本不值钱，钱才是这个世上唯一长嘴的，所以老子总得想，上哪儿去赚上一票。"

艾森豪威尔任总统的头几年，那时朗尼只有三四岁，彼得从艾琳的一个叔叔手里买下了位于华盛顿特区的一个小饭馆，并把饭馆的名字从"红星午餐"改成"彼得小吃店"。店面不大，13 个座位加上一个柜台，卖些炸鱼饼、热狗、烟草、薯条、派、冰淇淋，有两个大咖啡机，全天供应早餐。饭馆在一层，一家人则住在二层。彼得高中时做过鼓手，有空时也跑去友谊酒馆兼走穴打打鼓，赚些外快。

彼得有一把无证枪支，插在柜台下面收银台旁边的枪套里。照他的设想，如果有歹徒胆敢来强令他打开收银机，他就能拿枪把歹徒吓跑。这是个过渡型社区——朗尼认为这可能是叔叔为什么要把这地方卖给彼得的原因。有一天，两个黑人走进来，要了三十六个全料热狗，朗尼正好在那儿帮忙。"我们裁好包装纸，把热狗从炉子上拿下来，放上配料，一个个包起来。"他们用一个箱子把所有热狗装起来，再把饮料放进去，这套餐一共 25 美元。那两人没付钱，而是一把夺过箱子。彼得

要他们付钱，他们便说："一毛都不给，告诉你，这就是在这做买卖的
11　代价。"说着就往外走。彼得掏出枪，朝他们头顶放了几枪，说："哪
个狗娘养的敢走出这个门，我让他就着热狗再吃几粒枪子儿。"那两人
不敢动了，彼得用枪指着他们，朗尼打电话报了警。警察赶到后，彼得
没有起诉这两人，而是要求他们交 50 美元私了。

　　彼得的暴力倾向在家中也未收敛半分。"他会揪起哥哥和我的头
发，把我俩的脑袋撞在一起，撞得我们满脸是血，"朗尼说，"我要是
躲在床底下，他会把床抬起来，我就死死抓住床垫下的弹簧，让他碰不
到我。他是一个野蛮人，一个希腊乡巴佬，一个极端父权主义者。"彼
得认为自己永远正确，随时准备与任何人开战，在朗尼的回忆里，他会
经常说："老子不管你是谁，或你自以为你是谁，你是医生也好，律师
也好，随便你是啥，只要惹到我希腊人彼得，我就要把你打趴下，让你
再也站不起来。"当然，朗尼也承认："他并不是每天都会失控——我
可不想夸大其词，但当他失控时，那可是真的吓人。"

　　在朗尼四五岁时的某天晚上，彼得发过一次飚，当时朗尼正因为洗
澡的事和母亲吵闹。母亲想给他洗头，他不想洗，母亲就向父亲抱怨了
几句。彼得马上大吼着冲进来，一把抓起朗尼，将他倒栽葱式地塞进马
桶。"他冲了两三次水，我以为我就要被他溺死在马桶里了。这太屈辱
了，水不停地冲，我只觉得脏，而且吓得要死。"

　　彼得还曾把里科打到住院。在暴力这件事上，里科似乎学到了彼得
的陋习。朗尼还是襁褓里的婴儿时，里科就用锤子敲过他，还摔碎了他
的奶瓶。甚至有好几次，他都试图用枕头捂死自己这个小弟弟。有次他
俩打架时，里科把朗尼推下楼梯，朗尼没有受伤，但被吓得不轻。晚饭

时彼得问朗尼,他是怎么从那该死的楼梯上掉下来的,朗尼说是被里科推下去的。艾琳心知不妙,赶紧为里科说话,这让彼得更加雷霆大怒。他拿起一个盘子,照着里科的脑袋砸下去。里科被打成脑震荡住了院,还缝了几针。

华盛顿的街头也充满暴力,朗尼在外面依然逃不脱受害者的命运。在一本书里,他描述过一件事:

> 我在小学放学回家的路上遇到三个稍大点的男孩,他们叫我"短腿佬",肆无忌惮地讥笑我的身高。等我自以为他们走得够远了,就开始回骂他们,这是个错误——他们突然开始追我,我横穿一片空旷的停车场想要逃走,这只是徒劳。刚进入停车场,他们就开始向我扔石头和瓶子,开始我还能躲闪,直到被一个空易拉罐绊倒。我刚爬起来,其中一个男孩就追上了我,把一块砖拍到我的脑袋上。我跟跟跄跄地后退,用手去捂脑袋,眼冒金星,血漫过我的手,滴到我的衬衫上,之后我就晕了过去。当我醒来时,已经身在医院了——还好有一个女人看到我躺在地上,好心地出手相助。

12

还有一次是在华盛顿时,艾琳要去住院生孩子,就把朗尼留给里科照看。里科在学校惹了麻烦,这次正好趁他母亲不在,就带着子弹满膛的气枪去学校"复仇"。他躲在学校外面,用气枪射窗玻璃,射走出门的孩子们。他还拉上朗尼和他一道,于是两人一块儿被校长赶了出去。他们躲进树林里的小屋,藏了三四天,每天去附近一家超市偷点食物过活。最后,直到有人在超市里出现在他们身后,抓住他们后脖颈,这次冒险才告一段落。兄弟俩以为是这人是超市经理,但却是彼得。像往常一样，彼得又把他们的脑袋狠狠撞了一番。

　　生活在暴力中，像朗尼这样聪明的孩子很难不去研究暴力。童年遭受虐待的孩子很容易过度警觉，这是必然代价。回溯起自己为何对犯罪学产生兴趣，朗尼会记起被母亲送去里士满外祖父家的暑假。外祖父家住在伯德公园边上的希腊人聚居区，那个公园在里士满市区西边，南部濒临詹姆斯河。从外祖父家前门，能看到公园北门的喷泉和划船的小湖。有一年夏天，一个猥亵儿童的人在公园出没，诱拐儿童。负责案件的联邦调查局需要一个孩子做诱饵，探员就挑中了朗尼，并送他去湖边玩耍，让他不要跟其他人接触，自己一个人待着，探员则带了一些人，待在外祖父家门廊上，用望远镜观察。当时朗尼差不多七八岁，他非常享受这份任务。"我每天都去那儿，"他说，"我一点不害怕，但过了一阵子有些无聊，我甚至开始希望有人来抓我。"猥亵者从未露面，但是朗尼却因此对犯罪学产生了兴趣。

13　　过完暑假回华盛顿后，有一天，朗尼在彼得的小吃店里玩弹子机，见证了一次暴力行为。一个以前曾被彼得轰出去过的男人又进店来挑衅，并和彼得吵了起来。彼得说："老子警告过你别再来，滚出去。"那个男人说："你这个混账，我凭什么滚。"他挥起一个空瓶砸向彼得，但没砸中，彼得则掏出手枪，扣动了扳机。朗尼回忆道："和很多人所想的不同，当你真正激动时，根本很难击中任何东西。"但朗尼几乎就在交火现场，子弹在枪膛里炸响的声音震得他头皮发麻：砰！砰！砰！"我听到子弹打到我身旁的水泥墙上，赶紧蹲下来捂住耳朵。"他吓得尿了裤子。那个男人逃向门口，但右胳膊还是中了一枪。事后，这次枪击被判正当防卫，但彼得因为非法持有武器被罚了一笔款。

在一场场枪战和社区动乱中，彼得小吃店愈发不景气。彼得从骨子里喜好四处游荡、一心想发横财。当朗尼多年后在大学里看到费里尼的电影《大路》时，他简直不敢相信安东尼·奎恩那幅马戏团强人形象和茱莉艾塔·玛西娜金发、娇小、长期受难的形象和他父母竟如此相像，以至于他默默把这部电影改名为《彼得和艾琳在意大利的大路上》。1959 年夏天，彼得亏本卖掉了小吃店，准备举家搬往佛罗里达。朗尼把这次搬家称为"著名的南迁之旅"，至今还嘲笑此举的疯狂："南下佛罗里达去淘金，还要寻找不老泉，简直就是白日梦。我们买了一辆该死的旅行车，载上了所有物件。彼得买了一个超大号冰箱，往里面装上冰、香肠、奶酪，还有给我的妹妹康妮和小弟弟比利准备的。我们七月动身，该死的旅行车里没有空调，简直热得要死，我们一整个夏天都在佛罗里达转悠，找着安身的新阵地。"

他们住在旅行车里，睡在旅行车里，在加油站排队上厕所和洗漱。为了赚点旅费，彼得会在路边支起帐篷和桌子，卖些小饰品和纪念品。朗尼和里科则负责把路过的车辆拦下。一家人过得犹如丧家之犬。但至少彼得很开心，在朗尼看来，这正是彼得想要过的生活。他得意扬扬地说："没有账单，再不用付水费、电费、取暖费还有令人讨厌的按揭贷款了。"他们每天除了香肠，就吃花生酱。彼得曾试着在棕榈滩县的博卡拉顿找份厨师的工作，之后又在一个小加油站里找了份活儿。他是这么计划的："我们就要这样过日子，不付任何房租。我们可以住在车外，把车停在后院，让里科负责给人加油。"朗尼和母亲负责把放纪念品的小桌支起来，挂上招牌。里科给人加油时，其他人摇着铃，吸引人们注意。

　　成天不洗澡，吃劣质食物，靠着坑蒙拐骗过活——这种生活令人精疲力竭、毫无颜面，最后艾琳终于受够了。"我不知道发生了什么，"朗尼说，"他因为艾琳抱怨而打了她，对我们所有人大打出手。但马上要开学了，于是艾琳向他施压，'我们不能继续这样过了，我们必须给这些孩子一个家，他们得上学。你简直疯了，这样咱们过不下去的。'于是彼得的态度软下来。一家人北上回到了里士满，这次佛罗里达愚蠢之旅终于告一段落。"

　　很久以后，朗尼会用轻蔑的笔触写到那些理论型的犯罪学家，这些人以刑事暴力的专家自居，个人却从未有过任何暴力相关的体验，也没接触过暴力罪犯。这些人通常这样回应他的质疑："人不需要真正患上心脏病或其他重病，才能发现治疗方法。"这种说法没错，但"一个人至少得对那些病患有个望、闻、问、切的过程，才能指望能对其有所了解。"在动荡不安的童年里，朗尼肯定对暴力有了足够的了解。

　　再次回到里士满安家后，彼得在标准造纸厂找到一份搬运硬纸板的工作，又在最北边郊区租了个房子。工厂的薪水不足以养活全家，所以外祖父定期会来看看孩子们，偷偷塞给艾琳一点钱。外祖父看到他们一家人过得有多糟时，终于看不下去了，对彼得说："你不能这样养这些孩子，你应该开个餐馆。去找个地方，我来帮你筹备。"于是，彼得在市区找到个叫"乔伊国王餐馆"的地方，这看上去是笔不错买卖，但其实这里还是在一个非常乱的社区。朗尼设计了招牌，上面有个大大的王冠，加上用霓虹灯管拼出的"乔伊国王"字样。他放学后就去这里干活，洗啤酒杯，灌啤酒桶。

有天，朗尼懒洋洋地躺在餐馆座位上，透过前面大玻璃窗往外张望，却目睹了非常可怕的一幕。空旷的街道，下午昏暗的日光，一个女人跑入人们的视线，满脸惊恐。一个男人紧随其后，手持一把匕首追赶着她。她冲入一个门廊，慌忙拉开玻璃外门，抓着把手，用这扇玻璃门紧紧挡住自己，一边尖叫着让人放自己进屋。那个男人砸碎了玻璃前门，自己的胳膊也被划伤了，伤口在午后的日光下喷溅出鲜血。他不顾自己血流如注，高高举起手里的匕首，穿过破碎的门框一刀刀刺向那个女人。朗尼看着这一切已经吓傻了。到处是血——男人的血，女人的血。女人身体瘫软，栽倒在地。男人停了一下，随即转头看向街对面的朗尼，冲过街道，满身是血地闯进餐馆，一边挥舞着匕首，一边大叫着命令彼得包扎他的手臂。朗尼在窗边的座位上瑟瑟发抖，睁大眼睛看着这一切。

此时彼得连忙赶过来，他曾经在军队里做过卫生员。他帮男人包扎好，然后那个男人就跑了。警察和救护车赶到现场时，朗尼还在激动地向父亲解释，男人在外面对那个濒死的女人做了什么。这么多年过后，朗尼在向我讲述这个故事时，想起他所看到的一切，依然战栗不已。

乔伊国王餐馆依然生意惨淡，不过是他们又一个难以实现的宏大梦想。一天，当朗尼在店里时，进来了两个黑人，其中一个情绪异常激动，突然掏出枪顶住彼得的脑袋。彼得在柜台中间，够不着尽头收银机边上挂着的手枪。那个人开始逐条历数他对白人的痛恨："你们这些混账对不起我们。我为什么不打死你这个该死的家伙？打爆你的头，让你脑浆四溅。你们这么多年都在搞我们，让我们做奴隶，把我们当牲口喂，我就是要把你的脑子打开花。"他一边咆哮，一边要扣扳机，彼得开始冒冷汗，双手颤抖。朗尼也吓坏了。

那一天，彼得的嘴皮子功夫终于派上了用场。他说："伙计，我不知道你在说什么。我不是本地人，我是希腊人，伙计，我们毫不相干。你说的那些事儿发生时，我们希腊人还没来这个国家呢。我们"一战"以后才来，没对你们黑人做过什么。我只不过想在这做点生意糊个口。"多亏另一个黑人帮他说了几句话："兄弟，把枪放下，别杀这个人，他什么也没干，饶了他，算了吧。"最后，那个人终于放下枪走了。彼得余悸未消，不得不关张一天。

他们把家搬到了伯德公园的另一边，与艾琳父母家正好隔着一个公园。那是一个破旧的三居室砖砌平房，坐落在枫树林大街边上，正对着大学体育馆，又在一个很乱的社区。左邻是一个壮硕的乡巴佬，名叫麦卡希尔，快三十岁了，文着三 K 党的文身；右舍是另一个年长几岁名叫西尔的农民。朗尼·阿森斯一家在家里都说希腊语，每次一到饭点，艾琳都会用希腊语招呼全家来吃饭。邻居们注意到这点不同，便开始嘲笑他们。西尔嘲弄朗尼："你们在说些啥？你们这些混蛋一来，黑鬼们很快也会跟着来。"麦卡希尔也跟着说："这些混账玩意儿根本都没打过仗，我们去参加'二战'，可不是让这些人住到这儿。他们甚至都没帮我们打仗，我真不知道这些混账家伙算什么东西。可别告诉我你是个基督徒，我可清楚你绝不是基督徒。"朗尼回答说："希腊东正教。"麦卡希尔就嗤之以鼻。一来二去，里科就会生气，当时他十六岁，但和朗尼一样，个头相比同龄人矮点。他回骂西尔："去你妈的，我非要教训你不可。"西尔拿出枪来开了几枪，但没打中里科。里科退回屋去。接着，全面战争爆发了。

有一天，三个女邻居来敲门，艾琳刚开门，她们立即扯住她的衬衫，向吐她口水，扇她耳光，还想把她拽到外面。当时里科正好在家，便把母亲拉进屋里，赶走了那些女人。朗尼说："这是一个底层人向上爬的过渡社区，他们以为自己终于从暗处走到阳光下了，所以才怀有这么大的敌意，他们非常排外，充满仇恨。如果靠近排外的人，你就危险了，他们想要证明自己很强硬，就会来找你麻烦。我觉得我们当时是在那里受私刑。"

阿森斯家的邻居——一边是麦卡希尔，一边是西尔——在前院筑起矮砖墙以表明志向。彼得筑不起一整面墙，只能垒起一排砖，与邻居家连成一行。当麦卡希尔发现受到侵犯时，把彼得的这排砖推倒了。朗尼知道要有麻烦了，他担心的是麦卡希尔比彼得的块头大很多，也年轻十五岁——彼得那时已经四十多了。彼得回家后，一言不发地修好自己的墙，又与麦卡希尔家的墙连成一排。麦卡希尔看到后马上出来对彼得说："我可不会忍受这坨屎一样的东西，我会叫警察来解决。"彼得回敬道："我们才不需要什么警察来解决，我现在就跟你解决。"麦卡希尔退缩了。

彼得的战火从家里烧到邻里，让朗尼感到难以承受。彼得取笑他，叫他"该死的小兔崽子"。"我以前老是哭，"朗尼回忆，"我在学校受欺负，在邻居的乡巴佬那里受欺负，在家里受欺负。有一天我甚至不能走路了，这不是假装，我猜可能是某种癔症。就是手脚不听使唤。我告诉家人我没法走路，上洗手间得爬着去。彼得不喜欢花钱看病。当我需要看病时，一般都自己去。我会沿着街找相关的诊所，进去给个假名字和假住址，比如'朗尼琼斯'和纪念碑大街某处。我这样做从没遇到

17

过麻烦，尽管某些医生肯定能看出来我说了假话。"当医生写处方时，他甚至会厚着脸皮要点样品。

他的癔症性瘫痪持续了一段时间。彼得给他试过芥子膏药，但没什么效果。由于不能走路，朗尼停了一阵子课。由于必须背着朗尼走动，彼得只好求助于医生。朗尼看了一堆专家，说自己感觉背痛。医生们告诉彼得："我们也不知道，他就是不能走了。我们找不到他的问题，骨头似乎也没问题，一定是神经受损了。"诊疗了三个月后，医生们建议把朗尼送到伯德公园附近一家跛足儿童福利院。"他们带我去那儿看过，"朗尼说，"我只是一个孩子，而那里有很多跛足的孩子。说实话，他们看上去像"科学怪人"一样，把我吓得不轻。于是我又被带回家，决定再找个医生试试。"那个医生做了做检查，然后对彼得悄悄说了什么。彼得看了朗尼一眼，把他扛到车边，扔进后座，开车回家。到家时，彼得扭头说："你最好自己站起来走下去，否则我就把你的屁股打开花，疼到你他妈都希望自己没有腿。"朗尼立即痊愈了。"我奇迹般地痊愈了，立马站起来走进家。"

连瘫痪都不能成为保护伞，这下朗尼终于明白，他必须自己保护自己。他厌倦了四处受气的境况，决心用武力保卫自己。

# 第2章

## 念念皆魔

爱默生写过：从本质而言，任何事物都不能被给予，只能被售卖。当得不到别人保护时，老鼠、野兔、麋鹿，甚至是家养宠物都会自我防卫，为何受到欺凌的小孩不能这么做呢？

中学期间，朗尼·阿森斯找了一份在里士满市内送报纸的兼职，送报范围包括他自己家所在的社区和伯德公园西边，再向西走就到了温莎农场，那是富人住宅区，蜿蜒小径一直通向河边，路两侧种满了橡树和木兰，绿树掩映中坐落着一幢幢住宅。温莎农场是一个完全不同的世界，每当朗尼在晨曦微光中骑着自行车穿过林荫，在一家家门前扔下报纸，密集的树丛和黑黢黢的房子都让他感到害怕。在家附近送报纸时，隔壁邻居麦卡希尔会在他经过时发出恐吓。"他叫我希腊小畜生，还放狗来咬我，嚷着'抓住那个该死的希腊小畜生！'"那只德国牧羊犬非常凶猛，于是朗尼就做好了防卫措施，他锯下一段扫帚柄，在顶端钉上一根钉子，下次那只狗又来袭击他，他就照头打去，狗惨叫一声趴了下来。麦卡希尔大叫着跑出来："你把我的狗怎么着了？你这个该死的希腊小畜生！我要好好教训你！"他体型相去甚远的朗尼捡起一块砖自卫，然后奇迹出现了：麦卡希尔退缩了，退得远远的，让他走了。

用砖头吓唬麦卡希尔其实是彼得的建议。"我父亲叫我花生米或爱因斯坦，因为我有一套小显微镜，会尝试在家做点科学实验。"朗尼回忆道。"他会说，'听着，爱因斯坦，如果你胆敢偷东西或勾搭附近的女孩，我就要给你颜色看。如果你出去打破人家的头，甚至杀了谁，我都会一直支持你。记住，花生米，你是我的儿子，别像里科那样，我看到里科逃跑过，永远别像他那样，只要你不跑，我就会来帮你。我可不管对面是不是小孩，只要你坚持住，我就来帮你揍他，但你绝对不能逃跑。'"

朗尼记住了这话。到他八年级时，父子之间的局势变得紧张。有天彼得扼住他的喉咙，让他喘不上气，他举起一把椅子威胁彼得，彼得就松开了手——那算是一次对峙。还有一天，朗尼正在后院玩一张从朋友那儿借来的弓箭，彼得过来叫他把弓箭收起来。他不仅没照做，还搭上一支箭，瞄准了彼得："别再来惹我，别再对我动手，如果你敢碰我，我就杀了你。"之后，怪事发生了，尽管彼得还是常常暴打里科和艾琳，却不怎么敢碰朗尼了。朗尼也不再怕他，他敢当面骂彼得，然后跑进自己的房间锁上门，等到彼得打开门闯进去时，他就又会从窗子翻出去，口中大骂："总有一天我会杀了你，总有一天我会杀了你！叫你来惹我，你这个混蛋，早晚我会杀了你！"他这其实是在模仿彼得，彼得总说要杀了他，甚至还拿枪顶过他的脑门。

外祖父扎哈里亚则是朗尼尊敬的人，他希望朗尼能去学医，给他买过一整套显微镜，还出钱让他做实验。他直白地对这个自己最喜爱的外

孙说："你可千万别像你的父亲，他这个人一点也不讲理。"外祖父看
不上彼得的暴力，认为那是无知的表现。外祖父原是希腊的一个农民，
但他非常精明干练，而且反对大男子主义。"你打架是为了什么？"他
会质问彼得。"打架不会给你赚来半分钱，这种行为太蠢了。"外祖父
把彼得叫作"一站式销售员"。彼得去南部弗吉尼亚的小村镇里兜售小
杂货和成人用品时，一般都带着朗尼一起。"他卖打火石、打火机、太
阳镜、开罐器、手帕、口气清新剂，还有兔腿，"朗尼回忆道，"但他
也有另一条完全不同的产品线，一般不主动售卖，只有当他感到客户可
能有需求时才问——避孕套、按摩棒、裸照、仿真阳具。他会把可口可
乐糖浆和液体"不瞌睡"（一种含有咖啡因成分的药）灌入小瓶，告诉
人家这是"西班牙苍蝇水"，一瓶 10 美元。他会跟他们说：'你知道
的，我这里还有点成人的玩意儿。你和你家老婆子现在咋样？需要帮助
吗？我能帮忙。'然后就转头跟我说：'儿子，去把那个箱子给我拿过
来。'我就去拿来箱子。'儿子，我们得聊点大人的事，你最好出去待
会儿。'好像我不知道他的勾当似的。他会去白人乡巴佬酒馆里兜售黑
人女人的裸照，然后去黑人酒馆里兜售白人女人的裸照，两边各不耽
误。他真是很有胆量。"

　　圣诞期间，彼得会套上一件旧军装夹克，别上一枚紫心勋章，一只
眼上蒙上黑眼罩，抓起一根拐杖，到外面假装残废老兵。"巴勒莫，巴
勒莫战役中我丢了一片肺，瞎了一只眼。帮帮老兵过圣诞吧，我这里只
带了一个儿子，知道我家里还有几个儿子么？"在弗吉尼亚郊区的小路
边上，彼得会选一家加油站，他从橱窗里看到站长的名字，进去就叫站
长。如果站长正好不在，彼得就会自称他有件订单，来送两盒避孕套，

20

让小工先把货款给他，然后趁站长还没出现，就赶紧溜走。他这么去乡镇上走一趟，能赚来一星期的收入，他开的收据上的地址是假的，别人找不到他。一年以后，他会回到同一个镇上重施故伎，尽管前客户余怒未消，他依然有本事再卖出些东西，但是这位"一站式销售员"还算有头脑，之前骗过的那家加油站，他是不会再上门了。

朗尼的外祖父生于 1882 年，到朗尼上初中时，已是一个鳏居的老人。尽管艾琳头几年还会带着孩子们一起去教堂，最后她实在为彼得日渐败坏的名声感到羞愧，毕竟这是她从小长大的地方。于是她不再去教堂，但外祖父上教堂时会带上朗尼做伴，这时，另一个非暴力的导师进入了朗尼的人生。康斯坦丁·登巴里斯神父——圣康斯坦丁教宗领袖、里士满希腊东正教大主教——是个饱读诗书、久经世事的人，他出生于北卡罗来纳州，曾在圣公会神学院和南卡罗来纳的哥伦比亚市受训。他提出，在访问教区时必须到阿森斯家去一下。"我会定期拜访他们家，"现已退休的登巴里斯回忆道，"孩子们都会在那儿，我会跟他们聊天。艾琳是一个非常优秀的人，她真正地把整个家凝聚在了一起。"

朗尼觉察到，在他和家人去教堂时，其他人都带有一种屈尊俯就的态度。尽管他的外祖父颇受人尊敬，但希腊佬彼得给整个希腊社群抹了黑，把阿森斯一家都拖累成了最低等级的"贱民"。朗尼去质问过登巴里斯神父："我去找他说，'我们每次来教堂都坐在最后排，也没人理我们，这是为什么？你对那些医生和律师要比对我们这些人好多了，这儿根本就不是教堂，简直就是个势利的乡村俱乐部。'登巴里斯非常睿智地对我说：'听着，朗尼，我是罗宾汉，我必须劫富济贫，否则你认为，该由谁来为我们所有的东西付钱？你说的没错，这是上帝之家，你和他们一样有权利待在这儿，如果有任何人说你不配来这儿，就让他们来找我。'从此之后，我开始尊敬他，因为他对我说了实话。"

公共图书馆是朗尼避开家庭的一个庇护所，他读书遇到问题，就会来问登巴里斯。"你可以感觉到，他来我这是需要温暖，"主教回忆道，"那是他在家从父亲那里得不到的。他总是坐在我的书桌旁边，他看书，我继续工作，然后我们会聊上很久。有时他的想法里似乎充斥着不好的事物，眼里带着悲伤。"

21

登巴里斯的支持不仅在答疑解惑上。"他认识到钱有多重要，"阿森斯说，"他总是告诉人们：'向上帝祈祷，但是不要袖手旁观，自己毫不努力。'"遵循希腊东正教的习俗，登巴里斯每年圣诞节期间都会去走访看望教众，用圣水为他们祈福。他会带一个孩子去扮演幼年基督，按传统这个孩子会收到一笔现金作为礼物。有好多年，登巴里斯都带朗尼一起去，让朗尼赚了足足五百美元，从而为一家人的温饱提供了支持。三十年后，朗尼在出第二本书《危险暴力罪犯的诞生》时，在致谢部分专门提了登巴里斯神父，感谢他和母亲、外祖父、兄长一起"促使他最终成了作家，而不是本书中的主角"。

七年级时，朗尼在课堂上做了一个关于小说《人猿泰山》的耸人听闻的报告，收获了一个毕生挚友，看到了另一种非暴力的家庭生活形式。"当时我在说，泰山把人的胳膊整个拽出来了，老师不断让我'坐下'，我坚持说'等等，还有一章'。其他孩子就不断嚷着'接着说！接着说！'我就告诉他们，泰山把人的脖子拧断，用胳膊夹住他们的脑袋，把脑袋扯下来。老师又说'坐下'，我还接着说泰山和动物们扭打，掰断它们的下巴，抽出匕首来把它们割得七零八落。"做完这个血腥的报告后，朗尼坐回去对着自己的卷笔刀发呆，一个叫迈克·马科维茨，和朗尼一样个头偏矮的同学走过来鼓励了他。"他对我说：'你是我认识的最有趣的人。'"于是朗尼开始去马科维茨家一起玩，马科维茨的一个哥哥当时在里士满大学读书。那时，大学对朗尼来说完全是另一个星球，他觉得马科维茨的哥哥太酷了，总是穿着一件大学夹克，拿着一本大学笔记本。马科维茨的父亲在里士满邮局工作，母亲在市政厅工作。"他的父母都有正经工作，各开一辆车，孩子们也有自己的车，他们有个孩子在上大学——这在犹太社区并不少见，"朗尼说道，"但在我们社区，只有成功人士才是这样。他们向我展示了生活的另一面，有年夏天，我们家里大打出手，我就跑到他家去住了。马科维茨和我是学校里最矮的学生，我和他一起上学，实际上他是想让我保护他。"

22　　尽管朗尼身材矮小——身高5.3英尺，体重120磅，却已经有了凶悍的名声，让那些欺负人的孩子不敢靠近。他是那种最顽强的小孩，一旦开打就绝不停手，这么一来如果有人要欺负他，要么做好狠狠打一架的准备，要么就干脆别来挑衅。上八年级时，他用一根棒球棍把所有人打出了体育馆更衣室。上九年级时，有次放学回家路上，一个孩子老是故意踩他脚跟，他就冲上去大打出手，直到那个孩子的姐姐用钱包砸他，划伤了他的眼睛，他才罢手，跑去找急救。十年级时，一家理发店里的客人们跟他打赌，出30块赌他不敢剃个莫西干头，他就剃了，然后被罚停课两周。那年，他的哥哥参军入伍，加入了海军陆战队。"所有公立学校都不接收里科，这让我也很难入学，因为他们对我有了成见，认为我是个小无赖。我不是无赖，里科也不是，但他们就这么看我。当他们说要开除我时，我真不打算回去了。我也想像哥哥那样去参军。但很幸运的是，这时哥哥休假回家，并告诉我，'别犯傻了，来军队你会死的，他们会让你去送命。就在学校好好待着吧。'"

朗尼的凶悍形象让人们对他充满戒备。"我不会到处挑衅别人，但也不允许任何人挑衅我。但马科维茨不同，他是个聪明人，他不用拳头战斗，他的武器是嘴巴。他在戳人痛处上有不可思议的天赋。比如说脸长的同学'嘿，马脸'，然后开始大笑，他就像伍迪·艾伦一样。但是这么一来，别人就会去报复他，威胁说放学要来揍他，所以他就选择和我一起出校门。那些人追过来，一看到我，就会走开。"马科维茨用友情和家庭生活，来交换朗尼的保镖服务，这也算一桩公平买卖。

阿森斯一家又搬家了，居住条件更差了，但社区环境比以前好些。彼得做任何他可以找到的奇怪工作：加油站打杂、修剪树木、开乐事薯片货车、开啤酒送货车、砌水泥、砌砖、摊薄饼，等等。里科已经离开了家，朗尼自然升级成了家里最大的孩子。每当彼得打艾琳时，弟弟妹妹们就会去寻求朗尼的保护。"我如果不为我可怜的妈妈做些事，简直连自己都看不起自己。有天晚上他又准备动手，我就下楼对他说：'你打我试试，你要是想打人，来打我啊。'他拔出一把匕首指着我，当时是深夜两点——他老是在深夜发神经，我感到害怕，因为楼下很黑。于是我冲出前门，捡起一块砖，冲门里喊：'出来啊，出来啊，拿着你那把破刀出来啊，出来！我就在这儿，我再也不会逃跑了。'他跑到前门，但没出来，可能是看到我拿着砖头。于是，我跑去马科维茨家，在那儿过了一夜。一星期后，彼得找机会扼住我的脖子，说：'我怎么对你妈，不关你屁事。我是你老子，你是我儿子。我和你妈之间的事跟你没关系，别在中间掺和，否则要了你小命。'他开始用力掐我，我也抓

23

住他的脖子掐他，他才住手。我也不知道他为什么会对我住手，对我哥哥里科他从不停手，他只会痛揍里科，打到里科求饶为止。但在我这儿，他居然就这么停手了。第二天，他给我买了块儿表，那是他唯一给我买过的东西。"那次对峙后，父子俩几星期互不理睬，睡觉时会各自把卧室门锁上，这样的日子不好过。

　　从这样的经历里，朗尼渐渐懂得，在用暴力说话的家庭里，镇压是选择性的，他父亲这样暴力的人并不一定在精神上有问题。彼得有一套规矩，无时无刻不在强行适用。"他不是没逻辑，他的暴力有一套逻辑，他有自己的基本准则，自己的十诫，会一次次重复勒令我们：'不要把警察引来老子家。不要让老师打电话到老子家告你状。不要浪费，拿多少食物必须吃完。不要动老子的车。不要动老子的钱。不要惹老子的女人。'他从来不伤害女孩们，事实上他总是奇怪女孩们为什么要怕他，他会说：'你们都什么毛病？哭个啥？我又没对你做什么。'因此，我从来都不太相信什么暴力的精神疾病模型。我知道，一个人可能精神有问题，但却并不暴力。我也知道，一个人可能很暴力，但精神没毛病。暴力和精神问题并不是一一对应的关系。"

　　高中的几年，朗尼在大学体育馆附近的停车场担任管理员。在他1997 年出版的《暴力犯罪和暴力罪犯重访》一书中，他专门用一章解释了自己为何对暴力犯罪产生兴趣，其中他描述了在停车场做管理员期间目击的一次暴力场景：

　　　　有天晚上比赛结束后，两伙喝醉的人在回停车场的路上爆
　　发了激烈冲突。当一伙人回到车边从车里的冰柜里取啤酒喝
　　时，另一伙中的一员冲上前去大骂。突然，前一伙中的一个人

抄起一个开罐器，不停地挖那个骂人者的眼睛。我被那次事件吓坏了，我至今都能记起，那个受害者用手捂着脸尖叫："天呀，我的眼睛被挖出来了。救救我，救救我，我看不见了，我不看见了，我要瞎了。"在他惊恐的尖叫声中，警察抵达了现场。

另一件没那么可怕却同样难忘的，是一次被朗尼撞破的强奸未遂。由于他自己没车，所以他要谈恋爱时，一般都会和有车的同学们组一个四人约会。有一晚的约会是在汽车电影院，一个同学幻想自己是个情圣，一边喝着威士忌，一边试图进行进一步亲密举动，但他的约会对象并不太情愿。他们在前座，朗尼则和女朋友互相搂着坐在后座。那个同学被拒绝后，启动车子一路疾驰往乡下开，车沿着泥泞的路，一直开到一个砂石场边上。朗尼让他慢点开，他假装听不见。他停车后，锁上车门，一把抓住约会对象，然后开始用柔道的招式打她。"刚开始我以为他在开玩笑，"朗尼说，"我以为他不是真在打她——谁会做这样的事？但她开始喊叫了。于是我说：'你在干什么呢？'我的女朋友让他住手，也被打了一巴掌。我让他别碰她，他就转身过来打我。然后他继续朝他的约会对象施暴，打她，撕下她的衬衫，撕她全身的衣服——他已经疯了。我试着从后座去插手，但阻止不了他。我说：'听着，你这个混蛋，下车去，我要给你点厉害看看。'我俩都下了车，他抓起威士忌的瓶子，在一块石头上砸开，然后拎起破瓶子来追我。我对我的好朋友大喊，让她锁好车门，我们继续跑啊跑，然后我抓到一截树枝，等他朝我冲来时，我像打棒球一样狠狠猛击他的前胸，他丢下瓶子昏倒在地。女孩们打开车门，我问：'我们接下来怎么办？'她们说：'打电话报警。'

24

我说：'这样一来我们都会有麻烦的。'我跟他的约会对象说：'我很遗憾他扯烂了你的衬衫，但是我们还是先把他抬到后座上吧，这样就不至于被指控偷他的车。然后我先把你送到我女朋友家里，让她给你找件衬衫换上。'于是，我们就这么做了。"朗尼把两个女孩送到他女朋友家中，然后开车到那个还在昏迷不醒的同学家，把他丢在车里，自己走了。下周一，学校的教导主任叫朗尼过去，他一开始非常担心，以为有警察来找他。教导主任说她接到一通电话。"她说：'你上周末做了一件非常棒的事。'我只好装傻，问：'您指的是什么?'她答：'那我们还是不提为妙。'"后来没人再提起这事，这个同学也没被追究责任。

虽然教导主任认为朗尼做了好事，但她对朗尼个人前途的看法并没有因为这次见义勇为而有任何改观。朗尼的高中占地区域很大，从他自家所在社区东面那个监狱及周围贫民窟一直延伸到富人区温莎农场。这个区域覆盖了各个社会阶层——穷人、工薪阶层、中产和富人。"这非常糟糕，"他回忆道，"残酷到难以置信。你得看着别人开着比你家好的车来上学，随便穿一件衣服，都比你爸的任何一件衣服要高档。"高三那年，他去参加毕业规划咨询会，在咨询老师办公室外排队等候时，还想着老师能给他推荐一个提供奖学金的大学。他在外面听着老师让同学们去报考威廉玛丽学院、弗吉尼亚大学等等，知道自己的成绩比那些同学都要好，所以很好奇老师到底会建议他申请什么学校。等到他被叫进去，老师说："好吧，朗尼，你是个很好动的人，我们知道你的需求，这里有张通行证，拿着吧。明天第六节课时，绿色贝雷帽[1]会来

25

---

[1]"绿色贝雷帽"是美国特种部队的一个分支。——译者注

学校挑人，我们选了你去。"他大为震惊，看看老师，看看通行证，一句话也说不出来。第二天，他和十二个来自贫民窟的同学一起站到了绿色贝雷帽招聘官面前，招聘官放了一首绿色贝雷帽的军歌，就邀请他们应征入伍。朗尼非常愤怒，跑回家冲母亲发火。"你从来不会为我的事去学校，你从来不去家长会，我跟你说过，你不去家长会，我考试就得不了 A。如果你不去见老师，他们知道根本没人在乎我的成绩，就不会给我 A。这次你必须做点事，快去给校长打电话，问他为什么不推荐我去上大学，问他为什么要他妈让我去参军。"这一次，艾琳终于做了点事。她给校长打电话质问："你们为什么要让我儿子去送死？我已经有个孩子在海军陆战队了。你们为什么不送那些富人孩子去当兵，他们为什么不用去越南？"这通电话后，校长告诉朗尼，是咨询老师误解了他的兴趣。

　　学校没给朗尼的支持，朗尼在马科维茨的母亲那里得到了。马科维茨当时正计划像他一个哥哥一样，去弗吉尼亚理工大学学医（他如今是一个麻醉师）。"他母亲建议我也去申请那所学校，我去要来了助学金申请表，她帮我一起填好。"彼得也同意在表格里披露自己的财产记录，这让朗尼很惊讶。最后朗尼符合资格，获得了一笔助学金，在1967 年秋天和马科维茨一起去上大学了。

　　"我非常高兴能去上大学，"朗尼回忆道，"我学习很用功，对我来说，能来这儿已经是至高无上的光荣了，而且还有饭票：想吃什么都能吃到。弗吉尼亚理工曾经是一个农学院，所以有自己的大农场。你带上饭卡，递给收银员就好。唯一的限制是用餐有固定时间，早餐是七点到九点，午餐是十一点到十二点。你可以坐着一直吃，最后再吃三四道甜点，一直吃到食堂关门。"

从曼彻斯特小饭馆时期以来，这是朗尼第一次能够无限量地摄入各
26 种有营养的食物，大学第一年，他的体重增加了二十五磅，身高增加了
三英寸。他认为，正是自己的矮小身材让他没法成功实施暴力行为——
他在日后研究中认为这是暴力犯罪行为发展的关键因素。"我从未有过
任何严格意义上的重大胜利，从未真正重伤过任何人。我很幸运，没想
到用任何武器，因为我可以打人二十下，但不会真正重伤他们。我身手
很快，但没有什么打击力，根本没法把人打趴下。我拿起棒球棒时，没
人上来对抗我，这对我是一件幸事。因为如果有人来对抗我，或者指出
我就在装样子吓唬人，我就可能真去打他们，然后被学校开除，继而受
到审判被送进监狱，最后变成真正的恶性暴力罪犯。有很长时间，我都
处于中间地带，尽管人很好斗，但只有一些轻微暴力表现，这样我才有
时间在心智上发展成熟。"大学让朗尼远离了暴力的直接危险，他很快
便成为系里最优秀的学生之一。当意识到在自己人生的前十八年见过的
暴力犯罪行为，比多数人一辈子见过的还要多时，他决定将来要当一名
律师。

# 暴力机制的运行

暴力就是牛头人弥诺陶洛斯[1]，幸存者会终其一生在它的困扰中穿梭，寻找着出口。现在回头看来，朗尼·阿森斯成为一名犯罪学家并不奇怪，但犯罪学对他而言却是意料之外的。

1967 年入读弗吉尼亚理工这座占地面积很大的学校后，他和迈克·马科维茨做了两年室友。他们看上去截然不同，按阿森斯的话说——"一个是精明世故、人情练达的犹太人，一个是固执己见、骁勇好斗的希腊人"，但他们正好形成了互补。让他们两人都吃惊的是，阿森斯的成绩特别好，这让他们的关系短时间内很紧张：马科维茨理应是两人中成绩更好的那个学生。他们一起外出，一起约会，就谁更矮这个问题不时拌嘴，最终一起加入了一个名叫"Tau Sigma Chi"的地下兄弟会。一路上不停讨论着那些让全天下大学生不眠不休所思考的神秘难题。

--------

　　[1]　弥诺陶洛斯（Ninotaur）是古希腊神话中的一个半人半牛怪，一直被困在克里特岛上的迷宫之中，以被关进迷宫的人为食。——译者注

"我们就男子气概和是非观有不同的见解，"阿森斯回忆道，"以及人生中应该做些什么尝试，我们看法也不同。马科维茨认为我是堂吉诃德式的人物，因为我非常理想主义。他认为，寻求真理和公正会让一个人成为待宰的羔羊。他会说：'朗尼，我也希望这个世界是你期待的样子，但它不是。'他要去读医学院，坦率地说就是为了挣钱，他认为生活的底线就是挣钱。'如果你没钱，人们也就不会理你'，他对我说。'除非你有钱，他们才会靠近你，然后才能了解你，尊重你。你从来不懂这一点，朗尼。你生活在一个梦想的世界里。'我就会说，那些不追求真理的人，将会在生活中迷失自己。直到今天，我们还会继续这样的辩论。"

28      阿森斯从政治学起步，然后从一门社会学课程入门，开始接触犯罪学。他承认："我原先根本不知道还有这样一门学科存在，我也不知道社会学、心理学、社会工作或政治学之间有什么区别。我就坐在那儿听课，突然灵机一动，心想，哇，我知道这个啊！我有亲身经历，我应该能就此做点什么。"当他告诉马科维茨，他决定从政治学转向社会学，然后专攻犯罪学时，马科维茨以为他疯了，但他心里很清楚。"我总是对暴力感到困惑，"他回忆道，"在我家里，在我的社区，我一直想知道暴力为什么会发生，人们为什么要实施暴力，为什么没有人为此做点什么。"许多富有创造力的人选择职业时，都是基于童年时的关注和兴趣。阿森斯知道，自己充满暴力经历的童年是最翔实、最切题的案例研究，是太宝贵的素材，宝贵到绝不能浪费。

即便他曾怀疑过自己突然做出的这一决定，家庭暴力的持续上演也一次次坚定了他的信念。他母亲写信来，说彼得还在打她。有一次母亲打到住院，朗尼就回家看她，看到她头上缠着绷带，一只眼戴着眼罩。"在这一刻，我决定去好好教训他。我长大了，我要去好好教训他。"然而，彼得又一次掏出枪指着他。"他对我说：'你别插手，朗尼。你最好从那扇门滚出去，然后别再回来，这里没你的事儿，你做什么也无济于事。这不是你的问题，走吧。'我不知该做什么。从某种程度，我也讨厌我母亲。又不是我让她嫁给彼得，我与这些有何关系呢？"马科维茨也劝他不要再插手家事，与家人保持距离，他的理由和彼得的一样：这不是朗尼的问题，他保护不了自己的母亲和兄弟姐妹，他只能保护自己。朗尼觉得很沮丧，但也只能离家远远的。

　　选择一个能够全神贯注的专业，让阿森斯有了个人目标。他退出了兄弟会，他一直和一个在兄弟会很受欢迎的聪明、美丽的女同学约会，她叫玛丽莲·欧鲁尔克，他们结了婚，并搬到一间公寓里。"之后我就开始废寝忘食地学习犯罪学，"阿森斯回忆道，"我完全沉浸其中，已经可谓狂热了。有几位教授非常重视我，我开始经常出入他们办公室。他们给我介绍了一份工作，我加入了美国社会学学会，做了很多统计工作。统计学是社会学非常重要的一部分，我对此深以为然。弗吉尼亚理工的统计学系很强，因为农业需要统计学。因此，为了进一步推进研究，我去学习了高等统计学。我对实证主义心醉神迷，我认为它就是答案，使社会科学像物理学一样可以得到实证。我认为，每一现象背后都有密码，而解密的钥匙就是数学和统计学。"

　　犯罪学，即关于犯罪的研究，是广义社会学范畴之下的一个分支，是一门关于集体行为的研究。社会学希望像自然科学一样成为研究社会的科学并成为一门独立学科，是 20 世纪初的事，它起源于法国大革命

29

后保守主义者对社会控制机制的研究。社会学在早期发展的几十年中，主要专注于案例研究——对亚文化和社会构成的细致描述，以及对当下社会丑闻的事实披露。到 1960 年代后期阿森斯开始学习社会学时，统计学已开始在该领域发挥主导作用，各类错综复杂的图表开始得到运用。对许多社会学家而言，处理或运用好数据，似乎就肯定能获得更具权威性的结论，因为数据的很多作用是仅靠观察所不能达到的。阿森斯作为一个充满激情且追求清楚明晰的初学者，追随了统计学方法。

要研究罪犯，应该去监狱，但有一个障碍就是，如何能够进去。监狱的管理者们不喜欢普通人在自己的地盘上随意进出和提问。要进行第一个社会学调查时，阿森斯决定制作一套简短的问卷，对服刑人员的政治倾向做一个调研。他知道登巴里斯神父曾为服刑人员做过布道，并认识州政府的官员，所以向神父求助，希望能够进入位于里士满市的弗吉尼亚州立监狱。那座监狱历史悠久，坐落在伯德公园东部的贫民区，正是他长大的地方。登巴里斯神父提醒他，监狱是非常危险的地方，并建议他从不那么危险的地方入手，先试试胆量——比如诺福克附近的萨福克州立劳动改造中心。于是，在登巴里斯神父帮助下，阿森斯获准进入了劳改中心，随机选取了 35 名服刑者，问了每人三个无关紧要有关其政治倾向的问题。

神父确信自己的这位"门徒"没问题后，又安排他去了弗吉尼亚州立监狱，这里原本是一座古堡，之后被拆除了。1969 年 12 月，阿森斯在监狱的访客中心坐了五天，又将上次的三个问题向 84 个重刑犯挨个问了一遍，这 84 人中，有 1/3 都是暴力犯罪，包括强奸、伤害和谋杀。这是阿森斯第一次在里士满街头以外的地方直接面对暴力罪犯。55

个监狱看守也回答了阿森斯的问卷问题。

　　回到学校后，阿森斯将自己从所有受访者处获得的全部调研数据刻 30
录在 IBM 打孔卡上，"当时我真觉得自己是个伟大的科学家了，"如今
他自嘲当初的天真。"我去哪儿都带着这叠磁卡，按照回答内容对它们
做了分类，使用社会学系的计数分类器进行单变量分析和双变量分析。
当我把自己的研究带去给系里老师看时，他跟我开玩笑说，我似乎完成
了自马克思以来最伟大的研究。"不出所料，阿森斯发现，监狱犯人和
看守对政治、种族以及几乎其他一切问题都持不同观点。那时，弗吉尼
亚理工大学社会学系的系主任向他提供了一个研究生名额，学费全免，
每月还拿 345 美元补助，这是对他的另一个启示：能够在研究生院获资
助就读，为什么还要举债去读法学院呢？阿森斯由此确认了自己对犯罪
学研究的兴趣。他努力争取将自己对监狱的研究成果发表出来，如果在
大学期间就有研究成果发表的话，他可以申请到最好的研究生院，但没
能成功。"我只是还不具备能力来进行文献综述和完整的统计学分析。"
他哀叹道。但这次失利没让他退缩，他想要尽快读一个博士学位，以便
可以开展研究，开启职业生涯。他提前一学期从弗吉尼亚理工大学本科
毕业，要赶在 1 月入读研究生，这在时间上限制了他的目标院校选择，
他只申请了几所学校，其中包括威斯康星大学。

　　当时，威斯康星的教员中有一位杰出的犯罪学家马歇尔·克利纳
德，他曾写过一些关于犯罪和偏差行为的著作。阿森斯直接给克利纳德
写信，介绍了自己关于罪犯和监狱看守的调查，并表示："我了解您的
主要研究领域是偏差行为，我非常希望能够追随您继续学习。我知道您
的时间非常宝贵，许多人都在竞争师从于您的机会，但是我希望您知

道，我对该领域充满热情，如能获得您的指导，我将倍感荣幸。"很少人能像这样在申请研究生时直接递交独立的报告，并有礼貌地要求获得指导。克利纳德回复了阿森斯，称他的研究报告"很特别"，他"非常高兴"阿森斯有计划来读研究生，并期待和他共事。1970年，阿森斯拿到了威斯康星大学的录取通知，并获得了一个助教职位，待遇包括学费、奖学金、医疗保险以及一张银行卡。他和玛丽莲开始打包行李，其中有一件是他刚开始对犯罪学产生热情时所立下的誓言，这段誓言被印在一张卡片并贴在个人展板上：

> 我发誓
>
> 我全心全意地保证
>
> 将对过去、现在、未来
>
> 所有社会中最突出的问题行为
>
> ——谋杀——
>
> 全职进行科学研究

"这太幼稚了，"他如今事后谈起这份誓言，"我当时就是个傻瓜。"但是，有哪个聪明的穷小子在大学时期，不是天真的呢？人有了梦想，才会有责任。

马歇尔·克利纳德神采飞扬，总是头戴一顶藏蓝色贝雷帽，初次会面，立即让阿森斯肃然起敬。阿森斯也让克利纳德吃惊。"他看上去显然很惊讶，"阿森斯回忆说，"他的阅历如此丰富，对我应该一目了然，但当我向他介绍自己时，他似乎有些困惑，仿佛我不可能如自己所介绍的那样。他当时没说什么，但当我们熟悉后，他才对我坦言，我是他所见过的学生中最不修边幅的。"作为一个年轻的研究生，阿森斯身材不高但很健硕，长相英俊，黑色的眼睛，方方的下巴，浑厚的男中音，还带了点弗吉尼亚口音。他留着长长的黑发，穿着牛仔裤和靴子。但是从他非常挑衅甚至带有威胁性的举止中，从他那直截了当、不加修饰的谈吐和不时爆发的大笑中，克利纳德看到了一种原始的野性。

　　第一学期时，有一次阿森斯在社会学系一角的一排小隔间里坐着等同学，一名女子离开后又疯了一般地跑回来，在附近隔间里找东西，然后怒视着他开始大喊，说他偷了她的钱包。"他不是学生！"她尖叫道，"快去找学校保安！"之后，直到他不得不出示身份证明，学校保安才让他走。不久，阿森斯在克利纳德的一节偏差行为讨论课上做课堂报告，站上了讲台。他从未在整个班级面前公开讲过话，这次他所做的报告是关于法国社会学家涂尔干的自杀论，同学们都开始笑了起来。他疑惑他们在笑些什么。整个教室都充斥着笑声。他意识到，他们这是在笑他。他丢下讲稿质问他们："你们以为你们在嘲笑谁，一群混蛋！"这时，克利纳德温文尔雅地进行了调停："时间到，时间到。休息一会儿吧。"然后他把阿森斯拉到一旁："听着，朗尼，这些学生从未见过像你这样的人，他们不知道你的为人，他们很无知，但是**他们以为你无知**。所以如果你能原谅他们，我会很高兴。你只需要给他们一点耐心，再上讲台去吧，把报告做完，一切都会很好。别再骂人了，好么？上去吧，先把报告做完。"他先上了讲台，重新向同学们介绍了他这位不同寻常的研究生："这份报告令人印象非常深刻，我对这位先生的研究留下了深刻印象，我了解他的背景，非常受他打动，而且这份报告也很精彩。"这番介绍为阿森斯的报告定了基调，再没人笑了。阿森斯做完了

32

他的报告。研究生第一年，克利纳德和他的夫人为阿森斯提供了很多类似的支持。

克利纳德毕业于芝加哥大学社会学系，这是全美国第一个独立出来的社会学系，曾傲视群雄。他读书时正好是芝加哥大学社会学系最辉煌的时候，他也是社会学系第三届毕业生中的风云人物。他的老师里有埃德温·萨瑟兰、赫伯特·布鲁默，曾先后担任过美国社会学学会的会长，而他们又是从社会学先驱那里传承的衣钵，诸如：前报纸主编和种族关系活动家罗伯特·帕克、社会人类学家和理论家威廉·托马斯、哲学家和社会心理学家乔治·赫伯特·米德。米德的同事约翰·杜威曾经是芝加哥大学另一个富有重要影响力的人物。帕克、米德、杜威都曾是威廉·詹姆斯的学生，而社会学芝加哥学派正是扎根于詹姆斯的实用主义理论。

20 世纪初，美国的社会学学科还在努力与生物学划清界限，让自己成为一门科学。根据当时的科学观念，人类的社会生活源于生物本能，从根本上遵循着法国博物学家拉马克的进化学说，进行着物竞天择、适者生存的达尔文式演进，因此留给社会学来阐释的余地并不多。社会学家试图证明"行为决定行为"——是有意义的人类活动而非生物学形成了人类文化，从而对"生物学决定行为"这一论点予以反驳。（这一辩论既是基础性的，又很深刻，最终发展成一场关于人类行为是预先注定的，还是后天经由自由意志形成的辩论，一直持续到今天，辩论双方如今称为社会生物学和进化心理学。）

芝加哥学派的先驱及其门徒将案例研究的方法引入社会学，对芝加哥各色边缘群体和移民进行解构，并写成各类著作，诸如：《帮派》

《罢工》《犹太人居住区》《城市》《身处欧美的波兰农民》《流浪汉》《职业窃贼》《种植园的阴影》《俄国城的朝圣者》《黄金海岸和贫民窟》。威廉·托马斯参与了《身处欧美的波兰农民》的写作，罗伯特·帕克参与了《城市》的写作，他们都极具学术地位和学术能量，认为相比于海量数据库和问卷调查，直接调研更能揭示集体行为背后的规律。1921 年，帕克及其加拿大同事欧内斯特·伯吉斯出版了社会学领域的首部教科书。书中，作为一位前新闻工作者，帕克强调应当进行具体实践，而不是"堆砌一些常规数据"：

> 哲学家们一直梦想着，终有一天，理论和抽象科学可以成功地将各类公式和通用术语套用到生活的各个具体事件中。这是所谓"知识分子"的悲剧性错误，他们的知识来自教科书，而并非来自观察和探索，因此他们以为科学能够解答一切。但是，没有任何证据显示，自然科学可以涵盖人类所有具体经验。大自然无穷无尽，人类经验也是取之不尽用之不竭的宝藏，肯定会继续拓展我们的科学学科分类，同时，科学的不断进步，也将进一步带给我们更多新的研究领域。

上述观点虽然不是关于数据的统计学应用，但对于阿森斯也是一个启示。1950 年代和 1960 年代，定量社会学崛起，取代芝加哥学派占据了上风。在阿森斯入读那几年，威斯康星大学特别重视统计学研究，社会学系的规模位居世界第一——这是阿森斯之所以选择该校的原因之一。克利纳德非常重视他称作的"更精确的社会现象关系测量技术"，认为其"有助于社会学作为一门科学继续发展"。但他也对同僚们蜂拥而上去应用这门新技术持怀疑态度，因为有些人用数据只是为了能够打着科学旗号，对研究成果进行虚假包装。最近他在美国中西部社会学学会说过："对许多社会学家而言，……建立定量分析专家的名头，用上数学的方法论，或运用好新型电子计算机，都是在当代学界获得尊重的捷径。"他还抱怨道："在当今研究生教育中，……获得第一手经验的机会没有增加，反而越来越少……研究生在调研中使用了太多二手数据，运用了太多图表之类的形式主义，偶尔才能有机会进行简短的个人访谈或测试……如今的研究生常常不愿意或者羞于通过直接调研获得一手数据或原生的社会现象，这与 25 年前的芝加哥这里的研究生完全不同。"——克利纳德这里所说的 25 年前芝加哥研究生，很有可能是指当年阿森斯所做的那份关于囚犯和狱卒的调查。

34

为了鼓励阿森斯拓宽思路，纳入其他可能性，克利纳德鼓励他多看定量社会学的评著。这些方法对于阿森斯颇有裨益，是他在研究暴力犯罪中的必要工具。

科学哲学家阿尔弗雷德·舒茨发表过一篇论文，评述了两大社会科学学派之间的基础哲学性辩论：社会科学与物理化学等自然科学是否属于两个世界？定量社会学家认为，两个领域并无本质区别，而芝加哥学派的定性社会学家则认为二者泾渭分明，因此需要不同研究方法。舒茨本人支持后者观点，指出"自然科学家所探索的自然世界，并非仅仅'意味着'分子、原子、电子相关的一切。"相反，社会现实的内涵则是对应着在其框架中生活、思考和行动的人类——社会学正是要探索这些内涵。为此，舒茨认为需要另一套完全不同的工具，必须考虑主体性。其理论构想必须为"二度构想"，即"社会场景参与者关于构想的构想"。

　　例如，阿森斯对某些人暴力行为的成因感兴趣。定量社会学所采用的自然科学方法——测量和实验可以揭示有关此类人的许多事实：多数为年轻男性，居住于大城市而不是小乡镇，初次犯罪年龄较小，课业表现不佳，开车鲁莽，看到暴力画面时焦虑水平会上升。但这些都解答不了阿森斯的问题，因为犯罪动机无法通过这些办法来衡量，为了找到犯罪动机，他必须直接观察暴力人群，与其进行互动，向其提出问题并获得答案，寻找共通的模式。

　　舒茨的学生、社会学家艾伦·西库里尔写了一本关于社会学研究方法和量化分析的书，进一步拓展论述了舒茨的观点。阿森斯为之做了概括："西库里尔认为，在实数系和社会现象要素之间，并无同构关系或——对应的关系。你不能测量爱情，不能测量性格，你可以计算东西的数量，看其如何分布，但你不能量化测算社会现象。"

35

　　社会学家德雷克·菲利普斯出版了一本著作《知识来自何处?》（Knowledge From What?），给阿森斯留下了深刻印象。在书中，菲利普斯揭示了社会学家致力于量化社会行为所带来的种种不尽人意的结果——这可以算是社会学的肮脏小秘密了。"尽管社会学文献里没有几百个也有几千个概括，"菲利普斯严厉指出，"但其中绝大多数既不属于实证主义研究，也无助于解释任何观察到的事实。"菲利普斯尤其提及定量社会学的统计方法：测量一个"变量"，对比另一个"变量"，看它们是否相关，即同步变化。如果同步变化，则一个变量就能够"解释"另一个变量。他举了一例："因此，如果心理健康状况（一个变量）与社会阶层（另一变量）高度相关，则心理健康状况从某种程度上（据说可以）由社会阶层解释。"通过观察这些变量表，菲利普斯发现"'重要'关系平均能解释10%的变化"。（对照天气预报：如果下雨概率是10%，你还会带雨衣吗?）在所有变量表中，他发现相关程度最高的只能达到13%："显然，只有10%、13%甚至20%的相关程度，并不是很有说服力，也并不具备太强预测能力。"他还引用了别人的一句话："在（社会学科研期刊的）编者和读者之间有一条君子协定，就是不问一项研究到底能解释多少变量，这或许是因为变量方法会让所有人都感到尴尬。"

菲利普斯认为，试图寻找变量之间的关系来理解动态系统，会让人们忽视其最根本的特征，从而得不到解答。在以下这段话中，他对根本特征做了强调，正好也直接呼应了上文中阿森斯在大学时代所拟定的那份"誓言"：

> 如果我们想超越堆叠的（变量）清单，去研究**一个系统**
> **如何运作**，就必须更加频繁地进入系统。这种参与程度是必要
> 的，能够帮助我们恰当理解他人的言论和行为。只有更进一步
> 参与到我们的研究事物中，我们才能进一步关注、感知和体
> 验，并获得其"自身信息"和"相关信息"。当然，如果我们
> 这些社会学家真如我们自己经常所说的，对过程和互动抱有真
> 正兴趣，想要研究意义和社会关系的构成，只能通过更加积极
> 地介入和参与来做到这点。

最令阿森斯印象深刻的文章出自赫伯特·布鲁默，他是克利纳德的老师和同事，现为加州大学伯克利分校的资深教授。布鲁默认为，变量分析遗漏了生命这一要素："我认为，我们可以且必须先把人类的生命看作一个庞大的解释体系，人类在其中或独立或集体地通过给自己遇到

的物体、事件和情境做定义，从而为自己提供指引。"布鲁默坚持认为，为理解这一进程，科学家必须获得一手知识，这可能包括"直接观察、人物访谈、倾听对话、保存生活史记录、利用书信和日记、查阅公共记录、安排小组讨论，以及在必要时做记录"。查尔斯·达尔文曾经就是这样一位自然主义观察者，布鲁默称其为"世界上最伟大的人物之一"。科学家必须探索、必须检视，必须从行为者本身出发，来观察他所研究的社会行为。

　　他应当去追溯行为的真正形成方式。这意味着，用行为者的视角看待情况，观察行为者考虑什么问题，以及如何理解这些问题，注意到提前设想的其他替代行为选项，尝试遵循能够挑选和执行预设行为的思路。这种对行为的识别和分析，对于社会行为的实证主义理解至关重要——无论是青少年犯罪、自杀、革命、黑人激进分子行为、右翼反动团体行为等等，都是有用的。

　　布鲁默的方法正是阿森斯所需要的，在他关于囚犯和狱卒的第一篇文章中，他感觉施展不开。如今他意识到，如果他希望理解自杀，问些提前准备好的问题，然后在答案中进行一些统计学的相互关联其实"毫无价值"——因为在这种狭隘思路中，他无法运用自己关于暴力的第一手经验，而这些经验本应是无价之宝，既可以为他的研究提供指引，又可以用来检验结果。他后来给克利纳德写信说："读了您推荐的那些论著后，我突然得出了一个结论，定量分析的技巧充其量不过是'伪科学'罢了。"

　　转变观念伊始，阿森斯表现得有点过火。"情况有点失控，我完全

37

醉心于定性社会学，认为我之前所有的学习都是错误的，大错特错，之前所学全部都毫无用处，对我弊大于利。我开始质疑自己在课堂上听到的专家观点，也不会婉转行事，而是直接举手问道：'您为何对贫困感兴趣？您从未挨过饿，不是吗？'我质疑那些研究女性的男性，研究黑人的白人，研究底层人民的中产阶级，研究暴力犯罪但自己从未实施过暴力犯罪或者遭受过暴力犯罪的人。我也经常问那些犯罪学家，为何不像克利纳德一样去研究白领犯罪。他们的公信力在哪里？他们为什么称得上专家？当时我一概不信，现在也还不信。"

　　尽管阿森斯的主张从常理看来也并非毫无道理，但可以预见到，他在课堂上的这些质疑让教授们感到恼火。克利纳德夫妇又把他请去家中，就礼仪问题对他进行了指导，阿森斯愿意就礼仪接受指导，但并不愿就逻辑问题接受纠正。他没有放弃继续提问，反而愈战愈勇，并在研究生同学中发起一项请愿，邀请赫伯特·布鲁默来学校。"我的想法是请他做个报告，代表所有实证主义领军人物发言。我去找克利纳德说：'您认识他？'他说：'是的。'我又问，'您认同他的思想？'他答，'是的。'我说，'好的，我们发起了一项请愿，已经提交给了系主任，他说系里会支付讲座费用，所以您能邀请布鲁默来做讲座么？'克利纳德说可以。"于是，1972 年 5 月，布鲁默来到麦迪逊做讲座，而阿森斯在等待他。

# 第 4 章

# 丑陋现实全貌

72 岁的赫伯特·布鲁默个子很高，肩膀宽阔，举止高贵。眉毛花白，抽着烟斗，金发已现灰白，向后梳成背头，露出一张方脸。在朗尼·阿森斯看来，他长得像英国名记者阿里斯泰尔·库克。他是土生土长的密苏里人，老家在圣路易斯，曾作为橄榄球运动员参加过全美橄榄球联赛。1921 年，他从密苏里大学毕业后，留在该校社会学系任教，同时还继续作为职业球员为芝加哥红衣主教队效力。当时，三 K 党势力在密苏里非常猖獗，任教没多久，布鲁默因为试图阻止一次私刑，不得不终止在本州的任教。尽管当时暴徒们控制住了他并实施了谋杀，但是布鲁默在他的社会学课程中加上了群体行为的一节，严厉抨击了三 K 党，因此被施压要求辞职。他申请休假，利用这一机会去攻读了芝加哥大学的研究生课程，并与罗伯特·帕克合作，为乔治·赫伯特·米德担任助教，并在 1927 年取得了社会学博士学位，此后在芝加哥大学和密歇根大学任教多年。他的专长在方法论，在那些较为艰涩和有争议的领域，例如**如何**进行科学权威的社会学研究之类——这正是阿森斯一心探索并必须了解的。

　　布鲁默的报告非常成功，他讲授了自己基于米德的社会心理学发展而来的定性社会学理论，并将其命名为"符号交互作用论"。他非常直率和善辩，既像一个教授，也像一位牧师，有力但却优雅，坚信自己所讲授的一切。系里那些定量社会学家原本打算纠正他，这下也闭口不提。

39　　阿森斯喜欢考验他人。当布鲁默来客座出席克利纳德的偏差行为课时，这位鲁莽的年轻研究生对他提出挑战："我一直在试图理解米德关于 'I' 和 'me' 的概念——他用这两个词，分别代表我们的个体性和我们的社会从众性，但我不能理解。于是我对布鲁默说，我认为这里存在矛盾。我们展开了一场激烈的辩论，多数教授不喜欢学生提出反驳，但布鲁默则欢迎质疑，甚至还鼓励质疑多多益善。"布鲁默甚至借用了一间办公室安排和阿森斯的私人会面，继续进行讨论。当晚两人也都出席了在克利纳德家举办的晚宴，在晚宴上克利纳德和布鲁默这两位资深学者共同缅怀了芝加哥学派的黄金时代，让阿森斯听得入迷。布鲁默对阿森斯的表现予以充分认可，他离开之前对克利纳德说，阿森斯是他至今为止见过思想最深刻的学生之一。当克利纳德转述这一赞赏时，阿森斯一边感到受宠若惊，一边发现自己已经找到了一直寻觅的学术导师。

　　布鲁默来威斯康星客座授课之前，阿森斯即和他有过书信往来，之后他们继续保持联系。在一封信中，布鲁默为阿森斯草拟了一条暴力行为研究方法论的路径："如果我来写你的论文课题，"布鲁默写道：

　　　　我想我会这样规划我的研究方向：我会去观察一个人究竟如何对待自己进行暴力伤害或谋杀的倾向。这才是与米德的"I"和"me"思想真正相关的，也是通过实证研究可以实现的。在一段时间内关注一个特定主体，看他是如何对待自己的暴力倾向的；这等同于用这些倾向重现他的生活经历，这种研究可能非常有启发性，也非常有价值。

克利纳德建议阿森斯找个简单的方向来完成硕士论文，这样就能尽快去攻读博士学位。当时，美国最有名的犯罪学家是马尔文·沃尔夫冈，宾夕法尼亚大学教授，坚定的实证主义者。沃尔夫冈最有名的著作是《刑事杀人的模式》，一份基于警方报告所做的统计研究，将谋杀根据以下进行分类：年龄、性别、种族、职业、犯罪记录、时间和地点、武器种类、暴力程度、动机。克利纳德认识麦迪逊市的警察局长，他建议阿森斯也效仿沃尔夫冈，利用麦迪逊的警方记录做一份研究——收集数据，用电脑计算处理、分类，一两个月就能写完，也很有可能完成作品发表。阿森斯对此没有兴趣，他有其他的想法。克利纳德将他引荐给了布鲁默，后者告诉他要将自己沉浸在环境（milieu）里，但在警察记录中找不到环境。阿森斯决定采访一些暴力罪犯，克利纳德认为对一个研究生而言，他的计划过于雄心勃勃，但阿森斯坚持己见。最终，克利纳德同意了，代表自己的学生给威斯康星监狱系统写了信。

威斯康星监狱系统的临床心理学家组成专家组，为阿森斯举行了一次听证会，阿森斯以 W. I. 托马斯的《身处欧美的波兰农民》和内尔斯·安德森的《流浪汉》为例，介绍了那些深入调查并汇报研究对象的生活并提供大量细节的著作。他告诉专家组，自己也想对暴力罪犯进行同样细致的研究，专家组认为他简直是疯了。他回忆道："他们问，'你的调查问卷在哪里？'我说：'没有问卷，问题在我脑子里，我记住了。这种访谈就好像强尼·卡森的《今夜秀》，我先在心里准备 10 到

40

12 个规范问题，然后依据采访对象不同，选择不同时机提出问题。'专家们面面相觑，然后其中一人说：'你连问卷这种基本工具都不准备吗？'我说：'我不需要工具，这是符号互动论，我们不相信工具，工具会预判情势，是有破坏性的。'"专家组组长叫停了讨论，将阿森斯送出大厅。之后专家组又召开会议，叫来了阿森斯，组长对他说："听着，小子，我们已经建立了一套工具，是 50 个问题。我们认为你可以去好好做访谈，所以我们打算让你这么做。但是你必须运用我们的工具，你自己可以加五个问题。"阿森斯感到十分愤怒，他抗议道："请您原谅，但我不能背离自己的研究，让我在你们的基础之上继续进行研究，那会一无所成。得让那些罪犯们认为我是中立的，我不能显得自己是在为监狱工作，否则他们怎么能充分信任我，对我敞开心扉？我甚至不能与你们有任何关系。不好意思。"这场讨论就这么不欢而散，克利纳德只好出来收拾残局，他告诉阿森斯，威斯康星这边没什么指望了。

顽强如阿森斯，又给伊利诺伊和艾奥瓦州的监狱写了信，令他惊喜的是，艾奥瓦欢迎他去。他从全国心理健康研究所领取了一笔不多的赞助费用，和妻子一起前往艾奥瓦最南端的密西西比河沿岸小镇麦迪逊堡。艾奥瓦州立监狱就坐落在河岸边，仿佛是一座城堡，这是密西西比西岸历史最悠久的监狱了——"一个非常原始的地方，好像一座地牢。"阿森斯说。监狱长迎接了他，将他转介给一位助理人员，后者为他找了一间办公室，并安排他和罪犯一起吃饭。"有一个警卫，"阿森斯回忆道，"他递给我一个餐盘，我就跟着他去排队取餐，他先打完饭，就前往警卫桌子那边，我也离开队伍向那桌走去。所有囚犯都开始吹口哨，是那种挑逗性的口哨。"阿森斯那时还是"小鲜肉"，才 23

岁。但是他没有表现出害怕，而是镇定自若地予以回应——搁下餐盘，面向这群观众，露齿一笑，然后深深地鞠了三四个躬。囚犯们接受了这种致敬，不再吹口哨了。

　　阿森斯调阅了艾奥瓦监狱的囚犯记录，挑选了30个访谈对象。其中3人拒绝参与访谈，因为案子还在上诉之中，两人声称自己遭遇了不公判决，其余25人接受了采访，每人平均花了四小时，并留下了文字记录，同时玛丽莲查阅了他们的案卷记录。之前没有任何人能收集到如此之多、如此翔实的口述：暴力罪犯们细致地描述了自己在进行谋杀、强奸和暴力伤害时的所思所想。在书中，阿森斯根据自己的笔记和回忆，艰难地将这些特殊独白尽可能还原到最真实的状态，简直让人不忍卒读——这是刻意为之。他解释道："我……认为读者需要直面暴力犯罪的全部丑恶真相，这不仅是为了加深他们对暴力犯罪的理解，也是为了防止他们对加害者做任何浪漫化设定。"他向受访对象承诺，会隐去他们的姓名，发布的所有采访记录只标注案件编号，以下便是其中一名受访者记录：

　　案例2：刑事杀人
　　X和我已经一起旅行一个多月了，矛盾越来越多。我开始厌烦他的大嗓门，他喜欢夸夸其谈，还老是摆出一副强者姿态。我想早晚有一天我会受够他的。
　　我们在一处铁路调车场停下来，开始嗑药，他又像往常一样开始吹起牛来，说着他和多少女人上过床，他多会开车，他教训过多少男人。他想让我听他的话，但我能看出来，他其实没那么厉害：不过是在撒谎罢了。他还端着那副强势的架子，

用风流浪子的口气，说着这个妞儿那个妞儿。我开始厌恶他的
声音，他说话这么响，震得我后背发麻。他开始表现出一副随
时能把我打趴下的样子，把我的沉默误当作懦弱，然后他抓住
我，我说："你跟人说话时，能不能不动手抓人？"但他还继
续这么做，我不知道他之后又说了什么，因为我已经没在听
了，在想着我最好向他证明，他其实没那么厉害。我讨厌他。
他老把我当作一个懦夫，这让我很恼火。我要打消他的气焰，
于是我说："你再动我一指头，我就开枪打你。"他说："你才
不会开枪打我。"我不喜欢他质疑我，我知道他还要来碰我。
当他再来碰我时，我就快速朝他开了一枪。

阿森斯夫妇用完了研究经费，开车回威斯康星新申请了一笔经费，
然后又回到麦迪逊堡，如此往返数次。在访谈中，25 个受访者中有两
人对他说了谎，他们给他的犯罪描述和他们案卷记录里的截然不同。他
把这两人的访谈笔记撕掉，留下了其余 23 个案例。他认为自己与这些
人建立了高度密切的联系，有 3 个人在庭审中否认自己的罪行，但却在
访谈时承认了。案例 9 是关于一起强奸罪的，赤裸裸地揭示了丑恶
现实：

> 我想起来几周之前遇到的那个小妞儿，她尽管瘦，也还算
> 有几斤肉。她从没表现出对我有半点兴趣，但我听说她和同住
> 的那个老女人一样，随便跟人上床。我喝醉了，满脑子想的都
> 是女人，所以我去了她们的住处。我冲过大厅直接到那个小妞
> 儿的房间，把门踹开。她问我想干什么，我脱口而出："老子
> 就想和你上床。"她说："滚，快滚出去。"我气急败坏，抓住

42

43

她的衣领，但她开始尖叫："有人强奸！有人强奸！有人强奸！"我开始掐她的脖子，说："闭嘴，闭嘴！老子不想伤害你。"她挣脱我，跑进厨房，拿起一把刀来砍我，我最后把刀从她手里夺走，但她躲过我，冲出门去。当我听见她跑出房子到大街上，用最高的声音大喊"强奸！强奸！有人强奸！"我想，这回老子真有麻烦了。

阿森斯指出，这些罪行之所以如此令人发指，除了赤裸裸的残暴之外，还由于"它们的诱发因素相对不足……与对受害者造成的伤害相比不成比例……相对于其他犯罪，多数人都更害怕成为暴力犯罪的受害者"。他认为，暴力犯罪的实施者"是我们社会中最危险的暴力动物"。

但是，阿森斯不仅请求犯罪者们回忆自己的罪行，也询问了他们的过往经历，一直追溯到童年。他由此发现，除了有些罪犯似乎就是天性如此之外，他们的童年时代都有共同表现特征：惊惧、易怒。

案例9

有天晚上，我被父母卧室传来的巨大响声吵醒，我想先去洗手间喝杯水，再搞清楚发生了什么。我走去洗手间的路上，听到我母亲说："不要，我告诉过你不要这么做，我不喜欢这样。"我自己思忖，他能对她做什么？我开始努力想要听清楚。我母亲说："请不要再对我这样了，很痛。"他却说："老子可不管你痛不痛。"接着我母亲尖叫起来："快停下来，痛，太痛了，马上停呀，别再继续了，停，停。"她哭了一会儿，痛得尖叫出来，接着又开始哭。

44

我回到自己房间，知道他一定把她弄得很痛，才让她叫成这样。我感到暴怒，简直想杀了他。我想过要进去，把他从她身上拽下来，狠狠揍他一顿，但他对我来说太高大了，我根本打不过。我知道自己什么也做不了，只能希望他住手，但他没有。我躺在床上，听着她哭泣，感觉很糟，因为自己什么都帮不了她。我想把他弄下来，揍他，但我太胆小了。我不断告诉自己，我就是一个小孬种，然后我试着继续睡觉，假装这一切只是一场噩梦。

"当人们观察一个危险的暴力罪犯时，如果不看结果，而着眼发展阶段早期时，"阿森斯写道，"就可能出乎预料地发现，这个危险暴力犯罪分子起初可能是一个相对善良的人，更能让他们产生同情而不是憎恶。"案例 9 就惊人地证明了阿森斯的观点：这个人童年时假装自己母亲遭受的性虐待只是一场噩梦，长大后却成为一个暴力强奸犯，还实施了多次犯罪。到底是什么样的经历，能让受惊吓的孩子长大变成暴力罪犯。这道谜题还等待他去解答。

阿森斯完成了全部 23 个访谈后，在案例分析上遇到一点困难。威斯康星没有定性分析方法论的专家，他虽然有了访谈记录，但该用这些记录做什么呢？一位教授抱怨案例材料内容令人不快，不适合放进论文。阿森斯感到愤怒，反驳道："您说'令人不快'是什么意思？这是事实剖析，就好像在医学院里要去解剖尸体一样。"因此，他的硕士论文非常不成功，他知道自己在麦迪逊待不下去了，想要去找布鲁默共事，于是将目光投向伯克利。

他再一次面临了学期衔接不上的问题，他 1 月硕士毕业，但伯克利的社会学系研究生太多，只在 9 月招收新的申请者。这次布鲁默为他开了后门，在布鲁默推荐下，伯克利同意让阿森斯年中插班，就读犯罪学专业。于是，阿森斯夫妇租了辆卡车，装上所有行李，将自家的旧车送给一位研究生朋友，在严冬时节踏上了北去加州的旅途，一路驶过了山岭和茫茫雪原。他们在伯克利找了一间公寓，玛丽莲在法学院找了个秘书工作。由于他们没有车，就买了辆孩子的推车，来搬运杂物。第一次穿过校园时，阿森斯涌起一种胜利的感觉。从希腊佬彼得家里，到伯克利的博士，他已经走了一条很长的路。

45

　　与成就感相伴而行的，还有生活浓浓的讽刺意味。他们动身前往伯克利之前回了一趟里士满，参加姐姐的婚礼。婚礼前夜，彼得还和里科打了一架，带着破裂的嘴唇和黑眼圈出现在仪式上。在之后的招待会上，彼得气势汹汹地做了一番高谈阔论。"他说，自己没有好儿子，"阿森斯回忆道，"一个敢打老子的儿子不是好东西，老子就有权利宰了自家的不孝子，因为他把他带到了这个世界上，所以也能让他从这个世界上消失。"然后，彼得又把矛头对准自己的老丈人："你原来让我在你那该死的破饭馆里，一干活就干一整天，一周才付我35块钱，你对我太不公平了。"外祖父已经老了，他不怕去跟彼得对抗，但他是一个骄傲的人，这次只是摆出一副严厉的表情。阿森斯很担心外祖父会心脏病发作，就对彼得说："别去烦他，他是个老人。"彼得还继续滔滔不绝，阿森斯大吼一声："闭嘴，别去烦他。"彼得咆哮起来："你凭什么让我闭嘴？我是你老子。"阿森斯看到外祖父在颤抖，就跳起来，一拳朝正坐着的彼得的脸上去。彼得赶紧从椅子上站起来，但阿森斯还是把他打倒在地，骑在他身上，开始挥拳狠狠捶他。人们把他拉了下来，彼得爬起来又开始骂人。阿森斯拿起一盏灯就冲他砸过去。彼得挥手挡开灯，跑去取枪，要射杀自己的儿子。家里人把朗尼夫妇从屋内拉进院子，里科将他们送到迈克·马科维茨家——马科维茨那时在医学院上学，留他们住在他那儿，直到他们买到了汽车票。"彼得伤得不重，"阿森斯说，"都不用去医院，但他感到颜面扫地，因为整个大家族都看到了这次殴斗。他老在家族聚会上挑衅别人，大家都会忍让，所以这次他感到非常丢脸。他放话说，只要见到我，就要宰了我。我觉得自己只能搬家，最好永远不回来。"之后，他在分析自己的案例时，意识到其中存在和他的研究对象相似的转折点，他给他在里士满婚礼那天的行为起了个名字，他称之为"暴力个体反抗"——受暴者对施暴者的暴力行为。他知道，幸好那天自己没能得手。

现在他已经迫不及待要和赫伯特·布鲁默合作了，布鲁默帮他修改了硕士论文，让其稍微能让人接受。他在研究生毕业前，从艾奥瓦那次调研的23个案例中提炼了关于暴力行为的观点，写成一篇题为《自我和暴力罪行》的论文，这是开拓新疆界之前的一次早期探究。插班就读让他跳过了一些常规课程，反而能够自由独立地进行学习，阅读大量社会学经典著作：米德、杜威、托马斯、查尔斯·霍顿·库里以及罗伯特·卡特——这简直是他梦寐以求的事。暑假期间，布鲁默将自己的办公室借给他，他写完了自己的弗吉尼亚监狱研究并发表。那时，伯克利的多数学生思想都很激进，让他感到格格不入，有时还很孤独。"你为什么不研究越战？"他们质问他。"因为我不研究战争，"阿森斯回答说，"我研究人与人之间的暴力。"美国人在街头杀死美国人，美国人杀死越南人，哪个更糟？在越战这些年间，死于街头暴力的美国人要远远多于死于战争的美国人。

　　他热切希望进行更多访谈，师从布鲁默之后，他有很多问题想问，
都是之前没想过的问题。"要进监狱很困难，"他回忆道，"他们让你去
走那套官僚主义流程，试图一直拖着你，拖到你放弃。但我没有放弃。
布鲁默帮了我，他不停写信，打电话。最后，我从加州监狱劳教部获得
批准，但还需要获得其他几个监狱的许可。圣昆汀监狱正好就在伯克利
对面，但他们不让我进去，让我去找瓦卡维尔的加州精神病医疗所。这
时已是 1974 年夏天，瓦卡维尔的心理医生试图阻止我，他说我不能采
访谋杀犯，不会给我犯人名单，我不能做太长时间的访谈，因为这会干
扰他们的项目。我就去找他吃午餐，商讨这件事，他说我根本不知道自
己在做什么。我发火了：'如果你们心理医生懂得这么多，为什么这些
人都还在这儿？如果你们这些人什么都懂，为什么他们从这出去后，还
会回来？'然后我们开始大声争吵，我说：'你不是这些囚犯的主人，
我有权研究他们。我觉得应该让他们自己决定由谁研究他们，跟谁 47
聊。'"

　　和往常一样，阿森斯还是有一个问题，他看上去实在不怎么像一个
搞学术的研究生。他留着一头及肩长发，绑着一个发带，穿条纹 T 恤、
牛仔裤、瑞士登山靴——看上去和囚犯们穿得几无差别。这次争吵之
后，典狱长否决了心理医生的质疑，允许阿森斯进去采访。具有讽刺意
味的是，这场争吵反而拉近了阿森斯和囚犯之间的距离。一些囚犯在监
狱食堂里担任厨师、服务生、杂工，他们正好听到了这场争吵，认为阿
森斯是站在他们一边的。

　　除了瓦卡维尔外，阿森斯还争取到进入位于特雷西的加州男子监狱
——当时美国最暴力的监狱、科罗娜的加州女子监狱，以及圣塔丽塔的

阿拉米达县监狱。他买了一辆米白色的二手大众甲壳虫汽车。圣塔丽塔就在附近，在奥克兰市南边；特雷西在斯托克顿市附近，离伯克利五十英里，瓦卡维尔在纳帕郡东边，伯克利北上四十英里；科罗娜在洛杉矶西南，要开上一天一夜的车，还要付汽车旅馆费。但是无论如何，他还是进入了这几家监狱。

## 第 5 章

# 忖度他人之心

访谈暴力罪犯是既困难又危险的工作，危险在于囚犯，困难则来自监狱管理人员。朗尼·阿森斯在监狱里没有任何保护，因为管理层不欢迎他。狱卒们警告他，单独与囚犯会面可能有风险，并告知，他们不能保证他的安全。阿森斯明白，一旦他抱怨几句就会被阻止进入，狱卒这些话意味着，他必须单独访谈囚犯。他进去之前，狱卒们会先搜他的身，确保他没把毒品带进去，在访谈结束后送犯人们回囚室前，也会对他们进行彻底搜身。

尽管这种敌意令人不安，但搜身对阿森斯也有好处，这让囚犯们明确看到他不被狱卒们信任。在一个监狱，他访谈了一个个子很高、思想深沉的毒贩，这人有一长串严重暴力犯罪记录，他认可阿森斯的研究，决定保护他。至今，阿森斯还保留着那个人给他的一张纸条，上面写着："给小朗尼：坚持你的信念，兄弟！——你的兄弟（X）。"在险些遭遇一次攻击后，阿森斯才发现他在暗中提供保护。有一天，他一人独自在监狱里准备访谈，三个囚犯溜进他的房间恐吓他。他们说："你知道么，你的头发很漂亮，你是个漂亮男孩，你真的漂亮。"一人指挥另外两人："你到这边来，你到那边去。"阿森斯坐在桌边，桌上有部电话，他一拿起听筒，狱卒那边就会收到警报。他跳起来，警告那些囚犯："你们这些混账最好别来惹我，你们要是敢动一根手指头，我绝不含糊。我现在就把这部电话听筒摘下来。"每个人都盯着这台电话——
49 在监狱里要自我保护，需要先摆出一种姿态，阿森斯事后解释道。他把手悬在电话上方，大笑几声，把袭击者们喝退："快给我滚出去！"他们走后，他发现自己脸色苍白、浑身颤抖。这时那位"守护者"来了，他手下的人在监视这间房间，他问："怎么了，小朗尼？发生什么事了，伙计？"阿森斯把经过告诉了他，他说："别担心，小朗尼，一切都会很好。保持冷静，别告诉任何人，你明天还来吧？"阿森斯对他说："是的，我想我会来，但我不想再让那些混蛋来搞这种烂事了。"守护者说："别担心，你尽管继续做你的事。明天见。"

第二天，那三个骚扰过阿森斯的人出现在他的访谈室门口，他们被打得鼻青脸肿，头上裹着绷带。他们被好好教训了一顿，现在很害怕，他们乞求道："请让他们住手吧，我们不想死，我们只是跟你闹着玩，伙计。我们对你也没做啥，我们原本是有点想法，但最后不也没做么，你知道的。我们如果因为这个死了，你也不会想要对此负责。"然后他们就走了。过了一会儿，阿森斯的守护者来了，问他还有没有麻烦。阿森斯说："没有了，伙计，那几个人来求我饶他们一命，我不想他们再被打了，放过他们吧。我感谢你所做的一切，但是别再这样了。没关系，我们从此以后不再提这事了。"守护者说"别担心"，随后就放过了那三人。从此以后，这所监狱里再没人敢来招惹阿森斯，守护者又帮他叫来了六七个人配合访谈。

阿森斯和受访者之间虽未签订书面协议，但有些事情是不言自明的，比如诚实和匿名。他在一开始就确定了这些原则：

> 我常常与这些囚犯进行私人会面，并坦诚地向他们解释自己想要做什么。我告诉他们，我是一个学生，正在做一项关于暴力犯罪的研究，了解他们为什么要去犯罪。我这么说是为了从他们那里真正获得信息，我想采访那些暴力犯罪者，听他们诚实地说说自己以及自己的暴力故事。然后我会特别清楚地向他们说明，我不是为监狱、联邦调查局、警察等任何机构服务的，我会为他们所说的一切保密，不会将他们的任何信息提供给监狱官员、其他囚犯或任何人。解释了这些后，我会问他们是否还有什么问题，通常都会有。问得最多的问题就是，我能从这项研究中得到什么，我做这个有没有钱拿，如果有，是谁出的钱，还有他们参与这个能对服刑有什么影响。我会解释，这项研究是我研究生学位要求的一部分，他们参与其中，不会对未来监狱生活造成任何影响。还有一个经常被问起的问题是，我是否在办公室或手提箱里藏了一个录音机，我说没有，并让他们在我的箱子、办公桌和整个办公室里搜查。

阿森斯告诉他们，他会做些笔记，如果他们对内容有异议，可以随时提出。他们信任了他——至少暂时如此，但也让他意识到了自己的脆弱。有天深夜，他在伯克利的家中被外面摩托车的轰鸣声吵醒，第二天早晨，他在邮箱里发现一封信，上面写着："亲爱的朗尼，希望你一切都好。我们的势力遍及各处，如果你有任何需要，随时告诉我们，如果我们有任何需要，也会来找你。"他起初就此感到不安，但认真思考之

50

后，觉得也没什么，"我认为我对他们非常坦诚，他们没有理由来纠缠我。"

在女子监狱里，情况就简单多了，尽管阿森斯并没有低估这里的潜在暴力，暴力的女人和暴力的男人一样危险。有些人甚至故意在他经过囚室时，和自己的同性伴侣发生性行为来挑逗他。这起初让他大为震惊，在童年时期，他至少没有在性这一方面受过任何刺激。

有次最可怕的经历差点让阿森斯终结了他的监狱调查。在一所他采访的监狱，他常听到狱卒们讽刺伯克利的学生抗议运动，那些狱卒明显把他也算作抗议学生的一员。他被分配了一间很小的囚室，只有一张桌子用来访谈。有天，他在这里等待一个囚犯，这时有个他不认识的看守探头进来。

"你不就是那个从伯克利来，研究暴力罪犯的人么？"狱卒问他。

阿森斯说是的。

"这里有个人让你访谈。"狱卒说。

阿森斯问那个囚犯的名字，听上去不太熟悉，这让他有些惊讶。他想自己之前应该在调阅材料时看到过这个人的名字才对。"他犯了什么罪？"他问狱卒。

"天啊，他基本什么都干过，"狱卒说道，"强奸、杀人、抢劫、故意伤害——你能想到的都有。"

阿森斯有点怀疑，自己不太可能忽略这么一个罪行累累的人，他警惕地对看守说："谢谢告知，我先看下他的材料，之后再安排访谈。"

51　　"之后？"看守回答道，"之后不行，我们明天一早就要把他送走。现在不访谈，以后就没机会了。"他看出了阿森斯的犹豫，让他放心，

"别担心，我会取消你下个访谈，把他先带过来。"

　　阿森斯一边在门口等着，一边纳闷，为何一个没见过面的看守会提出帮助他。然后，有人打开了监狱的广播音乐，这让他涌起不好的预感。于是，他走到与自己关系比较好的一个囚犯的牢房旁，问他："发生什么了？这音乐是干什么的？"他说出看守要送来的囚犯名字，并问："你认识这个人么？"

　　"你被算计了，朗尼，"那个囚犯告诉他，"没人能帮你，你现在只能自己顾好自己了。他们把那个家伙带来时，你最好准备好打一架，他也不是什么真坏人，就是个骗子。"阿森斯还没来得及判断这是不是挑拨，看守就带着那个囚犯来了。阿森斯还想试图推迟访谈，想争取点时间来查查这个人的记录，但看守坚称马上要换班了，没时间去调换犯人。阿森斯只好跟这个犯人一起回到房间，这时他听到看守在身后把门锁上了。"把门打开！"他吼道，"让门开着。"

　　在门外，看守笑道："不好意思，这是监狱的规矩。"

　　囚室只有电梯那么大的空间，阿森斯看着对面冷冷盯着他的囚犯，感到强烈的幽闭恐惧。"你的罪名是什么？"他问。

　　"鸡奸。"

　　阿森斯感到恐惧："鸡奸？"

　　"没错，大学生，就是鸡奸。你知道那是干什么吗？"

　　"我想我知道。"阿森斯说，他竭力让自己保持镇定，开始提问。"你干这个多久了？"

　　"从我记事起，就干这个。"囚犯冷笑。

　　"多久一次？"

"经常干，能干就干。"他上下打量了下阿森斯。

阿森斯感到更加恐惧，刚才那个囚犯说得没错，他确实被看守算计了，现在他只能靠自己，必须起来战斗。他打起精神，测量着房间，测量着桌子。

囚犯打破了沉默："你知道么，学生仔，鸡奸一种简单，一种有些难，对我来说都没区别，哪种我都喜欢。所以唯一的问题是，你想要简单的还是难的？"他从桌子那边一手抓住阿森斯的衬衣。

阿森斯吼道："难的，难的，难的！"然后一下子掀起桌子，桌子正好卡在那个囚犯膝盖上，阿森斯往前一推，完完全全地把桌子压在这个人身上，把他压倒在地。阿森斯一个箭步跳上翻倒的桌子，把那个人牢牢卡在底下，并开始叫看守。门立即打开了，那个算计他的看守和另一个看守冲进房间，控制住了场面。音乐声变小了。当桌子被重新立起来，囚犯被弄出房间后，看守提出要通报批评那个囚犯，阿森斯摆摆手，让他们作罢。他们保证，这种事再也不会发生。

阿森斯之后对这次事件进行了总结："那天我虽然逃过一劫，但之后我去每个地方进行访谈时，这次事件都会像阴影般缠绕着我。我清楚地意识到，有些监狱管理人员对我而言和囚犯一样具有威胁，这让我紧张不安。根据过去的暴力罪犯采访经验，我知道有些罪犯可能对我'突然发作'，但我没想到会有些看守故意让罪犯们来伤害我。我感到特别无助，开始怀疑自己继续研究下去是不是明智的选择。"当他把这次事件隐晦地告诉赫伯特·布鲁默后，后者也是同样反应，这反而让他感到更加孤独。他告诉玛丽莲，如果他出了什么事，一定要进行调查，那绝对不可能是意外。他最终坚持下来了，有一部分原因是他没去投诉

52

那个鸡奸犯的决定，为他在那个监狱和其他监狱的犯人那里赢得了更多尊重。当囚犯们都知道他不会去告密以后，就有更多人自愿来接受访谈。

在这个研究阶段，阿森斯最想知道的基本问题是：在一个暴力罪犯进行暴力行为的过程中，他的决策过程是什么样的？他想知道，这一过程是否不同于还没有实施暴力行为时的情况。他还想知道，在暴力犯在实施暴力犯罪的人生节点时，他们是怎么看待自己的——即他们的自我认识，还有其他身边的人是怎么看待他们的。

阿森斯将自己的调查基于人体机能模式，这一模式是由哲学家乔治·赫伯特·米德建立的，然后由赫伯特·布鲁默进一步完善。米德的名字在今天并不像他的同事和朋友约翰·杜威一样为人熟知，但杜威曾把米德称为"美国最后一代最富原创性的哲学家"，这一判断也得到了哲学家阿尔弗雷德·诺斯·怀特海的认可。杜威还说，米德"在美国作为领军人物，将心理学从单一的内省转向与生物和社会事实观念进行结合。" 53

乔治·赫伯特·米德1863年生于马萨诸塞州的南哈德利，在欧柏林大学、哈佛大学和柏林大学接受教育，他从1894年起在芝加哥大学教授哲学和社会心理学，直到1931年去世。在他的一生中，他发表作品很少——这是他相对默默无闻的原因之一，但是通过教学和之后课堂讲稿的出版，对定性社会学产生了很大影响，他最有名的讲稿集发表于1934年，题为《心灵、自我与社会》。当米德开始自己的研究时，查尔斯·达尔文的《物种起源》已经改变了生物学，跟随着达尔文的脚步，米德也为自己设立了一个极具挑战性的任务：理解一个由进化塑造的机体如何获得思想和自我。自从那时起，心理学开始研究思想意识和自我觉察。因为这些似乎都是人类独有的特性，米德想知道他们是如何出现、如何组织以及拥有何种功能。

这些问题不仅很有趣，也对理解人类群体生活至关重要。"我们所知的人类社会不能离开思想和自我而存在，"米德告诉自己的学生，"因为其所有最为显著的特征均以个体成员拥有思想和自我为先决条件。"米德解释，人类社会不是昆虫社会，也不是海鸟集群，人类之所以为人类，是由于我们所理解的"文化"一词，是由于人类将原始自然赋予意义。人类世界与自然世界不同，主要由于人类为物体（以及其他人）赋予意义，并基于这些意义开展行为：想想人类都做了什么，为了获得大量我们称为黄金的黄色金属，为了守卫称之为家园的一块地球表面，或是保存已入土死者的尸体并为其埋藏地做标记。米德指出，这些意义根本上都是主观的，是来自于思想和自我之间的交流——你的、我的、他的，今天的和以往的。

任何细心的父母，都会发现在子女成长过程中思想和自我的逐渐形成。这显然不是一套既定程序的运行结果，而是一个社会过程：如果一个孩子在生理上得到供养，但一直隔绝于人类交流，将无法茁壮成长甚至会死去。起初，米德注意到："小孩子们会从发生在他们身上的事中获得体验，并立即调整自己去适应，而无须意识到任何自我的存在。"在这一方面，他们无异于其他任何小动物，但是幼儿在形体和声音上会自我组织成模仿和吸收，会转向熟悉的声音和面容，会用手势回应手势，用微笑回应微笑。孩子在这时还没有自我意识，但已开始从看护者的反应中读取信息。语言能力的习得进一步加快了这个过程，米德指出语言"对于自我发展至关重要"。或许他应该说"各种语言"，因为显然他不仅仅指英语、西班牙语或法语等语言。孩子们也会学习表情语言，例如家族特有的站姿和手势，正式或非正式的舞蹈，法国人的耸肩和眨眼，意大利人的热情奔放。他们学习能体现自己文化特征的颜色和形状的语言。按照阿森斯的观点，他们学习的是有关态度和价值的语言，即那些关于行为的词汇。他们不仅通过模仿，更通过愈发流利的口头和肢体对话获得这些。

在米德的自我构建过程理论中，最为关键的概念是客体化，我们把**自我**作为客体，通过他人的眼睛，回头来以他人看待我们的方式看待我们自己，这一过程被米德称为"站在他人角度"。"因此，"布鲁默解释道，"个体可能把自己看成男的或女的，孩子或成人，这个或那个民族或国家的成员，病弱或健康，属于这个或那个职业，拥有光明或晦暗的前途——等等不一而足。"这些客体和人格，都主要基于与父母、兄弟姐妹、亲戚和其他关系密切之人——社会学家将这些人称为我们的"初级群体"（primary group）——的社会互动。它们以描述为基础，又加入了态度和价值，这些态度和价值来自我们的初级群体，是经由我们交流得来的。我们将其附于身体感觉，让它们成为自我。用计算机术语来说，我们的自我就是模拟：是三维的自我描述，用感觉、态度和价值为之赋予动态、颜色和明暗对比。

将自我称之为模拟，可谓恰当，因为对于米德来说，思想是内在交流。他表示："思考的过程正是……一种正在进行的内心谈话。"通过让我们的自我以一种或数种我们已习得的语言进行自我交谈，以此来进

行思考。"米德将思想看做行为的一种表现形式，人们采取这种形式来
指明事物，并以此组织和指导自身行为。"布鲁默进一步阐释道。思想
的功能在于在行动之前进行组织、测试和选择。米德强调：它们的主要
作用是在我们选择一系列行动之前检视所有可能性，"观念……就是我
们不去做什么。"

　　因此，自我和思想在起源和功能上都是具有社会性的。布鲁默指
出："自我（使得）人类能够与自己进行沟通，思想就是在内在对话中
发生的行为。"

　　自我不是被赋予的，而是被构造的。经过一段时间，自我可被建
立、调整、改变甚至替代。原来是个孩子，现在是个男人，原是个儿
子，现在是个父亲和祖父，原打算当牧师，现在却成为作家。一个羞涩
的年轻女孩后来成了第一夫人埃莉诺·罗斯福，大数人扫罗（Saul of
Tarsus）经历一次谈话后成了圣徒保罗，一个印度小男孩成为了甘地
——而受到父母卧室传来暴力声音惊吓的小孩最后成了强奸犯。显然，
我们用一生阐述自我，但阐述的轨迹和过程却尚未确定，因为并不是每
个羞涩女孩都能成为富有魅力的人道主义者，也不是每个受惊吓的孩子
都会变成暴力罪犯。

　　我们不仅和他人交流，也和我们自己交流。这就是我们最初获得自
我的方式。布鲁默说："为了成为自我的客体，一个人必须在逻辑和心
理上从外部审视自我，必须跳出自我，从外部接近自我。那怎么可能？
心理学和社会科学的传统理论甚至看不到这个问题，更谈不上去解决这
个问题。"米德就看到了问题，并予以解决。传统心理学认为，自我和
思想是我们的基因内在的，和"灵魂"一样。米德同意进化论的论证，

55

认为人类是动物王国的一部分，但也注意到自我和思想是人类的独有特征，因此决定去寻求自然解释，他的发现被布鲁默总结为："自我和思想是参与集体生活的产物，源于小孩和其他人的互动过程。"我们如何跳脱自我？布鲁默引述了米德的下段言论。

　　米德就这个问题提出了一个绝妙答案。他声称，通过扮演另一个人或一群人的角色，一个人可以跳脱自我，在想象中站到他人的位置，采取他人的视角来观察自己。简单的例子可以参见童年游戏，比如小女孩会"扮演母亲"过家家，模仿自己的母亲来说话和行动。她可能会自己叫自己的名字，像母亲那样训斥自己，并命令自己做这个做那个。通过扮演母亲的角色，这个孩子将自己置于一个外部位置，来接近和观察自我，然后将自己塑造成通过那种方式所表现的相关客体。

米德看到，在这一过程的稍晚阶段，会出现他称之为"游戏阶段"的时期，孩子会在一个群体中扮演一个角色。他最喜欢举的例子就是棒球队，每个球员都需要预测其他队员的决定和行动——即"站在他人角度"，才能将自己的决定和行动与之达成配合。除了棒球队外，还有学校、操场、教堂、乐队、树屋、百货店等许多其他需要互动的场所，但对孩子最具影响力的是其初级群体。这类社会互动，最终将塑造善于在不同程度上适应多种复杂关系和人类社会组织的成年人。人类作为动物出生，通过社会互动塑造思想和自我，从而实现文明开化。因此，布鲁默指出，昆虫和动物在种群内部保持高度一致和稳定（除了随进化出现的缓慢改变外），但"人类群体生活却在各个社会中存在巨大差异，在同一个社会内部，也会在代际之间发生巨大转变"。

在拥有自我的很多结果中，布鲁默着重指出了其中三个，每个都对阿森斯就暴力行为的调查至关重要。

第一，拥有自我使一个人有可能对自身世界中的客体和其他人类赋予意义，我们会阅读和阐释彼此与世界。一位研究记忆的心理学家写道："给我们看一张脸，我们就能够判断一个人的情绪状态、性格特征、可能的职业和未来命运。"最近，一位社会学家就米德的学说进行评论，得出了相似观点："个人……可以运用自我能力来剥削或虐待他人，也可以去满足他人愿望或捍卫他人利益。"

第二，拥有自我让一个人有可能将个人内在与体验世界整合起来。布鲁默写道："这一内在世界对他来说是一种独特社会经验，在其中他可能产生动机、养成自己的情绪和情感，形成并更改他人及他自己的目标，培养自己的记忆，产生并克制自己的某些倾向，产生自己的一些意图，并培养和制定行为方案。"

第三，拥有自我让一个人有可能与世界互动，而不是只应对世界。米德总是喜欢带着自己的牛头犬一起在芝加哥大学校园里散步，所以喜欢用狗之间的相遇来印证这一观点。他对学生说，狗之间的相遇是"姿态的对话"，而不是充满意义的谈话。他解释道，在狗打架时：

> 每只狗的行动都会激发另一只狗做出反应，从而在二者之间形成某种关系……这只狗准备好袭击另一只狗的事实对另一只狗形成刺激，让它改变了自己的位置或态度。另一只狗改变了态度，又会马上激发前一只狗改变态度。因此，我们在这里就看到了姿态的对话。但是，这些并没有什么重要意义。我们不认为这只狗会想："如果那个畜生从这个方向过来，就会扑

向我的喉咙，然后我就这么转头。"真正发生的是，它会根据
另一只狗的进攻方向来改变自己的位置。

布鲁默和米德所强调的差异，是将内在经验世界转化为外在行动和
对刺激做出直接反应的差异。为了明确这一区别，布鲁默提供了一个与
米德的狗打架的例子截然相反的例子：

> 通过拥有自我，一个人被置于某一环境，来给自己指明行
> 动以及行动发生场所的特征。他可能就自己的现有行动和面临
> 的处境分列选出不同事项，加之分析和自我讨论，并通过这一
> 互动过程塑造出适合自己情况的一系列行为。这相当于说，通
> 过拥有自我，人开始构建自身行动，而不是仅对外在刺激做出
> 回应。例如，他可能注意到饥饿这一刺激，然后开始想不同种
> 类的食物，看看手表是否到了吃饭时间，然后决定去吃饭，思
> 考该去这家还是那家餐馆，盘点手头的钱，然后想起自己正在
> 节食，于是决定晚点再去吃饭。

58

人类对此也无从选择。布鲁默加以阐述："人类被迫成了自己行动
的参与者。"当你或我看到他人时，我们会揣摩他们——他们的体型、
外貌、姿态、言语、行动。狗也做同样的事（尽管通常用闻的方式）。
但我们随后就能基于个人解读，为我们所读取的东西赋予意义。这些个
人解读都带有情感，你赋予的意义可能与我赋予的意义不同。如果你的
背景——社会阶层、教育、国籍、家庭经历——与我的不同，你的个人
解读就肯定会与我不同。女人穿短裙在曼哈顿可能得到男人的欣赏，但
在某些国家就可能因此受到袭击甚至被逮捕。大声吃面条在日本是一种

礼貌，但在美国却是社交禁忌。美国中西部地区的人会觉得东北部的人粗鲁，东北部的人则反之认为中西部的人礼貌到虚伪。米德出身教师家庭，是不折不扣的中产阶级，曾经错误地认为在一个特定社会中，人们做出的解读或多或少基于一套共同的意义。他将集体理解成为"概化他人"（generalized other）——听上去很怪。这一错误概念让阿森斯苦思冥想很多年，直到找到更正和改进的方法。

　　暴力罪犯基于自己对情境的解读，决定采取暴力行为，这可能是一项重大发现，因为精神病学、心理学和社会学都将暴力行为归结为无意识的动机、深层情感需求、内在心理冲突或不自觉情绪的突然爆发。但阿森斯很快发现，暴力罪犯与其他守法公民对于世界的解读大相径庭，暴力行为是从这些不同解读中引发的。他开始明白，暴力行为不是爆发，而是决定。

# 第 6 章

# 漂亮的说辞

在艾奥瓦和加州访谈暴力罪犯时，朗尼·阿森斯没问他们为何犯罪。"如果他们知道自己为什么会那样做，还有我什么事？"他也不需要受访者给他讲故事，这些人都非常善于为自己的行为找理由，在法庭上编出各种借口自证清白或减轻他们的罪责，应付监狱分配的心理医生，在保释委员会那里争取保释。阿森斯想要他们摆脱这种心态，简单纯粹地说出自己在伤人、强奸或杀人时的真实想法和感受。

他们起初都很警觉。"他们会给出让人可以接受的说辞，"阿森斯解释道，"一个强奸犯不会到处说自己强奸了谁，而是说'我没强奸任何人，我只是跟某个婊子上了床'。这在那种亚文化中是可以接受的说辞。或者一个杀人犯会说：'我只是教训了那个混蛋，他罪有应得。'在日常生活中，追问人们最原始、最真实的意识流是不可能的。"为了让受访者释放这种意识流，他必须让他们分心，从而放松戒备。

为了达到上述目的，阿森斯会尽量让他们感到放松，比如聊他们感兴趣的话题就很有用。"我们可能从任何事上开始聊起，他们喜欢谈论性、脏话，还有体育，他们喜欢聊体育，比如拳击赛。"有次在圣塔里奥，乔治·福尔曼就在街对面训练，备战拳王穆罕穆德·阿里。阿森斯就会停下来观看，并在之后与犯人们谈论。当时，新闻里总是报道妇女解放运动。"他们会说，'我听到的那是啥玩意儿，朗尼？如今这些妞儿真野，是不是？'"他就会大笑，和他们一起打趣。

当他感觉到他们准备好接受采访时，就开始提问。他希望他们记住自己进行暴力行为和发展暴力倾向的每个节点，并进行重现。先从入狱的最近罪行说起，因为犯人就此掌握的信息最多。他会先问具体发生了什么，再问他们在实施行为时对自己有什么想法，最后他们会没话说——畅谈很难持续。这时，阿森斯会开启一些闲聊，当他感觉他们准备好继续往下说时，就说："好吧，我还有件事想问问你。那时你和谁在一起相处时间较多？谁比较了解你？是女的？有男的吗？"阿森斯想要了解他们的自我认知，说起周围人是怎么看待他们时，他们会为自己辩驳，辩驳之后就会打开心扉，然后他们的自我认知就会呈现出来。

然后阿森斯就会收集他们的暴力史，从最近这次犯罪回溯到过去一系列事件上。"我会说：'之前怎么样呢？这之前还有别的事件吗？那次发生了什么？'"也包括一些暴力临界点，那些他们几乎要采取暴力行为，但最终没有继续的时刻。回溯暴力史也有问题："许多人在十二三岁之前就实施了太多暴力行为，于是他们根本不记得究竟发生了什么。这会让人觉得他们似乎一直都很暴力，但我之后意识到这不可能。其实小孩对童年也有很深刻的记忆，于是我就多安排了几场跟少年犯的访谈，发现了暴力的发展过程。"

有些人批评阿森斯的研究，认为他不可能知道受访者是否是在撒谎。事实上不是这样，他从一开始就知道有些犯人可能会含糊其辞，并

专门设计了识别方法。从犯罪记录入手进行访谈，让他有机会做一个初
步测试，因为他已经查阅过了那些犯罪的警方报告，了解了事实情况。
"监狱里充斥着各类非常善于说谎的人，有些堪称是谎言艺术家，"阿
森斯说，"我会从重大犯罪情况开始，一旦我发现有人在此时就说谎，
就立即中止访谈，我知道再问下去只是浪费时间。"他就按照这个流程
核查受访者的全部记录，与事实进行对比，如果发现任何重大不一致，
就舍弃整个访谈。他写道，因为自己是在提炼个人回答，事实核实会超
乎想象的烦琐：

> 非常具体、前后一致地编造出关于事情的主观描述——即
> 认知和评价，同时又不篡改其重大或客观细节，要比想象中难
> 得多。如果一个犯人要故意提供虚假信息给我，又想通过我的
> 事实核查流程，他就必须这么做。

61

　　阿森斯的受访者中，还有一些人承认了在审判时没有承认的罪行，
这也是另一种诚实的表现。在艾奥瓦和加州，总共"有七个之前坚称
自己无辜的犯人向我承认，他们确实犯下了被控罪行"。

　　通过问这些问题，他必然要为自己正在收集的素材建立一套陈述的
结构。"这是我作为科学家的职责。"他指出。但是，他也并未预先确
定访谈内容："我把访谈看成一扇扇窗户，我推开这些窗户，但不知道
自己会透过它们看到什么。这是他们的任务——那些我采访的人。他们
来提供视角，即访谈内容和内在的结构。关键在于，我预先并不知道我
在找什么。所以我不想提前分析，也没有什么预设理论——本来也没
有，之前从没人做过类似研究。布鲁默对我说：'进行全面描述。先完
成描述，然后再检验你的描述。'我也正努力这么做。"

为什么一份事件记录就能提供有效的科学数据呢？当阿森斯发表了自己的研究成果后，那些定量社会学派的同僚提出了这个问题。他们所接受的训练都是将数据集合起来，比如问卷调查的答案、逮捕记录等，而且他们的数据集合都是以样本、变量控制、数字等进行划分的。他们抱怨，叙事型描述是"新闻纪实性"和"主观性"的。但是阿森斯对数据可能揭示的暴力行为前因并无兴趣，相反，他更关注暴力实施者所亲身经历的暴力行为本身，由于不在伤害、强奸或谋杀现场（他当然不可能去经历这些现场），叙事型描述就是他的首要数据。"我选取受访者并不是随机的，也不是没有标准的，但这并不影响我的研究。我试图获得的结论与暴力罪犯或暴力行为特征的数据统计无关，而主要关于暴力犯罪背后的社会心理发展过程。因此，我只关心找到那些实施过暴力行为的受访对象。"

在看戏、读书、与他人交谈中，我们都能识别叙事的真实性，判断究竟是真实还是虚构。阿森斯很自信自己的验证过程能够辨明真假，他说自己的访谈目标"只是为了获得较好的叙事。我不带任何预设想法，所以必须从审美上检验我所获得的信息。我听从了布鲁默的建议：'你得到的叙事型描述越好，就越可能找到自己想要的答案。'我在寻找真实的故事，一旦我认为它们达到了真实性的标准，我就会特别高兴，因为我知道它什么时候是可信的"。他的访谈对象认为他的这种热情很奇怪："他们看到我对他们不加修饰的故事所做的反应，认为这很怪，就会说：'伙计，你有什么毛病？你比我们还有病，每天自己主动来这里，听这些故事，你有病吧？我们应该出去，你应该来这蹲着。'然后我就会哈哈大笑，但我明白他们为什么这么觉得——是因为这很讽刺，这是暴力，我却要去研究它的真实性。"布鲁默也是这种反应。"我有时会读一些记录给他，问他什么意见。他会坐回座位说：'对，我认为你在那里确实有所收获，朗尼，我认为这很好。'"

科学哲学家迈克尔·波兰尼在其探索科学发现过程的著作《个人知识》一书中指出，语言不仅是交流的媒介，也代表了一种普遍理论：

> 在馆藏 100 万册的图书馆里，使用了 30 000 个单词，每个单词平均出现都会超过 100 万次，一部分特定的名词、形容词、动词和副词好像能构成一套体系，能够用来讨论所有理论。在假设中，这些主题都是由若干反复出现的特定名词、动词、形容词、副词构成，类似化合物，在化学中，数以百万计的化合物都是由少数——大约 100 个——稳定元素组成的，每个元素都有自己的名字和符号，从而可以以化学符号的组合写出来。这与用一种特定语言写成一句话有异曲同工之妙。

波兰尼还提出了另一种类比，将语言比喻成地图上的符号。地图放得越大，就越能看到准确细节，但是如果一个地图被放大到和其代表区域一样大，就没有任何意义了——"因为很难在这么大的地图上找到路。"如果一种语言就每个物或事都有特定的单词，也同样没有意义。所以，为了变得有用，一种语言必须保持可掌控的规模，波兰尼将这称为"可控性原则"。这和使用显微镜或望远镜一样，强化了我们在智识上的歧视："在最广泛的意义上，可控性原则包括对一种经验做出概括，并揭示其新的侧面。这一原则可以被简单应用，写下来或是命名，从而让我们能够直接解读到其最新特征。"

波兰尼列举了一个简单例子，如果仅仅列出一长串英国最大的 200

63

个镇的名字和坐标，相对而言效果不大。但如果在一张纸上按照地理位置标记出这些名字和坐标——即草拟一张地图，"我们就能立即明白，从一个镇到另一个镇该怎么走。我们之前标记的 400 个位置数据（横向 200个，纵向 200 个）就能生成 20 000 个路线，即 200 乘以 200，再除以 2。"

波兰尼强调，这种思维能力的强化并不是魔术。动物和人类开展学习，方法之一都是对模式的识别。当模式隐藏在数据之下，就变得很难发现。语言上或空间上的地图都能减轻这种杂乱，同时保留基本关联。阿森斯详细地勾画出暴力犯罪的描述，正如波兰尼所提到的英国城镇地图一般，以提升在它们所象征的抽象现实中隐藏的信息的可见性。当然，阿森斯还需要找到其中的模式，但为此他必须先绘制出那份必要的地图。因此，他用提出的问题先来划定边界，然后根据受访者的回答标记下每座城镇——即从受访者自认为有意义的经历集合中选定各个特征，以求找到之前还无人发现的一些路径。

当他这么做时，那些定量分析学派的批评者们会比较他们从数千份案例中收集的单点数据，例如全国各地的谋杀逮捕数据，与他的涉案人员生活纪实进行对比，然后指出他的研究缺乏数据支持。事实上，他的每份纪实中都包含了数万个数据点，更有潜力去发现各类潜在关联，比定量社会学者所分析出的那些最少数据集合都要大得多。

阿森斯读过波兰尼的理论，明白那些方法论的问题。他也明白，对暴力行为的隐性知识是自己最锋利的武器。童年时期的暴力体验让他很容易分辨受访者关于自身暴力行为的阐述是否真实，当犯人们在访问中提供了真实描述时，他可以立即"知晓"。因此，他非常相信第一手体验。"尽管要发现他人成为暴力罪犯的缘由，一个人不需要自己也成为暴力罪犯，但与暴力罪犯们进行广泛、直接的接触却是绝对必要的，这是显而易见的道理。"他之后为自己的研究方法辩护道。当他收集到一份真实的叙述，尽管其中的恶意暴力描绘会显得野蛮，但他会高高兴兴地回家——疲惫但却欣喜。

阿森斯继续他的访谈，不断收集罪犯自述，直到材料开始出现重复和近似。在定性社会学中实现数据饱和，和定量社会学分析中收集样本是同一个目的，都是为了实现全面性。阿森斯也去较远地区的女子监狱访谈，尽管来回路费很贵，还要耗费时间，但他猜想，女性罪犯的自述可能会与男性有些不同，从而不会让他的调查数据过早饱和。事实证明，这些女性受访者确实非常关键，在自述中体现了一些重要的区别，但最终也会出现重复。

1974 年，阿森斯完成了在加州的访谈，总共收集了 35 个案例，加上之前在艾奥瓦的一共达到了 58 个，其中 47 男，11 女。几乎所有罪犯都实行过多次暴力行为，所以他们被起诉的罪行总数只是一个最低数值：27 起杀人、20 起暴力伤害、12 起强奸（其中一个十几岁的男性罪犯同时被控杀人和强奸）。关于受访者接收访问时的年龄统计，四十几岁有 3 人，三十几岁有 9 人，二十几岁有 36 人（阿森斯也在这个年龄段），十几岁有 10 人。有黑人、白人、亚裔、拉丁裔、印第安人，有上层人士、中产阶级和下层人，有城市人也有农村人。阿森斯自嘲地写道："访问对象的文化多样性，让我没有办法根据阶级、种族、性别或亚文化来得出一个解释。"

他的访谈记录包括一堆手写的笔记，上面标注着箭头、序号等各类 65

批注。他很幸运，可以读懂自己那些杂乱的笔记，因为他没钱去找人帮他转录这些笔记。收集材料之后，下一步就是"检查"材料——这是布鲁默的说法，即分析其中体现的思维模式和决策过程。阿森斯一边收集材料，一边检查，从而发现案例关键点——例如，加害者发起暴力袭击时，可能是因为预见到来自对方的人身攻击，这一过程可与收集案例材料的过程同时进行，在其他案例中寻找类似现象，不断修正自己的理念，以解释类似情况下出现的区别，直至理念达到饱和——即便再看更多案例，也不用修正了。他一边收集案例，一边做了部分分析和整理工作，他当然注意到模式化是不可避免的，但也尽力对所听到的一切保持开放心态：对材料进行预判，往往会导致收集过程中的偏见。

就第一轮的研究成果，他后来花了几年，整理完善成几份科研论文，还把它们写进了第一本著作之中。

赫伯特·布鲁默为这本书撰写了前言，赞赏了阿森斯立足根本又具独创性的观点，以及其重要意义。布鲁默指出，在过去几十年中，许多人都已研究过暴力犯罪，"此类研究产出了海量数据，也建立了不少理论架构，以期解释暴力犯罪行为。"与这些之前精神病学、心理学和社会学理论相比，阿森斯的研究成果截然不同：

> 阿森斯博士关于暴力犯罪行为的研究……颇具先锋性，成果显著。（他的）研究非常重要，关注了那些在传统研究中常常被忽视或语焉不详的问题，就如何有效控制暴力行为提供了建议，为如何识别暴力行为难懂之处提出了一系列研究方向，从而彰显了本书的重要作用。

阿森斯为该书取名为：《暴力犯罪和暴力罪犯》。

# 着意建构

在《暴力犯罪和暴力罪犯》一书中，朗尼·阿森斯指出，该书的主题是"实质性暴力犯罪行为及其实施者"[1]。此处所说的"实质性暴力"，他做出了解释：

> 即……受害者或为（1）非意外地受到实质性身体伤害，达到足以致命或达到需要就医程度，例如枪伤、刀伤、棍伤或疯狂殴打；（2）受到实质性的性侵犯，例如性交、肛交、口交等等，可能或已实际造成或轻或重的身体伤害。

他所访谈的全部58名罪犯，每人至少实施了一起实质暴力犯罪。

《暴力犯罪和暴力罪犯》一书并未探究这些罪犯是如何变得暴力的（研究生毕业多年之后，当阿森斯在密歇根和堪萨斯从事教学工作并继续进行访谈时，他进一步研究了这一所谓"暴力化"过程，并于1992

---

〔1〕　在1997年，阿森斯把1980年出版的这本书重新编辑并重写了部分内容，出版了一个修订增补版，即《暴力犯罪和暴力罪犯重访》，我的讨论和引用都来自这个版本。

年出版了《危险暴力罪犯的诞生》一书，报告他的研究成果）。在最初
的分析中，他研究了暴力行为动因的一些基本问题：暴力的人是否会解
释他们进行暴力犯罪行为的情境——即分析、评估和决定是否采取暴
力，如果确实如此，这种解读是否能够解释他们的暴力行为。在全部
58 个案例中，他对以上两个问题均给出了肯定答案。"因此数据显示，
暴力分子在实施暴力犯罪之前，已经有意识地确定好了行动方案。"

　　这一直截了当的结论，与当时普遍流行的暴力犯罪"科学"理论
背道而驰，阿森斯在就研究结果进行具体陈述前，引用了几个具有代表
性的案例来解释其中的差别。

　　精神病学家拉尔夫·巴奈 1952 年在《美国政治学与社会科学学院
年鉴》上发表了一篇题为《谋杀研究》的论文，称："除非进行详细精
神病学研究来追溯暴力实施者的内在动机，否则一个人为什么会夺取另
一个人的生命，这种暴力现象的心理实质将永远是一个谜题。"

　　1972 年，精神病学家伊曼努尔·塔纳伊在《美国精神病学期刊》
上发表了一篇文章《谋杀预防的精神病学层面探讨》。他最先观察到，
他所谓的"自我矛盾的"谋杀是"与施害者意识不一致的"，然后注意
到"大多数谋杀都是自我矛盾的"——简言之，塔纳伊博士认为，多
数人杀人都不是出于自愿。

　　1975 年，两名心理学家大卫和吉恩·莱斯特在其著作《激情犯罪：
谋杀和谋杀者》中探讨了关于谋杀的科学文献，并得出结论："真正的
谋杀者通常并非出于长远规划，也并非有意为之。最常见的是，他们会
在一些小口角中杀人，或受到某些显然微不足道的事件的刺激，从而深
深地受到一些深层潜意识情绪的驱使。大多数谋杀都是出于临时起意和

一时的激情，这时谋杀者的情感超越了理智。"

　　阿森斯总结，以上这些为数不多的材料，在不计其数的相关主题的医学和科学文献中屡被提及，比如心理学家马尔文·沃尔夫冈及其同事弗朗哥·费拉库提在他们 1967 年发表的著作《暴力亚文化》及其他地方都提出，90% 的杀人案都是"激情犯罪"，是"未经计划、暴发性的、突然动机暴发导致的"，犯罪者行动非常"迅速"，以至于"理智和时间他都无法支配"。

　　这些精神病学、心理学和社会学的理论广为人知并被普遍认可，在暴力犯罪的媒体报道中不断出现："无意识的谋杀""无明显动机""他只是突然发作""一次突然爆发""我们可能永远不知道为什么"。阿森斯则发现，暴力罪犯在决定采取暴力行为时，知道自己在做什么，这意味着从谋杀者的角度来看，谋杀从来不是无意识的；谋杀动机无论在心理学家看来多么"琐碎"和"显然微不足道"，都引起了暴力犯罪行为；暴力罪犯并非突然"发作"，而是做了决定并予以实施；当暴力罪犯愿意诚实地探讨自己的暴力犯罪行为时，就可能得知他为什么要这么做。换言之，阿森斯在《暴力犯罪和暴力罪犯》一书中的发现，来自暴力罪犯的自愿陈述，完全推翻了当时关于暴力犯罪的主流理论。

　　阿森斯发现，暴力罪犯对其实施暴力行为情势的解读有一系列发展变化的阶段。首先，加害者会揣测受害者的态度——乔治·赫伯特·米德所谓"站在他人角度"，并解读对方的态度是什么意思。然后，他会与自己进行对话，从自己过往经历中找到几个人物——他已将其态度内化，来判断受害者的态度是否意味着自己该采取暴力行动。如果结论是肯定的，就对受害者实施暴力。在《暴力犯罪和暴力罪犯》一书中，

68

阿森斯开篇就放上了一个年轻男性谋杀犯的报告，鲜明地演示了上述过程：

案例55：行为（刑事杀人）

我的一个合伙人说，他可能要来我这儿坐坐，所以我赶紧去附近酒铺买箱啤酒。我穿过商店停车场时，有个人开车差点把我撞了，我冲他竖中指，他就和同伴跳出车来，把我打倒在地，他把我的头摁在地上，地上满是灰尘，旁边就是一堆烟蒂。然后，他们进商店了，我就想："这是多么下作的事啊，他们怎么能做得出，简直就是一群黄皮肤杂种。"我突然觉得："我必须得去报复这群龌龊的杂种。"于是跑回家去取枪。

我以最快的速度回到酒铺，在前门20码开外的地方等着他们。我一边等，一边想，我到底应该打伤这些杂种，还是干脆打死他们，我到底应该只打这个开车的，还是连他的同伙一块打。这时，他的两个同伙先在门口出现了，我心想："干脆全打。"我迅速开了两枪，两枪都没打中，他们逃跑了。于是，我决定最好走近些，直接把枪筒抵住我真正想打的那个开车杂种的胸口，确保不打偏。我太憎恨他了，简直等不及看他被一枪轰死时脸上的表情。他一出商店大门，我就冲上前，拿枪筒抵住他的胸口，扣动了扳机。

在案例55中，开车的人及其同伙敌视和轻蔑的态度不太可能是误读，因为他们已经以暴力形式将其表现出来了——尽管这种暴力与55号犯人的反应相比程度较轻。与大多数情况一样，他的个人想法在这里被简化了：他认为他们的行为"非常下作"，继而将他们归类为"一群黄皮肤杂种"。一个不太暴力的人也可能得出类似结论——然后决定是否就此忍气吞声还是报警。但是，55 号犯人用原先固有内化的暴力角色思维预先演练了一遍自己可能的反应，从而得出了一个不同结论，"突然"认定对这种下作行为最合适的反击就是暴力。拿到枪之后，他又开始进一步论证复仇的细节：对于那两个只是把他打倒的帮凶，究竟是打伤他们，还是把他们和开车的人一起打死——后者才是他的主要目标，后者不仅将他打倒，还变本加厉地把他的脸摁在脏地上。再次看到他们后，他进一步确认了自己原本的暴力计划，从而实施了杀人行为。

阿森斯在访谈过程中提出了四种类型的解读：

第一种，他称之为人身防卫型解读。暴力实施者分两个步骤形成人身防卫型解读：一是将受害者的态度解读为迫在眉睫或进行中的身体攻击，然后告诉自己应该予以暴力回应，形成一套暴力行动方案。"施害者会形成自己的暴力行动方案，"阿森斯如此解释人身防卫理论，"是由于他认为暴力是阻止另一个人对他施加身体伤害的唯一手段。所有人身防卫理论的关键特征都是，受害者做出肢体语言等暗示动作，让施害者认为其即将发起身体攻击。"人身防卫型暴力行为构成了包括自我防卫行为在内的暴力犯罪的一种类型。阿森斯发现，在由人身防卫型解读而形成暴力行动方案时，罪犯认为自己是非暴力的，就像他们是守法公民一样，他们是被迫在自我防卫中使用暴力的。在形成人身防卫解读的过程中，支配行动者的主要情绪是**恐惧**。

第 18 号案例中的犯人是一个三十几岁的男性，他的自述就是一段激发人身防卫型解读的经历：

案例 18：刑事杀人

　　我正坐在一间酒吧里喝啤酒，有个坐在我旁边的男人起身，出去玩弹子球游戏。一会儿他回来了，说："你喝了我的啤酒。我刚去玩弹子球前，啤酒罐都是满的。"我说："我没喝你的酒。"他说："你最好给我再去买一罐。"我说："我才不买。"起初，我不知道他到底是真以为我喝了他的啤酒，还是只想唬我去给他买酒，但是之后他说"你必须给我再去买罐啤酒"，这时我才知道他是想找我挑事，我确定自己绝不会给他买酒。他再一次让我去给他买酒时，我说："见鬼，不去。"我认为，如果我表示自己不会去买，他就不会再继续紧逼了，但他却说："你最好给我再去买一罐。"于是，我只能说："我不想找麻烦，我才刚从局子里出来，所以赶紧走开，别来烦我，我半罐酒都不会给你买。"他还继续盯着我，我开始怀疑他可能想对我做点什么。他拔出一把匕首刺向我，我先是一枪打在他胳膊上，他还继续扑过来，我只好把他干掉，因为他显然想要杀了我。

　　第二类解读被阿森斯称为挫败型解读。加害者将受害者态度解读为以下两种情形时：（1）受害者正在抵抗或将要抵抗加害者想要做的事——例如强奸或抢劫；（2）受害者想要加害者配合行动——例如接受逮捕，但加害者拒绝。加害者就会形成挫败型解读。通过内心论证，加害者会得出结论，认为自己应当对这种挫败进行暴力回击，从而得出一套暴力的行动方案。阿森斯解释道："加害者形成了这套暴力行动方案，是由于他认为暴力是最恰当的手段，可以避免他人采取进一步行动来阻止自己，或者他通过这么做来阻止别人的行动。"在形成挫败型解读时，加害者的主要情绪是**愤怒**，是由于自己的意图不能达成。

阿森斯记录了以下两例加害者关于暴力案件的自述——一例是强奸，另一例是杀人，来说明挫败型解读的两种类型：

案例49：强奸

我正在公寓里听广播，突然感到欲火焚身，想去找个妞。我想，我应该去红灯区找个漂亮白妞。我对那个地方很熟，离我家也够远。于是我就出门上了公交，一直坐到那条街上，然后下车开始四处走。我好好打量了那个中年白妞一番，看着她经过几座楼，然后心想，我得去把那个妞儿搞定。

我跟着她一直走到一座公寓楼入口，她掏出一把钥匙开门进去，我也得赶在门关上前溜进去。我立即走到门边，但等了几秒才进去，因为我不想让她看到我。我进去时，听到她正在上楼，就一路跟着她。一上楼，我看到她正穿过走廊，就悄悄跑到她身后。她一开门，我就用手捂住她的嘴，将她一把推进去，说："别出声。"然后我关上门说："如果你胆敢出一声，我就弄死你。"

我不想让她很快就感到恐慌，就把她放开，说："你有钱么？"她说："我只有十块钱，装在教堂信封里。"我说："行，拿来。"她把信封从钱包里拿出来递给我，我说："把你的外套脱下来。"我仔细打量着她。

我抓住她的肩膀，把她推倒在地，她叫起来："你要干吗？你要干吗？"我想我最好让她知道我不是闹着玩，就骑到她身上，开始抽她的脸，一边说："闭嘴、闭嘴。"她一闭嘴，我就不再打她，把她的裙子掀起来蒙住脸，开始摸她，她叫起来："住手、住手、住手!"一边用脚踩地板。我心想，我必须尽快让她闭嘴，别让人听见，然后我真开始左右开弓地揍她，说道："闭嘴，趁老子还没把你打死，快他妈闭嘴。"最后，她终于闭了嘴，我把她的裙子掀上去，爬到她身上……

案例 10：刑事杀人

我手头没什么钱了，听说有个好地方能弄上一笔。一小时后，我和朋友就在那儿撬保险箱，这时有个很年轻的警察进来，手里举着枪说："你们被捕了，举起手来。"我第一个想法就是，老子已经坐十年牢了，不想再蹲监狱了，于是我决定不投降。那个警察又冲我们走近几步，我思忖着怎么把他的枪夺下来，但又不知道他的同伴在哪儿。他看上去很紧张，甚至有些害怕。我心里想着，他应该不会开枪的，再说我也无所谓。然后我发现，他没有同伴，就准备袭击他。我必须脱身。当他再朝我们靠近时，我就用锤子砸了他。

第三种解读，被阿森斯称作恶意（malefic）解读，这一词来自邪恶的拉丁语"邪恶（maleficus）"。得出恶意解读需要三步。第一步，加害者评估受害者态度，认为受害者在憎恨、轻视或侮辱他；第二步，加害者经过内心论证，认为受害者的态度是恶意的；第三步，加害者决定用暴力来对抗这种恶意，并想出了一套暴力行动方案。阿森斯写道："加害者形成了自己的暴力行动方案，是因为他认为暴力是对抗他所认为怀有恶意之人的最恰当方式。所有恶意解读的关键特征都是一个：加害者认为受害者极端邪恶。"在形成恶意解读的过程中，加害者的主要情绪是**仇恨**。

案例 55 中，那个在酒水店停车场被打的年轻人取枪射击了那些侮辱了他的"黄皮肤杂种"，正是源于恶意解读。案例 2 也是，那个人开始对旅伴的夸夸其谈、自高自大产生了憎恶，最后开枪打死了他。对于法医精神病学家等外部观察者来说，这种犯罪常常显得毫无动机，因为按照常规标准判断，这种挑衅似乎与引起的反应不成正比。阿森斯对挑衅对于加害者意义的强调，揭示了这种差异：尽管多数人不同意因为受不了他人夸夸其谈、受到轻蔑或在停车场被打，就去杀人，但他们可能都会同意，邪不能压正。

第四种也是最后一种解读被阿森斯称为挫败-恶意解读。正如这个名称所示，这种类型包含了前两种特点。受害者令人挫败的抵抗或坚持让加害者认为，受害者是邪恶或怀有恶意的，从而必须进行暴力反击：

> 加害者形成了暴力行动方案，是因为他认为暴力是应对恶意对象或阻遏恶意对象进一步行动的最合适的手段。加害者不仅认为受害者怀有敌意，还尤其令人憎恶……所有挫败-恶意解读都有一个标志，即刚开始只是挫败型解读。但在加害者升级自己的暴力袭击之前，这种解读就开始带有恶意，最终加害者不再只是对受害者感到愤怒，而是完全带有仇恨。

就以上类型，阿森斯提供了一个 20 岁出头的年轻男子进行伤害和抢劫的犯罪案例：

案例 21：严重伤害

我正在家附近的小酒馆里喝酒，旁边坐着这个男人，我知道他是个同性恋。他到处招摇他的皮夹子，我就动念头想骗他一笔钱。我们一起去上过几次厕所，我打算趁此搞点钱，但他很狡诈（皮夹里根本没放钱），于是我就揍了他。他离开酒馆，威胁说要叫警察来抓我，我想，这个该死的基佬，我该去抢劫他，打破他的脑袋。于是我跟在他身后，他回家后，我敲他家门，但他没来开。我气疯了，一脚把门踹开。那个跟他一起睡的男朋友也在家，他走上前来，这让我更加生气，我就揍了他的男朋友。他的男朋友从前门逃跑了，然后我看到那个基佬站在那儿盯着我，我更火了，觉得这是个抢劫再给他点颜色看的好机会。反正都已经做到这一步了，不如再进一步好好教训一下他。我现在已经惹麻烦了，做多做少都得蹲几年，不如下点狠手。于是，我开始揍他。

在艾奥瓦的第一轮访谈中，阿森斯没让受访者回溯自己的暴力史，也没让他们回想自己都曾在什么情形下，准备实施暴力犯罪却又没实施。在加州访谈时，他问了这些问题，因此对暴力的发展动态有了更多的了解。在艾奥瓦和加州收集的案例，都能被划分进以上四种基本和普遍的类型中。但是阿森斯发现，解读某一情形并不必然带来暴力行为："大多数暴力犯罪行为都只是刚刚开始实施，而不是完全实施。"尽管这一观点看似显而易见，但在犯罪学家看来却不是这样，因为当时关于暴力犯罪理论的主流观点将这些行为定义为无意识、非理性、暴发性甚至非预期的，根本没有行动还是不行动的决策余地。"人们认为，如果暴力罪犯真正思考了自己在做什么，就根本不会进行犯罪。这种天真的想法曾经一度（甚至如今依然）基于那种错误设想——除非暴力罪犯能像专业犯罪学家一样思考，不然他们的行动事实上根本不可能经过思考。"阿森斯讽刺地评论道。尽管阿森斯将这种天真归因为"中产阶级的偏见"，但这更像缺乏常识。

阿森斯发现，有三种可能趋势，会决定一个暴力分子会不会实施暴力犯罪行为。

第一种可能趋势，被阿森斯称为"固定思维模式"，是一种隧道视野（tunnel vision）[1]："形成暴力解读之后，（加害者）除了实行暴力外，脑子里不会再考虑其他任何事。他既可能立即实施暴力方案，也可能再酝酿一段时间……直至最终付诸实践。"

第二个可能是"约束性判断"，这脱离了隧道视野。暴力行为者"重新定义了自己所处的情势，并基于自己的新定义，判断自己不应该实施暴力行动"。因此，他放弃了已经形成的暴力行动方案。"约束性判断"的出现消除了原先陈旧但却莫名流行的"暴力犯罪就是毫无理由的激情行为"的观念。阿森斯发现，暴力行为者出于恐惧形成了约束性判断，恐惧暴力方案会失败，害怕法律制裁（例如一旦出现了目击者，正试图进行抢劫或强奸的施害者就会判断自己有被识别并逮捕的风险），担心暴力行为可能损害或摧毁行为者和其意图施暴对象的社会关系——例如友谊或婚姻，或是出于另一个人的阻止（上文提到过，在里士满饭馆里持枪威胁彼得的那个愤怒的黑人，就是由于同伴劝阻而收手），也有可能是因为施暴对象转变了行为（例如被抢劫的人停止反抗）。在之前案例中，那个因为脸被按到停车场的地上而毫不犹豫杀死

75

---

[1]　隧道视野是指一个人如果身处隧道之中，看到的就是前后非常狭窄的视野。以此说明人在认知受限时会忽略很多事情。——译者注

开车人的年轻小伙，曾在另一个场合约束了自己的暴力行为。

案例 55：施暴边缘

我得嗑点药，但钱不够，于是我开始想从哪儿能搞几个钱。我决定出门，去个什么地方抢点，于是开始想有哪些地方。我首先想到附近的冰雪皇后冰淇淋店，但又觉得不值得麻烦一趟，因为那里根本没几个钱。然后我盘算起一家小超市，又因为抢不到几个子儿放弃了。最后我想到一家洗衣店，觉得那里最合适，有足够的钱，而且只有个老太婆在那儿工作。于是我戴上墨镜，拿起手枪，打开保险，往洗衣店赶。我走进去，掏出手枪对准柜台后的老太婆，说："这是把枪，我不想开枪打你，赶快把收银台里的钱都给我拿出来。"她走向收银台，停下来说："我不会把钱给你的。"然后她就踩了地上的一个按钮。

我告诉自己，我必须拿到钱。于是我朝柜台里探出身子，把枪口抵住她的脸说："女士，现在我要杀了你。"但我正准备扣动扳机，她一把拉开收银机抽屉说："你自己拿吧。"于是我叫她走开，她照做了。我装上所有纸币后，她笑着说："我想我确实不怎么了解你们今天这些年轻人了。"我看了她一会儿，心想她只是个挺好的老奶奶，然后就匆匆走了。

第三种可能趋势被阿森斯称为"压倒一切的判断"。有时，一个暴力行为者会冲破固定的思维方式，但之后又会回归。在这种情况下，阿森斯认为："他既会暂时考虑搁置暴力行动方案或切实形成约束性判断，但之后又会重新判断情况，认为绝对需要采取暴力。"阿森斯审视了收集的所有实施完成的暴力案例，发现"个人形成压倒一切的判断的最主要原因是，他们认为受害者的行为令人无法容忍"，所以他们继而对受害者的态度进行了恶意解读。为说明"压倒一切的判断"，阿森斯援引了以下案例，一个二十几岁被控犯下严重伤害罪的女人。

　　案例32：严重伤害

　　一天晚上，我们在我工作和居住的酒店房间里举行派对，每个人都是常客，除了一个家伙——他是走廊那头某个房间的租客，就这么随便混进来了，X说他认识这个人，所以也没关系。我们都在喝红酒、嗑药、享受，这时我听到这个家伙问X我是谁，还说我是个婊子。我说："嘿，你在说哪个婊子？"他说："说你这个婊子。"我心想，这个家伙以为自己在干吗？不请自来还他妈骂我婊子？我说："别跑到我的派对来，还骂我婊子。"他说："你就是个婊子，我今天嗑药嗑嗨了，付房租时你少找给我20块钱。"我说："伙计，你疯了。"他说："别想诈我，婊子。我以前也是混社会的，我也诈过人，我什么都清楚，X知道我是个好人，所以你别跟我来这套。"

　　我的朋友们都在开心地玩着，我心情也很好，我不想为了20块钱破坏大家兴致，于是想干脆就给他20块，把他打发走。我说："你看，伙计，今天我没少找你钱，但为了显示我的善意，我就给你20块，怎么样？"他说："好吧，既然你这么需要这点钱，还要耍把戏来糊弄我，那你就自己留着吧，婊子。"我想，这个杂种只是故意在要我，当着我朋友们的面说我是个骗子，还叫我婊子。我心想，杂种，以后别来惹我。最

77

后我说："先生，我警告你，别再来惹我，否则我就让你看看，婊子到底什么样。"他只是看着我，大笑着说："我还没遇见过哪个婊子能给我颜色看。"

然后我心想，无论如何必须除掉这个杂种。我已经受够了。我要割断他令人恶心的喉咙，我走进卧室，拿出一张20元的钞票和我的剃刀。心想，这个混账不肯收手，还要继续搞我，是他自己把自己逼上绝路的，于是我走出卧室。我走向他，脸上带着大大的笑容，我一手举着钞票，把剃刀藏在另一只手里。我坐到他大腿上，说："好吧，你赢了，还你20块。"他说："我很高兴你最终承认了。"我笑着看着他说："来，让我给你个吻纪念一下。"我俯下身子，装作要吻他的样子，然后一刀划开了他的喉咙。

阿森斯总结道："简言之，在我研究的暴力实施完毕的案例中，施暴者总是要么陷入固定思维模式，要么形成压倒一切的判断，而在差点实施暴力的案例中，施暴者总是形成约束性判断。"

阿森斯认为，自己就暴力犯罪的类型及动态的研究能在宗教、法律和常识中得到佐证：犯罪者的行为出于自身意志，他们思考、决定并选择何时何地实施暴力行为——换言之，暴力罪犯对自己的行为负责任。许多关于暴力行为的理论都将这种行为归结于基因遗传、无意识动机或之前的社会状况，暗示（有时是明示）罪犯不对自己的行为负责。因此，精神病学家常常会出庭论证，某个承认自己实施暴力犯罪的人，他的行为是"无意义的"，他不应对自己的行为负责，因为这种暴力本身即显示了他的精神疾病。这种为暴力罪行的"科学性"开脱和法律对证明犯罪意图的要求之间存在的紧张关系，也从根本上导致了法庭和媒体上关于暴力犯罪的讨论会让这么多人感到沮丧和困惑。

阿森斯试图理解暴力行为者对其施暴情形的解读，他发现，暴力行为者对此类情形的解读和我们其他人相差无几——恐惧、愤怒甚至憎恨。暴力行为者的区别在于，他会基于这些解读的决定采取暴力行为。他们的决策过程到底有何不同，能够导致他们得出如此不同的结论？为了回答这个问题，阿森斯不得不去研究一个从他在威斯康星大学读硕士起就困惑的问题：米德提出我们需要从"概化他人"或"意见社群"处形成自己的判断，这种概念存在模糊性和自我矛盾。于是，到了阿森斯时，他决定突破，从根本上探索人类人格的构成。

# 第8章

# 幻象社群

在威斯康星大学时代，阿森斯对乔治·赫伯特·米德自我互动模型的研究一度使自己陷入严重危机，他甚至考虑过从研究生院退学，不再从事犯罪学研究，而是回到里士满找份其他工作。阿森斯在与赫伯特·布鲁默的书信往来及面对面沟通中，深入探讨了米德模型中"主我（I）"、"客我（me）"和"概化他人"等概念是否合理。这个问题对阿森斯至关重要，因为他作为一个年轻的研究生，在采访暴力罪犯前，需要一套关于自我互动的指导模型。

他说："我的想法是这样的，暴力犯罪是在社会学和心理学领域被研究得最为透彻的科目之一——相关文献已经有成千上万本了。但是我阅读过的以及在课堂上讨论过的一切东西对我而言都不是很合理。它们并不吻合我对暴力的第一手观察和经验。我想做点不同的事情，而且我也意识到从未有人研究过暴力罪犯的自我互动，研究他们杀害、强奸和袭击他人时的**心理活动**。因此我找不到任何标签，找不到任何可以依赖的材料。这就是我研究米德的原因。我不想也没有自信从零开始。我没有这方面的建树，因此也没有任何勋章，这是不可接受的。"

米德的模型是现成的，同时它也是阿森斯所运用的解释性研究的基础。但是他几乎立刻就发现了这个模型的问题。更加糟糕的是，其他人似乎并没注意到这些问题。"要么是米德错了，要么是我没有理解他。那段日子我认为我之所以搞不明白米德有关'自我'的概念，是因为我智力不如他。我来自一个文盲家庭，而我身边的同学都是来自排名前十的顶尖大学，我感到自己十分蠢笨。这是一场危机，而我挺过来了，但是找到米德'概化他人'概念中的错误并用正确的概念将其替换，花了我20年的时间"。

米德提出了"概化他人"的概念，以解释人们从何处得到其所属群体的共同态度。与一个他人互动时，我能直接感知到那个人的态度；但是我要如何感知并内化一群人的态度——一个群体的潜规则——从而社会化、有组织、合作性地互动？米德回答了这个问题："一个人的秉性源自他所处的群体，因为他将那个群体的规定代入了自己的行为中。他将这个群体的语言当作塑造其秉性的介质，然后在承担其他人赋予其的不同角色的过程中，他会感知到群体中各成员的态度。""群体中各成员的态度"内化到自身后，就是米德所指的"概化他人"。在研究生毕业将近20年后，阿森斯认为自己最终理解了米德的模型，并发表了一篇文章来分析其优势和不足。他在文章中引用了他所谓的米德"对其最具原创性概念的最令人赞叹的定义"：

> 一个孩童会从概化他人的态度中感知何为得体。所有人持有的态度最后对他来说就变成了每个人持有的态度。在承担对所有人来说都平常的角色时，他会发现他是在一群人的授权下与自己和他人对话。这些态度变得不证自明。从一开始，概化

80

他人的形式就具有普世性，因为其他人不同态度之间的差异消
除了其特性。

　　这一均衡的过程是将社会的规则和预期注入自我的途径，它与一开
始建立自我以及促成个体间有意义互动的过程是连贯的。阿森斯描述
道："当人们感知到个体的态度时，他们告诉自己这是特定个体对他们
的预期；当他们感知到某个群组对他们的态度时，他们告诉自己这是特
定群组对他们的预期；但是当他们感知到概化他人的态度时，他们告诉
自己这是群体中每个人对他们的预期。"

　　不幸的是，阿森斯相信自己的判断并很快意识到，无论米德有关
"概化他人"的概念多么令人叹为观止，都有一个致命的缺陷：它并不
符合事实。它解释了集体一致性，却没能解释个体差异。它解释了合
意，却没能解释分歧。米德认为它是"自我的基础架构，这一回应对
所有人来说都是稀松平常的"。他说："它构成了我们所谓的个人特质，
它把我们所谓的原则、群体中所有成员的符合群体价值观的态度赋予了
这个人。"米德有关"概化他人"的概念在某种程度上与另一个我们更
为熟知的概念类似：基督徒的良心，又被莎士比亚称作"内心深处的
神明"（当然米德理论的主体是"内心深处的群体"——不是圣灵而是
人类集体）。然而，阿森斯研究了那些秉性和原则都与其群体所认可的
态度大相径庭的男男女女，他们被来自同一群体的陪审团认定为暴力罪
犯，并被处以数年的牢狱之刑。那么**他们**的自我是构建在怎样的野蛮基
础上的呢？

　　阿森斯努力寻求答案。他说："米德的问题出在'概化他人'上，
他以为人们必须对其做的事情有个共同概念，才能协同行事。但是人们

81

并不总是意见一致。例如，他们在使用暴力解决问题这一点上就并不总是一致。布鲁默和我曾就此展开过辩论。为什么在同一处境下的两个人会对自己有不同的暗示？我说不可能只是因为在这个处境里发生的事情。人们会解读处境——他们把不同的东西带到桌面上。你需要考虑到这一点。这就是米德模型的讽刺之处：如果你跟其他人一样，你就失去了自我。你就失去了所有的个体特性。而这并不是世界运行的方式。这就是他没有觉察到的因素。"

阿森斯采访的暴力罪犯都是野蛮的、反社会的利己主义者的极端例子。这也是很多人浪漫化暴力犯罪的原因。阿森斯不觉得暴力犯罪有任何浪漫之处，但是其极端性突出了与米德集体一致性的反差，使一个更加精妙和实际的模型呼之欲出。

最终他提出，围绕"主我"和"客我"的自我形成了一个更加密切的群体。在此之外可能存在一个"概化他人"，也就是让美国人之所以为美国人的集体态度。但是在个体和宽泛的社会集体性之间，还有其他的重要人士，他们——父母以及初级群体的其他成员的态度也造就了这一个体，成为他的过往经历。阿森斯认为，如果没有这些过往经历如影随形般的半永久性护佑，我们将被迫在遇到每个新的后续经历时都重塑自己，这将会造成"自我生平缺失的怪圈"（the absurdity of a biographical-less self）。我们其他重要家庭成员的态度内化到我们个体中后，会成为"自我日常活动中经常出现的因素"，从而有可能"使人们锤炼出经受了远多于其第一手过往经历的自我"。这些被吸纳进来的态度可能以"幻象他人"（phantom others）的形式显现，他们一起形成了一个幻象社群（phantom community）。

他进一步阐释道：我们与自己交谈。这么做的时候我们总是跟一个对话者交谈，虽然会有种我们只是在跟自己交谈的假象。所有对我们说的话，包括我们对自己说的话，都是那个对话者告诉我们的。即使是别人告诉我们一件事，我们也要同步告诉自己，别人告诉了我们什么，从而理解他所说的含义。（阿森斯评价道，这种说法听上去好像很神秘，实际上并非如此；其实换个简单的说法，就是"复述并理解别人说了什么"。）然后，其中一类对话者代表"我们在社交情境下交谈的对象"与我们对话。但是那并不是唯一的一类对话者。我们也会与**幻象他人**对话，他们虽未出现，但是他们对我们的影响并不弱于在社交情境下出现并与我们对话的人。

幻象他人对我们的影响甚至有可能超过与我们互动的人们，因为我们的幻象社群与我们常伴。在一个高度流动的社会里，与我们面对面交谈的人可能只是生命的过客，他们都会留下新的社会体验，无论好坏。而另一方面，只要自我保持完整，幻象他人通常会在我们不同的社会体验中保持一致。因此幻象他人是无处不在的，无论一个人去哪里，他们都如影随形，而且人们通常意识不到他们的存在。

幻象他人是一个人，也是很多人，他们是一个，也是多个实体，因为我们在独白时通常一次只能跟一个幻象同伴对话。但实际上常常会有不止一个幻象与我们对话：

> 幻象他人是一个，也是多个实体，因为很多个幻象同伴个体放到一起就构成了**幻象社群**，给人们提供了一张多元但又统一的共鸣板，以使他们不同的社会体验合理而有意义。幻象社群作为一个整体要大于其各单个部分的加总，因为幻象回路

(phantom circuits) 或关系不可避免地在单个的幻象同伴之间
产生。所以，一方面幻象社群绝对是一个合成体，但另一方面
它又绝不仅仅是个体堆叠的产物。

83

在生活中我们不一定能意识到幻象同伴的存在。我们将其内化并视
之为理所当然。我们把注意力放在了别的地方。

大多数时候我们以为幻象同伴的存在理所当然，其程度之
深，导致幻象同伴被深埋在我们正常的意识水平之下；因此在
生活中我们极少意识到它们的存在。它们就无形地存在在那
儿，但是又深深地埋藏在我们的意识视野里。查尔斯·霍顿·
库里曾经颇有洞见地评价道："人心真是一个塞满了各种奇特
生命形态的洞穴，它们中的大多数都是隐晦而无意识的。"虽
然不为我们所意识到，但是我们的幻象同伴影响着我们最深刻
思维和情绪的形成。因此，无论幻象社群对我们产生的是益处
还是害处，通常都是在我们背后悄无声息的发生的。

阿森斯补充道："这是个你从哪里来的问题。你问一个人是从哪里
来，他们都来自自己的幻象社群。"

如果我的幻象社群是无意识的，如果我无视它，那有什么证据证明
这个幻象社群存在呢？它在个人危机发生时显现。"当你陷入个体矛盾
时，它就开始溃散。当你崩溃时，其实是你的幻象社群崩塌了。原本整
齐的腔调开始分离，然后你看到那些关键人物、那些幻象。当这些面孔
开始涌现，你就知道你有麻烦了。你陷入危机，有人告诉你要这么做，
而另一些人告诉你要那么做——那都是你的幻象社群。他们没有名字，

但是你一会儿去这儿，一会儿去那儿，你也不知道到底该怎么办，这就是你陷入危机的原因。他们陷入了矛盾，而你无能为力。"

阿森斯通过观察人们内心的动荡发现，幻象社群是隐性的情感来源。恐惧、愤怒、憎恶、爱慕——这些都是我们赋予一系列身体知觉的（心理）意涵。我们通过与自己对话来赋予这些意涵。阿森斯写道，如果当我们在与自己对话时，总是与我们的幻象社群互动，那么之后幻象社群"必将成为我们情感的主要源泉"。的确——他们会在我们正在经历的事情尚未完结时就告诉我们事情会如何发展，从而在我们身上植入了强大的自我实现的预言。讽刺的是，这些自我实现的预言能激起我们内心最深处的情感，最后导致所设想情况的发生。阿森斯的暴力罪犯研 84 究对象经常在与自己的幻象社群对话后产生了这些自我实现的预言。当幻象社群将受害者的态度解读为恐惧、愤怒或憎恶时，他们决定他们应该以暴力相向。

阿森斯总结道，幻象社群才是暴力倾向的人诉诸暴力的依据，而不是"概化他人"。我们与其他人相互经历并与他们对话，这对我们理解相关经历的直接意涵至关重要。但是如果我们不与幻象社群对话，那么就无法确定社会经历的最终意涵。他澄清道："你并不创设这个世界，只是坐在那儿评判这个世界。幻象社群不会在一开始就告诉你世界的原貌。你从这个世界获得反馈，然后开始借由你的幻象社群评判这个世界。"

暴力行事的人之所以诉诸暴力，并不是因为他们有心理疾病、受到暴力亚文化的熏陶、脑子有病或不自重，而是因为他们的幻象社群与我们其他人的不同。这一差异导致他们给自己的社会经历贴上了不同的、暴力的标签。很多人觉得挫败——我们大多数人也时常如此。很多人生气——我们大多数人也时常如此。很多人会憎恨——我们大多数人也时常如此。但是我们中只有一小撮人诉诸暴力来解决这些冲突。人们如何成为这一小撮人的一员就是阿森斯第二本书的主题了，这本书名为《危险暴力罪犯的诞生》。在《暴力犯罪和暴力罪犯》一书中，在归纳出四种不同的暴力犯罪行为（亦即人身防卫型、挫败型、恶意型、挫败-恶意型）之后，他开始研究主体的自我形象（亦即他们搭建自身所用的客体）。他在访谈中寻找特定的模式，并兴奋地发现他的受访者在施暴时所持的自我形象与其所犯暴力行为的类型是相符的。

在他采访的男男女女中，阿森斯发现了三种自我形象。他把它们称作"暴力""初期暴力"和"非暴力"。

暴力的自我形象有两个标志——首先，行为人被他人以及自身视作具有暴力倾向，亦即有以严重伤害他人的目的而攻击他们身体的意愿或心态。其次，行为人被他人以及自身视作具有与暴力相关的显著性格特质（例如尖刻、脾气不佳、鲁莽、冷血、暴躁或强势）。在《暴力犯罪和暴力罪犯》一书中，阿森斯引述了两段独白来揭示暴力的自我形象，这两段独白堪称鲜活的经典实例。其中一个受访者被控严重伤害罪，他形容自己在犯罪时是一辆"趴地跳跳车"（low rider），就喜欢"重装上阵、飞速疾驰并热血火拼"的感觉，崇尚"你想干什么就干什么、想什么时候干就什么时候干、想怎么干就怎么干"这样的简单粗暴。另一个受访者被阿森斯列为"参与者观察案例1"，他正是阿森斯的父亲"希腊人彼得"，他的独白在阿森斯的幻象社群中终身萦绕。它是这样的一种心境：

> "我是个男人，我希望人们把我当作男人看待。见鬼！我
> 其实挺好相处的，只要人们别太看轻我。我只是不苟言笑，当
> 我说什么的时候我是认真的。我不想听'谁做了什么'这样
> 的连篇废话。我也不在乎那些人是谁，或者他们以为自己是
> 谁；他们最好别给我耍花样，不然我分分钟教他们做人。他们
> 很快会发现招惹我可不是闹着玩儿的。在我当道的那会儿我，
> 可糟蹋了不止一个好男人，所以杰克，这次我会再来一次。这
> 就是我的风格，除非我死了。大家都知道这是我的风格。"

阿森斯发现的第二种自我形象，也就是初期暴力的自我形象，与暴
力的自我形象有着一个共同的标志：行为人被他人以及自身视作具有与
暴力相关的显著性格特质。然而，与具有暴力的自我形象的人相比，这
些人被他人以及自身视作具有初期的暴力倾向，亦即只有对他人施加严
重暴力威胁（例如暴力的最后通牒以及威胁性身体语言）的意愿或心
态。阿森斯在第一次尝试对暴力行事者进行分类时忽略了这一类人，那
是他在研究生学习阶段发表的一篇题为《自我和暴力行为》的论文，
论文完全基于他在艾奥瓦州的访谈。在这篇论文里，他假定只存在暴力
的自我形象和非暴力的自我形象。初期的暴力自我形象是从他在加利福
尼亚州访谈的女性暴力罪犯身上推导出来的。他发现这些女性在实施暴
力行为之前，通常都并不确定自己是否"绝对且真实的"暴力。他怀
疑访问女性与访问男性相比可能会得出不同的结论——毕竟暴力的男性
比暴力的女性要多得多。因此，他去到位于科罗娜的女子监狱，花大价
钱待了几个晚上，以一探究竟。

86

案例 28，犯人是一名被判杀人罪的女性，她在犯下其罪行时是初期的暴力自我形象。她向阿森斯描述自己时这样说："我是个尖刻而又脾气暴躁的人……我纵容丈夫虐待我，那感觉就像个被抛弃的傻子。我厌倦了这些，变得容易暴躁。我经常恶毒地威胁人们，但是大家都以为我是在讲大话，我只会买醉、咆哮、咒骂，朝人们扔东西直到醉过去，没人觉得我会动真格的。"

非暴力自我形象是阿森斯发现的第三种，也是最后一种自我形象。毫不意外的，这种自我形象在他的访谈对象中十分少见。他写道：

> 具有非暴力自我形象的人们并不被他人以及自身视作具有暴力或初期的暴力倾向。此外，他们也并不被他人以及自身视作具有与暴力相关的显著性格特质。相反，这些人被他人以及自身视作具有积极与消极并存的显著性格特质，这些特质都是非暴力的，例如幽默或不苟言笑、外向或害羞、懒惰或勤勉、风度翩翩或沉闷乏味、讨人嫌或彬彬有礼、丑陋或吸引人、聪明或愚蠢等。

案例 48，犯人是一名被判严重伤害罪的女性，她在犯下其罪行时是非暴力的自我形象。她告诉阿森斯，她"只是想拥有一个家庭，当好一个母亲，享受美好生活。我感觉自己像个夫人，我也希望自己被当作夫人对待。但是我的丈夫像个疯子，他出于嫉妒，在所有人面前让我难堪"。

阿森斯提出，暴力行事者与他们暴力倾向解读的契合，正是因为我们每个人，不论是否暴力，在建构自我形象和解读我们所处的情境时，都会从我们的幻象社群中寻求答案。在阿森斯研究的案例中，这两者的关联是一致的且具普适性：

> 在我手头的 58 个案例中，我发现罪犯在犯下罪行时的自
> 我形象类别，总是与其犯下暴力罪行时对情境解读的类型相一
> 致。具体来说，非暴力自我形象的人只有在对情境形成了需要
> 防御人身伤害的解读时才会犯下暴力罪行。初期暴力自我形象
> 的人只有在对情境形成了需要人身防卫或者挫败–恶意的解读
> 时才会犯下暴力罪行。最后，暴力自我形象的人在对情境形成
> 了恶意、挫败、挫败–恶意或者需要人身防卫的解读时就会犯
> 下暴力罪行。

为阐释这其中的差别，阿森斯报告了三个家庭暴力案件。第一个案
例，也就是案例 5 中，一个犯罪时拥有非暴力自我形象的男性被判严重
伤害罪。他告诉阿森斯："我的家人都认为我工作勤奋，为家庭付出良
多。他们知道我积极向上、求知若渴……我喜欢自我实现。我是个完美
主义者。我想趁着年轻，在 40 岁之前达成我的目标，我一直在为此努
力。我以为我做到了。我有着强烈的自尊。"他对自身矛盾的解读是为
了人身防卫：

> 某甲正在跟我闹离婚，我的律师建议我从家里搬出来。我
> 回家想从地下室拿点儿我的个人物品。
>
> 我正在打包我的物件准备离开时听见某甲下楼来的声音。
> 她下到一半时我看了她一眼，我以为她是想下来和我谈谈。但
> 是当她一言不发时，我停下了手中的活儿并转向了她。我看见
> 她拿着一把剔骨刀。我以为她要偷袭我——偷偷从背后捅我一

刀。我跳过一个箱子逃到角落里，而她开始快速冲向我。我知
道她想要杀了我，于是我从刚打好的包里掏出了枪，并扣下了
扳机。

像这样由人身防卫解读而引起的行为可能会被法庭视为构成正当防
卫。然而，"正当防卫"是一个法律术语，有着特定的法律限制：当可
能躲避时，防卫者应当躲避，并且防卫者在有效防卫的前提下只能使用
最低的武力：案例 5 超出了这个限度；所以他被判严重伤害罪。阿森斯
界定的人身防卫解读，其所涵盖的行为远远宽泛于法律范畴下的正当
防卫。

88

案例 57，一个 35 岁左右的男性，在犯罪时拥有初期的暴力自我形
象。他告诉阿森斯，他的妻子"说我太严苛、太直男癌了。她觉得我
威逼强迫她接受我做出的所有决定。我知道我发起火来的时候一定把她
吓惨了，因为我确实告诉她最好遵照我的意思来，别有太多废话"。他
觉得自己是个"勤奋顾家、对家人大方的男人"，但是他"仍然需要不
时让她意识到不能太越矩"。他的杀人行为出于"挫败-恶意"解读。

我当时不在城里，往家里打了个电话，想看看家里怎么
样。她告诉我她见过律师了，要跟我离婚。我告诉她先等我回
来，跟她坐下来好好聊过之后再说，但是她说："不，这次我
是认真的。"她跟我说了这些之后，我爆发了："你最好别跟
我来这一套，不然你会后悔的。"她说："我已经有一张对你
的限制令了，所以如果你还跑来骚扰我的话，警察会收拾你
的。"我说："如果我真的想收拾你，警察也救不了你。"我以
为这么说会吓着她，但是并没有。她很镇定且自信，就像一切

都在她的全盘掌控中一样。这让我更加恼火了。那个时候，我知道在电话里再怎么恐吓她也没用了，吓不着她。我意识到我必须回家跟她当面对质。我就是单纯恼火，挂了电话之后就直奔着家里去了。我倒想看看当我回家时，她是不是还会跟在电话里一样，那么放肆地跟我谈离婚。

三个小时后我到家了，她正在床上睡觉。我叫醒了她，让她赶紧起床，我要跟她谈谈。我告诉她，如果她不离婚我保证会表现好点儿的……但是她根本不吃我这套。我越来越生气了。然后她出来说："这么着，就算是你帮我个忙好了，咱们离婚吧。"那一刻我内心对她是刻骨地憎恨。我告诉自己最好在爆发前离开，但是突然我又想——没门！我直勾勾地盯着她的脸说："好吧，某甲，你最好想想我们可怜的孩子们"。她说："我不在乎他们；我就想离婚。"

我对她的憎恶在那一秒爆发了，我说："你这个肮脏卑鄙的婊子！"然后开始用拳头暴打她的脸。她举起双臂遮住脸，于是我跑去取来了我的步枪并对准她。我说："臭婊子！你最好赶紧改主意，不然老子杀了你！"她目光迎着我，特别自以为是地说："快动手吧，朝我开枪啊。"我恼火极了，对她恨得咬牙切齿，于是我朝她开枪，一枪又一枪。

第三个例子，案例 29，一个被判严重伤害罪的女性，在犯罪时拥有暴力的自我形象。她称自己为一个"蛇蝎美女"。她告诉阿森斯她"能勾起很多男人的性欲，而我对很多不同的男人也都有性欲。认识我的男人都觉得我是个甜美、可爱、性感的女人，喜欢聚会且放荡不羁"。但她同时又"对自己不太确定。我是个情绪不稳定的人。我通常待人友善热情，但是我也会变得特别暴戾。当我真的生气时，我会爆发，然后我会做出任何事情。有些人意识到我发狂时是很危险的"。她的罪行是对一次分手的恶意解读造成的：

> 我男朋友正在和我拌嘴，然后他告诉我他决定收拾东西离开，回到他妻子身边。他说既然自己有个收入不错的工作，他觉得他妻子会接纳他回去一起生活的。我说："那你最好把过去两个月白住在我这儿的钱给付了，还有我借给你的那些钱。"他说："我凭什么要为住在这儿付你钱，我一毛钱都不欠你的，我也不需要把你给我的钱还给你。"我说："你这个混蛋！你根本不在乎我，你一直都在利用我，不是吗？"他并没有回答我；他十分冷静，对我视若无睹。我告诉自己绝不能让他对我做了这些之后逃之夭夭。他让我和某甲分手了；他在这儿白吃白住，他拿了我的钱，毁了我的车……他作孽太多了，决不能就这样放过他。我说："我可不认为你能这么轻易地离开。"但他立马跳起来说他马上打包自己的东西。然后我开始想该如何干掉他。下毒？不，他现在不会想要吃东西。我想我应该枪杀他。然后这个主意也被否决了，因为这会给我惹上不少麻烦。但最后我告诉自己：够了够了！就这么干！我才不在乎什么麻烦！当时我正在气头上，壮着胆子去取出了前任留在家里的手枪。然后我走向他说："你这个臭不要脸的。"他说："求你了，别开枪。"我在心里说，你这废物，我求你别打我的时候你可从不停手。然后我开枪杀了他。

　　阿森斯评论道："有暴力和初期暴力自我形象的人与有非暴力自我
形象的人相比，在更多情况下会把情境解读为需要他们用暴力解
决。"——这是他们更加危险的原因之一。只有有暴力自我形象的人才
从四种解读里全部都能得出暴力。在他所有受访者的生命历程中，初期
的暴力自我形象与暴力的自我形象和非暴力的自我形象相比，看上去更
加不稳定。阿森斯认为这很合理："这些人要么停止重伤或者性侵别人
的威胁或尝试，要么付诸行动，因为其他人的挑衅可能使他们迟早付诸
行动。一个人只能虚张声势一段时间，然后就必须有所实质地回
应了。"

　　精神病专家伊曼努尔·塔纳伊的假说认为典型暴力犯罪是自我矛盾
的，而不是自我和谐的。也就是对自我来说是不可接受的，而不是可接
受的，阿森斯认为这是一种假象。阿森斯观察到，"如果暴力犯罪真是
自我矛盾的。那么暴力犯罪行为人的自我形象将是与其暴力犯罪行为严
重不符的，而不是相一致的。"然后，他戏谑地补充道："尽管暴力犯
罪行为可能对精神病专家来说是自我矛盾的，但对实施这些暴力行为的
人来说是自我和谐的。"

　　在《暴力犯罪和暴力罪犯》一书最后 1/3 的篇幅里，阿森斯探索
了暴力罪犯的生涯。在此语境下他将"生涯"定义为"经筛选过的人
生过往，而在这些过往中记录了人们在一生中或某段时间对自身或行为
做出的重大变化"。他发现他的受访者在生涯的不同期间，有着不同的
自我形象（这当然意味着他们的幻象社群也随着时间改变，这是个重
要发现），且他们的自我形象与他们犯事时相应期间所作出的暴力行为

是吻合的。与暴力、初期暴力或非暴力自我形象相对应的是严重暴力、
91 轻微暴力和微弱暴力三个期间。阿森斯阐释道："当施暴者有暴力自我
形象时，他们会经历严重暴力期间。当施暴者有初期的暴力自我形象
时，他们会经历轻微暴力期间。最后，当他们有非暴力的自我形象时，
他们会经历微弱暴力期间。"

阿森斯的"生涯-期间"归类法较之于其"自我形象-解读"归类
法要复杂一些。严重暴力期间显然包括严重人身伤害和性侵行为。轻微
暴力期间则指向暴力程度更低的行为（例如抽打、反手耳光、推搡、
轻微地拳打、锁喉或脚踢）及威胁，但是也包括受害者促成（亦即由
受害者挑起事端的）严重暴力行为。微弱暴力期间没有严重暴力行为，
非由受害者招致的轻微暴力行为也极为少见。所以，如果受害者促成，
则会刺激施暴者不由自主地加重暴力。[1]

在案例 56 中，阿森斯为我们展现了一个令人胆战的暴力自我形象
案例。一个三十岁出头的谋杀犯，其严重暴力期间从九岁时开始。他回
忆了自己在该期间做出的数个严重暴力行为。他曾经是个机灵的小孩
儿，"有远超同龄人的成熟和洞察力……我特别调皮，但是并没有大人
们所担心的攻击性。我身边的人都觉得我真是个棒小孩儿。"但是他回

---

[1] 犯罪学家马尔文·沃尔夫冈特别研究了受害者促成的谋杀，但研究范围
仅限于那些"在谋杀场景中首先对随后的杀人者使用武力"的受害者［Wolfgang
(1957)，p. 2]。沃尔夫冈坚持认为，"光有言语还不足以"构成受害人促成
［Wolfgang (1969)，p. 72]。基于采访所获得的证据，阿森斯把受害人促成的范围扩
展到言语威胁和手势威胁。他指出，把受害者促成局限于武力威胁会"忽视'促
成'对于受害人和罪犯的含义"，会"遗漏大量受害者才是真正犯罪成因的情形，
而又把很多受害者并非真正犯罪成因的情况包含进来"。［阿森斯 (1997)，p. 36]

忆说自己"也有点小脾气，而在我祖父教会我怎么打架之后，我就开始在学校称王称霸了"。他告诉阿森斯，他的祖父是这么教他的，"与你没犯错却要被打屁股相比，更糟糕的是你犯了错还打赢了一架。但是如果你没有错，就不需要忍让了。如果拳头不管用，就别用拳头。捡起一块石头、操起一只棒球棒或任何其他武器。受欺负了就不要想着用拳击赛那套来解决问题，能用什么就用什么。"（阿森斯一定有所共鸣——希腊人彼得曾经向他灌输过类似的逻辑。）他听从了他祖父的 92 "教诲"，在九岁的时候打倒了一个在学校针对他的人，"狠狠地踢了他的头和脸，打得他鼻青脸肿、满地找牙。"他在十一岁的时候跟一个比自己大的男孩打架，他"捡起了一块大石头然后……敲爆了他的头"。在十二岁的时候他用一根钢管打折了一个袭击者的胳膊。在十三岁的时候他为了阻止一个同龄的小孩在他家屋后掷飞镖，而用盖房子用的木条抽打了对方的脸。在十四岁的时候，因为实在无法容忍继父太过频繁地打他弟弟，他进行了暴力反抗，开枪射杀了继父。然后他进入了严重暴力生涯，包括他透露给阿森斯的一桩监狱谋杀案，不过他声称自己"完美脱罪"。

　　阿森斯还发现恶化、稳定和弱化的暴力生涯。案例56的生涯从九岁开始稳定地处于严重暴力期间。阿森斯推测说，随着所犯暴力行为愈发严重、频繁，暴力罪犯对其生活所持的自我形象会愈发暴力，因而生涯会相应恶化。他在对访谈参与者的观察中也报告了一例完全弱化的生涯。那是他的一个熟人，一个将近四十岁的工会领袖。他在二十岁时因为枪击他人而被捕，后来获得假释。在十五岁和二十一岁之间，这名受访者曾是一个臭名昭著的帮派头头。在他被捕后，青少年阶段的严重暴力在他奔三的岁月里弱化成了轻微暴力。在三十二岁的时候他的自我形象已经转为非暴力。阿森斯的这个熟人非常配合，向他提供了证实其说法的材料。这是个重要的案例，因为这个人和彼得一样从未坐过牢。由于大多数施暴者的年龄分布在十五岁到三十岁之间，阿森斯在后来评价道："大多数人……无疑经历了完全或部分弱化的生涯。"

　　暴力生涯会变化——无论是恶化还是弱化，都是随着幻象社群的变化而变化的。而又是什么导致幻象社群的变化呢？阿森斯认为，如果有人成功实施了暴力行为，这个"成功"会导致他身边的亲朋好友觉得他更暴力了，从而更不愿招惹他。如果他接受对自己更加暴力的新定位，并享受别人更顺从他的新相处之道，那他内心就会滋长出一个更加暴力的自我概念和一个更加暴力的幻象社群。"在这滋长的过程中，他会调整他的社交圈，还可能改变其直系底层社群，增加更多暴力的成员。"另一方面，如果暴力行者"在与对手的斗争中落败，或……他养成了克制的判断力，从而避免了暴力行事"，那么"他一次次没能在这种情况下采取暴力措施会有强烈的效果，会导致他的亲朋好友觉得他不那么暴力，从而对他更加放肆"。如果他接受了自己调整后的定位，并容忍他们对他更加放肆，那么他就会滋长出不那么暴力的自我概念和不那么暴力的幻象社群——同时也会调整他的社交圈，减少暴力的成员。与阿森斯的其他研究一样，他在这里用熟悉的、可理解且可测试的人类社会经历代替了精神病理学复杂神秘的术语和理论。

93

　　除了开创性的归类法之外，阿森斯从他对暴力行事者最初的全面研究中得出了若干重要的基本结论。因为人们"只会在对所面对的情境形成暴力解读之后，才会施加暴力犯罪行为"，同时因为做出这些暴力的解读"总是有问题的"，只是"结果各有不同"，那么可以说"暴力犯罪行为不是一触发就不能停止的强迫性行为"。这一结论直接反驳了之前大多数关于暴力犯罪的理论，并有根有据地证明了"暴力罪犯应对其暴力犯罪负责"这一合法合理的假设。他阐释道："由于人类通常能在任何情况下意识到他们所面对的至少一些突发状况，他们总能在某种程度上控制自己的行为。最少他们也可以决定是采取还是避免特定的行为。"

阿森斯进一步得出结论，犯下严重暴力行为的人有不同的幻象社群：

> 有暴力自我形象的人也有着**十足的暴力**（幻象社群）——一个为暴力对待他人提供明确、清晰道德支持的（幻象社群）。有初期暴力自我形象的人有着较为缓和的暴力（幻象社群）——一个为暴力对待他人提供明确但有限的清晰道德支持的（幻象社群）。最后，有非暴力自我形象的人有着非暴力的（幻象社群）——一个不为暴力对待他人提供任何明确、清晰道德支持的（幻象社群），当然在为自身或亲故抵御人身伤害的情况下除外。[1]

94

阿森斯写道："我们当中有相对少量的男人、女人以及偶有小孩儿

---

〔1〕此段括号里的"幻象社群"，阿森斯在本书第一版所用的词是米德的"概化他人"。他对我说："我之所以在这些地方用'概化他人'，是因为我当时还没想出'幻象社群'这个概念。我知道'概化他人'有问题，但我要留住这些位置，这样以后我还可以再修改，'概化他人'至少意思比较相近。"在《暴力犯罪和暴力罪犯重访》中，阿森斯在"再次审视"那一章进行了替换。

有暴力幻象社群，他们是暴力犯罪问题的核心，他们不光犯下大量严重的暴力犯罪行为，而且还经常作为受害者参与他们没有犯下的暴力犯罪行为。亦即，在形成一种攻击性暴力解读之后——无论是挫败、恶意或挫败-恶意——他们对持非暴力（幻象社群）的人们做出人身伤害的威胁姿态，然后那些受威胁的人形成人身防卫解读，从而犯下暴力犯罪。"

在把《暴力犯罪和暴力罪犯》一书修订并重命名为《暴力犯罪及罪犯重访》时，阿森斯加入了一个名为"再次审视"的新章节。他承认，在写第一版的时候，他没能意识到这一版体现了"一种基于经验的、基础性的暴力犯罪行为理论"。在回顾这一理论时，他发现"犯罪是社交**障碍**（retardation）的产物"这一概念是其基本假设。阿森斯所指的"社交障碍"是说暴力人群从原始落后的幻象社群的角度来引导其对自身和他人的行为。这种幻象社群是一种"我们"的概念，在现实社群或其所属的更大范围的社会中，它阻止人们在持续的社会活动中开展合作。接着他列出了若干符合他理论的"残酷的事实"。

第一个是，暴力犯罪行为有很多类型。这一残酷的事实与一些理论相悖。那些理论宣称"全部或大多数犯罪暴力行为都可以归入一个统一的形式"，例如社会学家欧文·戈夫曼的"个性竞争"——与决斗类似的一种对荣誉的测试。（阿森斯如此评价戈夫曼的个性竞争模型："如果有人打他的妻子，请告诉我所谓的荣誉在哪里。"）

第二个残酷的事实是世上不止一种暴力罪犯。阿森斯基于幻象社群和自我概念将暴力罪犯分为三类：轻微暴力、暴力和"极端暴力"。他95写道，极端暴力的罪犯"内心驻扎着十足的暴力幻象社群，对自身的画像也是暴力的"。暴力的罪犯"内心驻扎着较为缓和的暴力幻象社群，对自身的画像是初期暴力的"。轻微暴力的罪犯（亦即人身防卫解读导致暴力的罪犯）"内心驻扎着非暴力的幻象社群，对自身的画像自然也是非暴力的"。每一类型的暴力罪犯"在暴力演进的阶梯上处于截然不同的位置"。

与阿森斯理论相契合的第三个残酷事实是"不同类别的暴力罪犯能实施的暴力犯罪行为的类别千差万别，"在社会科学的命名法中，表达行为是为了自身目的而进行的，旨在表达行为人的观点。手段行为则是为达成特定目的而做出的。阿森斯最终确定只有极端暴力的罪犯才会采取从事纯粹表达性的暴力行为——亦即，由恶意解读导致、被仇恨所驱动的行为。人身防卫和挫折行为更偏向手段行为而不是表达行为；挫败−恶意行为则二者兼具。极端暴力的罪犯采取严重暴力不仅是为了自卫或使唤人，亦是一种纯粹的自我表达手段，受害者往往没怎么招惹甚至完全没有招惹他们。这一结论向解释"为何我们认为他们如此异常的危险"又迈进了一大步。[1]

阿森斯在自己第一本书的结尾总结道，理解暴力罪犯的幻象社群对解释暴力犯罪至关重要。他提出了若干可能的研究领域。其中一个领域——找出形成暴力幻象社群的社会过程——他会在未来的几年着手相关的研究，同时也要在犯罪学方法研究的大潮下，为自己的学术生涯博取足够的空间。

---

[1]　其他两个阿森斯理论提出的残酷事实，都与暴力社群有关，我稍后会讨论。

第 9 章

# 学院甘苦录

阿森斯一边完成在伯克利的博士学业，一边撰写那篇后来增订为《暴力犯罪和暴力罪犯》的论文，同时又开始寻找教职——26 岁的他痛感自己已经不适合公共交往。阿森斯太长时间里几乎都只与囚犯交谈，以至于他说正式英语的能力几近消亡，写作就更差了。闲饮啤酒时的囚犯也会轻车熟路地聊天吹牛，但他们随意交谈的话题可都是强奸、行凶强奸和谋杀。这让阿森斯付出了代价。沉浸在阴暗的暴力世界里太久，阿森斯发觉他现在很难重见光亮。求职面试本就是一场搏斗，雪上加霜的是赫伯特·布鲁默远在伊利诺伊州做访问学者，没法给他提供建议。博士候选人阿森斯已经以唯一作者的名义发表了两篇论文，这使他领先于同业者。阿森斯想当然地认为，他的研究（随着他将其完善和付梓）将奠定他的声名。并未意识到第一份终身（tenure-track）聘任有多么重要的阿森斯接受了底特律韦恩州立大学为期两年的助理教授职位，这份工作始于 1975 年 9 月。结果，它成了一场灾难。

"如果你第一份工作没弄到终身职位的话，"阿森斯反省说，"那就是个死亡之吻了，你再也不会得到终身教职。你大蒙其羞，就像一个律师没干上合伙人一样。我太天真了。我是个年纪轻轻、自命不凡的小孩。我一度认为我得到了。没有比这个更偏离真相的了。这与我之前经历的所有教育经历都大相径庭。现在整个制度颠倒了。身为一名学生，你的主要障碍是你自己——事关你是否有学习纪律、你能做到什么。而身为一位助理教授，你的主要障碍是系主任和那些终身教授。我意识到我不善办公室政治。我是一个斯坦利·科瓦尔茨基[1]。我一次又一次犯下了社交大忌。我是如此不通世故，以至于直到小道消息入耳，我才得知自己犯了大错。"

97

　　参加由学校组织、将新教职员介绍给老资格者的社交聚会时——阿森斯称他们为"学院老油条"——阿森斯发现他的年薪比其他所有新聘用的人都要低 2000 美元，而之前他并未意识到，他应当就工资进行交涉。阿森斯立即找到系主任讨要说法。据他说，这位仁兄语带讥讽地回应了他，"也许你对我们就值这么多。"阿森斯还勉力争取一个在研究生研讨课上教授"符号互动论"（symbolic interactionism）的机会，然而他有所不知，这类研究生项目都是专为终身教职员保留的肥差。阿森斯在教师会议上发言陈情，却闻者寥寥。

　　系主任鼓励阿森斯申请政府研究补助，这是每年按百分比支付给大学的经费。"我告诉他，'定性研究者拿不到补助。即便拿到了也是少之又少，因为我们并不需要大额经费，我们只是做访谈而已。想必你在我来这之前，已经有所了解。'但系主任却语带怀疑：'你的意思是，研究暴力犯罪的人不会接受补助？'那一刻我知道，我碰上麻烦了。"

---

　　〔1〕《欲望号街车》中的角色，代指好勇斗狠的男性性格。——译者注

阿森斯说。

有了新职位，阿森斯的外在形象也并无改观。他还留着垂肩长发，戴着头巾，身着牛仔裤，足蹬皮靴。学生喜欢他的派头。他开始习惯教书生活，学生都聚集在他的办公室。"一个黑人叫比格·豪斯，这家伙是个越战老兵，也曾经是街头黑帮的一员，他常常到我办公室晃悠。还有个白人学生来自贫民窟，一度是海洛因成瘾者。其他还有两三个人。我们畅谈这儿那儿的市井趣闻，在那里一起开怀大笑。比格·豪斯三句不离'他妈的'——'他妈的'这个，'他妈的'那个。他并不是疯子；他在畅谈。我也大笑不止，问他们问题，无话不谈。我开始接到投诉，说我身边都是罪犯。我说，'等等，你在说哪个罪犯来着？'"

有个教夜校的数学教员在学校停车场惨遭谋杀。阿森斯也教夜校，他开始带上他的圣伯纳德犬沃特森与他一起上课。上课的时候他就把沃特森放办公室里，用皮带把狗系在他桌子的一脚上。"一天晚上我听到狗儿狂吠，走廊里乱得一团糟——砰！砰！砰！砰！有人大喊，'挣脱的狗在那儿！快叫学校保安！'我跑出教室，看见我的狗正拖着桌子在走廊里跑，时不时地撞到墙壁。人们尖叫惊呼之声此起彼伏，一个惊恐万状的门卫站在最后面——我猜正是这位门卫前来收垃圾，然后狗就开始狂吠，吓着了他。"系主任于是给沃特森下了驱逐令，严禁阿森斯带狗上课。

出书那条战线同样也碰到了麻烦。阿森斯向《美国社会学期刊》（*American Journal of Sociology*）提交的删略版《暴力犯罪和暴力罪犯》遭到了拒稿，同行评审员认为这本书的视角太偏重心理分析的路子。《社会学季刊》（*Sociological Quarterly*）也拒了稿。《美国犯罪学期刊》

98

（*American Journal of Criminology*）将稿件交给两名全美公认的暴力犯罪专家做同行评审。"第一位专家表示这是他为这份期刊评审过的最差的文章，"阿森斯不甚开心地写给布鲁默说，"另一位专家则表示，文章并不符合科学研究的标准，只是一种神秘兮兮的'意识流'分析法。"另外一方面，研究偏差行为的顶尖社会学家、知名研究著作《局外人》（*Outsiders*）的作者霍华德·贝克却为一家大学出版社审读了阿森斯的全部书稿，并激情满怀地为其背书。"他在谈论一个之前有过无数废话的话题，"贝克写道，"他在一种新型数据的帮助之下，用独创新颖的思路抽丝剥茧得出新说。我认为，犯罪学家和社会心理学家都会对本书印象深刻。"但尽管有贝克的背书，这家出版社还是将书稿延宕了六个月之久且毫无进展，直到阿森斯要求退稿。在韦恩州立大学从教的第一年和之后整个夏天期间，阿森斯都在修订此书。

如果说韦恩州立大学社会学系主任认为阿森斯犯有过失的话，那么本系的资深教授、曾经支持聘任阿森斯的弗兰克·E. 哈通则敞开双臂欢迎这位年轻的同事。哈通鼓励阿森斯的部分原因在于，他本人的专长正是犯罪理论。十年前，哈通曾经出了一本引人瞩目的研究著作——《犯罪、法律和社会》（*Crime, Law, and Society*）。这本书全面系统地推翻了精神病学的教条学说：许许多多的犯罪都是被迫或是"无法抵挡的冲动"所致——那个"我无法控制我自己"的说辞。哈通将"无法抵挡的冲动"的精神病学理论追溯到了 19 世纪最富名望和影响力的美国精神病学家伊萨克·雷。伊萨克·雷认定，谋杀、盗窃和纵火都是由这类"被迫"引发的典型犯罪行为。哈通指出，雷甚至在他的犯罪类别里就社会阶层有所区别："雷清楚明白地指出，如果窃贼属于受人尊

敬的上流社会的话，那么就表明商店行窃足以诊断为窃盗癖（kleptoma-
nia）"——这一差别待遇一直延续到了今天。如同 19 世纪，就拿强奸
和谋杀这样的大罪来说，出身低层社会的被告遭遇追究的频率还是要远 99
远高于那些据称是精神疾病的中间阶层和上流社会的被告。哈通评论雷
说，"他绝不是最后一个误将自身社会阶层的信念和价值观当作科学准
则的好学生。"

　　哈通还论证说，伊萨克·雷是从 19 世纪的颅相学（phrenology）推
导出了他的"无法抵挡的冲动"理论，以及在理智意识之外"被迫行
动"的可能性理论。颅相学是一门"从头颅轮廓看人性格"的伪科学，
它基于以下理论：我们的心智力由一些各自独立的模块（又称"心智
器官"）组成，这些器官总计约 37 个，它们在大脑中的确切位置反映
着各自对应心智的发展程度，并通过头盖骨的凹陷与凸起表现出来。颅
相学断言，每一个模块——"良心""仁慈""理性"等等——都说着
自己的语言，其运作也彼此独立——这些都成为这门稀奇古怪的精神病
学说的基础，它们依旧具备影响力，某个人处于刑法上的精神病状态的
同时，仍有可能是非常理性的。"就在理智完好无损的同时，"伊萨克
·雷在 1871 年写道，"激情也许会出于癫狂状态，迫使某人……从事可
怕的犯罪行为，哪怕他用尽全力，也无法抵御这种冲动。"与伊萨克·
雷的断言相似的说法很多，伊曼努尔·塔纳伊的"自我矛盾杀人"
（ego-dystonic homicide）堪称个中显例，它不过是将伊萨克·雷的术语
微调了一番而已。

　　1862 年，在检查了珀斯市苏格兰总监狱的 24 名杀人犯之后，伊萨
克·雷报告说，他发现这些人的"智力"只受到了"微不足道的影

响"。因此，"他们罹患精神病的唯一证据，差不多就是犯罪行为本身。犯罪并非故意，它是一时冲动、无可阻挡之举。无论是在犯罪行为的之前还是之后，人的心智功能都没有任何紊乱。"哈通解构了伊萨克·雷（以及精神病学）的错误逻辑：

> 问题先是被抛出来：为什么有一些人犯罪？比如纵火、盗窃、谋杀（和）性侵……？答案是，因为他们身上有一股难以抑制的冲动强迫（导致）他们这么做。接下来的问题是，我们怎么能知道、他们事实上是被"难以抑制的冲动"所支配？答案是，因为他们进行了纵火、盗窃、谋杀（和性侵）等犯罪行为，所以我们才知道……读者就会认出这其中人所熟知的"恶性逻辑怪圈"，小之又小的半径是怪圈的标志。

当代精神病学又将"无意识"的概念加进了"难以抑制的冲动"的概念之中，于是这冲动便成了所谓的"无意识动机（unconsciously motivated）。"哈通引用过一名杰出精神病医师的说法，照此人的观点，现代犯罪精神病学的突出特点便是"对犯罪起源的认定更倾向于情绪而非理智"。哈通认为，这一"认定"的成功尤其令人反感，因为它使罪犯对罪行不予承担责任。阿森斯也同样反感。他还斥之为"非科学"——既无证据支持，也无法得以验证——所谓人格分为彼此区隔的模块（比如理智和情感）并各自独立运作的观点。乔治·赫伯特·米德指明了超越那个旧有两分法（理智与情感）的办法，他强调说，通常而言，理智和情感都会在"自我的对话"中显现。"人们之间互相**对待着**，"阿森斯会这么写，"……生发思维，也酝酿情绪……就在社会经历之中，人的机体和社会环境合并成为一个**不可分割**的整体……未能研究社会经历——这足以解释为何（传统）理论会堆砌类似这种高度机械论、不切实际的术语了。即便（它们）骗不了绝大多数职业犯罪学家，却常常骗得了外行人。"

哈通对"犯罪精神病学"的解构，也为阿森斯正在研究的"社交障碍"（social-retardation）犯罪学说提供了养分。不过，阿森斯对哈通"社会心理动因"的研究投入了更多精力，他在哈通的书稿上划出重点、写下注释。从阿森斯在页边的注释可以看出，他在哈通著作中找到了一些可以依据的基本观念，并将其提炼进了自己修订的书稿之中：这便是后来的《暴力犯罪和暴力罪犯》。举例来讲，哈通挑战了"暴力行为其疾如风，根本来不及思索或计划"的臆断之说。"（一项）行动的产生，"哈通指出，"……也许对行动者和某个可能的观察者而言，都快得像是在瞬间发生。一项行动的迅疾本身并不足以表明认知和推理的缺位。任何人类行动的时间层面，其本身也不足以得出'行动本身没有诠释、推理和理智'的结论。"比如说，运动员常常需要做出电光火石间的决策，需要动用复杂的判断力；人们应对紧急情况时也是如此。那么，杀人犯为什么不这样呢？阿森斯已经从他的访谈中得知：他们（杀人犯）也会的。

阿森斯在哈通的书中用括号括住了一个自然段，这段话总结了米德"择取态度"的观念（conception of attitude taking）。阿森斯将其标注为"关键陈述"（key statement），它包括如下核心观点：

（某个人）自我认同为某一特殊类型的客体。就个人身份而言，这意味着他认定自己为某一特殊类型的人。接着他会扮

101

演适合这一类型的角色，他早已自我认定为该类型的存在。

在角色树立过程中使用的表述动机的词语是他自我认同过程的一部分。人必须学着在各式各样的不同情境中做出不同形态的自我认同，卸除随之而来的不同角色，其中一些角色也许会互相冲突。某个人对"我自己是谁""我自己是什么"的陈述，决定了他在特定情境中所扮演的角色。

阿森斯将哈通书稿这段话的最后一句画下了重重的下划线："某个人对'我自己是谁''我自己是什么'的陈述，决定了他在特定情境中所扮演的角色。"这句话是对阿森斯结论的支持：暴力犯罪者的自我意识决定了他暴力决策的过程。"自我意识作为主要决定因素。"阿森斯在页边写道。

但是，哈通正准备离开。又一次，就像与赫伯特·布鲁默一样，阿森斯发现他的远大理想犹如一颗坠落之星，渐行渐远。尽管阿森斯热爱教学，也在一份社会学系评鉴中被学生评为"我们最受欢迎的教师之一"，但是他在 1978 年提出的终身教职申请还是惨遭驳回。阿森斯向美国大学教授协会（American Association of University Professors）递交了陈情书，最终为他赢得了为期一年的"末次教职"任期。

就在阿森斯任教的最后一年，1979 年，妻子为阿森斯生了一个女儿，取名莫琳（她也是两人唯一的孩子）。在伯克利，玛丽莲·阿森斯完成了她屡遭中断的本科学业，以荣誉学位毕业。在美国平等就业机会委员会（Equal Employment Opportunities Commission）的帮助之下，玛丽莲在底特律找到了报酬丰厚的文官职位。玛丽莲在分娩六个星期之后重回工作岗位，阿森斯在白天负责照顾孩子，在晚上给学生上课。《暴力犯罪和暴力罪犯》最终由一家英国出版社（劳德里奇·基冈·保罗）发行。这要归功于之前美国社会学协会的一场会议，阿森斯与出版商皮特·霍普金斯在会上不期而遇。带着一岁的女儿和身处职场的妻子，阿森斯奋起寻找另一份工作。

位于得克萨斯州科默斯的东得克萨斯州立大学发来了职位邀请。经过考察，阿森斯喜欢那里的人，讨厌那个地方，但他需要这份工作，于是就接受了。阿森斯住在宿舍里，定期给家里寄钱，只要有机会——不能常常——就去看望在底特律的玛丽莲和莫琳。在东得克萨斯度过一年之后，阿森斯接受了位于堪萨斯州曼哈顿市的堪萨斯州立大学的职位邀请，这里位于州首府托皮卡以西 40 英里水牛出没的广阔草原上。身为访问助理教授，他比在得克萨斯时多挣 5000 美元，系主任也曾暗示他，终身教职之门也许会随即向他敞开。阿森斯本人做好了与家人再分居一年的准备，他于 1981 年秋天迁居曼哈顿。不过孤独还是打败了他，他决定辞职并搬回底特律。据他回忆，更多的承诺纷至沓来——堪萨斯州立大学的访问学者职位将持续至少两年，这样一来，终身教职之路几乎将笃定为他开放。阿森斯和妻子决定冒这个险，尽管玛丽莲或许得放弃她在联邦政府的工作，他们也会因为房子而损失数千美元。

与家人在堪萨斯再次定居之后，阿森斯着手准备他新一轮的监狱访谈。在《暴力犯罪和暴力罪犯》一书的结论部分，阿森斯指出了确定导致暴力罪犯形成的社会过程的必要性。现在，阿森斯希望开展一项或能反映这一过程的调查，他也想要研究那些暴力生涯逐步降级的人（如果能找到他们的话）。在堪萨斯州的兰辛和哈钦森都有州监狱，莱文沃思还有一座联邦监狱。阿森斯向堪萨斯州立大学被试者委员会

102

（使用被试者做研究，需要这个机构点头同意）、堪萨斯州管教部（Department of Corrections）、联邦监狱管理局都呈递了申请。就在他与监狱管理局沟通的同时，被试者委员会却认定，阿森斯的监狱访谈对囚犯来说是一项高风险的活动。阿森斯闻讯颇为震惊。"委员会主席是个心理学家，"阿森斯回忆说，"他似乎有项成见：阿森斯不是心理学家，可能会给这些囚犯带来心理伤害。这个想法很天真，他根本不知道监狱里发生了什么。这些囚犯都已过堂受审了。就连认罪的被告也得走上前台，在公开的法庭发表认罪声明，承认他们确有犯罪事实，总结自己作案时的所作所为。这已经公之于众了；这全是公开的。他们已遭逮捕，他们已被控告，他们早已被光身搜查。在狱中，他们还被迫接受医疗实验，遭受强暴，被打得死去活来——然而，这个家伙却认为，我与他们谈论所犯罪行就能伤害到他们。"阿森斯给研究生院教务长写了请愿信，在结尾说："我现在几乎已经到了这一境地，那就是事实上已无法在堪萨斯州立大学开展实质意义上的罪犯研究。"典狱官员最终同意了阿森斯的请求。1982 年 10 月，阿森斯给他的伊利诺伊大学同事诺曼·邓津写信说，他"正在实地收集数据"，同时也在"教授几门本科生大课"。

　　访谈工作如往常一样非常艰难，但除了在莱文沃思的一次经历之外，一切都进展顺利：在莱文沃思，阿森斯差一点被一个犯人推下一层台阶，犯人对他出现的时机大为愠怒（你这个蠢货，为什么不在二十五年前我需要你的时候采访我的人生？）。阿森斯是在收集罪犯的整个人生经历，因此在这一轮访谈中，每次单独访谈都要花上七到九个小时，并分成两到三个区间段，在数天之内完成。阿森斯将他的花名册锁定在一个累犯群体，它由八名极端暴力罪犯组成——每个人都至少拥有三项严重暴力犯罪指控。阿森斯希望，将他们与另一组更年轻、由30名十几岁的暴力初犯组成的群体进行比较研究。这30人统统遭到了严重暴力犯罪的指控。阿森斯写道，他们也"直率地承认自己之前犯下了严重程度不等的暴力行径，他们有能力逃避罪名，甚至躲避逮捕"。

　　阿森斯事先假定，这些年轻罪犯还没有完成一种"社会化"进程。但不管"社会化"是什么，它都已造就了暴力罪犯。之后，就在阿森斯识别所谓"暴力化"（violentization，这个术语是由阿森斯所创，是由"暴力"与经典社会学术语"社会化"组合而成）进程的时候，他发现自己之前的假定"几乎全盘错误"。就连十四岁的年轻罪犯也已经全部完成了"暴力化"。这一发现让他质疑自己正在的那个"进程"是否具备独特性——是不是这一进程对暴力罪犯而言虽然重要，但并非独具之特色呢？为了确定这一过程是否独一无二，他访问了六名非暴力罪犯，这些男子"并非因暴力犯罪被捕，也未曾向我讲过他们犯了什么需要逃避抓捕的严重暴力罪行"。结果证明，这些非暴力罪犯都经受过至少一部分阿森斯曾在"暴力化"早期阶段所发现的社会经历。于是，阿森斯便修正了他对"暴力化"的理解，并将进一步研究，"去找寻那些人……他们**本应**（已经）成为危险的暴力罪犯，但他们却十有八九**并没有**这么做。"阿森斯找来做研究、检验其发现的被试者，都是家庭暴力的受害者，"六名女性不久之前还是一家配偶虐待避难所的住客，他们都曾经是暴力犯罪的受害者。除了其中一个重要的例外之外，未曾听闻其余五人对他人有过什么严重的暴力行为。"事后证明，那个唯一例外的女性已经完整经历了"暴力化"过程，只是比他曾经访谈过的那些年轻罪犯略晚一些。而另外五位女性则并未"暴力化"。这个关键的区别足以证明，阿森斯发现的"社会化进程"是暴力罪犯所独有的特征。

然而，就在阿森斯充分领悟这一结论之前，他的事业却出问题了。玛丽莲未能在堪萨斯找到工作，她倾尽全力改善处境，开始在位于劳伦斯的堪萨斯大学攻读法学学位。阿森斯夫妇从曼哈顿搬到了托皮卡，只为缩短驾车通勤的时间：玛丽莲得去劳伦斯，阿森斯得去监狱市镇从事访谈工作。但是，堪萨斯州立大学社会学系的上级主管却将阿森斯的搬家视为是与他们学院切断关系之举。州立大学终身教职的机会终于来了，但却给了其他人。失业、潦倒的阿森斯来到了华盛顿特区，住在他的姻亲那里，来回穿梭于各个国会委员会、游说团体和国家司法研究院之间，寻找工作机会。

此时阿森斯恰好收到了一所大型州立大学的面试邀请。这家大学曾向伯克利要了一份黑人社会学家的名单，以便遵守与联邦政府的和解协议（consent decree）[1]。伯克利提供了四名候选人，其中就包括阿森斯，也许这是因为阿森斯的名字（朗尼）发音让他们认为这是个非裔美国人。与系主任电话交谈时，阿森斯的弗吉尼亚口音也没暴露他的种族。阿森斯接受了系主任的邀请并前往这家大学参加面试，他希望能亲自推销自己。学校代表在机场见到阿森斯时吓了一跳：原来阿森斯是个白人。最后他没能得到这份工作。

104

---

〔1〕 联邦政府为保证少数族裔的上学、就业颁布了一系列平权法案，为此与部分观念保守的州立大学缠讼不休，双方达成的"和解协议"（consent decree）规定，州立大学允诺录用一定比例的少数族裔。——译者注

　　乔治城大学法律中心刚刚获得了一笔研究经费，要求筹设一份刊物，评论各州惯犯相关的法律规定。萨缪尔·达什是当时的法律中心主管，他选择了阿森斯来进行这项研究。尽管阿森斯只是个受雇的助手，但他从没挣过这么多。玛丽莲得到了乔治·华盛顿大学法学院的录取通知，一家人在阿灵顿住进了公寓，把莫琳送到了日托所。阿森斯热爱他的工作，与一群睿智博学的人共事让他精神畅快。他与希斯科特·瓦尔斯、乔伊·佩奇交上了朋友，两人都是非常喜欢交流的法学教授，他们都对观念严肃以待。阿森斯将这两人的名字加进了他"职场导师"的荣誉名单。不过，这笔经费却在两年之后戛然而止。尽管阿森斯递交了许多经费申请，但没有机构愿意提供资金。阿森斯发现自己再度流落街头。"在这之后，"他说，"我便急速坠落。"

　　玛丽莲的父亲杰克·欧鲁尔克是个白手起家的人，他创立并运作了一家成功的公司，业务是出售、保养商用或者工业所用的电动马达。"他是个机械行家，"阿森斯说，"他能修理一切东西。他是个满头红发的大个头爱尔兰人，性格粗犷而又工作勤勉。他给了我一份装配工的工作，负责把这些为升降机和空调压缩机而配的大型马达卸下卡车，再运到建筑物的楼顶上去。这对欧鲁尔克并不容易接受。他说，'你拿到了本科学位、硕士学位和博士学位，却没有工作。因此我认为，你得为我工作了。'奥鲁尔克有些愠怒，我耽误了他的女儿。他一开始就对这场婚姻没那么看好。不过他给了我一份工作。所有人都知道我是个教授，这让他在社交时窘迫不已。上帝保佑他。"身着工装裤，戴着大皮手套的阿森斯穿梭在华盛顿特区，大隐隐于市，他曾登门游说求职或募款的那些国会职员和补助金审批官员也看不见他。阿森斯使劲将重重的电动

105

马达搬到一座座建筑物的顶层，他正是在这些地方吃过很多闭门羹。

就在这段人生的艰难时刻，阿森斯还是设法继续着研究和写作。他向《社会学季刊》投稿了一篇论文，大大挑战了戈夫曼有关暴力行为的"个性竞争"理论。戈夫曼是 20 世纪中叶美国最具独创性也最成功的社会学家之一，他曾提出一个理论，认为暴力冲突都是类似决斗般"竞赛"的极端案例。在此期间，某个个体拿自己的人格做赌注，"在筹码贬值的要害关头，向他自己（展露）、有时也向其他人展露他的行事风格。"戈夫曼强调，"相互同意"乃是暴力互动的必备前提，他称之为"竞技"。

阿森斯写道，戈夫曼的理论"为人们解释人与人之间的暴力冲突提供了一个主要思想源流"。阿森斯反对这个轻率的逻辑。"冲突各方之间当场达成'使用暴力以解决他们纷争'的协议，事实上这个定义在绝大多数暴力犯罪行为之中几乎都**并未**成形，"他写道，"比如在暴力强奸之时，受害者并没有同意'使用暴力，以决定他们与攻击者之间是否要发生性行为'。同样地，在抢劫的时候，受害者也并未同意使用暴力，并以此来决定他们是不是要向罪犯上交值钱的东西……'相互同意使用暴力'，这在绝大多数暴力犯罪行为之中是缺位的。"

阿森斯同样也强调了施暴者给自身行为施加的所谓**意义**。"一场'个性竞争'假定，人们总是付诸暴力犯罪行为，并以此展现刚强性格、维护名誉和脸面，或是避免展露懦弱性格、丢掉名誉和脸面。然而，这并不是暴力犯罪行为加害者通常赋予他们行为的意义。"阿森斯解释说，这种意义有赖于具体情境：它既包括人身防卫，也包括恶意解读：其所强调的不再是荣誉，而是恐惧或是仇恨。

阿森斯引入了一个更包容、更复杂、更确切的暴力犯罪行为理论，并描述这套理论的大概意思，那就是人们在鉴识自我的时候、对暴力化进程（violentization process）的期许：

> 使用暴力不只是"没什么可输"的问题，它也是"有什么要赢"的问题。那些对暴力社会世界（相较于非暴力社会世界而言）有更多期许的人会觉得，他们使用暴力的话，相较于那些更为期许非暴力世界的人们而言，他们可以"输得更少，赢得更多"。一个人若是对暴力社交世界的期许多于对非暴力社交世界的期许的话，他或她就有可能变得更为暴力。

106

在为杰克·欧鲁尔克做了一段时间的装配工之后，阿森斯于 1986 年转换跑道，到北弗吉尼亚做了八个月时间的假释官兼缓刑官（probation and parole officer）。那时的阿森斯递出了最终超过 700 份之多的教职申请，他的朋友比如社会学家诺曼·邓津和法学学者希斯科特·瓦尔斯也纷纷写推荐信鼎力相助。但他的努力却徒劳无功；在那个大学入学率下降的十年间，全美的社会学系都在缩小规模。

"保释官的工作是一场噩梦，"阿森斯回忆说，"但是我学到了许多官僚制度的内容。你所做的一切都是文山会海：验尿、诉讼费、赔偿金、管理费、家访、公务访问。你得检核约 80 个人。一切都是浮皮潦草——你得盯着这么多的人，这份工作还能如何呢？你快手快脚地跑到别人的家里，就像个报童收钱似的。这些人脑袋里究竟想了什么，你也一无所知。副局长的工作就是审核你的账目。如果你的账目运转良好，那么一切顺遂。你只是个人力的会计罢了。"尽管身处官僚制度之中，阿森斯还是开始撰写详尽、有洞察力的报告，终止了不止一次准辩诉交易。律师注意到了他的工作，建议他为自己开设一门生意。阿森斯照做了。9 月在给邓津的信中他写道，他已经"开始了一门小型的咨询业务，迄今为止我从中挣到了一些急需的美元"。阿森斯告诉邓津，他将自己的业务仅限于"对簿公堂之前的个人刑事案件"，他并不"从事不喜欢的研究，或是申请自己没兴趣的经费。我耳畔回响着您曾经告诉我的话：如果你能（找到）某种成为学者的有效途径的话，你就非拿到教职不可。我希望，我能最终找到这个途径"。

阿森斯笔下富有洞察力的假释报告吸引了一家弗吉尼亚州立机构，他们请阿森斯在业余时间为他们从事服刑评估工作——对定罪的青少年罪犯进行背景调查和监狱访谈，提出应当在监狱服刑还是交付社区管制的量刑建议。尽管他的工作质量很高，雇主还是将他一脚踢开，这让他感到很乏味、受挫、愤怒。"你可能记得，"阿森斯于 1987 年 3 月给病中的赫伯特·布鲁默写信说：

107

> 我的研究经费申请遭到了全美所有出资单位的拒绝，每一家至少六次。一家政府机构的研究主管坦率地告诉我，我的工作"更像是艺术，而非科学"。对此我当即回应说，"优秀的科学和优秀的艺术之间的共通点也许比你想要多。"随即，她便建议我将申请转呈国家人文基金会（National Endowment for the Humanities）。我尝试了，但是，他们理所当然地回复我说，我的工作更像是科学，而非艺术。

阿森斯已经下定决心破釜沉舟。他告诉布鲁默："多年以来屡屡碰壁之后，我终于意识到，我必须要么自食其力做研究，要么就根本不做。如此一来，出资单位和学院的拒绝所引发的怒火、不被他们打败的欲望都焕发了我的斗志。我着手分析手头的 50 多个案例。我要不顾一切完成我的研究。"

阿森斯也已在头一年的春天写信给他的英国出版商，现已更名为劳德里奇，随信附上了长达三页的新书大纲；劳德里奇寄来了热情洋溢的复信，还给了他一小笔预付款。阿森斯夫人现在已经成为全国劳资关系委员会（National Labor Relations Board）的代理律师，她也答应照料家庭。在 3 月末给布鲁默的信中，阿森斯表示，这本书的分析工作"是一场困难但回报丰厚的奋战……案例生动丰富，而且足够多元。我确信，如果自己坚持下来的话，就会成功"。阿森斯深知 87 岁高龄的布鲁默已经病得很厉害，于是便借此机会再次表达他对恩师那不可或缺的传道授业的感激之情：

> 我并不指望这本书能得到绝大多数学术界人士的好评，那是我对我第一本书的天真想法。现在学术界人士的流行观点认为，基因、生殖腺、染色体、脑电波等东西会让人们变得暴力，而不是他们的社会经历。鉴于学术界人士的过往经历都平淡无奇，很容易理解他们为什么会相信"暴力之人不大可能是因为有什么过往经历而变得暴力的"。完成这项研究之后，我将概括出一套规则体系。这套规则可以让任何人沦为一名暴力罪犯，不管他们的生物构成为何。
>
> 您的知识理想、正直和信仰依旧像学生时代一样激励着我。我依旧坚信，那些夸耀他们的社会世界的知识，但没有第一手知识的社会科学家都是吹牛的江湖骗子。您的信念和比别人更大的勇气使您永远值得敬仰。

108

　　这也许是赫伯特·布鲁默平生收到的最后致敬了。1987 年 4 月 13 日，布鲁默去世了。

　　《危险暴力罪犯的诞生》是一本深度原创的著作，全书只有不到 100 页。劳德里奇出版社于 1989 年出版了这本书，这一年阿森斯 40 岁。

# 危险暴力罪犯的诞生（Ⅰ）

为了真真切切地抓住读者的注意力以关注书的主题，阿森斯以一段骇人听闻的罪犯独白作为《危险暴力罪犯的诞生》的开篇：

案例 16：绑架和谋杀未遂

詹姆斯和我弄到了一些小点心，然后一起去杂货店买一些纸杯蛋糕。在杂货店的停车场，我们看到一辆花哨的露营车。我说："瞧瞧那辆露营车去。"于是我们开始隔着车窗往里看。詹姆斯说："这是辆糟糕的卡车，哥们。"就在我们步行离开之时，一名老妇人带着一个大块头男人从我们身边走过，男人还推着老妇人的杂货店手推车。老妇人发话说："离我的卡车远一点。"我答："我们只是看了看它。"老妇人回嘴："请你们的烂屁股离我的卡车远一些。"就在她嘴碎唠叨让我们远离卡车之际，我就恼火不已；而在她又加上那一句'烂屁股'之后，我更加恼火，想要当场杀死她。我说："去死吧，你这个老臭婊子。"那个大块头的杂货店男人说："在我叫警察之前赶紧滚开。"我说："去他的警察，他们算什么。我会杀了那个老婊子，她竟敢骂我。"

　　大约 10 分钟之后，我们又在一座大楼后面的停车场见到了她的卡车。我对詹姆斯说："看，又是那辆该死的卡车，现在我能抓到那个老婊子了。"我们跑向那辆卡车，四下张望，接着砸开后门。我告诉詹姆斯："等老婊子回来的时候，我们就把她带到某个我可以重重踩她屁股的地方。"詹姆斯只是嗤嗤地笑。

110

　　我们坐在她的卡车里，一边吃着她买的东西，一边等她回来。我已经迫不及待想让她见见我们了。就在她回到卡车里的时候，我们掏出一把刀对着她，让她开车。这妇人说："你让我干什么都行，但请不要伤害我。"车子启动之后她说："我很抱歉在杂货店对你们说的那一番话，请放我回去吧。"我们先是一言不发，接着让她把车驶进一处行经的空地。停好车子之后，她便开始抽泣流涕，"请不要伤害我，请不要伤害我，对不起，请……"（阿森斯的省略符号）我知道这个老臭婊子不过是在说谎而已。目睹她那副涕泪交加的样子，只是让我更加愤怒，并且更讨厌她罢了。

　　我跳出露营车，拽着她的肩膀，将她扔出了驾驶室。她的脸先着地，沾满了泥。她连滚带爬地起身，开始喊叫，"警察救我，救我，警察救我！"我说："闭嘴，你这个老臭婊子，"使出全力狠狠地踢打她的肚子，让她喘不上气来。紧接着我把她扔向露营车，她重重地撞在地上。詹姆斯打开了一罐爆米花问她："你想来点爆米花吗？"她答："不，我只想让你们放我走。"我说："我不想让你走，你这个老贱娘子，我想杀了你。"我再一次揪着她的头发把她拽起来，对着卡车的边缘反复猛撞她的脑袋……我把她扔到地上，踢进泥坑里，留下她在那儿自生自灭。我们上了她的露营车，驱车离去。

这番邪恶至极的行径确实是可耻败坏的暴力犯罪，阿森斯评论说。它当得起这个评定，因为其"挑衅"与"袭击"之间存在着显而易见的不对等："年长的受害者差点因为比她年轻得多的男性攻击者施加的持久攻击导致重伤而死于非命。"实施这些邪恶的暴力犯罪的罪犯"是我们社会中最为**危险的暴力罪犯**，"阿森斯强调，"也许唯一的例外是那些特定的白领罪犯，他们的行为会将很多人的健康或安全置于险境。"阿森斯想要解决问题是："在我们这个所谓的高度文明的社会里，一个人类个体是**如何**变成那种犯下这等暴行，但又没有任何道德上的不安和怀疑的人？或者问得更简单一些，究竟是什么让人们变成了危险的暴力罪犯？"

阿森斯把他回答这个问题的路径同传统精神病学和犯罪学的方法做了一番比较，将其中的差异检视了一番。之后他列举了指导自己研究的"几个简单假设"，其中一个便是"人们是他们各自社会经历的产物"。不过，绝大多数社会经历是琐碎细微的；这些经历"差不多是一条涓涓不壅的溪流"一样流过，快速结束又被快速遗忘。但是，有一些社会经历却至关重要——"难以忘怀又举足轻重"——这些经历"对人们的生活有着持续的影响，一周周、一月月、一年年都铭记心中"，之后便"给人们烙下了永久印记，不管他们的意愿如何"。而在这些至关

111

重要的社会经历之中，阿森斯所着意展现的，便是将人们变成危险暴力罪犯的那一部分。

第二个指引阿森斯研究的简单假设，就是"那些把人们变成危险暴力罪犯的重大社会经历，并非是突然在他们的生活中发生，而是随着时间推移逐渐发生的"。鉴于"晚近的社会经历常常构筑于之前的经历之上"，因此得出如下的结论就顺理成章，"他们必然经由显而易见的几个阶段形成某种发展进程（developmental process）。"不过，阿森斯并不是说这一进程是必然的，"这一发展过程并非预先注定。早期各阶段也许会让后来的阶段变得可能，但并非**不可避免**。换句话说，也许，开启这一'发展进程'的人要远远多于完成这一进程的人，他们可能走完这一进程的某些早期阶段，但并不进入后期的各阶段。"

第三个指引阿森斯调查的简单假设是，"深入研究 50 个人，要比泛泛而谈 5000 个人有效得多。"社会科学家可能不会同意此论，阿森斯写道，不过，许多其他领域的科学家一定会同意此说。阿森斯引用了英国动物病理学家威廉·伊安·贝弗里奇著作《科学研究的艺术》（*The Art of Scientific Investigation*）的权威文本，文中指出，"对极为有限的材料进行密集观察得来的发现，要比那些从大型群组数据得出的发现要多得多。"自然而然，阿森斯的材料便是他在堪萨斯收集的新一轮数据：50 个人生研究。阿森斯解释说，他的密集观察法"貌似简单，却是经得起时间考验的连续比较法"。阿森斯使用这一方法来研究他的这些案例，就像"遥遥无期的那种（研究）"。也就是说，他"持续不停地一一比较罪犯们各自描述的不尽相同的社会经历，试图将他们有过的本质相同的社会经历，以及他们的经历次序都从研究中分离出去"。

　　如此一来，阿森斯将他的初步发现与那些非暴力罪犯的社会经历做了一番核对，接着又与家庭暴力受害者做了比对研究。阿森斯根据经验为他提出的"暴力化"构建了一个四阶段过程，他将暴力化的四阶段分别命名为（1）暴虐化（brutalization），（2）交战状态（belligerency），（3）暴力表现（violent performances），（4）恨意（virulency）。"每一个阶段，"阿森斯警告说，"都记述着人们的社会经历。他们必须得先完整经受这些经历，之后才能进入下一个阶段，也是更高层级的暴力状态。"

　　暴虐化——据阿森斯的说法，乃是由"另外三种初级体验构成的：**暴力镇压，个人恐惧**和**暴力规训**"。这三者"都以其各自方式使人落入他人之手、遭遇粗野残忍的对待，给他们之后的人生历程造成持久而剧烈的影响"。那么，"他人"又是何许人也？他们是被试者（subject）身处的"初级群体"的成员，阿森斯将初级群体定义为"一个以成员之间定期面对面互动和亲切熟悉为特征的群体，比如家庭、团伙，或是派系"。（相较而言，"次生群体"的标志则是"缺乏亲密特质，比如一个大型学校里的毕业生年级"。）

　　作为"暴虐化"的构成之一，"暴力镇压"发生在如下时刻，"被试者初级群体里一名真真切切或是自欺自诩的权威人物动用暴力或是强迫（当事人）屈从于他们的权威。"真真切切的权威人物，比如父母双亲；自欺自诩的权威人物则有丈夫或团伙头目，这些人要的不仅仅是服从，他们还要求那些自己伸张权威的对象顺从自己。对于威胁使用或是干脆使用极端身体暴力来强迫被试者服从且尊重的做法，他们或许会觉得理所当然。

　　"暴力镇压"的一种类型是"威服"（coercion）：权威人物使用暴力，或是发出使用暴力的确切威胁"迫使被试者配合照做一些命令（其中包括展现尊重），但被试者对于遵守这些命令表现出某些犹犹豫豫，或者干脆就是拒绝遵守"。一旦权威人物开始虐打被试者，他便会一直持续下去，"直到被试者发出屈从的信号：或者是遵从命令，或者是大声宣告自己从速遵从命令的意愿"，这时他才会停止虐打。尽管威服型镇压堪称残酷，但被试者还是保留着一种控制手段——以顺从来终结威服。阿森斯从被试者的角度，勾勒出了一副"威服经历"的动态图：

　　　　在虐打开始之前，甚至在虐打的初始阶段（期间），被试者或许会做出反抗。但随着虐打持续并且变得愈加剧烈，被试者的反抗便化为恐惧。随着虐打继续进行，被试者的恐惧也节节升高，直到最终爆发为成型的恐惧，恐慌也由此开始。此时的被试者已到了崩溃的临界点，她常常扪心自问的问题是："我还可以再忍受多少虐打？"这个问题她迟早就会给出答案："再也无法忍受了。"被试者此时已经跨越了临界点，顺从似乎成了唯一的解决之道。一开始，顺从以及其所带来的"停止虐打"给被试者带来了大大的宽慰之感，但这种宽慰很快就成了耻辱。她意识到，自己是被残酷的虐打威服而顺从的。被残酷的虐打降服，这种耻辱激怒了被试者。她引燃的怒火只能在之后冷却，此时则会转化为复仇的欲望。被试者的复仇欲望会自我表现为心中闪过的幻想：她虐打、致残、折磨，或是杀死她的镇压者。

为了阐明威服型镇压，阿森斯引述了一名十几岁时犯下持枪抢劫罪的男性的回忆：

案例 19

一个星期日的早晨，我坐在外面草坪的椅子上。从门后传来父亲的喊叫声，"准备好，要去教堂了。"我充耳不闻，继续坐着。我恨教堂。我做不到起立静听那些有关罪孽和下地狱的布道，那种说教激怒了我。我痛恨所有那些教会的人。每当见到我，他们总会说："下午好，汤姆兄弟。"我没办法肃立聆听那些教堂布道，不能够每个周日都去听那些蠢货说的一派胡言。

就在我根本没准备去教堂的时候，父亲又冲出门外说道，"我觉得我已经告诉你了，准备好，去教堂。"我说，"我不准备去教堂。"他说，"哦不，你得去教堂，现在要准备好。"我说，"我再也不要去教堂了。"接着他又一次说道，"哦不，你要去。"并开始冲我发火。他开始用拳头招呼我的脸和肚子。我大声叫喊："让我一个人待一会，不要打我，我不去教堂。"但是他却接着一边挥拳打我一边说，"你得去教堂。"待我跌倒在地，他抓着我的头发，一边将我拖进屋里一边说："如果我不能用一种办法带你走的话，那我就得用另一种法子让你就范。"我害怕他把我的头发全部揪掉，我的脸庞和头皮也剧痛不已，于是我说："好吧，好吧，我会去教堂。停、停、停，请停下来。"接着他终于松开了我的头发，我们进了屋子。就在我们经过浴室的时候，他猛地把我推进门，还说："现在给

114

我准备好。"我向镜子一望，看到的是乌青的双眼和肿胀的脸颊和嘴唇。被打成这样再去教堂，我实在丢不起这个人，一想到这些我就怒火中烧，不由得用拳头猛捶浴室墙壁。父亲对我做的事情十足地卑鄙，我想要报复他的所作所为，我想杀了他。在教堂正襟危坐的时候，我一刻不停地反复想开枪杀了他。

暴力镇压的第二种形式便是报复（retaliation）：权威人物动用暴力惩罚被试者，或因刚刚发现的过往不服从，或因当下的不恭敬。报复型镇压（retaliatory subjugation）带来的是无情的虐打。阿森斯解释说，这是因为权威人物拒绝被试者的顺从提议——否定了她那阿森斯称之为"珍贵奢侈品"（precious luxury）的东西：以顺从来选择何时停止所受的攻击。"虐打持续进行，而且越过了那个被试者发出顺从信号的临界点，这些顺从行为包括保证未来的服从、乞求怜悯或原谅，或是变得彻底歇斯底里起来。"报复型镇压在被试者身上引发的反应与那些威服型镇压的反应大不相同。一开始，她也许会感到恐惧，而非心生反抗。她也许会对迫近的暴力表达愤慨，"有时甚至是她对镇压者的轻蔑。"而随着虐打的开始和升级，畏惧压过了愤慨（或是担心），并进一步复杂化，成为完全彻底的恐惧。被试者会扪心自问，"我还可以忍受多少虐打？"她会回答说，"再也无法忍受了。"并试图顺从——但是，残忍无情的虐打却依旧持续着：

> 一旦被试者意识到自己选择顺从也不会被接受，她的恐惧感就会化为绝念。被试者无望地得出结论：她无论说什么、做什么都不会让权威人物停止虐打。一旦这种绝念感占据被试者

的内心，她的时间意识就会变得极大扭曲。这样一来，虐打也
许就会开始呈现出"缓慢进行"的态势。随着虐打继续，对
被试者而言似乎是遥遥无期的时候，她便会陷入一种无知无觉
的状态。现在的被试者对雨点般击打之下的疼痛变得麻木，并
在事实上停止了所有抵抗动作，只是消极地承受惩罚。在此状
态之下，被试者对虐打的体验几乎就像是发生在另一人身上，
而非她本人。待到虐打终于停止时，被试者已然陷入某种恍
惚。随着她逐渐从恍惚中醒来，遭遇冷酷虐打的羞辱之情占据
了她的内心，但这一番情绪只是稍存片刻而已。与威服型镇压
一样，羞辱之情迅速转化为中烧的怒火，唯有在其转化为对镇
压者的炽烈复仇欲时才会部分冷却。报复型镇压引发的复仇欲
望，强度要远远胜过被试者在威服镇压情境之下的同一情绪。
在一次报复型镇压结束之后的很长时间之内，被试者都会反复
生发出复仇幻想：虐打、致残、折磨或是杀害她的镇压者。

阿森斯用了三个案例阐述报复型镇压——一名继父和其儿子，一对
母子，以及一对母女——这三个案例各自说明了男女分别身为镇压者和
被试者的情况。就在阿森斯采访这个女儿的时候，她还是一名十八九岁
的年轻少女，因为犯有凶杀罪正在服刑：

第38例

我母亲下班回家之后，问我的小弟去了哪里。我说："我
不知道他在哪里。"她说："我对你说过，别让他到处跑。"我
说："我没有让他跑出去。"她说："你最好找到他；现在起身
去找他！"我们最终找到小弟之后，她说："回你的房间去，

把衣服脱掉。我给你买这些衣服不是让你穿着挨揍的。"我猛地冲向自己的房间，把衣服脱了一大半。

　　她闯进我的房间说，"脱掉你所有的衣服，躺到床上去。"在我脱掉胸罩和内裤之后，她便开始用一根电源延长线打我。我变得异常恐惧，于是钻到了床底下，但她却将床铺推了起来。我试图跑出屋门，但她却堵住了路，并将我逼进了屋角。她用这根延长线毒打我的全身——我的屁股、后背、双手、双腿，甚至我的胸脯。她打遍了我的全身，只有我的私处幸免于难。延长线打得我浑身伤痛，我一遍又一遍地尖叫哀号，然而她却无动于衷。至于把我打成什么样，她似乎漠不关心。我想，她也许会把我打死。我说："请停下来，请停下来，我不会再犯了，不会再犯了，我保证不会了，请停止。"她说："贱人，今天我得给你好好上一课，让你的屁股永志不忘。"她持续虐打着我，一遍又一遍。我蜷缩在房间一角，无处奔逃也无处藏身。

　　就在我痛苦万分的时候，她大声责骂让我洗盘子。就在洗盘子的时候我发现，她在起居室戴着耳机听音乐。怒火开始在我的心中升腾。我心想着，我可以带着正在擦洗的刀子闯进卧室，把她的脑袋砍掉，她也永远不会知道这个。我告诉自己，"去干，去干。"接着，"不要干"，再接着，又来了一遍"去干"。

阿森斯写道，在选择使用威服型镇压还是报复型镇压的时候，权威人物的心中有着不同的目标。这也足以解释，为什么后者比前者要更为残酷。威服型镇压寻求"被试者一方的即刻服从，以及对某些当下要求的遵从"。报复型镇压则寻求的是"一种更恒久的顺从状态"，这种状态将确保被试者"在未来的服从和敬重"。这些目标也不总能成功达成。被试者也许会逃开，别的什么人也许会插手进来，权威人物本人也许也会手下留情。又或者，被试者也许会强力反抗，这是一种特殊类型的暴力表现——阿森斯在他对"暴力化"第三阶段的讨论里，也对此有所检视。

"个人恐惧"则是"暴虐化"的第二要素，它也是暴力镇压的反面："被试者本人并未经受暴力镇压，但却目击了另外一人经受暴力镇压的过程。"阿森斯在这里用了"目击"一词，意思是所视和所听；所听可以比所视更为糟糕，因为被试者"会用想象力补上没看到的那部分"。 117

就生发的"个人恐惧"而言，被试者目击的那个经受镇压的人，一定是他"初级群体"的成员之一——"一些至亲……比如他的母亲、姐妹、兄弟，或是某个非常亲近的朋友。"阿森斯相信，某个次生群体成员死亡给人们带来的创伤，则要远远小于初级群体某成员死亡带来的创伤；同样地，如果被试者所珍视的人遭遇暴力镇压，"这一体验会给他打上深深的个人化烙印，并最终给被试者带来极大创伤。"暴力镇压者往往也是被试者初级群体的一员，但也可能另有其人，是某个至亲圈子之外的人。典型的个人恐惧（但并非独有）乃是混乱家庭里那互不信任、恨意绵绵、频繁发生的激烈反应所催生的副产品。

目击某位至亲遭受暴力镇压，这会使被试者陷入一个经典的两难思维之中——做也不是，不做也不是。首先，阿森斯写道，被试者若是察觉到"一场糟糕的争执"正在升级（或是很快就将开始）的话，他会感到忧虑，并且担心他的至亲或将遭受肉体伤害。一旦攻击开始，被试者就会意识到最深切的恐惧。忧虑之情"让位于对至亲加害者的强烈怒火"。被试者会聚精会神于这场攻击；时间似乎停滞不前；被试者能体味到每一次殴击。他开始问自己这个问题："在我做什么之前，受害者还能再坚持多久？"他很快就会得出答案，"再也坚持不了。"

被试者心中的暴怒迅速集聚到了顶点，他会感到一种刻不容缓和强而有力的欲望：动手攻击至亲的镇压者。这一欲望会在心中闪过的思绪和幻想中——自我表现出来，那就是虐打、折磨、致残或是杀死镇压者。

然而，真正动手攻击至亲的镇压者，与想想而已的举动是截然相反的。这个事实会迅速引导被试者，让他抑制自己剧增的暴怒之情。被试者会很快地掂量自己在一场武力争执之中战胜至亲镇压者的机会，以及一旦失败对被试者本人的后续影响。而就在冷静考虑了胜利机会、牵涉其中的个人风险之后，被试者自己的恐惧之情逐渐开始超过了（被试者）对至亲受害的恐惧。现在被试者发现自己陷入了一个痛苦而残酷的两难处境，然而这一处境却并非由他本人所造成。被试者担心，如果他亲自插手却失败的话，至亲会遭受什么；被试者也担心，如果他没有插手的话，他本人又会遭受什么。

118

被试者做出判断：他对于阻止自己目击的暴行无能为力——这一判断并不会纾解他的痛苦，相反只会化为他的"巨大精神创伤"。这一两难处境的第二部分也由此显现："被试者被无能虚弱之感打败，这让早先的愤怒之情重归。不过，这一回的怒火却更多地冲着……他本人而来，而非别的什么人。而在之前，怒火可是单独对着至亲镇压者而去的。"被试者将他的怒火冲着自己，因为他陷入了自责。被试者得出结论，"正是他的虚弱无能，而非镇压者的邪恶卑污，才要对仅仅片刻之前自己旁观目击的暴力镇压事件负主要责任。不论他的推理是对是错，最终结果都是一样的：他自觉羞愧难当。"

在案例 9 里，那个男孩听到母亲在卧室里遭遇殴打。男孩"一直告诉我自己，我只是个胆小鬼罢了"，这便是"个人恐惧"的一个例证。还有一个案例也足以说明，暴力镇压和个人恐惧其实是一母同胞。

案例 22

听到哥哥和继父争执不休，我和妹妹大为担心。尽管我的继父从不对我母亲和妹妹们动手，但他会出手打我和我哥哥。就在我们走进起居室去看到底是怎么回事的时候，继父手执一根电源延长线，并且大吼大叫地说，"我受够了你自作聪明的蠢话，我得狠狠地揍你一顿，你这个该死的臭小子。"于是他开始用那根延长线抽打我的哥哥，并且一边抽，一边骂骂咧咧，"你这个该死的臭小子，对我耍滑头，我得打你的屁股。"我无法理解，为什么我的继父会如此殴打他。我的哥哥号啕大哭、尖叫求助，但我的继父并没有停手。我觉得，继父已经走火入魔、失去理智了，他狂暴地挥舞着延长线，将我哥哥浑身抽打了个遍——手臂、双腿、后背、脸颊。我根本没法再看他施暴了，他似乎永远都不会停止。我变得惊恐万状，担心他会把我哥哥打成重伤。我大叫道："不要再打他了，你这样会打

死他。停，停。"而随着他不加停止地鞭笞，我感到自己心里

119 怒火中烧。我想杀了我的继父。我幻想抄起什么家伙，然后拿
家伙揍他，但我随即就惊恐起来。我担心如果我没能杀掉他的
话，他就会拿对付我哥哥的办法来对付我。我对自己感到抓
狂：既想对我继父做点什么，却又太过恐惧以至于什么也没
做。我不知道自己该怎么办。我知道得有人赶紧做点什么，因
此我就跑出去找我母亲。找到母亲之后，我们一同回到起居
室。母亲说："你不要对那孩子那样，马上停手。"但我的继
父还是没停下来，尽管，似乎他已经用那束延长线持续鞭打了
他一个小时以上。我的继父已经彻底走火入魔，我的母亲也得
尽力抓住他，才能让他停止鞭打我的哥哥。之后，我的弟弟妹
妹们坐在一起号啕战栗。他们纷纷问我，"他会像那样对待我
们吗？"

人们通常认为，亲身经历要比间接体验更具冲击力，但是，暴力镇
压和个人恐惧都具有创伤属性，阿森斯写道。"这**两大**恶心体验最糟糕
的地方都在于其扭曲的所思所觉。即便是在制造这些感觉和思维的即时
经历消逝之后，扭曲的所思所觉还会以一种无序的状态持续下去，而且
会持续很久很久。因此，尽管以**生理**视角而言，'个人恐惧'的经历也
许不如'暴力镇压'更具创伤属性，但若以**心理**视角而言，'个人恐
惧'的创伤属性可是并不见少。"

哪怕就儿童而言，暴虐化也并不能与虐待儿童画等号。"虐待"是
个规范性术语（normative term），也是一项价值判断，并不是所有阿森
斯的被试者都认为他们的"暴虐化"是虐待。一位权威人物大可以仅

通过无身体伤害的威胁来粗暴镇压自己掌控的某人，让其经受"个人恐惧"。暴虐化也绝不是唯独发生于家人之间的一个过程。同龄群体也可以有暴虐化，比如流氓团伙；暴虐化也常常发生在监狱的青少年罪犯甚至是成年罪犯之间；而暴力化（包括暴虐化）常常是战斗经历的一部分，这一点我们还将在下文看到。

暴力规训则是阿森斯鉴明的暴虐化第三要素：被试者被他初级群体之中的某人（常常是某位年长者）指定为暴力新手的角色，此人也会自我委任为所谓"暴力教练"的角色。暴力规训常常是"非正式和含蓄的，而不是正式和直白的"，但是它的意图在于——"推动暴力行为"——"这对所有人都显而易见。"

鉴于暴力教练与被试者身份相关，一般更为年长或是更有经验，因此他们相信，自己有权力甚至有义务"教导被试者在冲突情境之中应当如何施展自己，或是不应当如何施展自己"。暴力教练也许是被试者的"父亲，继父，母亲，叔叔，哥哥，爷爷，或是（他的某位）更年长、更世故的密友"。被试者也许会在同一时刻拥有不止一名暴力教练，或是连续摊上好几位教员。"因此比如说，一名父亲的规训，也许会得到其妻子或是某位哥哥姐姐的协助；或者，一名继父或是年长的密友也许会在之后接过这个生父的角色，他们常常也是饶有兴致。"

并非每位权威人物都是真正的暴力教练。要让人当真，教练必须得可信可靠。"鉴于许多人，"阿森斯写道，"特别是男人都常常吹得上天入地，好像他们比实际上暴力得多似的，因此，绝大多数人的暴力宣言都通常会被他人酌情视为是虚浮的自吹自擂。除非新手相信他们的教练会发动攻击，或是过去曾经动手攻击过人，否则他们不会太把自己教练

120

的训诫当真。因此，被试者必须要在教练说教的时候感知到，他们的教练确是或曾经是真正的暴力行动者。"

　　暴力教练的规训（coaching）会教导新手，在他人挑衅的时候应当做什么：

> 新手们被教导说，他们不应当试图息事宁人、不理不睬，或是跑离这些开衅者（protagonist），而是应该动手攻击他们。进一步而言，新手得到的教导是，使用最少够用的武力，确保他们会在一场争执中占到上风，哪怕动用的手段会严重伤害到自己的开衅者。暴力规训基于一个或明或暗的前提假设：这个世界是由许多卑鄙肮脏的人组成的，他们遍布初级群体的内外。因此，新手必须做好与这些人不期而遇、对付他们的适当准备。

　　新手常常听到的教导是，对开衅者采用暴力行动"乃是一份他们不能逃避的**个体责任**，他们必须履行这份责任，不论他们是男女老少、体强体弱，又或者他们先前对于伤害别人的想法是什么"。他们很少会特别得到"如何履责"的教导。"暴力规训的重点并不是传授重伤别人的具体技艺，而是传达一项领悟：应当给某些人造成严重伤害。"

　　阿森斯还将暴力规训与"习得性无助"（learned helplessness）做了一番比较——无助之感（perception of helplessness），这在遭遇虐打并持续处于被虐打关系之中的女性身上尤其显著——阿森斯称其为暴力规训的"直接对应物"（direct counterpart）。与习得性无助相比，"暴力规训"教导被试者"依照与之直接相反的假设来操作：时值其他人越界侵犯自己的时候，他们应当强而有力、占据优势、自立自助"。

"教练们"会使用大量的技法。阿森斯评鉴了其中的五大技法，并将它们与各自体现的教学技法一一对号入座。

虚荣夸饰（vainglorification）会以讲故事的方式美化暴力。"教练"会大谈特谈他有关暴力行为的私人轶事——他本人或是那些亲戚密友的暴力轶事。"这些故事的情节遵循着一条可预测的套路。"阿森斯写道。"一个'好'人卷入了一场与'坏'人的武力争执；接下来，这个好人制伏了那个坏人，让他经受了一次决定性、蒙羞但又罪有应得的挫败。"理所当然地，这位"教练"或是那位他正在美化的施暴者就是故事的英雄，受暴者就是反派。更为神奇的趣闻轶事会将暴力成就标举成**"好像**他们是无人不知的"。这类故事的寓意在于，暴力带来了荣耀，而这也是新手所需要的。虚荣夸饰乃是惩罚性最弱的暴力规训技法；它的教学技法则是间接愉悦（vicarious enjoyment）。

嘲弄（Ridicule）则通过贬低（belittling）和讥嘲（derision）的方式鼓动暴力。"教练"（或是他口中那个优秀的旁人）和新手之间的歧视性对比（invidious comparison）是最常见的嘲弄方式。暴力教练不仅吹嘘他本人的暴力成就，而且还讥笑新手"没什么可吹嘘的"。"新手从这些对比之中引申出的意味，可谓是一目了然，"阿森斯写道，"生而为人，新手不如教练有价值，因此他们应受讥嘲。"嘲弄所隐含的教学技法还有折磨（torment）："如果人们因为不能完成一些（暴力）行为而遭受讥嘲或是威胁的话，久而久之终将抵达一个临界点。他们就会宁肯铤而走险，也不要继续经受讥嘲。"阿森斯借助一个20多岁男人的回忆，阐明了"嘲弄"和其他付诸行动的暴力规训技法。此人因为持械抢劫而入狱。

案例 2

　　我父亲告诉我，有两件事最好要牢记心头："如果你与什么人杠上的话，不要拔腿就跑，你得站在原地战斗。如果有什么事情值得为之战斗的话，那么也就值得杀掉某些人。如果你卷入与任何人的武斗的话，都要尝试杀掉他们。我并不在乎他们是谁——男人或是女人——拿起木棍、板子、石头、砖块或是别的任何家伙，冲着他的头招呼过去。这么一来，你也不必担心之后会有什么麻烦。"

122　　一天，我父亲带回来一些拳击手套，让我戴上一副。我以为我们只是玩玩罢了。他开始挥拳打我并让我打回去，但我根本碰不到他。"你这个小废物，来啊，打我。你屁都不是，任何人都能打你的屁股。我得把你的堂兄弟找过来打你一顿，他比你还要糟糕一倍。"我感到挫败和羞辱，开始哭泣。我的父亲却一直咧嘴大笑，出拳打我，还喊我小废物。最后，我的奶奶听到了我的哭声，进来问我父亲究竟在做什么。他说，"我在尝试让他成为一个男人，而非一个废物。只要我是他爸爸，我就拥有随心所欲使他成为一个男人的权利。"

　　镇压（coercion）也是一种规训，通过威服型暴力镇压的方式完成。"有的暴力教练，"阿森斯解释说，"不仅用心理惩戒威胁新手（比如嘲弄），也会动用体罚……暴力教练毫不客气地告知新手，除非新手动手攻击他的挑衅者，否则的话，教练就会出手暴打新手。"这个表面上看是一个选择问题，事实上是一种窘境："要么在教练手中遭遇确定无疑的挫败和身体伤害，要么在某些挑衅者那里承受不那么确定的挫败和身体伤害。"阿森斯评述说，镇压的教学法则古老、简单却又行之有效：恐惧。一名年轻少女在十八九岁时被判罪为杀人犯，这个案例足以说明这一点。

第 38 例

我的母亲教导我，每当别人霸凌我或是欺负我的时候，要自己为自己出头。她告诉我，不要被任何人欺负。她不关心那个人是谁，是男还是女。她说，"如果有人正在招惹你的话，你就揍他屁股。不要让你哥为你做这个；你得自己独立完成这些，这与你是男是女毫无关系。你得为自己而战，不能指望别人为你出头。如果事情落到要踢某人屁股的地步，那么我希望你立即出手，知道吗？"

自小我就听母亲讲这些，但直到我十几岁时才付诸行动。直到将她的教诲付诸行动的那一刻，我才真正理解了她说的话。

长篇大论（haranguing）乃是暴力规训所使用的另一种用以训练新手的技法："教练反复再三地向他们夸夸其谈，灌输说教有关伤害他人的事情，却并不像前几套技法那样诉诸他们的自尊，或是贬低和威胁他们。"阿森斯写道，这里使用的教学技法乃是**死缠烂打**：如果某人以足够的力道和信念，将某件事情以足够多的频率灌输给某人，那么它就不会失败。它终将说服他们"。新手开始理解这位教练了：这位教练相信，包括新手在内的各类人等都得袭击那些挑衅他们的人。"一个男人不应当在任何人面前退缩。"一名被判持械抢劫的少年向阿森斯引述了他父亲的话语。"你不能依赖某个男人，"一位被判凶杀罪的年轻女性也向阿森斯引述了她母亲和外祖母的话，"当有人招惹你的时候，女人必须有所行动，而非被动应对。"阿森斯发现，频繁听闻长篇大论之后的新手注意到，他们的教练从夸夸其谈和灌输说教之中"博得了一种怪异的愉悦之感"。新手也可能这样做以追寻那种愉悦，模仿他们教练的行为，"然而，新手一开始就并不理解他们暴力宣言的真实含义。"

最终，围攻战术（besiegement）整合了除"长篇大论"以外的上述所有技法。教练会祭出"一套强而有力的组合拳，用社交惩戒和奖励来慑服新手，击垮新手一方从事暴力的一切顾虑"。新手"被强迫忍受嘲弄和镇压带来的痛苦和焦虑，如果他们拒绝以武力攻击挑衅者的话；同时，如果他们成功攻击这些人的话，他们就会从痛苦和焦虑之中得到特定的慰藉，同样也还有虚荣得来的附加愉悦"。这套教学技法显现出超强的杀伤力。据阿森斯揣测，长篇大论被排除在围攻战术之外，原因或许在于，长篇大论没那么有效，甚至有可能产生反作用（与围攻相比），又或者，长篇大论和围攻是两套互相排斥的规训偏好（coaching predilection）。

教练和规训方案也可能发生更迭。"一名继父也许会从某个哥哥那里接掌对新手的规训工作，而在此之前，这位新手的教练也许就是他的生父。被试者的新教练也许会偏爱虚荣夸饰的技法，而之前的教练也许选用的是镇压。"教练也会改变他的规训技法，特别是在原有技法似乎并不管用的情况下。一个被试者也许会在同一时间点拥有不止一位教练，每个教练使用的技法都各不相同，或者他们将技法混合使用。

不管一个新手经历了多少任教练，经受了多少种规训法，暴力规训本身尚不足以推动被试者彻底跨越"暴虐化"这个阶段。所有这三种暴虐化经历（brutalizing experiences）叠加在一起，才足以完成暴虐化进程（brutalization）：暴力镇压、个人恐惧和暴力规训。阿森斯强调，被试者并不一定得同时体验这三大经历。尽管，镇压和恐惧常常是一对形影不离的孪生兄弟。暴力规训则更多以独立形式存在，或许也会先于（或是紧跟着）镇压和恐惧出现。暴虐化的完成也许会花上"一周周，一月月，或是一年年"，但是绝大多数经历这一进程的人，特别是男性，都是早在青少年时代就已完成了。阿森斯总结说，经受过既"可憎和创伤"又"混乱无序"的暴虐化之后，他们被置于"一个困惑而混乱的境地"。这种境地为他们进入暴力化进程之后的几个阶段做好了准备。

124

# 危险暴力罪犯的诞生（Ⅱ）

"暴虐化"，阿森斯称之为"暴力化"四阶段进程之中的第一阶段。暴虐化使受害者"深受困扰。"受害者——也是被试者——一遍又一遍地扪心自问，为什么他会被挑出来如此对待。"他与自己、与世界都存在冲突，"阿森斯评述说，"遭遇围攻的被试者变得格外心事重重。"他将学校和教堂传授的社交理念与个人经历的现实反复对比，"得出结论：在高渺的理念与人们真实的交往方式之间，存在着一道巨大的鸿沟。"不过鉴于被试者身处的情境，哲学推演是一件奢侈品。被试者的思绪很快就让位于一个更直接的问题——他应当如何处理自己的痛苦处境。

那些在暴虐化阶段期间所经受的困扰体验，可没那么容易祛除干净……恰恰相反，这些体验在人心中留下了黑暗且持久的印记，被试者必须得向这一印记让步服软。被试者评估状况并最终接受暴虐化体验的需要，与绝大多数人在苦痛经历袭来之后的需要并无不同：比如一位挚爱之人的死亡，一场绵长且曾经幸福的婚姻的解体，或是一段旷日持久的失业期。

126　　如此一来，被试者又一次开始沉思。但在这一次，"他的沉思具有明确目的。他想要从上述三大体验（暴力镇压、个人恐惧和暴力规训）之中提炼出更大、更普遍的意味，为他在**将来**与其他人的关系做准备。"每一种体验都带来一番独特的想法。暴力镇压"会造就相对持久并由情绪支配的思维，这种思维结合着难以自已的愤怒感以及与之相连的模糊观念：出手攻击别人"。被试者从他的受镇压体验中以偏概全，得出"未来危机四伏"的结论——"他也许常常会被这个人或是那个人的暴力镇压困扰。"个人恐惧则加深了他的无力之感，使被试者的所思所感转向内在。他没有能力保护至亲，这使他得出了愤怒的结论：他一定是不中用的。暴力规训又给他的"不中用"信念加上了羞辱。"这个萦绕于意识深处已有一段时间，"阿森斯写道，"现在只不过是有个问题浮到表面：为什么我没有做出什么阻止我本人和至亲遭受暴力镇压的举措呢？"

而在暴力化的"交战状态"阶段，被试者将那个痛苦的问题从"我为什么不"转成了"我能做什么"。他的难题"最终在心中完全成型"，阿森斯评论说。被试者也第一次清楚地理解了他所接收的"暴力规训"的完整含义。"恍然大悟"的万钧之力也震到了他，"这就好比，被试者在稍早之前耳朵聋了一部分，直到现在才算听懂了教练曾经苦口婆心告诉他的内容：有的时候，诉诸暴力在这个世界上是有必要的。"

暴虐化的被试者坚定了做这件事的决心——动用恶性的暴力——但却有一个重要的限制条件：他只有在遭遇严重挑衅且只有认为自己有取胜机会的时候，才会坚定使用恶性暴力的决心。这个"先行减码"的暴力决心，代表着"交战状态"这一阶段的告成。

　　对"暴虐化"的被试者而言，在他的生命里，这是第一次决定要"武力攻击那些过度挑衅自己的人，他也以强烈的意愿要狠狠伤害甚至杀死他们"，阿森斯写道，"而且是忘情投入的决定。"这个决定源于"痛苦经历（暴力镇压、个人恐惧和暴力规训）如火山般的聚合"，它推动被试者"同他的一整段暴虐化经历握手言和"。阿森斯引述了四个案例来阐明这个"交战状态"的阶段，其中三例都与这名十八九岁男性的证词类似，他被判了严重伤害。

　　　案例 9[1]

　　　人们总把他们的恶劣的情绪发泄到我身上，这让我不堪其扰。他们喊我"废物"，挤对我。我讨厌人们践踏我，我想要大声斥责他们，"不要践踏我，不要践踏我。"我担心我这一辈子人们都会这样待我如废物，我痛恨自己听任别人待我如废物。我羞愧难当，我是个爱哭鬼，不能保护自己或是母亲。我在心理和生理上都被狠狠地践踏在地。我深知我得设法不让自己被踩下去。我最终得出结论：我得去踢别人的屁股，就像我从继父那里听来的一样。我已痛下决心，不能让我的继父或是任何别的人把我当成废物。我还要确保，不惜一切办法，都不能让人这样待我。我并不是想要把别人弄成废物，但最好也不要有任何人试图把我变成废物。我已经受够了。就是这样，我

127

────────────

[1]　这个案例是另一套系列访谈之中的一部分，与之前曾以"案例 9"的名义引用过的强奸犯证词那个系列不同。那个案例里的强奸犯回忆说，他在夜间听到母亲遭遇了性暴力。

不再是一个娘娘腔。如果不是因为受够了被人当废物的话，我
是绝不会想要狠狠伤害别人的。这就是使我变得卑鄙自私的缘
由。

但是，阿森斯在他"暴力化"第三阶段开始的讨论中提醒说，"暴
力决心"还并不足以使人变得暴力，人还得有暴力表现（violent per-
formances）。"在一个人的生命之中第一次有意地狠狠伤害另一个人，
这可绝不是一件轻描淡写的事情。在那些并未如此深思熟虑，外在举动
也远逊于此的人看来，这种暴力表现是难以置信的。"许多人都会发出
威胁。这些威胁通常而言只是愤怒的宣泄，而非认真的暴力企图。他们
"有时候会给出错误的信号，好像任何人只要足够疯狂便足以杀死任何
人似的，不论这人也许会有多么温顺胆怯"。虚构的叙事——小说、电
影、电视剧——反复描绘着这种不真实的"大蜕变"。原因大概在于，
这些叙事的制作者们并没有或是很少具备有关暴力的个人体验，而收看
这些叙事的受众却享受着间接杀敌，而又不必让自己担上个人风险的乐
趣。事实上，阿森斯的结论既来自个人体验，也来自缜密调查：人们需
要勇气才能跨越那个自命不凡的界线，原因在于，用足以致死的力道袭
击别人，会使被试者自身的"人身安全、人身自由、和心理健康"置
于险境。因此，阿森斯写道，这位暴虐化、新近进入交战状态的被试者
现在扪心自问，"到时候，我是否会有能力重伤某人？"

因为对这个问题的答案还不确定，所以被试者还不打算尝试严重的
暴力，除非他受到严重的挑衅。阿森斯将挑衅分成四个等级：无挑衅
（none），弱挑衅（minimal），中度挑衅（moderate）和极度挑衅（maxi-
mum）。阿森斯发现，他访问的暴力罪犯唯有在遭遇后两个程度的挑衅

时，才会以主动的暴力行为回应：就中度挑衅而言，他将其定义为"刻意并残忍地将被试者推到折磨的临界点"。就重度挑衅而言，他将其定义为"将受其挑衅的被试者或是他人置于即刻的危险之中"的行为。甚至于，如果外在情境不利的话，充足的挑衅也未必能点燃被试者诉诸暴力的决心——比如说，被试者做出了自己不大可能取胜的判断，"因此被恐惧击垮"；又或者有第三方介入，或是他的挑衅者适时退让。阿森斯总结说，因为这样那样的相似原因，"被试者（主动）的暴力表现常常是有不确定的，不管他可能已遭遇了多大的挑衅。"

被试者主动施展暴力，其直接后果与挑衅一样分成几个等级。阿森斯分析暴力冲突的法则，以此分辨一系列的可能性。被试者可能会赢得一场暴力对抗，但也可能会输掉。在一场大胜（major victory）之中，他"获得了干脆利落的胜利，并在这一过程之中使开衅者遭受重伤"。一场大败则是大胜的反面，如果被试者遭受重伤的话，那将是决定性的。又或者，这场冲突也许会变得胜负未分，或是打个平手——这些结果也许都会比干脆利落的胜败更为常见。如果争执在胜败之势明显之前中断的话，那么就不会有决定性的结果。就在争执进入决定性时刻，但却没有赢家和输家浮现的时候——争执双方都打出了决定性的重拳，也都承受了剧烈的伤痛——这就是个平手。阿森斯引述了一个十几岁就因严重伤害罪入狱的青少年的报告，以此阐述"极度挑衅"和"大胜"。

案例 13

我和小弟步行前往商店，这时一个年长的家伙走近我们的身旁。一开始他打量了一下我弟弟，开口说道："臭小子，我需要点钱，给我一点。"接着他又看了看我，说："小子，你

129　弟弟最好给我点钱花。"我不想让小弟受伤害，就对弟弟说：
"现在回家去吧，汤姆。我会把这事搞定的。"我话音刚落，
汤姆就转身跑走了。这家伙见状大为光火，他说："小子，你
不该对他说那个。他没准会给我点钱。"我说："这是你们两
人之间的事情。"他接着说，"不，现在这是我们两人之间的
事了。"说完就推搡我。我深知如果我只用拳头对付他的话，
他可以在我身上戳出个窟窿，这家伙比我年长得多、块头也大
得多。就在他推搡我之后，我掏出了一把刀，一下子把他震住
了。就在他可以使出别的招数之前，我挥起刀子划向他的胸
腹。看到鲜血涌浸他的衣衫时我吓坏了。我心里思绪翻滚：哦
不，我重伤了他，他也许会死去。我得赶紧离开这个鬼地方。
我将刀子扔到地上，接着逃走了。我一边跑一边想，哦不，现
在我杀了人。

相较而言，另一位被判严重伤害罪的十五六岁少年的报告就阐明了
所谓"中度挑衅"和大败：

案例 21

我正在学校体育馆玩街头篮球。对手一方有个家伙总是在
我持球的时候防守我。每次我运球或是投篮的时候，他总是推
我或是挤我。我非常抓狂，说："小子，给我滚开！"他说：
"粗暴的小子，这就是这里比赛的规则。"就在他持续推挤我
的时候，我知道他是有意耍我。他并不是在严密防守我，而是
有意捣乱。后来他又一次撞倒了我，我恼火地说："小子，你
最好不要推我。"他说："滚开！"我等着他再次推搡我。而就

　　在他又来的时候，我转过身来在他脸上抽了四五个耳光，直接
将他打翻在地。他起身之后就跑到一旁，抄起一把折叠椅朝我
的脸和手臂招呼，把我打得仰面朝天。我躺在体育馆的地上，
几乎被打昏过去，脸颊皮开肉绽，双眼肿胀。在此之前，我从
未真正知晓，你可以在一场与他人的打斗中受多重的伤。

　　个人暴力反抗（violent personal revolt）是暴力表现的一个特殊类
别，它的风险较高，也很难会有胜负未分或是平手的情况出现。"在个
人暴力反抗之中，"阿森斯写道，"挑衅者往往是被试者当下的镇压者，
或是被试者某位挚爱之人的镇压者。既然被试者正在寻求挫败对他本人
或是挚爱之人的暴力镇压，他的行为就是对某个他认为是邪恶镇压者的
公然反抗。"如果被试者取胜的话，镇压也许会消解。但是被试者也清
楚，如果他输了的话，"他所受到的镇压也许会更严厉得多。"在第二
个访谈系列中的案例 9 里，那位十八九岁、犯有严重伤害罪、"厌倦了
他人对我的情绪发泄"的少年就描述说，他曾经对继父做过了一次不
成功的个人暴力反抗。在某次争辩之后继父打了他，于是他试图从梳妆
台抽屉里拔出一把刀。他的继父一脚把抽屉踢关上了，把他的手夹了，
然后，继父把他按在墙上猛揍。"他疾风暴雨般地殴打我，我倒在地上
大口喘气，"这位受访者告诉阿森斯，"继父站在我面前瞪着我说，'你
够了没？废物！'我很小声地答，'是。'他说，'你是否确定自己够了？
废物！'我喘了口气说，'不，我不确定。'他说，'你是不是想要吃我
更多的拳头？废物！'我很快回答说，'不、不、不。'"

　　打成平手、胜负未分的暴力表现都会将当事人置于两难境地，但胜
利和失败却有着重大后果。胜利会增加当事人继续前进、进入暴力进程

130

下一阶段的可能性。失败则不然，"特别是几次连续不断的重大失败"，它会破坏当事人的暴力化进程。"他也许会彻底质疑自己此前诉诸暴力的决策是否明智，并且得出结论：鉴于他没什么暴力的天资，这就是个错误……去下这么一个决心。"如果这样的话，他也许会自我放弃、回归非暴力，继续遭遇镇压也几乎成了板上钉钉之事。

不过，失败也许恰恰会增强被试者的交战状态。他没有质疑自己的决心，而会去质疑他的天资，并得出自己战术错误的结论，认为自己应当避免正面身体冲突，而是转而诉诸更快一刀毙命的暴力。"因此，在挑衅者手下遭受的惨重失败也可以造成悖反效应，让被试者进一步前所未有地坚定了诉诸暴力的决心。"上文所述的案例 21 便阐明了这一点。被试者之前曾在打街头篮球的时候被人打成重伤。

> 我和女朋友在一家比萨饼店的桌球台前。我开始与一个那里的老家伙比赛打桌球，我的女朋友就坐在临近的长椅上吸烟观战。而就在我们玩桌球的时候，我注意到这家伙一直打量着我女朋友。她正身体后靠坐在椅子上，而这家伙眼神冒火地紧紧盯着她的裤子看。我知道他在想什么——这是个婊子。我试图将他的注意力从我女朋友身上转回到桌球台，但他却依旧狠狠盯着她的裤子，一边盯一边还摇头。因此我设法让他知道，她是我的女朋友。但是他并没有理解我的暗示，还是一边盯着看，一边摇着头。然后这家伙径直走到我女朋友面前，直截了当地说道："你知道，你应该离开这个小屁孩，然后跟我一起走。"此时的我非常愤怒，但就在我有所反应之前，他却跑过去捏了捏她的屁股。就在他这么做的时候，我女友跳下椅子叫

131

道："把你的脏手挪开!"这家伙却说："你这个小骚妞。"接着我女友说："离我远点。"

　　我已是怒不可遏。首先，他当着我的面不加收敛地打量她的身体，接着又对她评头论足，后来又捏她的屁股，现在他又喊她小妞。就在他嘴里讲出"小妞"之后，他就落我手里了。这家伙现在终于把事做绝了，因此我抄起了一根台球杆，尽可能紧地握着较粗的那一头，用尽全力砸向他的脑袋。台球杆较细的一头横着切过他的脑壳，将他打翻在地。接着我迅速把球杆掉了个头，然后跳到他的身上，开始用球杆的较粗一头猛敲他的脑壳。我狠狠地揍这个家伙，涌出的鲜血浸满了他的整个头颅、脖子和肩膀。于是比萨饼店里的所有人都开始尖叫。"他已经疯了，他已彻底疯了。快叫警察。"我女朋友开始朝我叫喊："停、停、停。你要打死他了。"我将浸满鲜血的球杆扔到了地上，拽着女朋友的胳膊夺门而出。

　　成功的暴力表现也许会紧跟着许多"平手""胜负未分""小输"，甚至是"大输"之后到来。不过阿森斯强调，一次显著的暴力表现并不会"**本身**就给当事人带来任何持久或是重大的影响"。就"持久影响"而言，当事人需要领会他的成功的全部意义。"让当事人感受到其成功暴力行动的全部意义，这个工作是由旁人愉快地完成的。不管出于何种原因，这些'旁人'总是对暴力怀有固执的兴趣和愉悦——当他们了解加害者或受害者的时候，会更加有兴趣。"

　　这些话说出口了。父母、兄弟、姐妹、邻居、朋友、熟人、学校官员、警察、检察官、法官，他们也许都会介入"评定暴力表现之意义"

这个工作。初级群体成员说的话要比次生群体成员更有分量，但这两个
群体的意见也会互相强化：

132

　　　　当事人逐渐意识到，旁人对他的看法已经因为他的"暴
　　　力成就"而骤然、急剧地改变……旁人已经视他为一个大为
　　　不同的人。令当事人多少有些吃惊的是，现在他已被看成是一
　　　个真正的暴力个体，而不是短短几天甚至是几小时之前那个非
　　　暴力或是仅存暴力可能的人。

　　　　　至少已有一部分初级群体的成员让当事人大感意外：他们
　　　不仅视当事人为暴力之人，而且还把他当成**精神失常**。生命中
　　　的头一遭，当事人听到人们用完完全全的严肃口吻描述他……
　　　比如"暴力疯子""暴力狂""暴力狂人""疯子"或是"疯
　　　癫杀手"……这些指称并非总是贬抑之语，原因在于，疯狂
　　　的行为也许只是说明某人真的胆大妄为罢了，这在一些原生群
　　　体成员看来可是个积极属性，而非消极。

　　人们对其心智的看法也许会困扰当事人。此外，或许他也会茫然无
措地发现，他一度视为是自己暴力行为支持者的初级群体成员（有时
包括了他的暴力教练）"现在突然开始持保留意见。"他们也许会这么
做——给他打上"疯狂"的标签——因为他们也相信，当事人做得太
过头了。

　　现在，人们待他开始有所不同。"人们待他就好像他确实是个**危险
人物**似的。他们对他谨慎多了，特别注意不去以任何方式挑衅、招惹
他。"每当他走近，他们都会面露担忧之色。旁人的这些反应"既标志
着当事人'暴力恶名体验'的最高潮，也标志着一种新体验的开端：

**社会恐惧**（social trepidation）"。"暴力恶名"和其所招致的社会恐惧将当事人带到了一个临界点。

　　当事人现在必须做出决定：对这些各式各样的"个人成就"，他究竟是欣然接受，还是弃如敝屣。这个问题的答案置当事人于悖论之中。一方面，"恶名"意味着他因某些不好的事情而广为人知；另一方面，有的时候这反倒是个好事情：因为某些"绝大多数人认为不好，但少数人认为很好"的事情而声名大噪，总要好过当个无名之辈。尽管这些好处也许并没那么"世所公认"，但是，因为"危险"而扬名的确有其好处。当事人在当前的社交环境里得到了更大的权力回馈，旁人开始在招惹他之前慎重对待。有鉴于此，当事人可以无拘无束地与他人互动，而不必太过担心招惹他们。因此，当事人也许在人生中第一次觉得，自己得以从他人的暴力镇压中解放出来。进一步而言，当事人原先在"暴虐化"和之后"交战状态"体验期间生发的无力、无能等苦痛记忆，依旧会在他的心头萦绕。这些记忆只会不由自主地强化他新近发觉的权力感（sense of power），让这种感觉无可抗拒。因此，当事人对这个问题（究竟是欣然接受，还是弃如敝屣）的答案，事实上已经是早有定论了。

　　阿森斯虽然没用这个术语，但他这里也描述了一个在当今美国也为我们熟知的现象：名声（celebrity）。阿森斯进一步表明，与其他各行各业的名声相似的是，"暴力恶名"也会深入当事人的脑海。新施暴力的当事人"经历了剧烈转变"。他变得"通常情况之下对自己的暴力表现

133

都印象极深，最后对自己也自作多情。满心狂喜的他得出结论：鉴于他
已完成了这番暴力成就，那么他找不出任何理由不在未来拿出甚至更多
惊艳的暴力成就。当事人也过快地认定，自己现在已经不可战胜了"。
就在同一时刻，他的恶名已经不可能让别人帮他从这一执念中省悟。他
会变得愈来愈好勇斗狠，"以至于到了一个节点：他会不假任何思索地
强烈驳斥任何愚蠢地批评他的人。"

　　他会接着下定新的决心，比之前"先行减码"的承诺面向更广的
决心："他现在坚定地要以武力袭击他人。无论是最轻微的挑衅还是根
本没有挑衅，他都郑重其事地要重伤甚至杀死他们。"正是这一决心驱
动着他由防御转为进攻。"当事人下决心，不再忍受任何来自他人的挑
衅。此外，如果心血来潮的话，他也会挑衅他人，在同一时间突然变得
豪气冲天、怨毒伤人。"他最近的狠毒——阿森斯强调，这并不是一个
不可避免的结果，而是一项决策和选择——充满了讽刺："现在的他兜
了个圈子回到原点，从一名倒霉的暴虐化受害者，摇身一变成了一位冷
酷无情的挑衅者——而这正是他不久之前轻视鄙薄的同一类暴虐者
（brutalizer）。"即便他注意到了自己的所作所为，那也并不重要。有了
彻底完全的暴力决心——这就完成了暴力化四阶段的最后一个：恨意。
"当事人已经准备好了，哪怕他们受到最小规模或是最更轻微的挑衅，
他们都要郑重其事地企图重伤或是杀死挑衅者。"这就是说，当事人已
经准备好了成为一名极端暴力的罪犯（ultraviolent criminal）。一个十五
六岁、最近被判严重伤害罪的少年这样描述着这些"转变"（transi-
tions）。

134

案例 33

就在我打破了那家伙的脑壳之后，校长勒令我在本学年余下时间里退学停课。学生们纷纷传说，我把一个家伙揍得很惨，还把他送进了医院，因此校长必须得把我赶出校门。所有的人，我认识的人和我的密友都认为，我对这家伙做得太过。他们认为我该教育一下这家伙，但不应把他打进医院。他们说："你不应该这么对他。你做得过头了。"这件事对我的影响，与对他们的震动一样大：我可以如此之重地伤害到某人。

不过在此之后，学校和邻里再也无人敢招惹我。人们说："詹姆斯是个疯子。不要与那样的刺头硬碰硬，因为他会揍你。"绝大多数人都确保给我留出足够的空间，在我身边惶恐谨慎。他们给了我更多尊重，并在我走过的时候说"嗨"。

人们也许会觉得，我对那个家伙做得太过了。但我后来知道我做对了。这件事一定是做对了，因为再也没有人敢招惹我，哪怕一点点。他们不想与我作对，让自己身上也遭到同样的待遇。在我把那个大刺头送进医院之前，他们会这么说："詹姆斯总说太多废话，但我打赌他的确不坏。"我向他们展示了，我可不是只是说说而已。我证明了自己，我也许块头不大，但兔子急了也咬人。

阿森斯注意到，在上述"暴力化"的后几个阶段里，美国民间故事中"公认暴力的被排斥者和离群者"都有所显现。原因在于，当事人身边的人都开始远离他，只为避免受到武力恐吓。结果，当事人也许会依旧离群索居，或者他可能会发现，"现在，他在恶意弥漫的群体里

成了受欢迎和受巴结的同伙。在这些群体里，拥有暴力名声是一项社交
需求。"

　　阿森斯的"四阶段暴力化进程"比其他对暴力犯罪行为进阶的阐
释都更直接可信，这是因为阿森斯的理论是建立在他对真实社会经历的
扎实研究之上的。在美国社会，暴力的成因已是疑问重重。部分原因在
于，精神病学、心理学等其他社会学理论都将其讲得神秘兮兮，而且常
常与常识相悖。陪审团成员很难相信，残忍的凶杀会是毒品或激情驱使
之下的短暂精神错乱之显现；他们也难以置信，凶杀可以因儿童期虐待
史而脱罪。如果说，缺乏对暴力的私人接触、不了解某人的私人生活史
都能促使许多美国人认可"人们只是突然抓狂"（just snap）这个说法
的话，那么，其他不少人对这些暴力属性（attributions）表示怀疑，也
就不难理解了。

　　阿森斯强调，暴力化是一个真正可信的进阶过程。除非某人经历了
这一过程，否则他绝不会成为一名危险的暴力罪犯：

　　　　仅仅是进入某一"阶段"，并不能确保当事人走完这一阶
　　段，更不必说完成整个（暴力化）进程了。每个阶段的完成
　　都是有条件的，它取决于当事人能否完整经受构筑这一阶段的
　　全部经历，而完成整个（暴力化）进程，也要取决于当事人
　　能否走完全部阶段……任何人只要最终完成"恨意"阶段，
　　并随之走完整个（暴力化）进程的话，都会成为一名危险暴
　　力罪犯。不论人们的社会阶层、种族、性别、年龄、知识水平
　　为何，只要他们的心智能力和身体能力足够执行一次暴力犯罪

行为的话，这种（暴力化）状态都会持续下去。

顷刻之间，我们似乎会想到一些例外——来自"优秀"家庭的"优秀"孩子（却犯罪了）。据亲友、邻居和记者的说法，他们"肯定是本性如此"，或者"只不过失足罢了"。阿森斯极力反对这些论调，他认为，"将危险暴力犯罪付诸实施的人，总是会有一些与暴力相关的背景经历。尽管（这些经历）有时会深藏不露，瞒过旁人。如果不对他们的个人传记进行全面深入细致调查的话，这些暴力背景就不会浮出表面。"阿森斯指出，官方记录可是出了名的粗枝大叶：人们常常会在"是否投票，票投给谁"这样的小问题上对民意调查官撒谎，凭什么他们会更倾向于向官方调查员和记者坦白"他们已经暴虐化或是经受暴虐化对待"这种事呢？

与几乎仅限于"家庭暴力"的虐童（child abuse）不同的是，暴力化也许会在其他初级群体里生发，比如黑帮团伙，就没有或是很少有家庭的参与。"一些非常危险的暴力罪犯，"阿森斯写道，"克制自己不向初级群体成员实施暴力，"哪怕在家人之间，暴力化也是选择性的——希腊佬彼得（阿森斯父亲）单单挑出阿森斯的哥哥里科和阿森斯进行暴力镇压，而放过了他们的妹妹们。尽管，阿森斯的妹妹们仍是经受了分量十足的"个人恐惧"。

这种"选择性"（selectiveness）也解释了暴力犯罪之中一个经久不息的谜题：为什么女性暴力罪犯要远远少于男性。除了女性的平均身材较小之外（这让她们一开始的暴力行为能否成功更加存疑），她们也是暴力规训候选人的被监视对象，这也正如她们在其他由男性占据主导地位的体育比赛、社会和就业领域中遭遇的歧视一样——只是因为她们是

136

女的，如果你愿意这么认为的话。

阿森斯观察到，正如受虐者转变为施虐者一样，"暴力化"也以经验的形式代代相传，这确保了"我们总是拥有源源不绝的充足新人，替换那些不幸丧生、锒铛入狱或许经历着成熟化转变（maturational reform）的旧人"。不过阿森斯也强调，这种"暴力传承"并非不可避免。从开始到完成，"暴力化"走完全程也许需要数年之久，也许只是数月之间的事情（阿森斯称之为"浓缩式序列"，他的访谈表明但并未直接证明这一点，这是一番激变体验）。"暴力化"也许会被打断，有时会中断很长一段时间。通常而言，变得危险暴力的女性完成这一过程要比男性晚得多。阿森斯研究的那些典型男性当事人里，进入交战状态"早在十几岁以前，至少还有一些人在十五六岁或是十八九岁之前就完成了（暴力化）。"但也不总是这样。

> 正如那些从未读过物理课本的人不会在物理学上有什么惊天动地的发现一样，之前从未有过任何暴力相关经历的人，无论如何也不会突然犯令人发指的暴力罪行。不过，犯罪也与科学一样，人们的所思所感所行也许会呈现真正的创造性飞跃。但尽管如此，这些飞跃也并非全然脱离蓝本，因为正是他们的过往经历才使这些飞跃变得可能。

阿森斯反复强调，暴力化是一个社会进程，需要与他人互动。而且，这些互动过程是与时变化的。在一名暴虐化的新手转化为一个危险暴力罪犯的过程之中，种种心理历程显然会牵涉进去。但是，这些心理历程并不能确定成为所谓持久不变的"心理特质"（psychological traits）。

　　心理学家们已经困在这一问题上 50 多年了，他们更像是
徒劳无功地找寻那些将普通人与暴力罪犯以及初始暴力罪犯区
分开来的所谓"心理特质"。这一方向在很大程度上困难重
重，原因在于，那些暴力罪犯显现出来的所谓心理特质，或者
说得更准确一点叫心理历程，并非一成不变，它们也随着当事
人暴力进阶过程之中所经历的新的社会体验的不同而不断变
化。

　　阿森斯引述说，"低自尊"（low self-esteem）常常被拿来解释暴力
犯罪。阿森斯承认，当事人确实会在暴力化的初始阶段里经受低自尊的
折磨，但是"一旦他们随后进入终极阶段——'恨意'的话，准确地
说，他们就将经受完全相反问题的折磨——不切实际的过高自负，以至
于到了傲慢的地步"。如果硬要争辩说"这种傲慢只是低自尊的掩饰"，
那就是强词夺理否定证据。


　　暴力犯罪的成因并非贫困、基因遗传或是精神病理学，而是暴力
化。阿森斯拿出了充足的数据，但他并未倚多为胜，也并未使用控制组
（control groups）来支持他的结论。原因在于，他并不寻求所谓"统计
学相关性"（statistical correlations，按照定义，它什么也证明不了），而
是找寻普遍规律——其论证过程要足以解释一类现象的**每一个实例**。他
的办法——找寻他所有案例的共通点，这些与非暴力案例有所不同的共
通点足以说明问题——这种方法一度被称为"普遍归纳法"（method of
universals），后来又得名"分析归纳法"（analytic induction）。阿森斯在
其他领域也找到了使用这一方法的实例，这对他是个支持：杰出的美国

社会学家阿尔弗雷德·林德史密斯的研究。林德史密斯最为知名的工作，就是使用这一方法来鉴识"人们何以吸鸦片上瘾"的独特社会化历程，见于他1957年出版、广为引证的著作《鸦片成瘾》（*Opiate Addiction*）。

138　　在1979年的一次演讲里，林德史密斯雄辩地为分析归纳法作了辩护。"一项成因（cause）必须被看作是一个过程（process），"他主张——"而不是一个条件，一个变量，一件事情，或是一次事故。"为了阐明这一观点，林德史密斯回顾了19世纪末对疟疾成因的科学发现。他以计量社会学（quantitative sociology）的术语调侃自己那个满脑子"统计学"的同行说，那个历史性的基础性发现，也只不过会被说成是"一个以'软'定性方法论（qualitative methodology）证实非定量理论（non-quantitative theory）的实例罢了"，一个"言语"（verbal）理论而已。林德史密斯语带讽刺地提醒他们，通常而言，人们识别疾病用的都是这种"软方法"。

疟疾成因的发现始于法国外科医生阿方斯·拉韦朗（Alphonse Laveran）的一系列观察，当时他正在阿尔及利亚的军医院工作。拉韦朗注意到，用显微镜观察疟疾患者的血液，常能看到一种新月状的有色躯体。这种之前被认为是疾病引发的病理性产物（pathological product）正在翻抖蠕动——因此这是个活着的有机物，也是一种寄生虫。在疟疾患者的血液样本里并不是总能找到这些寄生虫，所以人们对拉韦朗的发现也有过不少争论。将寄生虫与其病媒——雌性虐蚊联系起来，还需要做更多的工作。最终人们整理出了这个复杂的因果过程：携带寄生虫的雌蚊子叮咬患者，并将含有抗凝血剂的唾液注入其中，阻止患者的血液凝固。蚊子唾液中的寄生虫（名叫孢子体）也随之进入血液循环之中，并很快离开血流进入肝脏，躲藏在那里（这也是为什么它们并不常在血样中现身）。在肝脏中它们反复繁殖，生成名叫"裂殖子"的孢子。九到十天之后，裂殖子便充满了肝脏细胞，然后入侵红细胞，并持续分裂、吞噬血红素，持续重复这一循环过程。循环数次之后，一些裂殖子发育成雄性或者雌性孢子，它们进入红细胞，等待下一只蚊子的叮咬。如果被一只路过的蚊子吞食的话，它们就会繁殖出数千个子孢子。这些寄生虫的后代们在蚊子的唾腺里安家落户，准备进入下一位患者体内，开启新一轮进程。

　　林德史密斯指出，寄生虫本身并不足以成为疟疾的成因。原因在于，单单是寄生虫的存在，并非总是能导致疾病——比如说，它并不会在蚊子体内引发疾病。寄生虫可以占据人体肝脏数年但并不引发病症。还有一些获得免疫力或是防护性突变的人，他们可以携带这种寄生虫但自身并不染病。林德史密斯指出，与其将疟疾的成因简单归罪于寄生虫，更具逻辑性的思维是将疟疾的成因看作是大量关键条件、因素或者变量相互作用的一个独特、复杂的过程。　　　　　　　　　　139

　　　　在这一独特相互作用的初始阶段，通常而言它是有待发现的不明显、浅层事件。随着疟疾的因果进程渐渐推进，它会达到一个被称为"疾病"或是"部分病症"的临界点。如果这一进程被早早打断的话，我们会说疾病得到了**预防**；而如果它在稍后中断的话，我们会说疾病得到了治疗。寄生虫在人患病期间依旧存续、并且是疾病的病因之一，因此，把这一成因说成是一连串事件的前身，这是不准确的。你并不能有把握地说出所谓成因转化为效应的准确时间点。医生曾经说过，当某人的体温第一次超过华氏100度[1]的时候（存在寄生虫的情况下），或者他的血液中出现相对庞大数量的寄生虫时，他就应被诊断为得了疟疾。

林德史密斯在为分析归纳法辩护时指出，拉弗朗"只是**一个人**，在**一份**血样中看到了**一只**寄生虫"——而不是一个研究团队从某个数据库的数千项数据和同等规模的控制组那里找到了统计相关性。凭借这一发现，拉弗朗赢得了实至名归的诺贝尔奖。使用数据（尽管数据可能会帮助减小可能性）——科学家却并未找到疾病的成因——或是与疟疾有关的相应物理现象、化学现象的成因。林德史密斯总结说，作为一种科学方法，分析归纳法的关键因素并不是案例的数量，而是"从案例之中获知了什么；以及他们究竟是一种特殊的典型样本，还是现象类别"。

定量分析同行们贬低阿森斯发现的原因是，他们认为阿森斯只找了50或100个案例，这些人的意思是，要有更多随机的案例才足够作为证据。（不过）作为普遍归纳法，分析归纳法有比"统计相关法"更为严苛的证据标准：**每一个案例**，每一个典型样本，都必须遵循相同的因果过程。如果发现有一个案例与型模（pattern）不符的话，那么这个型模的推导就不适当。严苛的证据标准自有其积极一面：它让科学得以从经验中学习，因新的证据而调整、完善自身。拉弗朗对寄生虫作疟疾"成因"鉴定之时，寄生虫并不总是在已知疟疾的病例中现身——这就

--------

[1] 约为38摄氏度。——译者注

是一个绝佳的例证。寄生虫理论必须周延，才能解释寄生虫的缺席。它
们躲在肝脏里——这一发现解释了为什么在血液里没有发现它们——也
为这一理论增添了新的重要一环。当发现自己的**所有**案例都有非暴力罪
犀和普通人所没有的这些<u>共通</u>之处的时候，阿森斯才会对自己的理论格
外满意。阿森斯收集的全部案例都具备的共通之处，就是一个需要有暴
虐化、交战状态、暴力表现和恨意的进阶过程：暴力化。

　　不过，阿森斯的全部案例都与他的研究处于同一时期。阿森斯并未
报告其他案例。在阿森斯视线之外的案例里，"暴力化"是不是也很显
著？在那些广为人知的案例里，"暴力化"是不是也会自我呈现——比
如杜鲁门·卡波特的《冷血》，或是李·哈维·奥斯瓦尔德？在其他时
间或地点，"暴力化"又是否适用暴力犯罪？在当代美国之外的其余文
化区，这一理论是否适用？甚至于，就严重的人类个体暴力行为而言，
它是不是一种放之四海而皆准的解释呢？我在深入细致地访问阿森斯，
并且全面研读他的著作之后，便着手回答这些问题。结果，我的收获让
我大为惊讶。

# 第二部分

# 文明的进程

　　西方文明最为根本的进步之一，（便是）从失范暴力到有规范暴力的千年过渡，从私力复仇、秘密战争、临时且无保障的妥协，转为渐渐认可王室裁决成为唯一仲裁权力，将其臣民从永不止歇的暴力和私人复仇怪圈之灾解救出来的一段行程。

——阿尔弗雷德·索曼：

《西欧的越轨行为和刑事司法，1300—1800 年》

第 12 章

# 谢丽尔·克兰

若要"放之四海而皆准"的话，那么阿森斯从他收集的典型案例中提炼的"四阶段暴力化进程"也必须适用于其他人的暴力生涯。不过，正如疾病的成因只有在调查者"问对问题，在对的地方找证据"的时候才能发现一样，在某个特定案例里找到"暴力化"，也需要一份准确和充分详尽的传记。遭遇暴力犯罪指控（甚至是已定罪）的人，并不总是心甘情愿地提供这些可能会连累自己的信息。甚至于，哪怕在他们准备好坦白自身经历的时候，也会选择隐藏或是扭曲身边至亲之人的信息，而这些至亲也许已经介入了他们的"暴力化"或他们的暴力行为。

幸运的是，大量知名案例提供了不少可见记录，这些记录足够精确、完整，足以协助我们在其中探求"暴力化"的证据。还有一些记录不甚完整的案例，但至少足以反映部分阿森斯发现的（暴力化）进程之要素。检视这些完整或是不完整的案例也将检验阿森斯理论的权威性，阐明那些之前似乎是神秘兮兮或者莫名其妙的暴力行为。

　　谢丽尔·克兰便是其中一例，她是 20 世纪中叶著名女电影演员拉娜·特纳和餐馆老板斯蒂芬·克兰的女儿。在一场恶名昭彰的好莱坞丑闻里，时值 14 岁的谢丽尔·克兰用一柄切肉刀刺死了她母亲的情夫，约翰尼·斯通潘纳托。一名验尸官陪审员裁决，克兰的杀人属于正当防卫；克兰本人的证词也说，她相信自己进入母亲卧室保护她的时候，斯通潘纳托正在袭击母亲。1988 年，克兰出版了一部与克里夫·贾赫尔合写的回忆录，《曲折人生：一段好莱坞故事》（*Detour*：*A Hollywood Story*）。在这本书中，她详述了自己的童年经历。

　　承袭珍·哈露传统的特纳是个风靡全美的金发美人，她频繁地结婚离婚。在每段婚姻之间，她都有为数众多的情人。"除非有个人爱恋，否则我会孤独痛苦。"她在一次访谈中告诉记者。特纳一度是个穷困潦倒、无人问津的孩子，特纳的母亲（克兰称之为"外祖母"）是个阿肯色州的农家女孩，有 11 个兄弟姐妹。在距离 16 岁生日还有两天的时候，外祖母跟一位年长自己六岁的阿拉巴马矿工（同时也是赌徒和走私犯）、金发男子维吉尔·特纳私奔离家，来到了艾奥瓦州的华莱士。"拉娜"——茱莉娅·简，小名朱迪——在一年以后降生。这段婚姻很不稳定；外祖母定期带着朱迪乘火车离开维吉尔，直到她身无分文再喊维吉尔来接她回去。外祖母曾告诉克兰，她之所以离家出走是因为厌倦。朱迪七岁那年，父母在旧金山离婚。克兰写道，外祖母成了一名美容师，并将朱迪送到"一连串糟糕的寄养家庭里"。最坏的一次是在莫德斯托的朋友家中。

　　　某个周日下午，外祖母来到莫德斯托。她发现女儿身上有擦痕和伤口，是被棍棒打过造成的。当天，母女俩就一起回到了旧金山，结束了母亲两年的恐怖生活。母亲在这两年里曾在沉默之中隐忍，因为她曾被威胁：如果抱怨的话会遭到更多殴打。"你妈妈来了，把你的臭嘴闭上。"据母亲回忆，这就是养父母的原话。

外祖母在失业期间对她的忽视，也使朱迪沦为乞食者。她的父亲在一次掷骰子赌博之后的回家路上遭遇抢劫，并被棍棒殴打致死。这一年，朱迪只有九岁。更多的寄养家庭生活随之而来，二人后来到了一处由外祖母与其美容店雇主合租的公寓。最终，母女二人去了洛杉矶——克兰评述说，她们就像纳撒尼尔·韦斯特《蝗虫之日》（*The Day of the Locust*）里的人物，"只是因为与其他地方不合拍罢了，（于是他们）就来加利福尼亚寻找魔法。"一家好莱坞小报的出版商在好莱坞的汽水店里发现了朱迪·特纳，那一年她 15 岁。克兰指出，母亲发育很早，"一头浓密的红发，灰色的眼睛，微微翘起的嘴唇，白皙的皮肤，以及比例完美的身材。"名声和财富随后滚滚而来。不过，电影明星总是把她挣到的所有钱都挥霍一空。

克兰是拉娜·特纳的独生女，出生于 1943 年。特纳刻意与女儿保持距离，通过保姆和家庭女教师来抚养她。克兰讲述了她母亲本人回忆的一次早年袭击事件：

> 她决定在一个周日下午给我洗澡，那一天保姆放假。这一天就在我一岁生日左右，是我们两人第一次单独相处。保姆已经告诉了她要怎么做，但育儿任务让她既惊骇又羞恼。她回忆说，自己与一个涂满肥皂又全身扭动的婴儿较劲，被搞得火冒

145

三丈。就在她双手打滑的时候，突然之间她就意识到，自己正在紧扼我的喉咙。

"我气喘吁吁，"母亲在她的自传《拉娜》里回忆说，"我不顾（谢丽尔）浑身湿透，将她放在了一张靠墙的桌子上。我把她抱紧说：'谢丽尔，谢丽尔，我不是要掐死你。'（谢丽尔）几乎像个成人一般，推开了我，接着直勾勾地看着我的脸，然后笑出了声。"这次意外最后以开心的拥抱收场，但在此之后，母亲会情不自禁地觉得"好像我已经历了某种争夺似的"。

尽管怒气冲冲（她回忆自己已是火冒三丈），但否认暴力意图（"她的双手打滑，突然之间就意识到"）——这后来成了克兰与母亲所共有的一种态度。克兰写道：

> 四岁那年，就在我时不时开始去固定地点见她，或是在家中酒吧间见她的时候，我知道得遵守一些规则。我已被警告过了。每逢我被扶起来小心拥抱、亲吻的时候，嘴唇从不相触，肌肤也没有接触。这是为了作秀而已，这种"鸡尾酒式香吻"（cocktail kiss）就像姿势摆了一半的丛林体操。我自知绝不碰到漂亮的妈妈，她的头发，她的妆容，还有她的衣服……"这头发，"她会说得平淡无奇，就好像我会很快忘掉似的，"亲爱的，口红。"

克兰回忆说，"我是如此轻易地服从权威，以至于自己显得十分驯服。对母亲的朋友而言，我是个机器人般的孩子，害羞、礼貌而又严肃。'太过成熟。'他们说。我两岁以后的照片显示的是一个不自信的小孩子，从来**不笑**。"克兰将她的童年描述为"缺爱。"

1948 年克兰五岁，这一年特纳嫁给了一位富裕的东海岸人。他叫亨利·J."鲍勃"托平，一位工业巨子兼烟草商的继承人，生活在康涅狄格州的格林威治。很快，克兰就同意喊托平"爸爸"（Papa），可是她从来不喊"爹地"（Daddy）——这个称呼只为她的生父保留。托平一家最终搬到了加州的贝莱尔，这样特纳就可以重振她那摇摇欲坠的演艺事业。托平名下交付信托的财产并不足以维持他们的奢华生活，于是特纳开始赚钱养家。这场婚姻亮起了红灯。克兰生父在巴黎遭遇车祸而严重受伤的时候，托平冷酷歹毒地通知他的继女，"爹地"已被杀了。而几天之后外祖母说"爹爹正在往家赶"，这让克兰陷入歇斯底里状态。

146

显而易见，她很孤独并被漠视。如果说她的"暴虐化"并未在母亲手中开始的话，那么托平则肯定开启了这一进程：

> 爸爸很容易发怒。有一回把我吓呆了：他用一根藤条抽打他送给我的拳师犬。还有一回，他把送我的卷毛小犬"廷克特"往墙上摔。他和妈妈也曾在晚饭前的鸡尾酒时间互相冷战。不久之前，我还曾被楼下的破碎声吓了一跳。他将一个巴卡拉醒酒器扔向了凯瑟琳·格蕾森（女演员）的头。幸运的是他并没有砸中，只是将吧台镜子砸了个稀碎。在他们那一侧房子里，扭打和砰砰撞门之声日甚一日，几成常态。

这些事件完全称得上是"个人恐惧"。如此易怒的男人殴打克兰的狗、恐吓克兰母亲，不大可能在同一时刻不对克兰造成"暴力镇压"。

不过，克兰选择不去讨论她与继父之间关系的话题。就在特纳宣布她打算与托平离婚的时候，变本加厉的恐惧接踵而至。当天夜里，"（特纳）吞下了安眠药，用一把剪刀挑断了手腕的两块肌腱，虚弱无力地试图自杀。"特纳活了下来，成功与托平离婚，并开始与二流电影演员费尔南多·拉马斯交往。克兰记忆犹存的是，这位男演员有一天向她展示自己，并且之后当着克兰的面裸泳——当时只有他们两人。

特纳此后征服的男人让克兰遭遇了更多的"暴力镇压"体验。曾经于1940年代末期取代约翰尼·韦斯穆勒出演人猿泰山的勒克斯·巴克对特纳展开了追求，并在特纳与拉马斯分手之后娶她。勒克斯英俊潇洒、健硕优美，是菲利普斯·艾克赛特学院兼普林斯顿毕业生，出身纽约州拉伊镇的社会名流家庭。他曾与一位纽约名媛离婚，有两个子女。婚后的特纳和巴克为了避税移居伦敦，也带上了克兰和外祖母。那一年克兰只有10岁，却已经和母亲差不多高。而就在特纳准备将克兰送到一家瑞士寄宿制学校，并将外祖母与巴克的孩子一起送回加州的时候，克兰反抗了。"如果外祖母离开我的话，"她对母亲说，"那么我会离家出走。"特纳只好妥协，允许克兰与外祖母一起回美国。但就在去往机场的时候，特纳在巴克的捷豹汽车里向母亲开炮，以此惩罚她固执己见的女儿。

> "妈妈，你懂的，"特纳突然对外祖母说，"这些年来你一直都过于软弱。我一直在照顾你，赡养你——好吧，我**已经**这么做了。你再也别想从我这得到一个子儿。等你回到洛杉矶后，最好自己找份工作。"
>
> 我转过身来。

（外祖母说）"你最好目视前方，小姑娘，管好你自己的事。"

外祖母掩面而泣，眼泪夺眶而出。在去机场的途中，母亲滔滔不绝地指摘了她一路。所有人都沉默着低头看路。母亲指控外祖母利用别人，连吃带拿，自私自利。我在心里大喊，**你才是那个利用别人的人，你才是那个自私自利的人——我恨你我恨你我恨你。** 那一刻我对自己发誓，我再也不会喊她"妈咪"。

1953 年圣诞节的前两天，巴克一家回到了好莱坞。克兰还记得，那个冬天她开始逃避社交。原因在于她"担心母亲对我的控制力，剥夺我的母爱"。克兰觉得，她就像"一个相当冷酷的孩子"一样拒人于千里之外。学校的同学们注意到了克兰的转变；"有些同学，"克兰写道，"和我说话的时候就像以前不认识一样。"

第二年三月，独自坐在家中霍尔姆比·希尔斯豪宅游泳池边的克兰抬头看到巴克正站在花园台阶上，全身只裹着一条浴巾并紧紧盯着她。"他确实是泰山，对极了，"克兰回忆自己当时的想法，"除了那副太阳镜。六英尺四英寸高、200 磅重的巴克让费尔南多叔叔也黯然失色。"巴克走下台阶去了桑拿室，请克兰也进去。"我想给你看点东西。"他告诉克兰。

在桑拿室里，巴克透着泳衣摩挲克兰的胸部和私处，裸露自己（他将自己的阴茎称作"兔子先生"），并告诉克兰，向女儿传授有关男人的知识，这是一个父亲的职责。巴克强迫克兰观看他手淫。"我吓得目瞪口呆，"克兰回忆说，"把我的指甲紧紧嵌入板凳之内。他的双眼紧盯着我的腹部，开始手淫。一开始他很慢，最终他的嘴唇变得痉挛，直到随着一番猛劲暴冲、一次面部扭曲和一声呻吟吼叫，他才把精液射到了地板上。"克兰只想逃走。巴克用毛巾擦干了身子，警告克兰要对刚才的事情保密，然后才走开。克兰跑进自己的房间，并且"将此事抛诸脑后：刚刚什么都没有发生"。她将自己的洋娃娃清理一空（其中就包括一个手工制作的母亲微型人偶），装成办过一场茶会的样子。

一年之后，巴克再度"拜访"了克兰。这一次，他在晚上八点溜进了克兰的卧室，强奸了她。

"还记得兔子先生吗？"他问道。我紧紧闭上了双眼。一只大手游走在我的睡袍之下，并在我的两腿之间蠢蠢欲动。我憋得喘不过气，急不可耐地要喊出声。突然之间，我感到一阵可怕的戳刺。我腾地起身来，四肢乱打，气喘吁吁地喊出了声。但是，他用双手掐住了我的喉咙，将我扔回了床上。没过多大一会儿，我的睡袍就被剥了个光，我的双膝大张，伴随着一阵剧痛，他将他那200磅重的身躯顶进了我的下体。

我窒息了。他是不是要杀了我？我无法呼吸。这种疼痛在我生命中前所未有。最后，他在我耳边发出了一声沉重的呻吟，这才罢休。

夺走克兰的处女之身后，巴克接着威胁了她。"'你知道，他们是如何对待那些嘴巴不严的女孩的。你难道不知道？那些向任何人透露我们这种事的女孩，'他说，'他们会把你带走，你再也见不到父母。他们会把你送到一个叫作少年感化院的地方……因此，如果你还想再见到

你母亲、你外祖母、你父亲、你的狗或是你的金鱼什么的，那么你最好
闭上自己的嘴。'"

　　一周之后，巴克又一次强奸了她。克兰羞辱万状，惊骇莫名，她经
常做噩梦。"我那时十岁半，即将年满十一岁。"她回忆说。"我从未有
能力为自己做哪怕最简单的决定，现在我意识到，我也丢掉了对自己身
体的控制。我甚至都没有拥有过我的内在身心，我的继父却把它占据
了。"在此后两年里，巴克又强奸了她十几次。其中特别残忍的一次强
暴发生在他们从医院回来之后，当时特纳正在医院做流产之后的恢复治
疗。有的时候，巴克会在与克兰母亲同处一室的时候，趁特纳目光望向
别处的时候抓克兰的下体："他是如此自信我不会说出真相——我确实
没有——不过，我内心特别希望母亲转过身来把我们抓个现行，这样我
就能直面可怕的后果，勒克斯也会最终罢手了。"

　　住在寄宿制学校的时候，克兰悄悄地将她的恐惧告诉了信得过的同
学。克兰从同学那儿得知，少年感化院并非地狱。而且，与未成年女孩
之间就算发生了自愿性行为，按照法律也属于强奸。这些知识武装了克
兰的头脑，她试图用威胁阻止巴克的下一次暴行。巴克却残忍地升级了
袭击行为。

149

　　　他抬起前臂，扇了我一个耳光。我立刻就眼前一黑，之后
　　感觉到嘴里有血，一双大手扼住了我的喉咙。"你是要向我要
　　态度，嗯？"他狂叫道。"你这个小婊子！"他一边说着一边狠
　　狠地强暴我，还带着惩罚的怒气。我拼尽全力，只求不再眼前
　　黑过去。该发生的还是发生了，我又羞又恼。我试图尖叫，但
　　他却用一只手攫住了我的喉咙，我无法呼吸，甚至不能喘气。

他要杀死我吗？我正在死去吗？我不由得担心。我的四肢就像鱼鳍一样无用，我喘不出气，叫不出声，甚至没法用指甲抓他。他的性高潮带来了一阵狂飙极乐般的悸动，一波又一波之后方才平息。在他仰头后退，起身向门的时候，我狼吞虎咽地大口吸气。"记住——闭嘴。"他在走的时候警告说。

回到学校的克兰决定告诉外祖母。外祖母（闻讯后）带着她去找了特纳。（一开始）特纳拒绝相信克兰。直至克兰讲述了全部的暴虐细节，她才深信不疑。后来，这位女演员告诉女儿，她本想在当晚趁丈夫睡着的时候，拿上左轮手枪走上去枪杀他——但出于对演艺生涯泡汤的担心，她还是克制了自己。这番声言完全称得上是"暴力规训"——尽管，克兰并未交代这段话的可信度。次日早晨，特纳鼓足勇气弃巴克而去。第二天，巴克发现母女二人准备离家诊牙，他试图拉住特纳的车门阻止二人离开；特纳猛踩油门，拖着巴克开了一段。接着又急刹车甩掉了巴克，绝尘而去。

很显然，尽管有女儿的详尽叙述，特纳还是持续怀疑克兰是不是勾引了巴克。与巴克离婚数月之后（巴克并未被起诉）的一天，醉酒的特纳指控女儿对自己的新男友要花招，还变本加厉地指斥克兰之前已有前科。特纳狠狠地掌掴了克兰。"她是说勒克斯。"克兰控诉说：

> 她的意思是我曾经与勒克斯调情，还勾引了他！难道勒克斯这家伙没有虐打我、扼我喉咙、残忍地强奸我吗？但她终究还是不信任我！现在她认为，我正在与她争夺迈克尔·丹特！她站在我身前大声嘟囔，我往沙发里猛地一坐，失声哭泣。我像一个男孩一样癫狂，她也吵嚷不休。我越说越抓狂，只为证

明我的名誉。我的否认徒劳无功，我很难再有说话的力气了。

乘出租车回学校的路上，克兰决定离家出走。在街头待了一晚之　150
后，克兰被拘留了——在少年感化院。母亲接回了克兰，对她的怒火也
有增无减。当晚克兰溜进特纳的卧室，偷走了床头柜里的一把乃波塔
（一种安眠药）。不过，就在克兰等待母亲回家（以便服药威胁）的时
候她却睡着了，特纳下班之后又取回了这些药片。讽刺的是，那个季节
的特纳正在为饰演《冷暖人生》(*Peyton Place*) 的主角做准备。

约翰·斯通潘纳托名义上是个礼品店店主，实则是个下三烂的骗
子，依靠勾引和欺骗有钱的女人为生。"他还算英俊，一种油腔滑调式
的英俊。"克兰如是描绘此人。她还提到了他"黝黑俊朗的外貌，鬼鬼
祟祟的举动，警惕狐疑的双眼，低沉浓重的嗓音"。他在好莱坞内外都
名声响亮，克兰说："他赢得了'奥斯卡'的绰号。"斯通潘纳托刚刚
与一位二流电影女演员海伦·斯坦莉离婚，这位女星在离婚诉讼期间状
告斯通潘纳托，指控他曾试图掐死自己的母亲：原因仅仅是老太太弄丢
了他的手帕。这位"邪恶楷模"也是前海军陆战队士兵，曾经做过黑
帮头目米基·柯亨的保镖。他送了克兰一匹马并教她骑乘，以此来逐步
勾引她的母亲。

就在克兰于奥贾伊的一家高级私立中学大搞青春期逆反的时候，特
纳和斯通潘纳托飞往伦敦，参加某部电影的主题剧照拍摄，特纳即将在
这部电影里与一名新科男主角对戏，他的名字叫作肖恩·康奈利。斯通
潘纳托想要特纳出资并主演一部他自己希望执导的电影；特纳不赞同这
一提议，两人因而争吵频频。而当斯通潘纳托听说特纳与康奈利上床的
传言之后，他劫走了她的豪车，闯进了松林制片厂的摄影棚，并持枪威

胁康奈利。康奈利将他打翻在地。"输掉与康奈利的对决之后，"克兰
评述说，"他对母亲的嫉恨之意爆棚了。"在汉普施特德家中的另一次
争吵期间，斯通潘纳托袭击了特纳。"追打着她"，并试图用一块枕头
闷死她。一名听到特纳尖叫的女仆或许救了她的命，她的脖子上满是瘀
青。第二天早晨工作的时候，特纳将这次袭击事件告诉了一位助理制片
人（也是她的朋友）。这位制片人到伦敦警察局报了警，警方在当天就
将斯通潘纳托驱逐出境。

　　在美国，克兰参加了《冷暖人生》的首映式，之后前往伦敦与母
亲共度圣诞节。"这部电影的两个支线情节，"克兰写道，"也许正是取
自我的人生。一段情节提到了一个反复强奸继女的男人（绝望之中的
继女用棍棒打死了他），而另一段则牵涉了一位年轻的母亲（由特纳主
演）和她那反叛的女儿（由黛安·瓦西饰演）。"首映结束之后克兰说：
"我无法将《冷暖人生》抛诸脑后。"这部电影是如此逼真地"镜像"
了真实人生，以至于它似乎加速了克兰进入"交战状态"这一暴力化
阶段的进程：

> 　　看到母亲与瓦西小姐搭戏的时候，一些隐微的心曲在我心
> 中来回冲撞。它们都实在是太过熟悉了：母亲投来的冷冰冰、
> 凶巴巴的目光，帝王式的行事作风，冥顽苛严的持家之术。她
> 的这套把式也将翻转家庭，让居家生活成为笑话。
>
> 　　之前我就在《大肆挥霍》（The Prodigal）里看过她与银幕
> "女儿"之间的戏份。不过，那个女儿只有八岁，她们之间的
> 互动也满是爱意。现在，我人生中头一回被她的银幕形象吞
> 噬，眼睁睁地目睹她责骂一名高个子的少女，女孩唯唯诺诺的

举止让我想起了我自己。那帧影像在刹那之间令我恍然大悟：母亲之前用来恐吓、控制我的手法并非来自某种情感，而是出自她身为女演员的演技。对她而言，生活就是一场电影。她并不是活在现实之中。

一旦我对她的爱遭受突如其来意外的伤害（特纳指控克兰调戏她的男人），我就看出，她是有能力控制我的。原因只有一个：我入了她的戏，我听任她的控制。如果她说一我却做了二，那么她又会真的做什么吗？她喋喋不休地告诫我要尊重、服从母亲，但是，看看她又是如何对待外祖母的。

尽管有着上述这些叛逆想法（或者正是因为它们），克兰认为，与母亲在伦敦度过的那个圣诞节，是她们二人在一起度过的"最快乐时光。"女儿到访期间，特纳正在修补与斯通潘纳托的关系，给他写热情洋溢的情书，接他打的越洋电话。克兰离开之后，斯通潘纳托在欧洲与特纳重聚了。此后几个月里，据克兰记载，就在这对爱侣前往阿卡普尔科共度加长假期的日子里，"母亲说自己生活在恐怖之中，勉强从他的武力虐待中幸存偷生。"有那么几次，"他猛摔房门，来回掌掴特纳，用枪指着她的头。主要原因是，她拒绝与他上床。"特纳用醉酒的方式抵抗斯通潘纳托。此人昭彰的恶名让特纳不喜欢在公开场合被人看到与他在一起，但坊间有议论说他们或将结婚。

1958 年 3 月他们回美国的时候正值奥斯卡颁奖。特纳凭借《冷暖人生》的表演获得了最佳女演员的提名，她将与出演《三面夏娃》（*The Three Faces of Eve*）的乔安妮·伍德沃德竞争这一奖项。特纳邀请母亲和克兰陪她出席颁奖典礼，但断然决然地没有邀请斯通潘纳托。伍

德沃德笑到了最后，但这项提名本身已经推动了特纳的演艺生涯；明星
母亲和心怀愤恨的女儿之后回到了这位明星在加州贝莱尔宾馆的小屋
里，讨论将克兰从寄宿制学校接回家里的事宜。就在特纳道完晚安，回
到自己房间的时候，她发现斯通潘纳托正在那儿。两人激烈扭打在一
起。此时的克兰一心想着挑战母亲，可没准备好保护母亲。她那绵延未
绝的"个人恐惧"转成了恐慌。她说，自己正在成为"一块躺在那里
不动的胎盘，就像死了一样……我知道接下来我必须做什么：入睡，入
睡，入睡"。

　　而在斯通潘纳托又一次袭击母亲的时候，克兰下定了决心。在回忆
录里，她将一段关键的母女对话放在了这两次袭击之间。克兰将自己描
绘成既支持母亲又蔑视母亲的人，她清楚明白地表示，她最终准备好了
诉诸暴力，以此回应母亲对自己间接迂回但却成效显著的"暴力规
训"：

　　　　"宝贝，事情不……那么妙……是我和约翰之间的事，"
　　（母亲）说，"我不知所措。"
　　　　"妈妈，离开他，"我说，"眼不见为净。"
　　　　"宝贝，我做不到。你看，事实上我害怕他。他威胁说，
　　如果我试图离开他，他就伤害我。他认识不少人，可以雇佣这
　　些人来毁我的容，甚至杀死我。"她微微战栗了一下，接着双
　　手紧捂胸口，扑闪的双眼将目光落到我的左肩之上。"宝贝，
　　我该怎么办？"她说得哀怨满腹。"你得帮帮我。好吗……你
　　会帮我吗？"
　　　　她这是在演了一出漂亮的大特写——现在如果闪了快门，

这就是照片了。我心里堵得难受，因为我相信她正在危险之中。但是，我心里的一个声音却在说，她在这一刻的所作所为有80%都是逢场作戏，银幕艺术已经渗入了她的生活。她正处困境之中，这显而易见；但从某种程度来讲，她在内心里已经准备好了要自己入戏，以便操作一次逃脱。她是——难以置信地——跑过来寻求我——一名14岁少女的帮助。

　　之前我就曾经目睹她这么做过。她把个人的难题一股脑推给别人，让他人为自己摆平。直到两年前她与米高梅的合同终止之前，一支忙里忙外的服务大军都在帮她搞定大大小小的麻烦。除此之外，她还常常依靠自己的律师、经纪人、经理、女仆、理发师、男朋友和外祖母。这一状况，直至她必须节衣缩食、裁减服务大军的时候方才中止。现在我成了新兵，该我上场了。

　　在贝莱尔宾馆的小屋里，特纳继续哭诉着：斯通潘纳托掌掴她，拳　153
打她，拿着一把剪刀威胁她。"她崩溃了，"克兰写道，"我张开双臂拥她入怀……我大感恐惧、困惑，内疚之情笼罩着我。想到她是第一次需要我，我不禁把头埋到被窝里。现在，我们在这里有了第二次……这里谁是父母，谁又是儿女？"特纳一脸恳求之色，紧紧盯着女儿不放。"宝贝，我要做什么才好？"她问得绘声绘色——克兰暗示说。

　　这样一来，贝弗利山庄新租屋里的这场致命刀刺事件便上演了。特纳得知，斯通潘纳托在他的年龄上撒了谎；他号称自己43岁，其实只有33岁，比她要年轻5岁。特纳可以忍受殴打，但是，"自己年长色衰，所以得倒贴小白脸"这种暗示却超出了她的忍耐限度。特纳告诉克兰，她想要在当晚就离开斯通潘纳托，但不想一人独行。克兰在自己房间里徘徊踱步，一边看电视，一边试图撰写一篇有关脊椎动物血液循环系统的学期报告。斯通潘纳托这时到了，并开始大喊大叫——"'你这个该死的婊子！'他厉声大喝。'你休想这么容易就离开我。我会先把你剁碎！'"——克兰在自己房间和楼梯平台之间来回奔跑，观察是否有危险，她之前可没见过斯通潘纳托发怒。"他怒气冲冲，杀气腾腾，对她恨之入骨。这是一股已控的怒气，但他脖子上青筋暴起，只用一边嘴唇呼吸。他耸起两边肩膀，好像就要掏出一对左轮手枪似的，同时他的双拳在身体两侧紧握着，像一只垂死之蛇的尾巴翻滚蠕动一样。他一次也没看我，但双眼冒火地凝视着母亲。"

争斗持续升级。特纳冲进自己卧室，并锁上了门。"打开这该死的门，否则我就撞门进来了！"斯通潘纳托怒吼着。特纳打开房门，允许他进来。然后是更多的怒吼。母女二人似乎在走廊里商谈。"'你为什么不让他滚蛋？'我说。'妈妈，你是个胆小鬼。'"特纳回应道，她害怕他——"'吓坏了。'"

争吵在特纳的卧室里继续。克兰时进时退，隔着关闭的房门侧耳倾听。斯通潘纳托的威胁上升到了武力层面，他要把特纳剁成碎片。"不要以为我不会这么对付你的母亲和小孩，"克兰记述了斯通潘纳托的说法，"我甚至都不必亲自动手。我有的是人**替我做这个**——我会在一边**看着**。"克兰跑下楼来，"惊恐万状。我得做点什么……我走过厨房房门。在水槽里有一把闪闪发光的切肉刀。对，就拿这个吓跑他。我抓起切肉刀，跑上楼去，并将刀子放在门旁。"

更多的威胁，更多的尖叫。克兰抄起刀子。房门突然打开。"母亲

站在那儿，手放在门把手上。斯通潘纳托从她身后跑过来，举起双手作 154
殴击之状。我手持武器近前了一步，他撞到了刀刃上。刀子刺入了体
内。刺入了！三次凄厉的心跳之后，我们的身体连到了一起。"斯通潘
纳托的身子退出刀刃，倒卧在地，死了。

　　只可惜，人们并不会往刀子上跑。特别是经历过暴力争执的人。这
柄八英寸长的切肉刀穿过了他的下腹，一路刺到了他的脊柱，中途穿破
了一个肾脏，偏脊骨而过，割破了主动脉。之后在贝弗利山庄警察局，
在母亲旧友、警长克林顿·B. 安德森的办公室里，克兰给了一套说辞。
似乎在克兰挥刀刺向斯通潘纳托的时候，他并没有举起手臂殴击特纳；
他已经拿起夹克和衬衣挂在双肩上——也许是正准备离开卧室。"后来的
报道是准确的，"克兰写道，"我告诉安德森，我做了我所能做的，保护
母亲。然而在不知哪里来的复述版本里，毁谤之语却塞进了我的嘴里，
在我刺出刀子的当口说出来（原文如此），'你不需要一定这么做，妈
妈！'——这句措辞会引发误解：（我们）早有预谋。"就在克兰说出这
段毫无心防的供述之时，她母亲正坐在旁边。克兰写道，安德森特意询
问特纳，她是不是已经"听过（谢丽尔）版本的事件说辞"；特纳承认，
"她说的一切都是真的。"这段证词与克兰"别诬赖我"的说法相抵触。
克兰说，她还被诬赖说过，"据说我曾告诉安德森"这些话（省略号也
是克兰所写）："我打开房门进去……他们二人都没说什么。我也没说什
么。我只是走到他们中间……然后干了这事。"还有（"另一处错误引
用"）："我使出全部力气将刀子扎进了他的腹部。"好像是为了强调这
些"错引说辞"真实无误似的（尽管她后来矢口否认），克兰在验尸官
审讯时写道："当晚我就在安德森警长的办公室里，将一份证词的逐字记

录给了他，但在卷宗中遭到了误读。这份逐字记录指出，尽管母亲坐在四英尺以外，我还是眼睛失神地说着话，并没有任何人驱使我。我在安德森办公室里提交的证词，与我稍早时候（杀人事件刚刚结束时）在我的卧室里给安德森的那一份证词相比，并没有什么出入。"克兰还为她的矢口否认找了一项解释。克兰解释说，如果没有这些否认，"读者大众也许就会把我想象成一个年轻版的里兹·波顿[1]。"

　　毫无疑问，谢丽尔·克兰为了保护她母亲而杀死了约翰尼·斯通潘纳托。如果她"只是走在他们中间……然后干了这事"，那么这一行为就不再是"人身防卫型"了，而是"挫败－恶意型"。14 岁的克兰在"暴力化"上早已远远走在前面，比她在自己回忆录中呈现的那个自己要暴力得多。身为一位经验丰富的暴力之人操控者，特纳也清楚她的女儿是个危险角色；不然她为何没有选别人，而恰恰挑中了克兰来保护自己，对付约翰尼·斯通潘纳托可能的进攻？杀人者挥舞一柄切肉刀的时候，死者手无寸铁。验尸陪审团却做出了自卫杀人（justifiable homicide）的裁决，这意味着，陪审员们难以相信一位名利双拥的女明星之女会如此危险暴力。朗尼·阿森斯的暴力病理学（etiology of violence）研究，却足以阐明"为什么""何以至此"。

　　米基·柯亨对这类事务富有经验，他目睹了陪审团裁决时的意见歧异。后来他告诉新闻界，"这是我有生以来第一次看到一个死去的人为他自己的死亡承认罪责。至此陪审团认为，约翰尼只是走得离刀子太近了。"

──────────

[1] 里兹·波顿（1860—1927），马萨诸塞州女性，著名凶杀案的主角。1892年，她用斧头连劈数十下，杀死了父亲和继母。——译者注

# 亚历克斯·凯利，　佩里·史密斯和迈克·泰森

亚历克斯·凯利，新闻界称之为"预科强奸犯"（preppy rapist）的那个人。1986 年，凯利强奸了一位康涅狄格州达里恩市的同学，因此被判强奸罪。希拉·韦勒于 1997 年出版的《圣徒出状况》（*Saint of Circumstance*）一书曾对他有过细致入微的描写。凯利之所以引发媒体关注的原因在于，他是个英俊儒雅、出身中上阶层、取得社会成功的运动员，他在保释后逃之夭夭，在欧洲以滑雪迷的身份潜逃几乎十年之久，最终才回来面临审讯。凯利在他圈子里最知名的事迹就是总能约到最漂亮的女孩，他的许多运动员同行都对"他可能强奸了某人"这个说法嘲笑不已。"亚历克斯为什么要做这样的事情？"韦勒报道了他们的疑问。尽管韦勒在撰写《圣徒出状况》一书时并不知道朗尼·阿森斯的研究，但她对这位达里恩强奸犯童年的详尽描写，还是给我提供了颇具说服力的证据：凯利经历了完整的"暴力化"过程。[1]

凯利生于 1967 年 5 月，是乔伊·凯利和梅兰妮·凯利三个儿子之

---

[1]　当然，我对韦勒著作的讨论，乃是我自己对材料的解读。

中的次子。乔伊·凯利是个成功的达里恩水管工、房地产开发商，梅兰妮·凯利则是宾夕法尼亚州的社会名流。外表严厉而英俊的乔伊·凯利出身于康涅狄格州斯坦福市的贫民区，对其家庭有所了解的人还记得其父殴打乔伊的事情，乔伊也将这一传统延续到了自己的儿子身上。"人们都在私下里说乔伊·凯利的脾气。"韦勒评述说。一名达里恩律师告诉韦勒，乔伊可是出了名的"苛严的纪律主义者。"根据亚历克斯·凯利哥哥克里斯的朋友"杰伊·布什"[1]的证词，这句"纪律主义者"的修饰词代表着全方位的暴力镇压："乔伊辛劳工作一天之后回家，三个孩子若是调皮捣蛋，爬墙胡闹的话——他就会摘下自己的皮带，或者，他会将克里斯狠狠往墙上撞。我见过这个。因为在一起长大，所以我们经常看到孩子们无时无刻不在挨乔伊的打。皮带是个常见的方式。还有拳头或者把他们往墙上撞，当着朋友们的面。"

157

有迹象显示，乔伊也暴力地镇压了梅兰妮·凯利，这给儿子们的"暴力化"添上了"个人恐惧"一环。韦勒报道说，亚历克斯的朋友布什"为一些迹象大受困扰：克里斯对他的女友们暴力相向。亚历克斯似曾试图掐住一个女人的脖子，并将上一任女友揍了个乌眼青。"[2]布什说，"我说过，'亚历克斯，你怎么能打女孩呢？'亚历克斯则说，'我知道这不好，但这像是个条件反射。我爸爸总是这么打我妈妈。'"（乔伊·凯利争辩说，他从来没对妻子施暴。）亚历克斯·凯利因强奸被捕之后，他的父母分居了一段时间；据韦勒的报道，梅兰妮曾对租给她房子的房地产经纪人说，"她再也无法忍受乔伊带来的'生理和心理

---

〔1〕 应受访者要求，韦勒给他们之中的许多人都安上了化名。

〔2〕 克里斯·凯利于 1991 年死于海洛因过量。

虐待'。"

　　韦勒并没有找到"暴力规训"的证据，但是乔伊对妻子所谓的暴虐倾向看上去确实为克里斯立下了榜样，也与克里斯本人对女性的虐待有所联系。亚历克斯对强奸的"专注"也表明，他与乔伊有着类似的联系。乔伊·凯利与住在达里恩这座繁荣城市里的企业主管们之间在社会背景上有着巨大鸿沟，也许正是这一鸿沟让乔伊变得愤世嫉俗，对儿子的行为几乎笃定会是怒火中烧。后来，凯利夫妇对他们最暴力的孩子展现出了牺牲般的保护精神——他们掏出数万美元补偿亚历克斯犯下的入室盗窃罪，鼓励并资助亚历克斯飞赴欧洲逃脱起诉，损失了数十万美元的保释金——种种行为也昭示着，他们将儿子的行径大事化小或是小事化了，这可是"暴力规训"的重要形式。

　　克里斯成了个小霸王兼社会弃儿，而亚历克斯一开始是将他的愤恨与恼怒倾注到了体育运动之中，他也在那里初步尝到了微不足道的暴力表现的甜头。九岁那年的亚历克斯就成了少年橄榄球队的恐怖分子。"其他家长都担心不已，"一位邻居告诉韦勒，"小孩子们都被亚历克斯打得满地找牙。他不能控制自己。他从**不认输**。"亚历克斯还是对父亲极度恐惧。

　　十二岁那年，初中生亚历克斯仍然在父亲威胁他的时候手足无措。韦勒记述了一次事件：亚历克斯扭伤了脚踝，打着石膏拄着拐杖，在一位邻居的房外与朋友们高谈阔论。此时，他的父亲驾驶着跑车呼啸而来，赶亚历克斯回家。"'亚历克斯很惊惶，'（一位朋友）回忆说，'他惊慌失措，吓得说不出话，哭了起来。'"这个吓坏了的孩子一瘸一拐地回家。"紧接着：'凯利先生紧随其后进入家中室内，朝着亚历克斯

158

**大吼大叫**，骂骂咧咧。他抄起一本百科全书那么大的书籍砸了过去——亚历克斯一声尖叫——书砸到了他的脚踝：**恰好**砸在石膏上，恰好砸在伤口上。'

就在亚历克斯的"暴力化"于家中持续进行的同时，亚历克斯在家以外的地方发现他的英俊外表和勇武作风让自己很有吸引力。一个朋友写信告诉韦勒，"（他）注意到亚历克斯在维德海滩抓挠女孩们的胸脯，紧紧盯着她们的上衣领口……""'他开始争取在男孩之中的影响力，这影响力带到了高中里，'一名同龄女生说，'因为他可以得到任何他想要的女孩。他确实是在猎艳。'"显然，亚历克斯也跨越了"暴力化"的"交战状态"阶段。12 岁那年，他邀请一个刚搬到这个城里的女孩来玩（韦勒给这名 12 岁女生起了个"杰米"的化名），加入他在自己房子后面树林里举办的野餐会。"我们正在吃得饱饱地亲热，"杰米告诉韦勒，"我还是个处女，以前从未很认真的亲热过，他想要继续下去。我让他停下。但他没有停。刹那之间我就大为担忧。于是我再次告诉他，停下。于是他立刻停了下来，这还好。"

但在九年级 14 岁那年，亚历克斯明白无误地跨越"交战状态"进入了"暴力表现"阶段。对体育运动的接触对他的转变有所作用。一个曾与他一起玩橄榄球的男孩回忆说，"他总是富有侵略性，尽管他的调门比他的实际作为要高……他的击打会格外有力。他**喜欢**狠狠冲撞别人。这种事情会让他兴奋。"还有人回忆说，"他曾经在比赛中对别人吐口水。他一度狂吼大叫。"他是个格外狠毒的摔跤手，曾用剪刀腿和锁喉拳把对手弄到极度痛苦："一名摔跤迷回忆，'亚历克斯会降伏对手，一直到他们认输的地步。但是，他本人却不会放手。他只是望向观众，微笑示人，同时那些倒地的孩子们却在痛苦地哀号。'"

同样是在九年级那年的一次秋季派对里，据称亚历克斯犯下了他人生之中第一次为人所知的强奸恶行，他平白无故地对一名豆蔻少女下了手，这也奠立了他标志性的行为模式。

强奸事件过后不久，玛格丽特就把这事一五一十地告诉了一个姐姐。她们害怕自己遭遇报复，于是没有向任何人透露此事。

尽管强奸一名豆蔻少女从这名少女的视角来看是极恶的暴力行径，但它并未招致所谓的暴力恶名或是社会恐惧，因此似乎也并未给亚历克斯造成"持久而重大的冲击"。阿森斯曾断定，这种冲击对于将一名"交战状态"的新手送入"暴力化"的"恨意"阶段是必需的。玛格丽特并未在亚历克斯的学校就读，因此不可能当着他的面展现恐惧。而且很显然，亚历克斯也对这次袭击守口如瓶。不过，即便这次行动"缺乏影响"否掉了他一次干脆利落的胜利，但这场强奸也并非是亚历克斯的失败。因为玛格丽特没有透露过此事，这次强奸也就没有被惩罚。

据受害者的说法，亚历克斯下一次为人所知的强奸企图发生于整整六个月之后的1982年春天，那时他刚过完15岁生日。在一场啤酒派对上，（这一回他在早上九点就出来闲逛了）亚历克斯劝某位老友"茱莉娅"跟着他进入树林。茱莉娅告诉韦勒：

> "他抓住了我的肩膀，把我扭倒在地，将我拖到树丛里，撕破了我的泳衣。暴力相向！撕破衣服！……我吓坏了，开始尖叫：'你在做什么?!'他说，'闭嘴!'他并没有企图亲吻我或是怎么着，他在制伏我。然后接着——不要问我是什么力量支配着我——我往他脸上打了一拳!"

160

"我很确定这一拳并未伤到他，但却镇住了他。而且让他完全目瞪口呆。他坐了回去。就体格而言，他完全可以接着做他已经开始做的事情。但是，我拳打他的勇气，我认识一些呼风唤雨的高年级男生——一定是这些事实让他罢手了。我的出手足够让他的施暴难以为继。他说——以一种痴魔癫狂、语带恐惧的声音——'我为什么要对你做这些？我不敢相信对你做了这些。我认识你这么久了。'……他双眼凝泪，几乎已是泪眼蒙胧。他说，'对不起，对不起，我不该那么对你。'我记得当时我的想法：为什么他一直说'对你'？瞬间我就知道答案了。我就是知道了：他已经对别的女孩做过这个了。这也全都是预谋的套路：在派对上靠近，接着走进树林。"

韦勒并未找到亚历克斯·凯利在这次"完败"之后一段时间里的其他强奸或是强奸未遂事件，直到他即将年满18岁的时候。不过在这两年的"空档期"里，他曾入室盗窃，并且追求与一个女朋友建立暴力虐待关系。他将这段关系上升到砸桌子扔椅子、重拳击穿玻璃窗（手臂因此被严重割伤）。1984年6月，17岁的亚历克斯因入室行窃和盗窃罪被捕。据韦勒估计，乔伊和梅兰妮夫妇支付了约10万美元，以补偿儿子从邻居家里偷来并在纽约销赃的银器等其他财物；这笔补偿将亚历克斯为期三年的刑期减少到了区区两个月。

回到高中的亚历克斯成了一名黑暗英雄（dark hero）。现在，同学们给了他"社会恐惧"，阿森斯认为对当事人进入"恨意"阶段至关重要的"恐惧"。"'他，就像一段传说，'当时的大一新生埃德·奥尼尔说，'我记得各式各样的人都语带敬畏地说，"他是个糟糕的人，糟糕透顶了"以及"哇，就是那个因为入室行窃而入狱的孩子"。'"亚历克斯开始与达里恩高中最漂亮的女孩约会——艾米·莫丽托（后来她在亚历克斯受审时再次支持他）。第二年，也就是1985年[1]春天，亚历克斯带着复仇情绪再次犯案强奸。

那年冬天圣诞假期在佛蒙特滑雪胜地度假的时候，据说亚历克斯·凯利强奸了一名17岁的处女。他在一家酒吧认识了这位少女，陪她一起去了她居住的屋子，但却遭遇了反抗。强奸事件发生后，少女在一家医院急诊室接受了治疗。1995年3月凯利从瑞士返美之后，少女将此事公之于众。不过，一位律师劝她不要寻求起诉，凯利案的主审法官也驳回了有关他之前所谓性侵犯事件的证词。

那年冬天的稍晚时候，凯利家乡的报纸将他褒扬为一名已经"洗心革面""重振声望"的年轻人。亚历克斯成了"模范学生-运动员，"他的一位同学告诉记者。1986年2月10日，这位模范学生-运动员将16岁的阿德里安妮·巴克（这是她的真实姓名，凯利案庭审之后由她主动披露）掳进了艾米·莫丽托父母的瓦格纳吉普车后座里，扼住她的脖颈，强奸了她。这一回除了掐住受害者脖颈不让她尖叫之外，亚历克斯还出言威胁："他说，我得和他做爱，否则他就会杀了我。"之后载她回家的时候，他再次威胁，"他不停地说：'如果你告诉任何人，我就会再次强奸你，然后杀了你。'"

正是由于这一威胁，巴克的家人虽然向达里恩警察局报告了袭击事件，但却推迟了起诉，他们还在评估考量相关后果。不过仅仅三天之后

162

---

〔1〕原文为"1984年"，据上下文应改为"1985年"。——译者注

他的胆量就壮了起来：凯利性侵了另一名高中女生。一场派对之后，女孩接受了他开车载她回家的请求。性侵事毕，亚历克斯·凯利威胁说，如果她胆敢告诉任何人的话，就杀了（她）。这名女生回家之后就立即告诉了母亲，她的母亲叫了警察。第二天早晨也就是 2 月 14 日，凯利被捕。

本年八月，保释期间的凯利据称又强奸了一名 13 岁的女孩，当时他正与家人在巴哈马的一处胜地度假。在两起发生在 2 月的强奸案的预定庭审开始前夜，凯利乘飞机逃离了美国，直至 1995 年才回来受审。他的律师得到许可，将两起指控分开审理。第一起案子的陪审团听取了阿德里安妮·巴克的控告，却未能达成一致裁决（unanimous verdict）。第二起案子的陪审团考虑了八个小时，最后裁定凯利有罪。1997 年 6 月，凯利被判 20 年监禁，缓期为 17 年[1]，但还附有为期 10 年的假释观察期。服刑期间的凯利为自己长期逍遥法外而向受害者及其家人道歉，但他指出自己并不是为强奸她而道歉。1998 年年末，亚历克斯对第二起案子放弃辩护（他强奸了高中女生，被她指控犯有威胁杀人等罪行）。作为辩诉交易（plea bargain）的交换条件，法官判决将他第二起强奸案的 10 年监禁与之前的刑期合并执行。亚历克斯的受害者在法庭上作证说，她希望对他的惩罚可以"帮助拯救另一名女孩免于那台大铁球机（wrecking ball）的摧残，这台机器名叫亚历克斯·凯利。"

佩里·史密斯是杜鲁门·卡波特那闻名于世的叙事著作《冷血》

---

〔1〕原文为"16 年"，误。——译者注

一书的中心人物，相较于亚历克斯·凯利，他可是一名传统得多的暴力罪犯。史密斯和他的从犯迪克·希科克在 1959 年 11 月 15 日夜间的一次意图盗窃中，杀害了与他们素昧平生的堪萨斯州霍尔科姆农户克拉特一家四口人。史密斯后来坚称他一人对此次凶杀负责，但他和希科克还是被定罪，最终以绞刑处决。 163

两人都给 W. 米切尔·琼斯写了一篇自传式的陈述。琼斯是一名精神科医生，受法庭之委托，前来判定他们二人是不是有能力在犯罪的时候分辨是非。受堪萨斯州法律（要求得出"是或不是"的结论）的限定，琼斯作证说，希科克有能力做出这种分辨；不过琼斯尚不清楚史密斯是不是也有。（卡波特说，事实上琼斯相信，史密斯已经患有严重的精神疾病。）卡波特详尽细致地再现了二人的陈述：史密斯的陈述表明了他的"暴力化"；希科克则不然。

"我于 1928 年 10 月 27 日生于内华达州埃尔克县的亨廷顿市，全名叫佩里·爱德华·史密斯。"这是史密斯的开场白。他的家人——竞技牛仔出身的父亲，切洛基族的母亲，两个妹妹，一个哥哥——两年之后举家迁往阿拉斯加。

> 在朱诺市，我的父亲制酿私酒。我相信正是在这一时期我的母亲开始酗酒，父母之间也开始有争吵。我记得在父亲离家的时候，母亲曾经"愉悦"某些水手。而在父亲归家之后，打斗就爆发了。一场暴力打斗之后，我父亲将水手们扔出了家，接着又开始殴打母亲。我吓得要命，事实上我家的所有孩子们都吓坏了。哭声此起彼伏。我惊惧不已是因为我相信父亲会来伤害我，也因为他正在殴打母亲。我的确不清楚为什么他

在打她，但我觉得，母亲一定是做了什么大错特错的事情。

史密斯还回忆了另一起发生于加州布拉格堡市的"暴虐化"事件（他的家庭已经搬迁到了此地）。当时，哥哥"掏出了一把 BB 气枪，打了一只蜂鸟。"佩里求哥哥也让他开一枪，哥哥却将他推到一旁，说他年龄太小了。"这让我非常抓狂，以至于号啕大哭。哭声止息之后，我的怒气又上来了。当晚，这把 BB 气枪就放在哥哥座椅的后面。我将这把枪掏出，拿着它在哥哥的耳边比画，还大叫一声'砰'！我父亲（或者是母亲）打了我，还让我道歉。"

史密斯的父母于 1935 年左右分居，当时他年仅七岁。母亲带着孩子们迁居旧金山。

164

> 在旧金山的我依旧麻烦不断。我开始与一个黑帮混迹在一起，里面所有人都要比我本人年长。我的母亲常常喝得酩酊大醉，身体状况从未达到可以从容照料我们、关心我们的地步。我就像一头荒原狼一样狂野不羁。没有条条框框，没有规矩，也没有任何人告诉我什么是对，什么是错。我率性而为，飘来荡去——直到我第一次碰上麻烦。因为离家出走在外行窃，我也反反复复地多次进出拘留所。

史密斯在这里呼应了"权威人物"的谜之自负：失足的暴力儿童缺少纪律，无法明辨是非。阿森斯的研究结果则截然相反，他指出暴力行为者有时也极度自律，他们总是过度热忱地分辨是非，以冲天怒火和道德狂热来揣摩受害者的态度，并主张由全能的上帝本人做出评判——暴力行为者从他们的暴虐之中习得了技艺。

　　史密斯告诉卡波特，在拘留所之前，他母亲还将他送到了一家天主教孤儿院，他在那里也经受了修女们的虐待。"黑寡妇们总是针对我，殴打我，因为我尿床。这也是我对修女心生反感的一大原因。上帝**亦然**，宗教**亦然**。但没过多久我就发现，有的人甚至比修女还可恶。"史密斯在他的自传式陈述里追忆了这段故事。

　　在精神科主治医生的敦促之下，史密斯将他的自传式陈述快速跳进到青春期阶段，依照时间顺序叙述了他从"交战状态"进入"暴力表现"和"恨意"的过程。

　　　16 岁那年（1944）我加入了美国商船队，1948 年又参了军——征兵官手下留情，放我过了陆军测试。从那一刻起我开始意识到接受教育的重要性，这也恰恰使我对他人心怀的怨望和恨意火上浇油。我开始介入打斗之中。我将一名日本警察从桥上扔下了河；我因为捣毁一家日本咖啡馆而遭军事审判；因为偷窃一辆出租车，我在日本京都再度被送上军事法庭。我在军队待了差不多四年时间，在日韩服役期间我多次怒气冲天、诉诸暴力……（回到美国之后，从军队除役的我犯了入室行窃罪）我因巨额盗窃、入室行窃和越狱被判了五到十年徒刑。我觉得自己遭遇了非常不公的对待，狱中的我变得非常躁烈……（这招致了）堪萨斯的事情，我一路狂飙走到今天。

　　卡波特引用了琼斯博士对史密斯的评估，而堪萨斯州法律并不允许博士在法庭上陈述这些评估。尽管是用心理学的术语表达，但琼斯的评估还是不经意间印证了史密斯的"暴力化"。琼斯写道，史密斯的童年"打上了暴虐的标记，缺少来自父母双方的关爱"。而作为成人，他

"对待世界的方式"则是"偏执狂"（paranoid）式的。照琼斯的解释，这意味着"他对别人满腹狐疑、不加信任，容易觉得别人歧视他，认为别人对他不公，也不理解他。"琼斯接着说，结果就是，史密斯"对他人的批评过度敏感，无法容忍被人取乐。他快速地体察别人话语之中的蔑视或侮辱，常常会误解善意的沟通"。上述句子里，"过度""快速""误解"和"善意"这些词语反映了琼斯的职业偏见和个人偏见：他以个人视角而非史密斯本人的视角评断史密斯的处世态度。史密斯的过往经历给了他充分的理由"满腹狐疑""不加信任"，尽管，他以暴力回应的决策确是出于自己。

166　　　但至少，琼斯博士精准地描述了史密斯的决策过程："就在史密斯揣摩他人所思所感的同时，他将真实情境（real situation）与自身心理投影（mental projection）相区分的能力却是极为贫弱。"其实，"真实情境"也是我们"心理投影"的产物之一——不用"心理投影"的话，我们又将如何体味"真实情境"呢？——琼斯这句话也可以套用到我们所有人身上。如果把琼斯的解读当证据的话，某人同样也可以得出结论：**此人**将史密斯的"真实情境"与**此人**本身"心理投影"相区别的能力也微不足道。

　　琼斯报告说，史密斯"经常将所有人都一股脑地分成伪善、敌对的类别，所有人都理应受到他能力范围之内的随意处置"。这句评述证实了史密斯的"恨意"，而就克拉特谋杀案而言，他又是极端暴力的。"同第一条人物特性紧密相连的是第二条，"琼斯补充说，"一股无所不在、难以控制的怒火——这股怒火轻而易举就会由他所感受到的一切来自他人的捉弄、轻蔑，或是'低人一等'的标签所点燃。史密斯过往的怒火多半是冲着'权威人物'来的——父亲、哥哥、陆军中士、州保释官——这些怒火驱使着他在一些场合做出了暴力攻击行为。"

而就克拉特谋杀案本身而言，卡波特报道说，史密斯曾对一名前去探监的军中老友——唐纳德·考利文祖露了心声。"唐纳德，你看——我杀了他们，"史密斯说，"……迪克（希科克）帮我犯了案，他打着手电筒帮我装子弹，这也是他的主意。但是迪克并未开枪杀人，他从没有。"史密斯否认了"他杀死克拉特一家是为了防止他们认出自己"的说法。根据卡波特的报道，他告诉考利文，"并不是……害怕被认出来。我心甘情愿地打这个赌。（杀人）也并不是因为克拉特一家做了什么。他们从未伤害我。不像其他人，不像我一生之中的其他人（伤害过我）。也许，克拉特一家只不过正好是那些必须要为此买单的人罢了。"

阿森斯拒绝相信这些神秘主义的声言。阿森斯指出，希科克和史密斯一路驾车从堪萨斯州的奥拉西跑到了霍尔科姆，这段距离足足有400英里左右。他们从一个曾为哈罗德·克拉特工作的狱友那里听说，这位农场主的家中藏有大笔现金。他们折磨、最终枪杀了克拉特，试图强迫他说出现金的藏身之处——愤怒和失落支配了他们的行为——接着，他们又面临一个尴尬的事实，正在现场的其他三位克拉特的家人目睹、听到了行凶过程，足以辨认出史密斯和希科克。阿森斯访谈过一大批暴力罪犯，听过他们不加掩饰的叙述，他对史密斯式的浪漫化解释深表怀疑。照阿森斯的判断，不存在"无动机凶杀"这回事。

获悉史密斯对杀害克拉特一家毫无悔意的考利文非常震惊。史密斯（接着又）大幅修正了那种天真的说法，给我们上了有关"真实情境"

和"心理投影"的珍贵一课：

> "我是否对此感到抱歉？如果你是这个意思的话——那么我不是。我对此没什么感觉。我倒希望我有。但这件事可一点也没碍着我。凶杀发生半小时后，迪克还说着笑话，我也取笑他们。也许我们不是人类。但我有足够的人性，为我自己感到遗憾。遗憾的是，你走出这儿的时候，我却不能出去。不过就这样吧。"考利文很难置信会有如此疏离的人生态度；佩里是如此的思维混乱、误入歧途，任何人都不大可能如此缺少良知和同情心。佩里说，"为什么？士兵们可没有睡不好觉。他们杀人，并因此获颁奖章。堪萨斯州的良善之人想杀死我——一些绞刑吏也许会很高兴得到这份工作。杀人很容易——这比开一张假支票容易多了。只需记住一点：我认识克拉特一家也许只有一小时的时间。如果我真的了解他们，我觉得我的感受会不一样。我不认为自己会心安理得。但我却如此行事了，这就像是在射击场打靶命中目标一样。"

如果说暴力者有基因缺陷或是精神疾病的话，我们或许还能向他们的苦恼抱以几分同情。阿森斯的研究却得出了截然相反的结论：暴力罪犯和我们其他人一样，也会斟酌是非，做出决断。与我们有所不同的是，他们接下来会将私人暴力贯彻到底。

还有一个恰如其分的例证：前重量级拳击冠军迈克·泰森。拳击是一项极具争议的体育运动，其贬损者和热情粉丝都有很多（我是个拳击粉丝，特别是重量级职业拳击的粉丝）。拳击运动的拥护者坚称，这项运动意在展现运动技巧；其贬损者则怀疑（并不是没有证据）拳击运动的吸引之处在于，它在一个全面禁止暴力的社会展现了"某人将另一人打得失去知觉"的场景。所有体育运动都带有某些严重受伤的风险，但是拳击在制造伤害（乃至死亡）时独树一帜：它可以是有意为之，而非无心之失。如果说哪怕致命伤害的加害者也都遵守了规则，那么他就不会被法律认定为虐打了对手；鉴于受害者都是自愿对打，因此双方运动员都能以自卫的名义得到法律保护。要求运动员佩戴保护头盔可以减少拳击的伤亡，奥运会比赛也是这么做的。职业拳击赛并不要求佩戴这种头盔，这也是贬损者怀疑这项运动宗旨之纯度的一大原因。

　　鉴于拳击运动如此紧密地遵守私人暴力法则，它也因此吸引了相当一部分危险的暴力竞逐者，其中一些人还大获成功。当然了，要想如此，他们也必须将他们的暴力行为限制在体育规则可容忍的范围之内。 168
泰森并未觉得这些条条框框有那么容易遵守，1997 年 6 月在拉斯维加斯的拳王争霸赛时，他对伊万德·霍利菲尔德的咬耳虐行就是一个恶名昭彰的例证，足以得出"拳击导致主要暴力表现"的诠释，这种诠释也在评论家、专家和粉丝之间引发了困惑。

　　迈克·杰拉德·泰森于 1966 年 6 月 30 日生于纽约布鲁克林，他是家中次子，排行第三。母亲是未婚的注册护士，父亲则是一位 42 岁的建筑工人。泰森两岁那年父亲离家出走，这次遗弃迫使洛娜·泰森（母亲）举家搬到布鲁克林的边缘地带——充斥暴力的布朗斯维尔区。孩童时代的泰森块头很小，说话轻声细语、吞吞吐吐；布朗斯维尔的刺头无分男女都定期抢劫他、殴打他，喊他"小屁孩"。在家中，哥哥罗德尼也继续对泰森施加他在街头巷尾已经遭遇的"暴虐化"。

　　布朗斯维尔的一年已经足够让泰森进入暴力化的"交战状态"阶段。11岁那年，泰森出手实施了他人生的第一次"暴力表现"：一个小混混在一栋废弃的建筑物屋顶与他狭路相逢，把弄着泰森养的鸽子，故意扭下了其中一只的头。狂怒之下的泰森出手攻击这个混混，将他打倒在地。"许多年之后他也承认，他热爱这种感觉，"泰森的传记作者彼得·海勒写道，"他仍然对这段记忆津津乐道，这可是他第一次通过拳头成为胜利者。"

　　更多的"成功的暴力表现"接踵而至。借助这些行为，泰森也稳定拓展了他的暴力决心，进入了"恨意"阶段。他加入了一个名叫"乔利·斯通佩斯"（Jolly Stompers）的街头帮派。泰森成了一名手法高超的扒手、精于锁喉功的窃贼，同伙持械抢劫的时候他也是那个收赃款的人。他"协助"被抢的醉鬼和客户们服服帖帖地兑现支票。海勒写道，泰森的邻居们回忆他是个"混蛋小子"。一位与泰森一起长大的同龄女士形容他"是个魔鬼。你可以在他的眼睛里看到魔鬼……我不管他挣了多少钱，他就是个魔鬼，永远是个魔鬼"。泰森清楚，作奸犯科是他自己的选择。"我不是被任何人吸收进来的，"他有一次对记者说，"是我自己想这样的。"

　　12岁那年泰森开始持枪。在抢劫时挥舞枪支的行为将他送进了布朗克斯的斯波福德拘留中心，他也在那里第一次见到了拳击冠军穆罕默德·阿里。阿里的造访也让泰森第一次萌生了"用拳击逃离贫民区"的想法。泰森从斯波福德被转移到一家少年劳教所，这家名叫"特里昂男孩学校"（Tryon School for Boys）的机构位于约翰斯顿的北边。泰森在那里威胁教师，与别的男孩干架，猛烈地殴打某位同学，两个大块头警卫费了老劲才把他制服。13 岁的泰森已经不再是小块头，尽管他只有 5 英尺 8 英寸高，但体重却超过了 200 磅，足以举着 250 磅的杠铃完成连续十次仰卧推举。特里昂有一位指导老师名叫博比·斯特瓦特，他是之前全美金手套轻量级拳击冠军。斯特瓦特负责指导这位身材暴增的"小大人"，将他推荐给了一位半退休状态的职业拳击经理人库斯·达马托。达马托发现了泰森的潜力，并着手培养他。1986 年 11 月 22 日，泰森在内华达州拉斯维加斯击倒特雷沃·伯比克，赢得了他的第一个世界重量级拳击冠军，那一年他只有 20 岁。八个月之后，泰森在拉斯维加斯成为无可争议的世界重量级拳击冠军，他用了 12 个回合打败了托尼·塔克。

　　然而，即便是在声望名利与日俱增的成功岁月里，泰森也不愿将他的暴力表现局限在拳击台里。他在酒吧对女人上下其手，用粗鲁的性爱压服她们。他打架斗殴，虐打罗宾·吉文斯（他曾与这名女演员结婚，并于 1980 年代末离婚），将宾馆房间掀个底朝天，还对别人出言恫吓。1990 年，泰森在东京输给巴斯特·道格拉斯，丢掉了重量级拳王。1991 年在印第安纳波利斯，泰森的暴力给他带来了麻烦：他强奸了年轻的美国黑人小姐大赛参赛者蒂西尔·华盛顿。事毕，泰森直接逃回市区，她却直接去了一家医院急诊室，并接着提交了指控。在起诉和审判期间，泰森"成功地"让自己在一场新闻发布会上对一名随员说的话录进了录音带，"我应该杀了这个婊子。"泰森被判强奸罪，获刑六年。哪怕在监狱里，他也恐吓警卫。

　　1995 年，服刑三年的泰森假释出狱，重回拳击台。1996 年 11 月，重量级冠军霍利菲尔德在一场头衔争夺战的第 12 回合中打败了他。泰森本人坚信，霍利菲尔德是靠作弊才赢的——钻头战术。这让泰森眼角开了个口子——裁判却选择忽略这次攻击。1997 年 6 月，泰森在复赛中再遇霍利菲尔德，他准备好了要复仇。在第一回合两名拳手就头颅对撞，霍利菲尔德又一次撞伤了泰森。在第二回合，就在霍利菲尔德一波猛烈出拳之后，他们的头颅再次对撞。泰森表示抗议，但裁判置之不理。之后，泰森便行动了。两人紧紧抱住的时候，泰森策略性地张开他的大嘴，对着对手的耳朵，咬下了一块肉，接着吐到了拳台地面上。霍利菲尔德的反应介于惊骇和厌恶之间，他一把推开泰森，双手捂着流血的耳朵，接着在泰森走过的时候向裁判打手势，此时的泰森却露出自鸣得意的假笑。人群中一阵喧嚣，裁判席与台上裁判交换了意见，判泰森扣除两分，并在霍利菲尔德的伤口处理员为他止血之后恢复了比赛，这位拳击冠军也准备好了在第三回合惩罚他的袭击者。泰森继续用他的牙齿咬向霍利菲尔德的另一只耳朵。本回合结束后，裁判组取消了泰森的比赛资格，判霍利菲尔德获胜。

170

　　泰森熟悉暴力行为的惯常借口。比赛结束第二天的一场新闻发布会上，泰森表态说：他是在裁判忽视自己抗议之后才"猛咬"。不过在比赛刚刚结束那会，泰森在接受体育记者吉姆·格雷走廊访谈的时候为自己的袭击行为做了一番详尽的说明，证实这是一次算计之后的蓄意之举。"你咬了他，"格雷问泰森，"这是不是复仇？"

　　"不管我做了什么，"泰森回答说。他的拳击服还在出汗，脖子上围着毛巾，眼角的伤口依然绽开，

　　　　在前两回合比赛中他都用头顶我。他在第一回合用头顶
　　我，接着又在第二回合用头顶我。紧接着，就在他再次顶我的

时候，我紧紧盯着他看，于是我们四目相对。我从他的眼神中得知，他又要再度顶我。他一直往我身上靠，用头顶我。没有人警告他，也没有人罚他的分。我能做什么呢？这可是我的职业生涯。我可不能一直被这么顶来顶去。我还有孩子要抚养。然而这家伙却不依不饶地顶我，试图让我负伤挂彩、退出比赛。于是我出手报复。看着我！看着我！我会昂首挺胸回家，孩子们都会畏惧我。

"不过你说一下，"格雷一脸困惑地追问，"你为什么要咬他？"

"我在拳击台上说过了。"泰森的回应足够诚实。

就在泰森袭击霍利菲尔德之后，比赛解说员史蒂夫·艾伯特立即说了一段后来成为对泰森行为"标准解释"的话："迈克·泰森显然丧失了他的理性，丢掉了他的理智。现在他似乎已是走火入魔。"讽刺的是，只要泰森在拳击规则之内殴击对手，他就被认为表现得合乎理智——的确，他是以卓绝过人的敏锐和技巧在行动。然而，如果他的殴击逾越了拳击规则，那么，像艾伯特这样的人就会将他的行为归类为"不理智冲动"，甚至是（心魔）附体——这也许是因为，破坏比赛规则让他输掉了比赛。但是泰森相信，霍利菲尔德的行为已经是在挑战他进入另一种不同类型的比赛，一种拥有截然不同规则的街头打斗。

在那场新闻发布会上，声明自己"猛咬"之后的泰森还说了很多话。他解释说，就在裁判对他的抗议置之不理之后，他觉得这场比赛已不再是一场职业拳击赛了，而是一次街头打斗。昨天晚上我们重看这场比赛的时候，阿森斯准确精当地解构了泰森的逻辑。"在泰森看来，"阿森斯推测说，"如果霍利菲尔德以破坏规则的方式赢得了比赛，而泰

171

森在遵守规则的情况之下输掉比赛的话，那么泰森看上去就会像个废物一样。泰森认为，霍利菲尔德已经转回到了街头规则——运用多多益善的暴力只求一胜——因此，他泰森也得转回到街头规则。泰森也许输掉了拳击比赛，但依照街头规则他是大获全胜——他在拳击台之外震慑了霍利菲尔德。"

阿森斯补充说，"将暴力的家伙们弄到拳击台上，企盼他们将暴力限制在规则之内，这才是不理智。"

泰森犯规的代价沉重：内华达州竞技委员会吊销了他的拳击执照。为了赢回执照，泰森更换了他的经营团队，接受了乔治城大学医学院精神科医生理查德·戈德伯格的治疗。医生为泰森开出了治疗"慢性抑郁"（chronic depression）的药方，得出了"人格性病症"（issues related to personality）的诊断。一年之后，泰森向竞技委员会申请恢复执照。竞技委员会要求对泰森进行一次精神鉴定。1998 年 9 月末，一个由精神科医生、心理学家和神经学家组成的六人团队，在波士顿的马萨诸塞州总医院主导了这次为期五天的鉴定。

对泰森精神状况的鉴定由团队中的两位精神病专家完成，他们是大卫·亨德森和罗纳德·斯豪滕。他们的鉴定展现了阿森斯在《危险暴力罪犯的诞生》一书里所讨论的困惑，那就是与暴力行为相关联的心理特征。两位精神病专家在报告中写道，鉴定工作一开始，泰森就"表达了他对斯豪滕博士书架上专业书籍的兴趣，以及对一些社会问题的兴趣：特别是穷人的困境、犯罪行为的受害者。泰森表达了帮助无权无势者和受苦受难者的愿望"。接着，泰森用一句简明扼要的话，为他的行为和自我意识一并作了惯常的解释： "我没什么自尊（self-esteem)，却有着世界上最强大的自我（ego）。"

阿森斯证实，暴力新手确实会受低自尊的折磨："在（暴力化的）早期阶段里，"不过，"一旦他们之后进入终极阶段——恨意，那么他们就将受困于截然相反的难题，不切实际的超高自尊会膨胀到傲慢自大的地步。"然而，两位精神病专家不仅接受泰森本人的证词，而且坚持认为泰森认可了他们理论的优越。泰森的职业生涯仰赖这次鉴定，因此这位失去执照的前世界冠军配合了他们神秘兮兮的结论。"经过深入探讨，"他们解读泰森说，"他意识到，自己膨胀的自我是对贫乏自尊的心理防御（原文如此）。他还说，自己的名人身份让他感到很不舒服，指出'我不想要超级明星光环'。"

在进行了神经医学等系列检查之后，鉴定团队全体人员得出了一致结论，认为泰森"应当接受一段时间的定期心理治疗，目标在于建立信任关系，控制他在特定情境下的情绪反应，习得愤怒管理的技巧"。泰森在"控制自己上有所缺失"，心理疗法可以帮他补偏救弊。鉴定团队并不认为泰森需要药物治疗。他的咬耳行为"乃是几大因素的产物：沮丧消沉，以及沮丧消沉恶化了的'冲动控制'难题，这是一种无人维护他利益的感觉。此外，还有种类各异的社会和财政难题。"泰森"在心智上适合重返拳击赛场"。

泰森的鉴定员们非常清楚，就在波士顿鉴定的一个月前，泰森曾经以乘客的身份在马里兰州盖瑟斯堡乘敞篷车出行，驾驶员是他的妻子（医生莫妮卡·特纳，泰森出狱之后娶了她），后座上还坐着一名保安。拥堵的交通逼停了泰森的车子，侧后方驶来的一辆车结结实实地撞了上去。这辆车的驾驶者名叫理查德·哈迪克，他被第三辆车追尾，后坐力让他撞上了泰森的车。第三辆车的驾驶者叫阿布米埃莱克·萨乌塞多。

据两天之后哈迪克提交给马里兰州联邦地方法院的控告文书说，就在他走出车门查看损失的时候，泰森质问他"为什么撞上他的车。我说了一些解释撞车的话：我后面那个人开车撞了我。"妻子和保安尽力拉拽之下，泰森还是逼近萨乌塞多。"尽管有人劝阻他，"哈迪克声言，"泰森先生还是出拳打了此人的脸。我记不清，此人是不是倒在了地上。就在那一瞬间我回到了自己的车子里，因为我担心泰森接下来的行为。"哈迪克关上自己车窗，锁死了车门。泰森的保安走过来，示意哈迪克出来谈谈。哈迪克降下车窗，然后保安迅速夺走了他的车钥匙，警告他哪也去不了，要他拿出驾驶证。哈迪克乖乖地从降下的车窗递出了他的驾驶证。紧接着，哈迪克犯下了"回归平民规则"的大错：

173

> 我此刻的想法是，泰森先生已经冷静了，我们接下来可以交换一下信息……我走出自己的车子……然后站在后车门旁。泰森先生接着开始朝我走来——他还戴着金腰带。还有那个女性驾驶员，还是那位保安，他们像之前一样拉着泰森先生。尽管他们左拉右拽，泰森先生还是继续靠近我。就在他离我很近的时候，（我相信他的双手已经被拽住了），他飞起一脚踢中了我的腹股沟。刹那之间我倍感疼痛，倒在地上。我躺在那儿，直到警察过来。

警察抵达现场的时候，泰森和妻子已经扬长而去多时了。

10月9日，内华达州（竞技委员会）发还了泰森的拳击执照，此时距离他执照吊销已经过了整整 15 个月。在发还执照之前的听证会上，泰森承认了马里兰州的意外事件，但同时否认自己负有责任。"我愤怒，失控，抓狂，"他对竞技委员会说。"我的确对那些人说了几句丑话。他们害怕我这个黑人大块头嘴里喷着街头巷尾的黑话。这是个极为丑陋的画面。如果他说我那么干了，也许我只是无意识的。对不起。"而在某位委员会成员坚称"他对霍利菲尔德的攻击是一次蓄谋"的时候，泰森也颇为含蓄地承认了他的罪行。"除了我本人之外，没有人犯错，"他告诉这位委员，"有些人不愁没处住，不愁没人保护，生来嘴里就含着银汤匙。他们不知道什么叫饥饿和恐惧，什么叫作必须要有勇气。他们知道他们是谁。我不需要精神分裂镇静剂，也不需要躁狂症镇静剂。我就是我。我代表着大众、皮条客、男妓、妓女。我必须时刻保持强大，因为我永远不知道谁在盯着我。"

1998 年冬天，泰森着手准备自输给霍利菲尔德以来的第一场拳击赛，重新确立拳击台统治地位的前景显然振奋了他。12 月 8 日在好莱坞的一场新闻发布会上，泰森宣布自己回归拳坛，经理人教他要拿出良好的品行。他无法再抱怨自己的法律处境，于是将自己的言论限制在自吹自擂，这段自吹自擂也清楚地展现了他的"暴力自画像"。"所有人都知道我获得假释，在这里我将努力变得平易近人，"他面带微笑地告诉媒体，"如果我的表现让你们觉得不像你们认识的我，请理解我的处境。"在被问到马里兰州的诉讼时，泰森回应说："我没什么好说的。你们都知道我做了什么。我把那些家伙装进了尸袋。"记者问到下一场比赛前景的时候，泰森迅速回应说："如果价钱合适的话，我愿意与一头狮子打斗。"头一天在接受《纽约时报》访问时，泰森的回应让人闻之刺耳："如果我重新入狱的话，那并不是因为我冒犯了谁。我并没做什么足以重新入狱的事。如果他们把我送回监狱的话，我会处理好的。

174  我并不是个懦夫。我不是笨蛋。除了上帝，我谁都不怕。"至于霍利菲
尔德，他告诉《纽约时报》，"他在撞我。是的，我咬了他的耳朵。他
很幸运，因为我没咬他的喉咙。他是个拳击手。他知道他做的事情是错
的。"在泰森的词典里，蒂西尔·华盛顿，伊万德·霍利菲尔德，两名
马里兰驾驶员……任何人只要挡住了他的路，都是罪有应得。

对一则优秀学说的检验，便是看看它能不能比其他与之竞争的学说
更为有效、更为周延地解释它假定要解释的经历中的已知事实。"暴力
化"以及由"暴力幻象社群"推导而出的种种诠释，可以更好地解释
上述三人的所作所为——亚历克斯·凯利、佩里·史密斯和迈克·泰森
——比那些传统意义上诉诸"低自尊""不理智""难以抑制的冲动"
或是"控制力缺失"的心理学理论更有解释力。这三个人在付诸暴力
行为的时候都很清楚他们在做什么。他们这么做，正是因为他们相信使
用暴力可以保护自己，可以得到他们想要的东西，表达对他们所认为罪
恶之人的蔑视。所有三人都画出了暴力自画像，也都生活在毫不打折的
暴力幻象社群里。所有这三个人，也即是说——尽管他们在社会地位、
种族、经济状况、教育背景上都不尽相同——但都足以被称为极端暴力
罪犯（ultraviolent criminal）。

# 李·哈维·奥斯瓦尔德

有阴谋论者一度声言，李·哈维·奥斯瓦尔德是个无用的软蛋，他没能力产生足够的暴力恶意，去设想并执行对约翰·费茨杰拉德·肯尼迪的暗杀。很少有被指控的凶手像奥斯瓦尔德这样被详细地调查。如果说，暴虐化、交战状态、暴力表现和恨意都是成就一名暴力罪犯的必备要素的话，那么，奥斯瓦尔德的人生履历也应当提供这样的证据：他经受了类似的暴力化进程。"暴力化"的相关证据将至少证实奥斯瓦尔德有能力刺杀肯尼迪总统，也将支持朗尼·阿森斯的学说。就算我们没办法证明奥斯瓦尔德是不是真的刺杀了肯尼迪（或是他究竟是不是独自行动），这些证据也将推翻所谓"奥斯瓦尔德并未行凶"的论调。

奥斯瓦尔德于 1939 年 10 月生于新奥尔良，父亲罗伯特·爱德华·奥斯瓦尔德在他出生前两个月就已去世。老奥斯瓦尔德给妻子玛格丽特（奥斯瓦尔德的母亲）留下了一万美元的人寿保险金，这相当于今天的五万美元。不过尽管有这笔钱做保障，玛格丽特还是将她的两个儿子约翰（皮克）和罗伯特送进了一家孤儿院，雇用保姆照料她的孩子，自己则去工作。"她总是提醒我们都是孤儿，"约翰略带苦涩地回忆说，

"她没钱抚养我们。"约翰和兄弟们会告诉我们，玛格丽特·奥斯瓦尔德对金钱的执念到了何种地步：她几个儿子的回忆里常常写满了挨饿经历。三个儿子都早早就参军服役，只是为了逃离她的"雷霆之怒"（罗伯特语）和"漠不关心"（李的说法）。

在那段长于保姆之手的早年岁月里，玛格丽特的妹妹莉莉安·穆雷（自己也有五个孩子）常常照顾奥斯瓦尔德。莉莉安的女儿玛丽莲告诉沃伦委员会，这个小男孩"可爱讨喜……如果你和他在街上并肩而行的话……所有人都会停下来称赞他。他是个非常可爱的孩子，非常乐天，非常可爱……他生机勃勃……观察敏锐……并不是那种没顺着自己就会大吵大叫的孩子——从未有过。他是个非常悦人的孩子"。有一对夫妇曾在奥斯瓦尔德两岁时照料了他几个星期，他们的说法有所不同。"有一天母亲下班回家，"罗伯特·奥斯瓦尔德说道，"发现李正在哭泣，腿上有大块的深红色伤痕。一位邻居告诉母亲，她雇用的保姆常常虐待李，用鞭子抽打他，让他保持安静。玛格丽特当场解雇了这对夫妇。夫妇二人告诉玛格丽特，李是一个'不好管的坏孩子'。但母亲说，一个两岁的孩子不会坏到哪儿去。莉莉安姨妈后来回忆说，母亲极为心烦意乱。她得上班挣钱抚养孩子，但是她说，自己就是辞掉工作，也不能把李再交到陌生人手中了。"当然了，之前玛格丽特就已将另两个儿子交给了陌生人。莉莉安是个和蔼可亲的女人，她同意在白天照顾李，玛格丽特也搬到了附近居住。

她总是一个不易相处的人。"在母亲的一生里……我总是听到她谈论他人的阴谋诡计，隐藏动机和邪曲恶行，"罗伯特·奥斯瓦尔德回忆说，"我和约翰住在伯利恒之家（孤儿院）的时候，只有周末和假期才能见到母亲，因此没什么机会见识她的雷霆之怒。不过后来，我们可就见怪不怪了。我认为，李在很小的时候就已经知道，母亲在自己不顺心的时候，绝**不是**个容易相处的人。"就连长期吃苦耐劳的莉莉安姨妈也作证说，"你就是没法与她相处得来。"1942 年圣诞节次日，李三岁生日两个月后，姐妹二人闹翻了。玛格丽特将奥斯瓦尔德送到孤儿院，与两个哥哥重聚。

　　一年之后玛格丽特从孤儿院接回奥斯瓦尔德，然后迁往达拉斯，与一名身材高大的成功人士订婚。他叫埃德温·A. 艾克达尔，哈佛毕业的电气工程师，比玛格丽特大几岁。"他的月工资超过 1000 美元。"莉莉安说玛格丽特曾告诉她，他有"一颗糟糕的心脏；我相信她的说法，非常糟糕"。事实上就在玛格丽特一家迁往达拉斯时，艾克达尔正在从一次严重的心脏病发作中康复。约翰和罗伯特在学年年末离开孤儿院，加入了这个"重组家庭"。玛格丽特撕毁了婚约，买了栋房子，将孩子们送进公立学校，接着又重新答应结婚——"部分原因在于，他可观的收入打动了她"，《沃伦报告》如是说——玛格丽特试图将两个大儿子送回孤儿院，但没有成功。最终她于 1945 年 5 月与艾克达尔完婚。[1]

　　李很爱他的新任继父。"他头发灰白，戴着眼镜，非常不错的人，"　177
约翰证实道，"我认为，李在艾克达尔身上找到了他从未有过的父亲体验。艾克达尔……对待（李）真的好极了，我敢确信，李（罗伯特和

----

　　〔1〕艾克达尔是玛格丽特第三任丈夫。她的第一任丈夫是爱德华·皮克，一名运务员。她与皮克生下了约翰·皮克，李和罗伯特的同母异父长兄。这场婚姻以离婚告终，玛格丽特将责任怪到了约翰头上。

我）也感受到了，我知道李也爱艾克达尔……因为艾克达尔先生对我们都是视如己出。"艾克达尔常常要为一家公用事业公司出差。夏末时分，玛格丽特送约翰和罗伯特去了一家军事学院，他们也喜欢那里。玛格丽特也开始带着奥斯瓦尔德陪伴艾克达尔出差。艾克达尔常常出差，然后又迁到沃斯堡市，结果就是李错过了绝大多数的一年级课程。

婚后不久，玛格丽特就开始与新任丈夫大打出手。"她总是想要从他那里拿到更多的钱，"约翰认为，"这是两人一切争论的根源所在。"争吵打架在两人为期三年的婚姻里不断升级，以至于最后约翰觉得，"他们每一天都要干一场，然后艾克达尔总是去而复返。"据约翰回忆，就在 1947 年夏天他们一次长时间分居之后，母亲和她丈夫在下班回家的路上拦住了他，"告诉我，他们今天晚上不准备回家了。他们要去市区的沃斯宾馆，这是他们的一次重归于好……我回家告诉了李和罗伯特，这个消息真的让李很高兴，他们的重归于好让李真的开心不已。"那年夏末，艾克达尔在与另一个女人缠缠绵绵的时候，被玛格丽特抓个正着，玛格丽特随即将他扫地出门。第二年也就是 1948 年 3 月，艾克达尔请求诉讼离婚。他指控自己的妻子一刻不停地向他要钱，总是陷入"难以控制的暴怒"，向他扔饼干罐、镜片和瓶子，危及他本已受损的健康。她那"越轨、粗糙且残忍的待人方式和其残暴"都让他们不可能再一起生活。玛格丽特的证词表示艾克达尔打了她，但陪审团却认为她要为自己无缘无故的"越轨、粗糙且残忍的待人方式和其残暴"负起责任。陪审团同意了艾克达尔的离婚请求，只给了玛格丽特区区1500 美元的安置费。"她输了，"约翰总结说，"他赢了。"

如果玛格丽特有能力在婚姻期间以"难以控制的"暴怒袭击一位

心脏不好的丈夫的话，那么她也有能力"暴力镇压"自己年幼的儿子。她是个一等一的话痨。没有人证明玛格丽特体罚过奥斯瓦尔德，但她对继父的攻击肯定会制造"个人恐惧"。正如阿森斯从他访谈的暴力罪犯那里了解到的那样，同一位"权威人物"在"个人恐惧"之后的体罚威胁足够成为"暴力镇压"，这种镇压哪怕没有身体伤害也有可能成立。至于这一点，罗伯特相信，"对于他们之间的冲突，李比我们都要苦恼得多。毕竟我们隔着几英里，而他就在那儿听他们吵架。此外我认为，那时候李的敏感程度要超出我们所有人的认知。他将自己的感受深藏内心，并从未表现出他有多么担心自己会失去有生以来所知的唯一一位父亲。"

178

玛格丽特直接证实了"暴力规训"——暴虐化三要素的最后一个。1965年在与作家珍·斯塔福德的会谈中，玛格丽特说：

> 有言在先，我一向直言无忌，我有侵略性，我不是笨蛋。让我们正视这一点，如果你冒犯于我的话，我就会还以颜色，而且不会为此致歉，这可是我和李的父亲在一起的时候练出来的……我大儿子（罗伯特）刚开始上学的时候，有一天他哭着放学回家，因为别的孩子抢走了他几美分。老奥斯瓦尔德先生抓住罗伯特的小手，开始教他怎么还手。我在一旁静静倾听，觉得这事美妙极了。我还记得他说的话，"如果你挑事的话，你可能会被打；但如果他们挑事而你没有还手的话，那么我就得打你了。"让我举一个小的例子：李和隔壁的邻家男孩。他们差不多是同龄人，就算不是的话也是同等个头。李有一只狗，他喜欢这只柯利牧羊犬，给它起名叫"桑尼"。李常

常带着他的狗在后院里玩耍，无论去哪儿，都带着它。隔壁这
个小男孩就隔着篱笆朝李的牧羊犬扔石块。是的，我从厨房窗
户正好能看到后院子里的情况。于是我就看到，我的儿子李·
奥斯瓦尔德大概连续三天都在隔着篱笆告诉那个小男孩，让他
最好不要对他的狗狗扔石块。好吧，这让我忍俊不禁，我只是
等着看下一步会发生什么。最后有一天我下班回家的时候，隔
壁的父亲打电话找我。似乎，他儿子被揍得够呛——以孩子的
方式。我儿子李最后自己做主，忍无可忍之下出了手。我觉
得，李已经忍了这个小男孩足够久，也该出手打人了，但这位
父亲并不这么认为。我把事情原委告诉了他：既然孩子们大概
处于同一年龄、同一身高，那么就让他们自行打斗好了。

玛格丽特并未透露这场"以孩子的方式"发生的极严重打斗的发
生时间，但是奥斯瓦尔德在沃思堡市克莱顿小学的同学则给出了"他
八岁那年"的印象，这在二年级可是超龄学童。这位名叫菲利普·文
森的小学同学回忆说，在操场上，"就在我们刚刚解散、被允许自由活
动的时候，我们会分成几个小组。我还记得，同学们管这些小组叫
'帮派'……那里有……也许三到四个男孩……担任着这些帮派领袖的
角色……我印象尤深的是，李·奥斯瓦尔德便是其中一位领袖……别的
男孩似乎都仰视着他，因为他的体格如此强壮、结实有力……他比绝大
多数孩子都要年长一点，几乎大了一岁。在那个学龄段，年纪要比之后
的学龄段略微更重要一些……他被视为是那种硬汉类型的人，尽管并不
能算是小霸王。"文森还回忆说，李在上课的时候"显得颇为安静……
他并不自吹自擂，也不怎么说话"。曾有一名男生问李，"为什么你如

此高大强壮"，他回答道，"我像大力水手一样，'我吃菠菜。'"可是，文森了解班里绝大多数的男孩，"据我所知，他们之中没有人同他玩，或是在课后去他家。"李在操场上的领袖地位证明他并非是所谓的孤僻之人；他不邀请任何人去家里玩，这是因为玛格丽特拒绝一切来访者。玛格丽特要将他孤立，以便自己控制。

母亲与埃德温·艾克达尔婚姻的破裂似乎加速了李进入"恨意"阶段的进程。从 1949 年到 1952 年——也就是 10 岁到 13 岁——他变了。罗伯特还记得，在这段岁月的初期，玛格丽特的"长篇大论"曾经让李"感到心烦意乱。他会生气噘嘴，但从不顶嘴回话。我能看得出来他什么时候又心烦意乱了，因为他总是会一个人出去，遛遛狗或是看看电视。有时他会沉默不语几个小时，上床睡觉的时候依旧生着闷气。不过，他常常会在第二天早晨恢复正常"。后来，一位名叫奥蒂斯·卡尔顿的邻居回忆说，某天晚上他在奥斯瓦尔德家串门时颇为惊愕地看到李正在手持一把切肉刀，穿过客厅追打约翰，他冲着约翰掷出了刀；刀子没有打中约翰，打到了墙上。"他们总是这样小打小斗，对此也是毫不介怀"，玛格丽特将这次攻击大事化小、小事化了，正如他将李痛打邻家男孩的行为淡化为"孩子的方式"一样。（将暴力行为淡化处理，这也是一种暴力规训的方式：为暴力背书。）希拉姆·康威，玛格丽特家另一位邻居，他曾教约翰下象棋，约翰也曾与他女儿约会，他也证实了李在这段前青春期岁月里的个人转变，"那幅画面深深印在我的脑海里……我曾看到他与自己的同母异父哥哥打架，与他的亲哥哥打架。他还会猛攻两个哥哥。两个哥哥会挡着他，避免他惹上麻烦，他却试图踢打他们的胫骨。"不过在康威的印象里，李逐渐展现出了更为强

烈的"交战状态",这与玛丽莲·穆雷口中那个乐天、可爱的小男孩形成了强烈对比:

> (李)容易发怒。我敢说,他天性顽劣——他在生气的时候卑鄙自私,脾气很臭——是个歹毒的人,你可以说,这几乎是我能找到最好的形容词了……约翰有着非常真诚的品性,是个不错的男孩……罗伯特比约翰要嚣张得多,但罗伯特并不总是惹上许多麻烦……他并不会像李一样在大街小巷里来回闲逛,找上几个孩子就投掷石块。(李)是个坏孩子……他会生(邻家小孩的)气,但是……那些小孩并没有向他挑衅,大家都躲着李走。他们会躲起来或是赶紧走开。很难看到李跟人打架,因为他很难抓到邻居小孩中的任何一位。

玛格丽特强迫两个大儿子从高中辍学,去工作以补贴家用。做了一年鞋架管理员之后,约翰反抗了。他找到一份兼职,并回到高中就学,违抗母命自己给成绩单签字。不过对约翰而言,逃离母亲比完成高中学业更为重要。1950 年 1 月约翰成年,很快便加入了海岸警卫队。两年半之后,读完高三的罗伯特也逃离家庭加入了海军陆战队。第二个月,也就是 1952 年 8 月,玛格丽特和李来到约翰所在的纽约市。约翰已经娶了一名纽约姑娘,驻防在斯塔滕岛。约翰·皮克夫妇生了一个婴儿,他们与玛尔吉·皮克(约翰的妻子)的母亲一起住在玛尔吉母亲在上曼哈顿的公寓里;为了给来访的玛格丽特腾出房间,约翰的岳母只得搬出去和朋友住。

李最新的"交战状态"让约翰大为震惊。"李快 13 岁了,"罗伯特·奥斯瓦尔德讲述道,"这是一个绝大多数男孩都在某种程度上反叛父母的年纪，但是李对母亲的反叛似乎是全方位的。据约翰回忆，他常常生气，不止一次扇母亲的耳光。我们全家还在沃斯堡市的时候，他可从来没做过这种事。"李的交战状态还延伸开来，远远超出对付母亲。"李享受（在婴儿面前）做叔叔的感觉，"罗伯特继续说道，"玛尔吉说，他对婴儿非常温柔，和婴儿在一起的时候就会真诚地乐于助人，在屋子里忙里忙外。不过，李对母亲的蛮横无理吓到了玛尔吉。有一天玛尔吉在李面前提到此事，李的回应很尖锐。从此之后，李对待玛尔吉也满是蔑视。"

这次来访为期数周之久，给玛尔吉的母亲带来了严重不便。玛格丽特说过找一间公寓再找个工作的事情，但并未付诸实践；她也没提为自己和李的生活用品付费的事。每当约翰提到费用的时候，她总是喋喋不休地回呛。玛尔吉接过了取悦她那搭便车亲戚的重担。"每逢争执出现的时候，"约翰作证说，"……我的母亲就激起李·奥斯瓦尔德对我妻子的敌意。"这种敌意最终爆发为一次极其严重的对抗——约翰称之为"大麻烦"。罗伯特将事件还原如下，"一天下午约翰回到家中，看到整间屋子一片骚动。玛尔吉说，刚才李掏出一把刀子对她挥舞，威胁她。玛尔吉说，他刚刚正在看电视。玛尔吉请他将音量调小一些，李却掏出了一把随身小折刀，打开刀对着她走过来。她吓坏了，掉头就跑。也许她去喊了妈妈。不管怎么说，当妈妈走进来呵斥李扔掉刀子的时候，李却打了她。"

约翰就此事分别询问了母亲和李。他后来说，玛格丽特"试图将此事轻轻带过，不像我妻子那样把它看得有多严重……纵使心存偏见如我……也更相信我妻子而非我母亲一些"。李·奥斯瓦尔德"对我开始

181

有了敌意……我妻子……告诉他们，不管喜不喜欢都得离开。而且我认为，就在他们一如预期被赶出家门的时候，李在此时此刻对我妻子可谓是恨意绵绵"。玛尔吉的证言比约翰的证词还要严重。就在联邦调查局受沃伦协会之托访问她的时候，玛尔吉将其描述成严重的威胁；照联邦调查局的解释，"皮克夫人表示，就在李·哈维·奥斯瓦尔德用刀子威胁她的事件过后，她告诉奥斯瓦尔德夫人，要么滚出公寓，要么就等着她的兄弟们把她扔出去。皮克夫人的这一做法立即进一步激化了怨恨，当时奥斯瓦尔德夫人甚至威胁要从窗子跳下去。"约翰站在妻子一边，这也终结了他与弟弟之间的关系。"此事过后，我再也无法接近这个孩子了，"约翰回忆说，"他对我跟他讲过的话都毫不关心。"一名社工后来转述了李对约翰妻子的评论："那时候李还觉得约翰乐于见到他们，而他的嫂子（约翰妻子）……却对他们挤进公寓很不高兴，直到他们找到自己住的地方。嫂子让他们觉得不受欢迎。尽管这套公寓有五个房间，但李却只能睡在客厅。李承认，这让他体会到了那种始终同成人相处的感受——那里没有他的空间。"李没有告诉这位社工的是，他曾用一把刀子威胁他的嫂子。

玛格丽特在布朗克斯区找到了一间地下室单身公寓，并去做了一名售货员。李讨厌自己同母亲共处一间单身卧室；1953 年 1 月时，他劝母亲搬家了。在布朗克斯 117 号中学，说话土里土气、裤脚耷拉的同班同学还嘲笑李的路易斯安纳口音和粗棉布衣服，弄得李开始逃学逃课。"李觉得，他们一点也不需要他，"一位假释官转述李的感受说，"李也一点都不需要他们……他认为自己在学校什么也学不到，他还有其他更重要的事情需要学习和完成。"在那之后，李就在布朗克斯动物园晃荡。一名训导员将他逮个正着，李喊他"该死的扬基佬"；一位教师到公寓里好言好语劝他回学校，李的回应是"他会考虑"。

　　早在 1953 年，李就遭遇了逃学指控。玛格丽特孤身一人出现在少 182
年法庭预定时间的听证会上，她告诉法官，自己的儿子拒绝出席。如此早熟的"公民不服从"行为让法官也吃惊得够呛，他签发了一张将李重新收押进少年拘留所的拘票，以鉴定他是不是有精神疾病。先后有一位精神科医生和一名社工在这家少年感化院里与他面谈，他们的报告证实，李在纽约生活的这段时间里一直在苦苦挣扎，阿森斯称之为"所思所感上的天人交战"，所谓"同他的暴虐化经历握手言和"，以及"在高渺理念和人们真实交往方式之间的巨大鸿沟"——这些都标志着暴力化的"恨意阶段"。

　　少年感化院的首席精神科医生雷纳图斯·哈托格斯博士告诉沃伦委员会，他得出的诊断是"受精神分裂症候和被动进攻倾向影响的类型人格"，暗示李是个潜在暴力者，但他并未找到这个男孩是精神病的证据。哈托格斯当时递交的报告也收入了李本人对自身状况的诠释：

> 他是个紧张、孤僻、逃避型的男孩，厌恶过多地讨论他自己和他的感受。他喜欢留给世人一种"他不关心其他人，他更喜欢自己待着，这样就不会受到困扰，也不必费力与人交流"的印象。很难穿透他躲藏于其后的那面情感之墙——不过他给了我们足够的线索，让我们得以看到使他的孤僻倾向和喜欢一个人待着的主要原因：强烈的焦虑、害羞、不安和尴尬之情。李告诉我们："我不想要朋友，我也不喜欢与人交谈。"他自命为顽固不化，自称自己喜欢说"不"。因此我们

注意到了他强烈的抵抗和否定习性——但我们否定了他有精神
疾病的说法，也没有得出他发生精神心智剧变的结论……李对
他现下的生活方式极为不满，但他觉得自己避免"太不愉快"
的唯一方式，就是拒绝自己与其他孩子的竞争，或是不再表达
他的需求和意愿。李声称，他可以对母亲大发雷霆，有时他还
会打她，特别是在她回家却没买做晚饭的食材的时候。每到这
种时候，她都将任务丢给李，让他在厨房里找点食材准备食
物。李觉得母亲是在拒斥他，也从未真正地关心他。李在谈到
他两个哥哥的时候也表达了类似情绪：他们过自己的生活，对
李没有展现多少兄弟情谊。李有一个浓墨重彩的幻想人生，话
题从"全能"到"权力"翻来绕去，他试图以此补偿自己当
下的缺憾和失落。他并不喜欢与其他孩子在一起玩，当被问到
他是选择和"一堆男孩子"还是"女生中的一位"玩的时候，
李的回答是，"我讨厌所有人。"

183

社会工作者艾芙琳·斯特里克曼从李那里得来了一段相似的故事。
李对艾芙琳似乎戒备心更少，他在艾芙琳的鉴定报告里展现了更多的
"交战状态"。"他……觉得他的母亲'从未关心'过他，"艾芙琳写道，
"……尽管李的两个哥哥并不像母亲一样疏离他，但李还是在他们那里
尝过被拒之于千里之外的滋味，而当李试图与哥哥们结伙的时候，他们
也常常将李一把推开。他们从未满足过他的任何需求。他说他必须得成
为'我自己的父亲'，因为没有任何人照料他。"李告诉艾芙琳，他觉
得"差不多就像有一道纱幕横亘在他与其他人之间，旁人因此接触不
到他，但他宁愿这层纱幕保持完好"。而在李表示"同意回答那些他愿

意回答的问题，拒斥那些让他困扰的问题"之后，他"承认自己有变成强者的幻想，有时还幻想可以伤害或是杀死别人"。李强调说，这些幻想从未牵涉他母亲，但他"拒绝（对这些幻想）详加说明"。（斯特里克曼也采访了玛格丽特，发现她是一位完完全全的自恋者："老实说，我认为玛格丽特根本就没把李当成一个人看，在她眼中，李只是她本人的延伸。"）

　　阿森斯写道，"暴力化"的"交战状态"阶段将会"以一种方式结束，那就是当事人下了坚定决心，要在未来与他人相处时诉诸暴力"。这种个人决心"仍将是门槛极高的；当事人准备诉诸可能是致命的暴力。但唯有在他认为暴力对他的身心健康绝对有必要，且唯有他相信他至少有一些成功机会的时候（他才会下定决心）"。1954 年 1 月回到新奥尔良的时候，奥斯瓦尔德的暴力决心有所减弱，之后发生的暴力表现就是明证。

　　在李和母亲从纽约回到新奥尔良之后的这段时间里，那次公车打斗是人们所能回想起有关他的几次事件之一。（重回南方之后）玛格丽特迅速将儿子送进博勒加德初中，这个麻烦不断的学校坐落在玛格丽特妹妹莉莉安·穆雷家附近。据莉莉安的证词，博勒加德的教学质量是如此之低，以至于她从未考虑过将自己的孩子送到那儿学习："去博勒加德上学的有一群极坏的男孩，他们总是拉帮结派，与别人斗殴。我认为李没有加入他们，所以惹上了一些麻烦。"所谓李"没有加入他们"的说法，也为他近来"减弱的暴力决心"提供了进一步证据。正如一名女同学的证词所说（她对李的记忆很深），"因为他总是被卷入打架之中"——他在之前总是避免冲突。至于那场公车打斗，罗伯特·奥斯

186

瓦尔德写道："几个男孩扑向李，开始拳脚相加。观看这场打斗的人们说，李显得毫不畏惧。他的拳头向西面八方挥舞，但他却是寡不敌众，被结结实实地痛打一顿。"玛丽莲·穆雷特别指出，那些男孩"打他的嘴，弄松了他的门牙"。

伴随又一次斗殴的是又一场大败——这一回发生在博勒加德——这促使奥斯瓦尔德考虑，来一次意义深远的"暴力升级"。爱德华·沃贝尔是一位与李关系友好的同学，他也是一名目击者：

> 李与一对男孩干了一架……纽梅叶家的两兄弟，约翰和迈克。（迈克）也许比李要低上一到两个年级，李与约翰先动的手……这场斗殴……始于学校操场，又逐渐晃荡到了街道上……斗殴持续进行，穿过草坪和人行道，人们都躲着他们，他们于是就跑到下一个地点接着打，从一个街区到另一个街区……在我回家的路上，继续打斗……我认为奥斯瓦尔德打得过约翰，而小迈克跟着他哥哥。于是约翰也加入打斗，局面就成了两个打一个。奥斯瓦尔德似乎出了一记重拳击中了小迈克的下巴，然后小迈克的嘴巴就开始流血……这时，人群的全部同情心都没有向着奥斯瓦尔德，这一点让我费解不已，因为这可是二打一，奥斯瓦尔德有自卫的权利。（但是）人群的全部同情心在那时都不向着奥斯瓦尔德，因为他挥拳打中了小迈克的嘴巴，让他血流不止……
>
> 第二天（或是几天之后），晚上我们正在走出学校，奥斯瓦尔德走在我和某个大块头家伙前面——这个大块头家伙大概来自一所高中——他看起来像是个身材高大的橄榄球运动员

——挥拳将李的嘴唇打个正着，李甚至都不知道或是看到究竟是谁干的……这家伙将李扔给下一个人……此时又有人走上前来挥拳猛击……他们在接力痛打李……我认为这是为纽梅叶兄弟的某种复仇之举……我觉得，李甚至因此掉了一颗牙。我觉得他的嘴唇破了，一颗牙也被打掉了。

沃贝尔觉得自己"因为类似此类事件的发生，对李的同情油然而生"，他开始与这位同学交好，与奥斯瓦尔德由生渐熟。沃贝尔告诉沃伦委员会，李"不会挑起任何争斗，但若是你想开衅于他，或是真的想要与他打斗的话，他一定会奉陪到底，因为他不会向任何人屈服"——这恰恰是阿森斯对（当事人）"人身防卫型解读"的定义。

沃贝尔喜欢李。当时奥斯瓦尔德母子住在一间台球房上面，沃贝尔有时会在上完钢琴课回家的路上去这间台球房与李见面。沃贝尔给李展示了一圈他叔叔的军事武器藏品，并得知李"想要一把手枪……我已经（从李）那里听到了太多有关抢劫和偷盗的议论……不过那真的没怎么困扰我，直到有一天他讲出了一整套方案，那确实让我大吃一惊……那是个人室行窃计划……他详细解释了这个从兰帕特大街某地盗出一把手枪的计划……他已经在兰帕特大街的这扇橱窗看到了一把手枪，他的计划就是将其窃为己有"。李计划用一把玻璃刀割开橱窗，偷出手枪，再换上一把他自己的点 45 口径塑料手枪。沃贝尔与李一同去看了展示台，希望劝他的朋友远离犯罪。沃贝尔提到了装在橱窗上的防盗自动警铃，让李确信：割开玻璃就会铃声大作。为什么李想要一把手枪？不久之前刚刚经受了两场"惨败"的李大概已经得出结论，他的策略尽属无效——用阿森斯的话说，他所需要的是"诉诸更致命的暴力，比之前更为迅捷的暴力……"

　　不过他还是打消了偷窃手枪的念头，尽管遇到很多的挑衅，但此后的十年里他没有诉诸致命的暴力。为什么？就在李很明显考虑"升级"到更致命策略的时候，他也让自己沉浸于共产主义和马克思主义的著作中去——他在公共图书馆找到了《资本论》和《共产党宣言》等书刊。他对共产主义革命意识形态产生"逐步深化的认同"，似乎也促使他在应对日常生活挑战的时候做出了"约束性判断"（restraining judgment）。也即是说，尽管他不欺负任何人，但他也不会挑起事端；他对身边的小资文化不屑一顾，他也找不出任何理由要他冒着失去自由或是生命的风险，去追求那些远不及他所认为的至高理想的事物。（在这个有关时间地点的理智选择里，李印证了阿森斯的洞见，"约束性判断驱散了旧有（但依然惊人般流行）的信念：暴力犯罪乃是全无理性的'激情之举'……个体所认知的长期利益也许会永久中止，或仅仅是暂时延缓他对某项特定暴力行动计划的执行。"）但革命暴力则是另一回事。很快，奥斯瓦尔德就会最大限度地展现他那"业已减缓"的暴力决心，这种对暴力的"分层投资"（stratified investment）也与奥斯瓦尔德对间谍活动的认知相一致，他曾在纽约社工艾芙琳·斯特里克曼面前清楚阐释了这一理念。当时李告诉艾芙琳，他觉得"差不多就像有一道纱幕横亘在他与其他人之间。旁人因此接触不到他，但他宁愿这层纱幕保持完好"。多年之后，在奥斯瓦尔德从苏联返回美国之后写的一本日记里，他振振有词地描述了他本人"分层次的暴力决心"：

　　　　应当足智多谋而又耐心细致地朝着既定目标努力，而不是大声嚷嚷却又毫无用处地抗议示威。但是，现在这些首选策略也许在不久的将来被证明是太过有限，它们也不应当与缓慢迟疑、优柔寡断和畏手畏尾混为一谈。甚至于，唯有这种"理智无畏"才可远远地博得我们（共产）主义的青睐。不过，我们的主义也需要最大可能的克制，这是一种本身就有至高力量的状态。[1]

在校期间的奥斯瓦尔德对暴力的克制方法就是退学。1955 年 10 月，16 岁生日刚过不久的奥斯瓦尔德从学校退学，他试图加入海军陆战队。募兵士官认定奥斯瓦尔德未达年龄，尽管玛格丽特提供了一份证明他年满 17 岁的伪造宣誓书，士官还是拒绝征募奥斯瓦尔德。一个月之后，奥斯瓦尔德买下了他人生中的第一把枪：点 22 口径马林栓动步枪。

奥斯瓦尔德并未放弃他业已减缓的暴力决心，1955 年 12 月他在对政治议题的关注中展现的决心就是明证。当时他在一家牙医技工室找到了一份信使的工作，并与同为信使的帕尔默·麦克布莱德交好。八年之后，麦克布莱德在接受联调局调查时说了下面这个故事：

> 我们二人酷爱古典音乐，因此我请他来我家玩……后来他来了我家两到三次。那时候我与父母住在一起，他来访的时候，我们都会在我的房间里听唱片。在他第一次来我家做客期

189

_____

〔1〕 我已经纠正了奥斯瓦尔德令人讨厌的拼写。他的原文如下："resoufualniss and patient working towards the aforesaid goal's are prefered rather than loud and useless manifestation's of protest. But these prefered tactics now, may prove to be too limited in the near future, they should not be confused with slowness, indesision or fear, only the intellectualy fearless could even be remotely attracted too our doctrine, and yet this doctrine requirers the utmost restraint, a state of being in itself majestic in power."

间……话题转向了政治，以及战争的可能性。这时候我做了一番论述，大意是以德怀特·艾森豪威尔总统的年龄和背景，他的工作干得非常好……奥斯瓦尔德非常讨厌艾森豪威尔，他说艾森豪威尔总统正在剥削劳动人民。接着他也来了一番论述，大意是他会杀了艾森豪威尔总统，因为他正在剥削工人阶级。这番言论可不是开玩笑，奥斯瓦尔德在说话的时候神情严肃，一本正经。

的确，就是艾森豪威尔，那个曾经拒绝暂缓执行尤利乌斯·罗森堡和埃塞尔·罗森堡夫妇死刑的人。

1956 年 10 月，刚刚届满 17 岁的奥斯瓦尔德就加入了海军陆战队，个人暴力可是那里的标配。在圣迭戈的新兵营，奥斯瓦尔德成了一名合格的神枪手，他能在 200 码之外站立射击 10 英寸靶心，取得 80% 的命中率。在日本做雷达操作员的时候，一开始奥斯瓦尔德忍受了很多的挑衅行为——恐同嘲讽、强迫冷水澡、口头挑衅——他使出了最大限度的"无上克制"，默默走开而不是出手报复。最终他开始在某种程度上"合群"——社交、饮酒、嫖妓、自卫。他开始得心应手地捉弄那些在世界大事的知识水平上远不如他的军官们，一名陆战队战友证实，"这为他赢得了其他穿制服者的拥戴。"或许是为了躲避在菲律宾的哨兵勤务（李认为这是帝国主义），也许恰好是试着震慑一伙一直捉弄他的陆战队士兵，他成功地用一把走私得来的点 22 德林格手枪射了自己胳膊一枪。他被军事法庭控以私自拥有未注册枪支，此时的他也开始考虑叛投苏联。某天晚上在一间酒吧里，他把饮料泼到了某位士官身上（正是此人在走火事件之后，罚李去做长时间的帮厨兵），向这位士官挑衅。不过宪兵队阻止了这次争斗，奥斯瓦尔德也第二次被送上军事法庭。在禁闭室待了数周之后，奥斯瓦尔德息交绝游，开始学习俄语。

1958 年年初，重新分配到加州某基地的奥斯瓦尔德开始追随那场革命：菲德尔·卡斯特罗领导的反叛军与古巴独裁者富尔亨西奥·巴蒂斯塔之间的战斗。前美国陆军中士威廉·摩根也因加入卡斯特罗军队，成为陆军少校而闻名于世。奥斯瓦尔德与海军陆战队里的波多黎各战友纳尔逊·德尔加多交好，他也与德尔加多谈到了追随摩根步伐的想法——"进行一场去到其他一些岛屿的远征，"德尔加多记得李的说法，"也解放他们。"就在德尔加多意识到奥斯瓦尔德并没有开玩笑的时候，他"开始恐惧不已"，并打了退堂鼓。

190

1959 年 9 月，奥斯瓦尔德结束了他的现役生涯，并几乎立即就投奔了苏联。他的叛逃和失败而归的事实一样人所共知。除了一开始略为做作的自杀企图之外（当时俄国人似乎并不会接纳他），这次叛逃是非暴力的。从奥斯瓦尔德的视角来看，这可是一次理想主义之举，也是他有生以来做出的最强姿态，不顾身后的暴力也要一往无前。他实在是太过天真了。俄国人没有欢迎他，甚至都不信任他。他们将奥斯瓦尔德送到明斯克的一家电子工厂工作，还在他的公寓里装窃听器。奥斯瓦尔德得出结论（就像他之前在博勒加德初中、位居更小舞台时的结论一样），他的决心足够，但是策略无效。

1962 年 6 月中旬回到美国的奥斯瓦尔德已是满腔怒火，他准备好了要更新、扩展自己对暴力的身体力行。他的新俄国妻子玛丽娜证实了他的这一转变。"总体而言，"玛丽娜在刺杀事件之后写道，"我们的家庭生活在抵达美国之后开始恶化。李常常是脾气火爆，而他的这一人格特性现在愈发影响我们一家人的和谐共处。李变得非常暴戾，有时一些完全微不足道的琐碎小事也会让他大为光火。"玛丽娜告诉沃伦委员会，"我在俄国的时候他不这样。"但之后，李开始虐打玛丽娜。他常常粗暴地来回掌掴她，就像之前掌掴他母亲一样。10 月份在达拉斯的时候，玛格丽特注意到了（玛丽娜的）的黑眼眶。就在奥斯瓦尔德一家居住的公寓楼里，四邻八舍都听到了玛丽娜撞在地板上的声音，也看到了她的黑眼眶和瘀青的面颊。玛丽娜对一位俄国朋友表示，李逮到她吸烟会打她，没为李放洗澡水，也会揍她，还威胁要杀了她。李不止一次对玛丽娜发出了死亡威胁，还开始强奸她。玛丽娜开始害怕他了。

在这个世界的初级政治场域里，也即是说———一段亲密关系的私人场域——奥斯瓦尔德第一次在暴力表现上大获成功，他也看到了"作为真正的暴力个体而声名大噪"那不道德的回报。不仅玛丽娜开始畏惧他；她的朋友亦然。[1] 奥斯瓦尔德高估了上述暴力恶名和社会恐惧的经历，现在的他下了一个彻底的暴力决心，而且信念坚定。用阿森斯的话说，"无论是最轻微的挑衅还是根本没有挑衅，他都郑重其事地要重伤甚至杀死他们。"1963 年 1 月末，就在奥斯瓦尔德一丝不苟地将欠美国国务院的款项（国务院借给他这笔钱让他从苏联回到美国）偿还

---

〔1〕 1962 年 11 月，亚历克斯·克莱因勒雷尔在帮助奥斯瓦尔德一家搬家的时候观察到，李正在羞辱、殴打他的妻子（原因仅仅是她没有完全拉上裙子拉链）。克莱因勒雷尔告诉沃伦委员会，"我非常尴尬也颇为生气，但我对奥斯瓦尔德畏惧已久，因此我也是敢怒不敢言。"在与奥斯瓦尔德讨论苏联与美国之间的"优点比较"时，克莱因勒雷尔也作证说，"我不与他争辩，因为他本人似乎比他的思维还要危险，我对此战战兢兢。"

完毕之后两天，他订购了最终用于刺杀总统的两件武器中的第一件——点 38 口径的史密斯韦森左轮手枪，他将用这把手枪杀死达拉斯警官 J. D. 蒂皮特。从事后来看，他肯定想着将这件武器用于政治暴力，但他也许还没决定他的目标是谁。据普里希拉·麦克米兰的判断，奥斯瓦尔德内定的目标是梅杰·根·埃德温·A. 沃克，极端保守团体"约翰·博奇协会"的达拉斯发言人，之前他曾听说，沃克会于 2 月 13 日出席一场与俄国侨民的晚宴派对。此后不久，奥斯瓦尔德就强迫玛丽娜给华盛顿的苏联大使馆写信要求把她遣返回国，这大概也是为了"处理掉"她。在本月稍晚时候的一次夫妇争执中，玛丽莲心里一横，将一只珠宝盒向他扔去，奥斯瓦尔德为此扼住了她的脖子，差一点就掐死了她。

随后让奥斯瓦尔德大为意外的是，沃克离开了达拉斯。麦克米兰估计，这次预料之外的离开给了奥斯瓦尔德喘息的空间，他得以拿出更周密的计划，写成一份"历史的辩护书"。他放任玛丽娜自生自灭。3 月 10 日，他勘察了沃克的房屋，拍了几张照片。这些照片确证了狙击战法的有利之处。3 月 12 日，奥斯瓦尔德订购了一枝 6.5 毫米口径的曼利舍-卡尔卡诺意大利军用卡宾枪。这款步枪装有 4 倍率狙击镜、后坐力低且装填快速，后来联调局定调为"一件极为精准的武器"。步枪和手枪在 3 月末几乎同期到货，也正是在月末，奥斯瓦尔德让玛丽娜给他和新武器拍了合影。他身着黑色的杀手服，手中拿着两份他订阅的写有日期的共产党期刊——这些照片记录了他的准备工作。

沃克回到达拉斯的 4 月 10 日晚上，奥斯瓦尔德就尝试刺杀这位右翼将军。他开枪打破房屋玻璃，子弹射入了沃克室内，此时将军正坐着

192

整理个人税务。沃克活了下来，只有几块子弹碎片打中了他的右前臂，因为奥斯瓦尔德所用的狙击镜的视野深度还不足以搞定他的木质窗玻璃结构；看不到的横木让他的精准射击偏离了目标，子弹仅仅擦过了沃克的头发，然后直接打到了墙壁上。当天晚上 11：30 分奥斯瓦尔德回到家中，玛丽娜问他发生了什么。并不知道自己没打中目标的奥斯瓦尔德向妻子宣称：他已经击毙了沃克。

"我告诉他，他没有在和平时期杀人的权利，"玛丽娜作证说，"他没有权利取走他们的性命，因为并不是所有人都与他观点相同。人们不可能都一个样。他说这位沃克是个非常糟糕的人，是个法西斯主义者，也是一个法西斯组织的领袖。我说，就算你说的这些都是对的，你还是无权夺走他的性命。他说，如果有人及时杀死希特勒的话，那就拯救了很多人的生命。"玛丽娜回忆说，当奥斯瓦尔德得知沃克依然活着的时候，"他只是说他开了漂亮的一枪，只是因为运气原因才放过了沃克。他非常遗憾没有打中他。"用阿森斯的话说，奥斯瓦尔德对沃克的刺杀尝试堪称是"悬而未决"——这是一种过渡之中的状态，既不代表证明了他最新的决心力量，也不代表是一种反证。为了成就一场干脆利落的胜利，他得再次出手；而为了让胜利世所公认，他势必得出手更重。"他已经枪击了达拉斯最有名的人，"麦克米兰评论说，"他的子弹离沃克不到一英寸，而唯一的报纸版面刊登了……三篇报道——却没有哪怕一篇提到他的姓名。"

然而，奥斯瓦尔德曾出手试过这么一次激进而又遭禁的行为——然后又侥幸逃脱惩罚的事实——也为他壮胆。玛丽娜注意到了这次事件让他变得如何自高自大，她也知道这是为什么。之后在 4 月，玛丽娜也目睹了一次莫名其妙的事件：她还记得，李正在准备刺杀理查德·尼克松。

> 那天一大早我丈夫就出去拿了份报纸，然后进来坐下读。我根本没注意他，因为我的身心都被家务占据。很快我就看到他一身西装革履地穿好了衣服，手里还拿着一把手枪。我问他要去哪里，又问为什么穿得如此一本正经。他回答说："尼克松来了，我想去看看。"我说："我知道你会怎么'看'"……因为我看到了他随身带着手枪……我不知所措。我想阻止他出门……我把他叫进了浴室，（在他背后）关上了门，我想阻止他，接着我便开始哭泣。我告诉他，他不应该这么做，他也曾向我许诺过……我将他关了起来（在浴室里）。事实上我们扭打了好几分钟，之后他才消停。我还记得当时我说的话：如果他要出门的话，那就杀了我也总比出门好……也许他只是在试图测试我罢了，他是那种会尝试这么做的人，也会以此来伤害别人。可能他根本就不想出门，做这一切只不过是开个玩笑而已……为了让我伤心难过……一开始他怒不可遏地说，"你总是这么挡我的路。"但他很快就放弃了，这对他而言可是颇不寻常……我告诉他，"你曾向我承诺再也不搞这种事。"……他接着说，"我正要出去看个究竟，看看是不是有合适的机会。如果有的话，我就会用这把手枪。"

这次事件发生时，玛丽娜恰在孕期；她告诉麦克米兰，李之所以软化下来，是因为她威胁他，要打掉这个孩子。如果她这么做的话，"你将杀死你自己的孩子。"

尼克松并没有当天前往达拉斯的计划，但副总统林登·约翰逊却到
了达拉斯。奥斯瓦尔德当天早晨阅读的那份《达拉斯晨报》有关于尼
克松的大字标题，不过却是《尼克松呼吁做出决策，将赤色分子逐出
古巴》。是不是奥斯瓦尔德的阅读困难症发作了？他是不是在戏弄妻
子？是不是玛丽娜把约翰逊和尼克松的名字搞混了？也许只有奥斯瓦尔
德本人才能回答这些问题。但尽管如此，这次事件也颇为重要。原因有
二：它显示，奥斯瓦尔德做好了在轻微的挑衅下也动用致命的暴力的准
备；它也显示了他对古巴重新的全情关注。

这种关注之情在 4 月底将奥斯瓦尔德带到了新奥尔良，他也在那里
找到了一份工作，并以 A. J. 希德尔（A. J. Hidell）的假名租下了一个
邮政信箱："A" 代表他的俄国名字 "埃里克"（Alik）；"J" 代表詹姆
斯·邦德（James Bond），他的榜样人物；"海德尔"（Hiddel）用一个
英语长音节 "$i$" 表达了其意图，那就是隐藏（hide）他的真实身份；
"希德尔"（Hidell）则用一个西班牙语短音节 "$i$" 与 "菲德尔"
（Fidel）谐音。（麦克米兰做了这一番破译，但她读出俄语短音节 "$i$"
要拜玛丽娜的刺探所致。）玛丽娜在五月中旬与她的丈夫在新奥尔良会
合，发现他天黑以后在租住公寓的遮蔽门廊拿着步枪空射。"我问他为
什么，"玛丽娜的证词说，"……他说他要去古巴。"奥斯瓦尔德告诉
她，"菲德尔·卡斯特罗需要守卫者。我要加入他的志愿军。我要成为
一位革命者。"

7 月 1 日，他从公共图书馆借来了威廉·曼彻斯特撰写的约翰·菲
茨杰拉德·肯尼迪传记《总统肖像》（*Portrait of a President*）。那个夏

天，奥斯瓦尔德也读了《休伊·朗谋杀案》（*The Huey Long Murder Case*）一书。读完曼彻斯特的总统传记之后，他开始向玛丽娜夸夸其谈，说他要在 20 年之内成为总统或是首相——麦克米兰指出，那一年他就是 43 岁，这正是肯尼迪参选总统的年龄。他也在那个夏天接着读了肯尼迪的《当仁不让》（*Profiles in Courage*）一书，肯尼迪广为人知的句子给了他莫大鼓励，"一个男人行其所当行——不计个人后果，勿论艰难险阻，就算重重压力——这便是人类全部德行的基础。"

8 月 9 日，奥斯瓦尔德为"公平对待古巴委员会"（Fair Play for Cuba Committee）策动的莽撞之举（散发传单，与反对者冲突）是他在新奥尔良活动的重要一页，似乎是在向卡斯特罗示好投诚。第二周他向玛丽娜建议，夫妻二人劫一架飞机叛逃古巴。那一周的奥斯瓦尔德还接受了一家当地电台节目"拉丁情报站"（Latin Listening Post）的采访，他说他相信古巴才是世界上唯一一个革命的国家。

9 月初，奥斯瓦尔德在《新奥尔良时代花絮报》（*New Orleans Times -Picayune*）上读到了一篇对卡斯特罗的即兴采访报道。卡斯特罗在采访中断言，中情局正在密谋刺杀他。卡斯特罗还宣称："我们已经准备好了与他们作战，以其人之道还治其人之身。美国领导层应该想一想，如果他们赞助恐怖分子清除古巴领导人的计划的话，那么他们自己也不会安全。"

9 月末，奥斯瓦尔德坐上一辆长途大巴去了墨西哥城，去那里申请古巴签证。据《沃伦报告》的说法，"他与（古巴）领事陷入了一场不快的争辩，领事最终告诉奥斯瓦尔德，'就他而言，他不会给他签证。'原因在于，'像他这样的人与其说是在援助古巴革命，还不如说是在搞破坏。'"奥斯瓦尔德说了什么，以至于这位领事得出了"他正在伤害革命"的结论？有两个各自独立的信息源——联邦调查局局长约翰·埃德加·胡佛写给沃伦委员会的一封密信；1967 年一名英国记者对卡斯特罗的即兴采访——都证实，奥斯瓦尔德曾告诉古巴领事，他正在考虑刺杀肯尼迪。[1] 英国记者科默·克拉克直接引用了卡斯特罗的说法，胡佛信件也间接证实了这个说法："第一次（奥斯瓦尔德在墨西哥城旅行期间访问古巴领事馆）——我就被告知——他想要为我们干活。他被要求解释为什么，但他没有。他没有详细说明。第二次（他在同一趟旅行中访问领事馆）他说，他想要'将古巴从美帝国主义手中解救出来'。然后他又说了类似这样的话，'有人理当枪杀那个肯尼迪总统。'接着奥斯瓦尔德还说——这可是我听到的如实汇报——'也许我会试着干下这个。'"

195

1963 年 11 月 22 日，奥斯瓦尔德尝试了，也成功了。古巴一度拒绝给他签证，因为他像是个狂暴不羁的人，或者是个中情局的特工奸细。古巴的拒绝让奥斯瓦尔德失落不已，肯尼迪对古巴持续的敌意也让他懊丧难当。奥斯瓦尔德仇恨肯尼迪对古巴的敌意，仇恨他的财富、声望和权力，他发现自己恰好在正确的时间出现在正确的地点——在达拉斯的得州教科书仓库大楼上班，这里正好是肯尼迪车队的必经之路——他在这里进行了一次"挫败-恶意型"的谋杀。同一天他在逃跑时还杀死了

---

〔1〕胡佛的信息来自一位联邦调查局线人。这位线人是美国共产党党员，他与卡斯特罗有过私人谈话。记者丹尼尔·肖尔披露了这封信；卡斯特罗后来否认自己有过这些论述。他的否认并不意味这些说法是假的，这两个彼此独立的信息源、刺杀事件本身都支持了他们的论断。

巡警 J. D. 蒂皮特，当时蒂皮特正在追击他。奥斯瓦尔德被捕之后，哥哥罗伯特观察到"他显得放松得如此之彻底，好像达拉斯监狱和全美境内一切狂暴举动都与他毫不相干似的"。恰恰相反，准确地说奥斯瓦尔德正是因为这事成了才放松——因为他最终真正确立了他本人在历史维度上的"暴力个体"地位。达拉斯警探 J. R. 利维尔对此心领神会："他震撼了我。他竟是这样一位极为享受当下状况、也正在享受公众知名度以及发生在他身上一切事情的一个人。"

达拉斯警长 J. 维尔·弗里茨曾在刺杀事件之后与奥斯瓦尔德深谈，他对奥斯瓦尔德的状况明察秋毫：

> 我的印象是，他做这件事是因为他对古巴革命的感受。我认为……他对这场革命感触颇深。我认为这是症结所在。我还注意到另一件事。我不久之前注意到，就在沃克遇刺（原文如此）的时候，（沃克）曾经发表了一些有关古巴和卡斯特罗的言论；如果你用心回忆的话，还有很多事情：总统在遇刺身亡的几个星期之前也对古巴和卡斯特罗做了几段评点……我很难相信这些事情之间没有某种关联……我知道有不少人总是喊他（奥斯瓦尔德）"疯子"（nut），但他的谈吐可不像是疯子。他知道顾左右而言他的确切时机。

说来古怪，在如此之多写过李·哈维·奥斯瓦尔德的历史学家和自命不凡的阴谋论专家之中，没有一个人提到肯尼迪和古巴之间最大规模的关联——1962 年 10 月爆发的古巴导弹危机。那时奥斯瓦尔德的 23 岁生日刚刚过去几天，他也正在开始对自己的私人暴力加码，筹谋暴力政治行动。那个星期我们的视线都只顾盯着电视了；奥斯瓦尔德有没有可

196

能成为另一个人？以及，如果那场有如末世的核对抗（nuclear confron-tation）并未唤醒他早年对革命的狂热许诺、对朱利叶斯·罗森堡和艾瑟尔·罗森堡夫妇的记忆，从而引发复仇、升级其暴虐化的话，又将如何？

奥斯瓦尔德并没有为他骤然而兴的恐怖行径预留任何退路。他对罪行的矢口否认、他的冷静自信，以及他小心翼翼地不给弗里茨警长留下不利信息都表明他期待受到审判，在全世界的瞩目下受审，其中就包括菲德尔·卡斯特罗和那些拒绝给他签证的古巴官员。他曾经在第二次被海军陆战队军事法庭审判时充当自己的律师，为自己辩护；他大概期待着再来这么一次，将审判变成他发表激进政治观点的讲坛。

然而，奥斯瓦尔德却未能料到杰克·鲁比的偏好——这可是一位恨意满满的暴力行为者。在 1963 年 11 月 24 日这个星期日早晨，杰克在总统遇刺身亡两天之后，开枪射杀了这个被控射杀总统的人，当时达拉斯警方正押着奥斯瓦尔德转去地下停车库，以将他从市监狱移拘到县监狱。

作为个案的鲁比远远没有奥斯瓦尔德的经历奇异。1911 年出生在芝加哥的鲁比是一对赤贫犹太移民夫妇八个子女中的第五个，他遭受了暴力父母之一或是两人的虐待：根据《沃伦报告》，他那酗酒成性的父亲"常常因为无法无天的行径、袭击和虐打他人被捕"；他的母亲"对她的孩子严苛峻急"——1937 年，她的一名女儿曾经报告说，"她自私自利，多嫉多疑，（而且）暴躁乖戾。"11 岁那年，鲁比被认定"在家抚养已是不可救药"，于是接受了迁居寄养家庭的面试。一位精神科医生发现，鲁比"性情急躁"且"桀骜不驯"。《沃伦报告》总结了这位精神科医生的发现："他常常公开与母亲大唱反调，他认为母亲是个下等之人，他根本没必要遵守她的规矩。杰克告诉（收养）机构的会见者，他之所以离家出走，乃是因为母亲向他说谎，还殴打他。"这位精神科医生报告说，鲁比号称"他可以打败任何人，也可以驱使任何人做他想要的任何事"。他热衷于街头帮派，也已经有性生活。

换句话说，11 岁的鲁比已经跨过了"暴虐化"和"恨意"的阶段，他此后的生计主要仰赖街头江湖，靠着倒卖黄牛票等欺诈行为养活自己和兄弟姐妹。成年之前的鲁比只会在人身防卫的场合诉诸暴力，但他的急性子也为他赢得了"火花"（Sparky）的外号。鲁比以早熟而闻名遐迩，他是那个会在听闻辱犹言论时出手狂暴的人，或是那个在保护其他受辱者和被骚扰者时拔刀相向的人。

他试图在"二战"期间躲避兵役，但最终还是被征入空军。战后他迁居达拉斯，妹妹在那里运营一家夜店。鲁比将夜店的生意接管过来，也是从那时开始，他的暴力超越了人身防卫之外。1950 年，他用一根金属棍棒揍了一名雇员。1951 年，就在他的吉他手骂他的时候，鲁比一拳将这位吉他手击倒在地，将他抵到一面墙上，踢他的腹股沟（吉他手的回应是咬掉了鲁比左手食指的前两个指节）。1955 年，鲁比用手指虎揍了手下一位音乐家，伤者的伤口缝了许多针。1960 年，在一次工资纠纷中他狠狠打了一名艺人，出手之重以至于弄掉了艺人的一颗牙。1962 年鲁比将自己的杂务工揍得够呛，以至于得送去急救室。1963 年年初，他威胁着要把手下一名卖烟女孩扔下夜店楼梯。鲁比多次被捕，却从未被定罪，他是一名达拉斯警察的朋友，这名警察在为警

197

察遗孀筹措好处。鲁比也热爱他养的狗，他是他自己的保镖；"1950 年以来的约 14 次场合里，"《沃伦报告》说道，"他用拳头、枪托和金属棍棒打那些蛮不讲理的顾客。有的时候，他无须出手就赶走了那些惹是生非的顾客……可许多人都指出他过多地滥用了暴力，特别是常常会以将受害者扔下（他夜店）楼梯的方式结束一场争吵。"1958 年，鲁比在自己的一家俱乐部里缴了一名对他拔枪相向的家伙的械，"将他几乎殴打致死，把他的枪放回了兜里，然后又把他扔下了楼梯。"鲁比还曾打倒了一个比他高 6 英寸、重 50 磅的家伙，让这个大块头连滚带爬地滚出了他的俱乐部。他还曾"重重殴打了一个曾经威胁他的重量级拳击手"。他还至少有一次挥舞手枪追打别人。

他对悲痛满怀者的处境反应激烈。总统遇刺之后，鲁比认为杰奎琳·肯尼迪和孩子们已是极尽哀伤，他表达了自己特别的关切之意：对奥斯瓦尔德的审判将迫使总统的未亡人重返达拉斯。就在他扣动点 38 口径左轮手枪，近距离将子弹平射进入奥斯瓦尔德腹腔，重伤了他的肠动脉和主动脉，并击碎其右肾的时候，鲁比大喊说："你这个卑鄙小人！你杀了我的总统！"杰克·鲁比颇为歹毒地杀死了李·奥斯瓦尔德，他痛恨李的所作所为。

许多人都觉得难以置信：李·哈维·奥斯瓦尔德竟有能力组织、执行对约翰·F. 肯尼迪的刺杀。我认为，他行凶刺杀的证据不胜枚举；本书可不是重温这一争论的场合。不过，从其暴虐化的童年到罗森堡夫妇被处决的残酷现场，再到约翰·F. 肯尼迪和 J.D. 蒂皮特的遇害，奥斯瓦尔德一步步致其死命的人生轨迹足以否定一切所谓"他有精神病"

的观点。朗尼·阿森斯在《危险暴力罪犯的诞生》一书开篇中的警示值得在这里重复一遍。

> 当人们观察一个危险的暴力罪犯时，如果不看结果，而着眼发展阶段早期时，就可能出乎预料地发现，这个危险暴力犯罪分子起初可能是一个相对善良的人，更能让他们产生同情而不是憎恶。也许更重要的是人们会得出结论：危险暴力罪犯的养成是大可防止的。与许多人类屠杀事件一样，它们都是从无到有一环扣一环产生的。因此，如果社会不能采取任何重要举措阻止危险暴力罪犯诞生的"背后进程"的话，那么社会就会默默地成为培养他们的帮凶。

我们都对这些杀人犯负有罪责。一只伸向那个快乐、阳光、敏锐、可爱孩子的援手，也许就能让我们免受李·哈维·奥斯瓦尔德的恐怖利剑。

第 15 章

# 凶杀动机论

朗尼·阿森斯没有找到任何"精神疾病导致暴力犯罪"的证据。他访问过的一部分暴力罪犯已被诊断患有精神疾病；绝大多数并没有。他们的共性并非精神疾病，而是"暴力化"。如此一来，究竟用什么才能将"因为精神疾病而宣判无罪的暴力罪犯"与"暴力罪犯被判心智正常，从而应当为罪行负责"区分开来呢？

就专业层面而言，许多法庭都是基于 1843 年于英格兰采行的"麦克纳格腾规则"（McNaghten rule）及其变体予以区别——这些规则成为精神障碍辩护的标准，它们要求罪犯要么是不知道自己犯罪时在做什么，要么就是即便知道自己在做什么，但不知道那是错的。麦克纳格腾规则强加了一套法律而非医疗上的区分标准，而精神健康专家们长期以来致力于将这套法律标准换成直截了当的精神病学责任认定。毫不稀奇的是，警察、检察官以及其他刑事司法专业人士——公民自由主义者也一样——都反对将犯罪责任的认定权交给精神病学，过去 500 年来，这种权力可都是掌握在由法律、法官和陪审团成员组成的法庭里。

反对的原因之一，便是精神病学在试图解释暴力行为成因时那显而

易见的缺陷。究竟是什么，才能将被判精神病的被告与被判刑责的被告
区分开来？究竟是什么，能将行刺罗纳德·里根总统的小约翰·辛克利
（被判精神病，然后拘禁在精神病院）与刺杀罗伯特·肯尼迪之后被判
有罪入狱的瑟罕区别开来？怪异行为或许能解释这一差别——辛克利在
试图刺杀总统之前曾是个出了名的跟踪狂——但是，为什么那个仪式性
杀人食尸的杰弗里·达默却没被判成精神病？韦恩州立大学犯罪学家弗
兰克·哈通在精神病学有关"盗窃癖还是商店行窃"的讨论中便发现
了一项显著差别：社会阶层。辛克利是一对富有父母的儿子，他们有钱
给儿子提供充分的（法庭）辩述，其中就包括精神病会诊；瑟罕和达
默则没有。

200

　　如前所述，哈通曾将现代精神病学"无法抵挡的冲动"的种种概
念追溯到 19 世纪最知名且最具影响力的美国精神科医生伊萨克·雷那
里。哈通的研究显示，雷的理论乃是基于社会阶层区隔而非科学证据，
他以"价值测试"的方式将"盗窃癖"与"单纯的商店行窃"区别开
来："当一名之前道德品质无可指摘的人身上显露出盗窃倾向的时候，
且其社会地位和所拥有的财富都意味着堕入这种恶习将尤其丢脸且毫无
必要的时候，那么，他所谓'行窃的时候刚好在某种程度上失去了道
德自持（moral liberty）'的抗辩理由就理应得到尊重对待。"这位精神
科医生先驱还补充了一句更为露骨的话："如果失窃物品价值微不足
道，抑或无法移作任何他用（或是装饰）的话……那么就毫无疑问应
接受他的抗辩。"

　　一种与之类似的区分标准——"缺乏动机"的假定——是最具影
响力的暴力犯罪精神病学说之一，杜鲁门·卡波特在《冷血》中提到

的一项研究恰好阐述了这一学说，因为那个评估佩里·史密斯（精神状况）的精神科医生曾经咨询了这项研究的作者们：《无明显动机的谋杀：人格分解之研究》（*Murder Without Apparent Motive: A Study in Personality Disorganization*），作者是医学博士约瑟夫·萨藤，医学博士卡尔·梅宁格，伊尔文·罗森博士，马丁·梅曼博士。这四名专家都隶属于堪萨斯州托皮卡的梅宁格诊所（我也是一位委托人）。这项研究本身是一项尝试，试图努力解决"在何种情境之下才可判定，暴力罪犯应对其罪行负责"的种种难题。

要区分"心智正常"与"精神病"这两类杀人者的时候，萨藤和其合作作者们宣称（下面标出的颇具反讽的引文属于他们），在以下情况时并不复杂："当理智动机显而易见时（比如当某人杀人取利时），或是当非理智动机伴随着错觉和幻觉时（比如一位妄想狂患者杀死了他幻想中的加害者）。"但是，"当杀人者显得理智、条理、克制，而他们的杀人行凶却很怪异且明显无意义的时候"，要将"心智正常"同"精神病"区分开来就变得异常困难。

四位作者打算给可能解释"精神病理学"的特别症状下一个定义，他们记述了四名"怪异，明显无意义"的获刑杀人犯。这四个人在受审之前都先接受了精神病检查，也都"被发现是'并无精神病''心智正常'"。四位作者给他们做检查的时候，他们正就杀人罪指控提起上诉。作者提到，之所以有人申请做这些检查，是因为"有个律师"是罪犯的"朋友或亲人"，他"对之前给出的精神病学解释并不满意，并发出了这样的质问：'像这么一位心智正常的人，怎么可能犯下他被指控的疯狂罪行呢？'"（伊萨克·雷就他笔下那些道德上无可指摘的商店行窃者也提出了相同的问题）正如阿森斯指出的，"疯狂"正是旁观者对那些使用暴力者的称呼（旁观者认为，暴力在那些情境之中太过分了）；就像"微不足道的价值"或是"明显无主义"一样，"疯狂"也是一项价值判断。阿森斯的研究用证据说话，指出那些犯下暴力罪行的人，他们的犯罪都是事出有因，他们相信自己犯罪是重要的，而不是微不足道或是毫无缘由——他们并不经常向心理健康专家吐露这些原因。

萨藤及其合作作者概述的这四名杀人犯的案例，顿时便呼应了阿森斯有关"暴力解读"的分类，以及他对暴力罪犯口中脱罪故事的怀疑：

A. 托马斯：一位掌管一家医院的 31 岁上士。有一回他在与一位上级长官的九岁女儿闲谈时突然抓住了这个小孩，扼住了她的脖颈，将她的头久久浸入水中直至其死亡。对于发生的事情，托马斯的记忆有一番断裂；他回忆不起攻击开始时的情形，但却"突然发现"他本人正在扼杀这个小受害者。

B. 亚当斯：一名 24 岁的下士正在一座法国小镇附近找妓女。一个 13 岁的小男孩不依不饶地找他，要求把军用票换成法国货币；而在亚当斯拒绝之后，这个小孩似乎嘲讽或是取笑了他。于是亚当斯出手揍了这小孩。亚当斯坚称，他毫无杀害死者的意图，也不能回忆起杀人的实际过程。

C. 梅森：一名 20 岁的工人、卡车司机。在与一名朋友争辩之后，梅森又怕又气。他逮到一名 14 岁的男孩，向其要求发生同性关系。男孩拒绝了他，且不停"絮叨"着要梅森送他回家。梅森出手揍了这男孩，并且开始掐他脖子。梅森说他并没有想要杀死这个男孩，但却"发现"受害者已然死去。

D. 埃利奥特：一位43岁的已婚黑人士兵。就在一位妓女试图勾引他（原文如此）取财并对他极尽嘲弄奚落之能事的时候，他陷入了一种如梦如魅的精神游离状态。他将一台轮胎千斤顶砸向她，杀了她。

202

文章作者在评论这四个案例时说，杀人者本人"疑惑于他们为什么要杀死这些受害者"，也不可能"重构一项理智动机"：博士们总结说，杀人犯似乎在杀戮中一无所获，谋杀也并非是一些从罪（比如盗窃）的升级产物。死者之于他们是陌生人（或者接近是），而且杀人的手法也是"偶然即兴"。但是，动机明显的案例确实是四中有三：亚当斯在找妓女时不胜其烦，他讨厌被嘲弄；梅森，这名工人挑逗一名他抓到的男孩，也因为被拒绝而恼羞成怒，因为被絮絮叨叨而憎恨不已；埃利奥特，那个抵抗妓女的人，憎恨她的嘲弄奚落。托马斯选择不去解释也不去回忆，究竟是什么促成了他对上级军官女儿的怒火或是憎恶。这些都是理智动机——有谁不会因为遭遇嘲弄而憎恨不已？有谁不会因为遭遇拒斥而怒火上冲？——但作者们却置之不信，因为在他们的经验里，人们不会因为这些原因而去杀人。

作者们进一步断言，"在任何情况之下……这种谋杀都是毫无必要的暴力行径，有时还非常离奇。"判定"何时的谋杀只是充分暴力，何时的谋杀则是'毫无必要'"的，四位医生参考了哪本礼仪书，他们没有解释；但他们确实强调了，杀人犯在受害者死后很久之后还在持续凌辱受害者的尸体。回到那个马拉车的时代，这种对桀骜不驯动物的长久凌辱在当时是如此普遍，以至于形成了一个成语："鞭打死马"

（beating a dead horse）。所有人都知道这类行为意味着什么；它证实了一种躁戾脾气——如果你愿意的话，也可以说是满腹怒气——而不是精神疾病。

医生们对所有四人都进行了 10 到 12 个小时的临床交谈，以及五六个小时的心理学测试。他们从这些人自己口中、从认识他们的人那里收集到了其个人经历。他们还对罪犯进行了体格检查和神经检查，他们的发现也为"暴力化"提供了无处不在的证据。四名罪犯之中有三人"曾经反复陷入打斗之中，这些打斗并非是普普通通的争执而已：如果不被他人阻止的话，打斗就会变成杀人行凶的袭击"。三人之中的其中一人（未具名）一度是格外暴力，需要"7 到 10 位壮汉才能制伏他"。此人也于"多年以来的长时间里存在对儿童的性虐待式袭击"，并且承认自己"战时于欧洲服役时，毫无必要地（原文如此）杀死儿童和平民"。

从"暴力表现"和"恨意"的确凿证据倒推，萨藤及其合作作者们报告说，"所有人（这四人）都曾在他们的早年为一件事所苦恼：被他人认为是'软蛋'、体格矮小或是病秧子。"种种迹象都显示他们在孩童时代经受了"暴虐化"，因此，得知他们四人统统经受了"童年期间来自父母的极端暴力"就毫不稀奇了。对其中一人而言，"他已经将严厉的体罚视为理所当然之事、生命的某种自然现象"；另一人则"有过多次遭受暴力虐打的经历，这些施暴既是为了'打断'他的口吃和'痉挛'，也是为了纠正他所谓的'不良'行为"。

四名医生提到了一个乍一看来似乎与阿森斯的发现相抵触的特性："尽管他们的生活中充满暴力，但这四人却都对自己有着'体格低下、

虚弱不堪、不堪一用'的'自我形象'（ego-images）。"四个人似乎都
已经历了完整的'暴力化'，因此他们的罪行乃是与其"暴力自我形
象"相一致的。作者并未给"自我形象"下定义，也没有引述足以让
他们得出"被试者视自己为体格低下、虚弱不堪、不堪一用"这一结
论的证词。我怀疑，"不堪一用的自我形象"乃是"低自尊"（low self-
esteem）这个当下术语的早期表述。迈克·泰森的精神科医检人员在
1998 年 9 月的观点也与之类似，泰森同样觉得自己可怜，他认为"他
被自己亲近的人背叛了""他遭受了利用、加害和不公对待"。四名医
生依照最好的萨满传统，自始至终通过"对立面"解读他们的被试者。
他们继续他们有关"自我形象"的观察，比如他们提到，"对所有人
（四个人）而言，成年女性都是有威胁性的生物。"尽管事实是，亚当
斯是在积极召妓的时候被受害者阻断；埃利奥特将一名妓女殴打致死，
仅仅是因为她胆敢用言语侮辱他。

　　心理学测试证实，这些人都保有暴力的自我形象。测试还揭示
"奇异、暴力和原始幻想生活之显现……存于我们检视的每一个人。暴
力杀戮、残毁、焚烧或是消灭他人的梦境也会反复出现；这些人的
'主题统觉测验'（TAT）[1] 的简短故事都充斥着原始、凶残敌意的性
质。某些案例里的（杀人行为）起因于受害者对行凶者的挑衅，所以
口口声声说（原文如此）合理；在其他案例里，（杀人行为）的促成乃
是由于拒斥或是回绝。"

　　尽管四名杀人犯都不加掩饰地表达了投身暴力的倾向，尽管有证据

――――――――――

　　[1] 主题统觉测验乃是一种心理学测试。患者须在测试期间，就一系列描绘
矛盾情境的素描编出自己的故事。

显示四人都有私人暴力经历（包括充当受害者和加害者），而且总是想
到暴力，尽管他们的杀人场景都有明显（如果说微小的话）的挑衅情
形，四名医生还是得出结论：四名杀人犯都是"无意识动机"的产物。
他们"倾向谋杀"，因为他们带有一种"额外的侵略性能量"（不管这
是什么），或者是有着"不甚稳定的自我防御系统，这种系统会定时使
这种侵略能量得以不加掩饰、一仍其旧地发泄出来"。结果就是，他们
的"杀人潜能"得以"在准受害者被他们无意识地认知成过往创伤构
型中的关键人物时……变得活跃起来"。我认为，这些话翻译过来就
是：他们易怒，他们杀死的人让他们想起了之前曾经有过麻烦的某些
人："这个人物的行为（甚至只是他的出现）都给不甚稳定的力量平衡
施加了压力，结局便是极端暴力突如其来的释放。这与一支雷管点燃一
堆炸药从而引发爆炸的情形相似。"换句话说，对医生们而言，四位杀
人犯经受的挑衅似乎并不是为了合理化他们的杀人行为——杀人犯们必
已准备好了行凶（不论如何行凶），他们只是需要时机恰当的火星罢
了。鉴于他们骇人听闻的罪行，四位杀人犯在这项研究中也许理应被视
为是失去人性的一捆炸药包，但是用一个隐喻来替换残忍的现实，这可
是伪科学。这种误解的一大后果正如梅宁格博士的报告一样："四位杀
人犯中的其中三位都已在**凶案发生之前**向法官或精神科医生表达了他们
对自己失控的担心。这些警告未获理会。"所谓"无意识动机"的说
法，已经够多了。

　　有意思的是，除了文章标题含蓄地点出了诊断结论（人格分解）
以外，萨藤和他的合作作者们从没有说：他们认为四位杀人犯患有精神
疾病。四名医生确有断言说，"无意识动机的假设足以解释，为什么杀

人犯将这些相对陌生而且人畜无害的死者视为挑衅者，从而把他们当成了出手攻击的合适目标。"这个断言有一处未受检验的背景——一种模糊的意识——人们会与过去经历的主要人物互动——以及与他们的幻象社群互动——以此来决定如何对付当前的状况。医生们观察到，就亚当斯的案例而言，"他杀死的那个小男孩是个为士兵们跑腿打杂的军营宠儿，就像亚当斯本人一度是他父亲所在伐木场的工人们的'吉祥物'一样。"很不幸的是，医生们从这一对应中得出的结论并非是"亚当斯从童年经历中得出嘲弄成年人将后果严重"，而是"亚当斯杀死的男孩对他而言代表着他'本人痛恨的自我形象'，这场谋杀'似乎更是一次偏离方向的自杀'"。这个天花乱坠的结论违背了一项科学调查的基本原则——"简约律"（law of parsimony），或是著名的"奥卡姆剃刀定律"（因那位提出它的中世纪学者得名）。简约律认为，与事实相一致的最简单解释，应当经常优先于更复杂的解释（如此一来就会将一项解释"剃得"尽可能接近事实）。我也可以提出一个论点：四位杀人犯将他们的受害者认知成了装扮成无辜人类的危险外星人，因此杀死他们是为了拯救人类（与医生们提出的论点并无不同）。但是鉴于杀人犯那见诸卷宗的"恨意"，恼羞成怒的失落感和邪恶凶残的怨恨完全是适当有力的解释。

朗尼·阿森斯的研究在《无明显动机的谋杀》一文发表时甚至都还没开始。我的意思并不是在说，萨藤和他的合作作者们应该独立地发现"暴力化"。毫无疑问的是他们虽然想得很好，但就在他们将自己报告的杀人犯描述成"冲动"和"愚鲁"，并将他们归于"无意识动机"的时候，他们可谓是自曝其短，展现了他们天真幼稚而又高傲屈尊的态

205

度。他们颇具影响力的论文至少还得出了一个有用的结论：这种类型的
杀人犯"乃是由历史中破茧而出，这历史的特征便是极端的父母暴力，
早年的严重情感缺失"。说得更确切一点，这四个案例进一步提供了证
据，证明了"暴力化"乃是暴力犯罪的成因。

　　多萝西·奥特诺夫·刘易斯，纽约市贝尔维尤医院的一名精神科医
生。她曾对暴力犯罪的"前情"（antecedent）有过一番探查，发表了一
系列论文，以及一本 1998 年出版的《精神失常之罪》（*Guilty by Reason
of Insanity*）。刘易斯和乔治城大学的神经学家乔纳森·平克斯（当时他
们还是耶鲁大学的同事）研究了 97 名违法少年犯，并在那些"较为暴
力"和"较不暴力"的犯人之间寻找不同之处。特别的是，刘易斯和
平克斯后来还能回溯这些早期的发现，以此检视究竟是何种（人格）
特性，才将九名后来因谋杀被捕的男孩，与 24 名后来从未因重罪而在
（两次研究的）间隔年限里被捕的男孩区分开来。在 1986 年和 1987 年，
刘易斯和平克斯也访问、调查了当时全美 37 名被判死刑少年犯之中的
14 名。

　　刘易斯的著作过于浩繁，这里无法全部重温。总体而言，她的发现
在不经意间支持了"暴力化乃是暴力犯罪成因"的结论。比如说，就
以那 14 名被判死刑的青少年来讲，他们之中只有一个人没有谈到童年
时期的家庭暴力和严酷体罚，五个人还描述了童年时期遭受的性虐待
（那个例外者否认自己经受了身体、性或是家庭的暴力；我大胆猜测，
他只是没有谈及罢了）。平克斯发现，许多男孩都经受了严重的脑部损
伤，也显露出神经受损的症状和迹象——毫不意外的是，尽管他们有着

暴力的童年，但这件事本身并不能预测他们将来变得暴力化——许多其他曾在童年经受神经损伤的人并没有变得暴力。

在刘易斯和平克斯研究的那个由 97 人组成的违法青少年"大群组"中，刘易斯报告说，"（较多暴力者和较少暴力者）之间最为显著的精神病学差异乃是发现：明显有更大比例的'非常暴力的孩子'展现出偏执狂症候（paranoid symptomatology），或是诉说了他们清楚详细的症候史。"刘易斯之前曾在一篇论文中作了解释。经她认定，"如果孩子误信某人会伤害他，而且能拿出一些类似例证的话，又或者他们承认自己总是觉得在可识别危险（identifiable dangers）缺位的情况下，仍有携带武器（比如枪械和金属管）以保护自己的需要"，那么，"偏执狂症候"就出现了。这些少年犯都被关进了康涅狄格州的惩戒所，在这里服刑的可是"全康州境内最为严重的失足少年犯"，他们早在关进惩戒所之前就已经遭受了暴力镇压。很难理解，为什么刘易斯会断定，他们是"误信了某人会加害自己"，他们需要携带武器保护自己又成了"偏执"。恰恰相反的是，他们所谓的"偏执狂症候"差不多就标志着这些"较多暴力"的少年犯们已经跨越了"暴虐化"阶段，而进入"交战状态"和"暴力表现"阶段了。

刘易斯报告说，更为暴力的孩子"曾经被母亲、父亲、继父母，其他亲属，以及家人的'朋友们'虐待过。他们所经受的虐待程度常常是非同寻常的。有个家长用一把扫帚打折了她儿子的腿；还有一位打断了儿子的手指、女儿的胳膊；更有甚者将儿子用铁链拴起来烧灼；此外，还有家长将他的儿子扔下楼梯，打伤头颅，后来这个男孩得了癫痫症"。平克斯发现，"几乎有 30% 的'非常暴力孩子'都有着极其反常的脑电图……以及/或者是有着癫痫病'大发作'的历史。与之相应的是，'较少暴力'的被试者们则无一有过类似情况。"

在这些"暴力镇压"的大量证据之外，刘易斯也报告了与"个人恐惧"相符的证据："两份样本（较多暴力和较少暴力）同样在'接触暴力'上有着天壤之别。事实上，已知有76.8%的'更为暴力'的孩子曾经目睹了针对他人的暴力，地点则绝大多数是在自己家中。相较之下，仅有20%的'较少暴力'的孩子目睹过暴力场景。（不过）这只说明了一部分故事。"其余部分则是他们目睹的暴力等级："有些孩子目睹他们的父亲、继父或是母亲男友拿着刀子挥砍他们的母亲。他们还目睹自己的兄弟姐妹被香烟头折磨、被铁链锁在床上，或是被摔到墙上。他们看到自己的亲人——男性或女性——用枪械、刀子以及其他利器武装自己，有时就拿这些武器对付别人……许多孩子都报告说，他们在母亲遇袭的时候用管子和木棍保护母亲。"

刘易斯承认这些（暴力）经历有着环环相扣的效应："首先，身体虐待常常会造成中枢神经系统的损伤，并因此带来易冲动、注意力紊乱和学习障碍。其次，它给了（孩子）一个可供鉴识的（暴力）范本。最后，它（在孩子心中）滋生了针对施虐父母的怒火，这股怒火后来可以转而冲向'权威人物'和其他个人，冲向那些孩子们或可释放怒火的人。"所谓"暴力是'转移了的'怒火"的论调让我们回想起梅宁格医生们的"雷管和火药论"，刘易斯也提出了一项类似的隐喻。她暗示说，选择动用暴力以解决纷争，这只不过是深埋地下的火山般怒气的"喷发"，而不是一项主动之举。这类隐喻模糊了刘易斯试图理解并客观对待"受损伤儿童"的进程，她明显对这些孩子抱有同情之心。刘易斯列出的第二项和最终项的"后续效应"，事实上已与阿森斯的说法相互呼应——暴力规训，"暴虐化"的复仇考量，"早期交战状态"，以及终结"交战状态阶段"的"施暴决心"。

就在刘易斯继续将这个大群体中九名后来因谋杀而被捕的男孩与24名后来在（两次研究的间隔）六年中并未因暴力犯罪被捕的男孩做比较时，她发现很难将这九人与那24人区别开来。刘易斯认为，前述九人展现了更多的"精神病症候"（她列出了"偏执狂""无逻辑思维""奇奇怪怪的暴力素描""自杀尝试""之前的精神病院经历""幻视幻听"）和"重大神经损伤"，而且更为频繁地出现至亲被诊断为精神病的状况。但刘易斯写道，"不论是仅凭早期暴力，还是依靠所谓受虐历史，都不足以强有力地将这些群体彼此区分开来。"那24人之中有15人曾因"严重暴力，比如动用武器攻击、强奸"被送进康涅狄格州惩戒所，因此并不意外的是，刘易斯将他们与九名杀人犯区分开来有些困难——至少，24人之中的15人显然已经跨入了"暴力化"的"暴力表现"阶段，也许他们的后续轨迹本该与九名杀人犯类似，尽管他们还不是"完全恨意"（full virulent）。

就在刘易斯也认定，九名杀人犯的所作所为乃是"愚笨无知，冲动之举，捉摸不定"，因此是"自发行为，而非预谋之举"。这番话显示，即便睿智决断如多萝西·刘易斯这样的研究者，依旧被精神病学有关"动机"和"冲动"那站不住脚的假设带偏了方向。正如阿森斯笔下犯罪学领域的相应执念："人们相信，如果暴力罪犯真的思忖一番他们做的事情，他们就绝不会犯下暴力罪行。这个天真的执念过去、现在都依旧基于一项错误的假定：那就是除非暴力罪犯像职业犯罪学家一样思

208

考，否则根据事实本身（ipso facto）而言，他们的行为就是欠考虑
（devoid of thought）。"

有些刘易斯调查的暴力少年犯告诉她，他们听到了某种声音。刘易
斯的报告说，"幻听"（auditory hallucinations）也属于"精神病症候"
的一种。在犯罪故事中常常讲到，某位遭遇指控的杀人犯"听到一个
要他杀人的声音"。而在《精神失常之罪》一书里，刘易斯将这些报告
扩充成了一个学说：暴力罪犯乃是"多重人格障碍" （multiple
personality disorder）的受害者。她虽然承认"并没有实验室数据证
实……多重人格障碍的存在"（的确，她指出，"非常之少的精神病可
以经由实验室数据证实"），但是她也报告了自己在调查暴力重罪犯期
间，与具有"不同人格"的罪犯的会面和交谈。刘易斯感叹说，"这些
人是如何制造出来的"：

> 没有人真的知道。在观察者看来，那些长期受虐的特定孩
> 子们好像是在自我催眠一样；他们将自我从情境中剥离出去。
> 他们目睹了正在发生的事情，却对此一无所感，就像是发生在
> 他人身上似的——某个"他人"感到了痛苦，并且足够坚强
> 地忍耐了它。那个"他人"也适时成了一名保护者。在过去
> 数年里，我们开始体认到"保护者人格状态"与制造他们的
> "无助孩子"之间存在的"爱恨交织关系"（ambivalent rela-
> tionship）。那些"保护者"夸口道，"我承受了痛苦。"然后就
> 在刹那之间，这些"保护者"就威胁要伤害、致残，甚至是
> 杀死那个代其忍痛的"懦弱者"。"保护者"对它们拯救的孩
> 子极尽轻蔑之事。

　　所有人都会听到这种声音，尽管并不是每个人都能准确陈述。如果
这个说法显得惊世骇俗的话，先耐心听我说完。有些孩子会有幻想中与
之交谈的玩伴。特别是在危机时刻，许多人都承认自己曾与生命中的重　　209
要人物交谈并倾听，比如死去的父母、导师，或是上帝。每当上帝要求
祈求者服事于他的时候，宗教呼召（religious vocation）通常而言就开始
了。1990 年代美国人的一大风尚，便是报告他们蒙受了天使的诫命
——常常是无形无相的声音——他们相信这声音拯救了他们的生命。我
们之中的绝大多数人都很熟悉一种恼人的体验，那就是脑中回响着似乎
无法停下来的歌词旋律。更极端的情况是发病期精神分裂症患者
（florid schizophrenics），据报告说他们饱受无休止高分贝声音的折磨，
这些声音屡屡在关键时刻出现，危险骇人，而且如此地扰人心神，以至
于患者发现身体几乎不听使唤。

　　有时人们在危机时刻听到的声音还伴随着幻视（visual hallucina-
tions）。举例而言，人们有时不仅会听到天使或外星人，甚至还能看见
他们。类似"声音"这样的幻觉在人类体验里其实稀松平常，在正常
情况之下它们会在睡眠时出现，我们管它们叫梦。

　　尽管我们或许不希望相信，但事实上在这种声音波谱之间，从微弱
到发病期并没有整齐划一的分界线。你也许会争辩说，正常人知道他们
听到的声音并非"真实"，比如当我们听到母亲、上帝或是埃莉诺·罗
斯福的时候，我们知道我们其实是在假装倾听，我们是在从记忆中调取
有关母亲、上帝或是埃莉诺·罗斯福的有用建议。在正常情况下我们也
许会规定那种"区分"，维系"正常人听不到这声音"的惯例。经受危
机时刻的人们显然会觉得，抛弃这类规定理所当然。他们用大量证词，

证明听到的声音真实无欺。尽管正是我们制造了这些声音，它们还是存在。它们乃是我们幻象同伴（phantom companion）的声音，融进了我们的自我，给我们提建议。在危机时刻，我们随着情势加剧，我们会听到它们。精神分裂症患者受困于内分泌失调，无法再控制其"音量"；接受诊疗时，精神分裂症患者的声音会渐渐退散于安静的背景声里；每个人的幻象同伴之声通常都会在那里留驻。

每个人也都会自我催眠——这即是说，窄化和聚焦注意力——这在竞技比赛期间，在进入那种叫性唤起的另一种现实的过程期间最为普遍；许多人都会（自我）分离——（身心）分开，发现他们自己在端详自己——在社会压力、特别是紧急状况期间，他们会允许一位"保护者"在那个不安或是恐慌的"懦弱者"面前表现一番。我还清楚地记得一个场景：我的继母正在用一根拖把柄殴打我哥哥斯坦利的头部，拖把柄上还有一枚凸起的螺栓。我假装自己隐形，希冀她不会看到我，这样就不会也打我。（我记得这个场景，）是因为 40 年后我向斯坦利重提此事时，他纠正了我的错误记忆：那一次是他在旁观，而我是那个挨打的人。当然了，**他的**回忆也许是错的。但因为他比我年长，所以我认为他对我们共同童年经历的记忆会比我更准确。）

身为一名作家，长期以来我都着迷于"小说人物从哪里来"的问题。每当我写小说的时候，我笔下最为鲜明的人物似乎都已彻底、完全地显现出来——他们在交谈，思考，行动，确实就像是正在某些不可名状的"心灵演员休息室"（mental greenroom）里的演员，等着走上小说舞台似的。有个类似人物曾在我的小说《最后的游猎》（*The Last Safari*）里登场，场景就在东非。这是一名忠诚、理智、端庄、冷幽默、给白人猎手做助手的索马里人，他也是故事的主角——阿布迪——他似乎是自发自愿地显现——而且几乎是在口述他的对话。只是在小说出版之后我才意识到，他只是唐多（Tondo），独行侠（Lone Ranger）的印第安人密友稍有不同的变形。童年的我在听广播剧的时候对这个人物知之甚详。我从类似经历中得出结论：写小说与即兴演出之间情貌相似，唯一不同的是作家是用文字表达他的即兴作品。这两个过程同样在塑造"人物个性"上有着显著的相似处。

阿森斯采访的许多暴力罪犯都告诉他，他们在犯罪期间听到了声音。阿森斯没在那些证词里看到什么特别之处，它仅仅是证实了阿森斯的理解而已：罪犯暴力行为的决策，是紧接着他们与自己"幻象社群"的对话而来的——他们幻象同伴的"声音"来得格外大声，尤为清晰。刘易斯笔下那个受到致残致死威胁的"被保护人格状态"，也与那些"初级群体"的暴力人物仿佛类同——暴力罪犯正是要向这些人物请教，决定如何解读潜在受害者的行为举止。在调查纽约罗切斯特市那个连杀多名妓女、所谓的连环杀手亚瑟·肖克罗斯之时，刘易斯不知不觉证实了阿森斯"自我将幻象同伴融入其中"的发现。"亚瑟·肖克罗斯也经历了（身心）分离状态，"刘易斯报告说，"在那些时候，他会听到他的母亲在脑中训斥着他和他所注视的女人们。对亚蒂（亚瑟·肖克罗斯）而言，没有人是好人。他们都该死。"

令人失望的是，刘易斯却将她对暴力犯罪的探索转到了所谓"多重人格障碍"（MPD）的死胡同上了。意味深长的是，她以催眠术唤醒了她所谓"多重人格"的"复原记忆"。"有一回，"刘易斯写道，"在某次使用催眠术的期程里，肖克罗斯先生再次体验了被一条扫帚柄鸡奸

211 的过程，他瘫在地上，动弹不得。而在他平常、清醒的状态里，他对此
事毫无记忆。"

使用催眠暗示来营造多重人格障碍、家庭乱伦和假定的邪性仪式感
儿童性虐，这种做法在很大程度上已经无可非议地被证明为假。比如在
1998 年，约翰·杰伊学院的刑事司法心理学家罗伯特·利贝尔就报告
说，他重温了科妮丽娅·维尔布尔（她研究了一个著名的"多重人
格"，所谓"西碧尔"）和作家弗洛拉·施莱伯之间的旧的谈话录音
带。利贝尔说，这些录音带记录了"（西碧尔）多重人格的虚假建构过
程"，它是在催眠术和喷妥撒（"吐真剂"）的治疗过程之中，以植入
"人格"的方式完成的。"西碧尔至多只是个虚假其事的多重人格案
例。"利贝尔的结论说。维尔布尔和施莱伯合著的《西碧尔》出版于
1973 年，这本书也掀起了一股"多重人格障碍诊疗"的热潮。1973 年
之前，只有不到 50 个"多重人格障碍"的案例为人所知；而在 1990
年，已有两万多次到诊的相关案例。我做出这一比较并不是在挑战刘易
斯著作的真实度，我只是在质疑其有效性。刘易斯保留了足够的怀疑态
度，她指出："催眠术得来的材料常常是可疑的，特别是在作为呈堂证
供的时候。"

医疗从业者称暴力罪犯"疯狂"已经至少有两个世纪了，刑事司
法系统则在不遗余力地抵制这一诠释。这个冲突某种程度上说是个
"地盘争夺战"（turf war），可相类比的是，医学已经在与宗教的地盘争
夺战中大获全胜，将以往被称为是"原罪"或是"魔鬼附体"（的病
症）重新解读为神经疾病。如果说精神病学是从科学证据中得出其有

关"暴力行为"的结论的话，那么也许它会有一番论证。但正如我试图在这里阐明的那样，阿森斯用可靠的科学证据说明"暴力化"是一个渐次发展过程，而非精神病理学，这就与流行的精神病学理论相冲突。事实上，精神病学理论在这个议题上的理论基础，不比"人们从精神病学借用术语来形容新养成暴力行为者"要多多少。正如阿森斯写道，"他的生命之中第一次……完全严肃认真地……成了'暴力狂人''躁狂者''暴力疯子''疯子'或是'精神病杀人犯'。"给施暴者贴上"疯狂"标签并不会真的让他们疯狂（尽管他们之中的一些人也许恰好是的），也没有任何人因此找到一种可以确实减缓"暴力生涯"的疗法。

　　精神病学并不该为 20 世纪末出现的虚构怪物、所谓的连环杀手负责，但精神病学将暴力犯罪视为无意识的愤怒爆发，会增强这个实则是官僚"发明"的概念的可信度。"有关连环杀人案的新观点，"历史学家菲利普·詹金斯在《利用谋杀：连环杀人的社会建构》（*Using Murder: The Social Construction of Serial Homicide*）一书中证实，"主要来自联邦司法部下设的行为分析小组（BSU），其总部位于弗吉尼亚的昆迪克，隶属于联邦调查局特工学院。这个小组成立于 1970 年代之初，它迅速发展了自己对暴力罪犯'心理侧写'的兴趣……正是这个小组让**连环犯罪**和**连环杀人**的术语脍炙人口。"

　　阿森斯指出，极端暴力罪犯有时会犯下一系列杀人案；这种连环杀人案最常见的情况是暴力毒贩、职业杀手和武装劫匪在各自的业务执行（doing business）中发生的。行为分析小组一开始关注的是收集信息的障碍：连环犯罪横跨了市、县、州的司法系统。联邦调查局在解决这一

212

难题时找到了扩张职权的途径，但地方执法部门却憎恨联邦机构插手他们的管辖权。非理性、食人的"连环杀手"，这个概念在1980年代初随着广为流传的公众恐慌一起出现：色情作品发行者，撒旦教狂热，夺人性命的日托中心和绑匪对儿童的危险。每逢某位行为恣肆的狂野杀手恰巧逍遥法外，或是某位连环杀人犯正好在逃的时候，行为分析小组就会与媒体紧密配合，为之烘托造势。詹金斯挑出了1983年由参议员阿尔伦·斯佩克特担任主席、参议院少年司法小组委员会（Juvenile Justice Subcommittee）举行的一场以"儿童绑架、连环杀人"为主题的听证会。听证会成了一个公众论坛，会上出现了广为人知的概念："一大批食人的连环杀手正在蹂躏乡土"；这场听证会的官方主题是"关注那些由同一人犯下的谋杀罪行，大多都没有显著的章法、逻辑和动机"——萨藤及其合作作者们所谓"无明显动机之谋杀"的论调又来了。

斯佩克特的小组委员会估计，1981年有多达3600名"随机行事，无知无念的凶犯"；而就在这个数字在公众讨论的圈子里口耳相传之时，它就被添油加醋成了"每年估计有4000或5000人死于连环杀人犯之手"（全美国约有23 000起凶杀案）。詹金斯仔细阅读了官方记录之后发现，这么大的预估数字乃是由在所有凶杀案中、将杀人犯和死者之间互不认识的案例都算作"连环杀人犯"的方式汇集而成的。其实在绝大多数案子里，杀人犯对死者而言是陌生人。詹金斯写道，恰恰相反的是，"当前联邦调查局对这个问题（所谓连环杀手）的评估显示，每年的（连环杀人）死者更接近200人，而非4000人。"行为分析小组的内部文件（詹金斯发现其"大部分是基于报刊剪贴"）仅仅将20世

213

纪每年约 50 起凶杀案归于连环杀人犯名下。

迄今为止，在对"连环杀手"这个原型的建构上比国会听证会还要有影响力的工作当属乔纳森·戴米的电影《沉默的羔羊》（*The Silence of the Lambs*）。这部电影改编自托马斯·哈里斯的同名畅销小说，它捧红了行为分析小组，正如它描绘了两名绘声绘色——但却是虚构、不甚可信的——连环杀手一样。所谓"非理性、食人连环杀手是 1990 年代对美国文明的威胁"的观点可以说是广为接受（且不说对妇女儿童而言），尤其是因为它迎合了如此之多社会、政治、文化和官僚的口味，其中就包括那些服膺家庭价值和法律秩序的保守派、色情业者的反对派、女权主义者、恐同者、联邦法律执行机构、受害儿童的维权者、以及基督教原教旨主义者。

行为分析小组远未能做出连环杀手的精准"心理侧写"，专业人士批评他们"只报告自己的成功案例"。一名联邦调查局探员曾经公开质问："我的意思是，联邦调查局究竟搞定了多少起连环杀手案？——如果有的话？"阿森斯曾经参与了对里士满一系列连环奸杀案的调查，行为分析小组也介入了此案，它就是"南郊扼杀犯"（Southside Strangler）。由于行为分析小组错误地将行凶者描绘成一名中年白人男性，警方漏过了实际犯案的年轻非洲裔美国人蒂莫西·W. 斯宾塞，他当时就住在警方突袭调查的一间房里；不久之后他又杀了人。最终，斯宾塞因为 DNA 匹配证据而被定罪，并成为美国第一例根据 DNA 定罪而处决的犯人。

阿森斯总结说，所谓"连环杀手乃是疯狂精神病患者"只是个虚构说法。危险暴力罪犯也许会在足够短的一段时间里杀死多人，以此做实他"连环杀手"的名号，但是他们知道自己在做什么，他们也是有意识地在做，并非不由自主、情不自禁。就连身为行为分析小组最知名的"心灵猎手"之一的约翰·道格拉斯也同意这一点。"这不太可信，"他写道，"连环杀手都是如此情难自禁、别无选择地行凶犯罪。请记住，以我的经验，还从没有一个连环杀手是在身穿制服的警察在场的情况下，因为身不由己才去杀人的。"

如果说"暴力化"并非精神疾病，而是一个发展过程的话，那么它在过去是否如在当前一样运作？它是否曾在别的时代和其他文化中出现？如果有的话，它的功能又是什么？满足何种目的？阿森斯的著作开启了一条考量上述问题的途径，它引领我们纵览不同文化、穿越几个世纪，进入一个陌生的暴力世界。

# 第 16 章

# 暴力的垄断

　　乔凡尼·洛伦佐·贝尼尼，这位 17 世纪意大利雕刻家、建筑师可是个危险人物。他的弟弟路易吉也是。兄弟二人的父亲是个曾在那不勒斯和罗马工作的佛罗伦萨雕刻家，他靠家族生意抚养二人长大，还传授给他们（雕刻）技艺。贝尼尼出生于 1598 年的那不勒斯，1680 年在梵蒂冈去世。他用漫长的一生改进了雕塑的巴洛克风格，这在他广为人知的作品中皆有展现，比如"圣特蕾萨的沉迷"（*The Ecstasy of Saint Teresa of Avila*）和路易十四的半身像。他还设计了圣彼得广场，以及大教堂之内的圣彼得王座（Throne of Saint Peter）。

　　在一篇有关贝尼尼及其作品的书评中，詹姆斯·丰顿评论说，这位誉满天下的雕塑家"因其怒火而大为骇人"。丰顿也解释了原因所在：

　　　　1638 年的一个早晨，贝尼尼看到路易吉离开他的屋子出门，而贝尼尼的情妇却陪着路易吉一起走到了门口。（传记作家）查尔斯·艾弗里告诉我们，"她看起来似乎是衣衫不整的样子。"就像绝大多数雕塑家一样，贝尼尼也是个硬汉。他一路追到了他们在圣彼得大教堂的工作地点，抄起一根撬棍就往弟弟身上招呼，打断了他的两根肋骨。接着贝尼尼又手持利剑，一路追到了家中。母亲关门将他拒之门外，贝尼尼竟破门而入。此时的路易吉已经躲在马吉奥雷的圣玛丽（教堂）里。贝尼尼再度去追他，但敲打了几下门之后最终放弃了。

这个故事到此还没有结束。贝尼尼派了一个仆人去找他的情妇，康斯坦扎·博纳雷莉。丰顿继续说道，"指示仆人将她毁容。这个仆人找到了床上的康斯坦扎，用一把剪刀划破了她的脸颊。"就在同时，一度与情妇"坠入热恋"的贝尼尼挥刀砍向他创作的一幅他与情妇的双人画像。据丰顿叙述，贝尼尼因情妇毁容而被罚款 3000 斯库多〔1〕——这可是他某件半身像作品的价格——"但教皇免除了罚款；那个仆人承担了刑事责任，并遭到流放。"路易吉颇为睿智地主动缺席了家族在博洛尼亚的另一项工程。

30 年之后，路易吉在圣彼得大教堂里暴力袭击了一个小男孩。当时路易吉正在监督贝尼尼"皇家楼梯"（Scala Regia）的建造工作，这座精巧的拱形楼梯将圣彼得大教堂与梵蒂冈宫连接起来；那个男孩正是他手下的一名工友。"年轻的受害者有 16 根骨头因此折断，"艺术史家 T. A. 马尔德如是描写这次袭击事件，"面临逮捕和刑罚威胁的路易吉被迫逃往那不勒斯，他的财产遭到没收。教廷大发雷霆，贝尼尼家族声名扫地，这位伟大艺术家的未来也岌岌可危。"贝尼尼需要向这名男孩的父亲支付一笔 2000 斯库多的罚款，另外还要追加 25 000 斯库多罚没

---

〔1〕 斯库多（Scudi）是意大利 16—19 世纪的教廷货币。——译者注

公库的款项。不过，这笔罚款最终得以削减，路易吉也获得了赦免。

　　这是怎样的一个世界：某位被同时代人认为"不但是欧洲最杰出的艺术家，也是最伟大的人之一"的人抄起一把备用的利剑，用一条撬棍虐打弟弟，还下令将情妇毁容？在何种世界里，一名仆人遵从雇主命令，用一把剪刀严重伤害了一名女性？在何种世界里，一个声名显赫的成年男性会袭击并强奸一个男孩？

　　过去的平民比现在的平民可要暴力得多。有关昔时昔日私人暴力比率远高于今的历史证据可谓是汗牛充栋、铁案难移。新闻机构计算凶杀率采用的是"每年每 10 万人中谋杀总数"的办法。美国在 20 世纪最后 25 年的凶杀率（许多美国人在这一时期都感到了暴力犯罪的威胁）从 1979 年的高达每 10 万人 10.2 人到 1983 和 1984 年的每 10 万人 7.9 人。1994 年，这个数字是每 10 万人 9 人。上述数字与现代西欧的凶杀率相比可是高了不少。1990 年美国的凶杀率是 9.4，而英国只有 1.5，荷兰是 0.9，瑞典 1.5，法国 1.1，德国则是 1（可以预知一则评论——即便将非洲裔罪犯排除在外，美国的凶杀率也会很高——4.8）。

　　被平均进这些国家凶杀率的还有那些更倾向暴力的各类人等，他们的凶杀率要高得多。1960 年被谋杀的年轻非洲裔美国人达到了每 10 万人 46 人之多；1993 年，他们的凶杀死亡率几乎飙涨了三倍：每 10 万人 167 人。1987 年，所有 15—24 岁之间的美国人的凶杀死亡率是每 10 万人 22 人，1994 年这个数字则是 37。相比而言，1994 年英国年轻人的这个数字只有 1。

　　但据历史学家估计，在 13 世纪的英格兰，全国范围内的凶杀率约在每 10 万人 18 到 23 人之间。15 世纪的瑞典，这个数字在 10 到 45 之

间变动。14 世纪的伦敦，凶杀率在每 10 万人 36 到 52 之间变动；15 世
纪的阿姆斯特丹是 47，甚或更多；15 世纪的斯德哥尔摩则是 42.5。这
些年度数字到 18 世纪时已经渐次下降，而后又暴跌到了现代史上的新
低：1802 年的英格兰是 0.9，19 世纪的阿姆斯特丹是 1.4，同期的斯德
哥尔摩则是 3。就连美国的凶杀率也在 1900 年降到了每 10 万人 1 人的
相对低点，这是在美国由战争驱动的"现代凶杀率上升"开始之前。

中世纪欧洲的暴力乃是人际间暴力。"每一天，" 11 世纪的一名沃
尔姆斯（Worms）主教抱怨说，"圣彼得教堂的子民之间都发生着野兽
行径一般的凶杀案。他们由于醉酒相互攻击，因为傲慢彼此戕害，有时
则是根本没有来由的私斗。短短一年之内，圣彼得教堂就有 35 名农奴
被其他教堂农奴杀死，他们可都是完完全全的无辜之人；而那些杀人犯
非但毫无忏悔之意，反而还以其罪行为荣。"

权威社会史家诺伯特·埃利亚斯（将这段历史）称为"文明进程"
（civilizing process），他笔下的中世纪欧洲"各地充满着恐惧；人们必须
时刻保持警惕……中世纪世俗统治阶层之中的多数人都过着一种武装团
伙头目的生活，这也塑造了普通个体的习惯和品味。大体而言，种种记
录都在向我们展示一幅与那些我们当下（尚存）封建社会相类似的图
景，也展现了一套可资比拟的行为标准……中世纪的战士们可不仅仅是
热爱战斗而已，他们就生活在战斗之中。"埃利亚斯用举例法引用了一
则战争颂歌里的战士致辞，这段演说据说是吟游诗人伯特兰·德·伯恩
所作：

　　　　我要告诉你们，对我而言，无论吃喝还是睡觉，都不如听
　　　到两军齐呼的"冲啊！"更具兴致，都不若耳闻无主马匹的嘶

鸣惊怯更为惬意，都不像"救我！救我！"的呼号入耳更有滋
味。当然了，还有目睹大小规模的溃兵望风披靡战死沟渠的快
乐，以及看到死者被挂满旗帜的长矛之林刺穿悬示的愉悦。

"我保证，"某位国王在一首中世纪《武功歌》（chanson de geste）
里夸口说，"我嘲笑你们所说的话，我对你们的威胁不屑一顾，我应该
羞辱所有我俘获的骑士。如果他是个军士长或是个商人的话，那他就得
丢掉一只脚或是一只手臂了。"我们且将这些人的措辞和自我暴力图景
与阿森斯访问的案例 35 做一番比较，那个男人在 20 岁出头就被判加重
伤害罪，他也有一幅自我暴力图景：

> 我是个粗俗骑手。我喜欢喝得大醉极速飙车，或是听硬摇
> 滚，喝酒吸毒，猛踩我的大马力发动机⋯⋯
>
> 每每我对上述玩意都腻了的时候，也许就该出去寻衅滋事
> 了。我是个安静的家伙，但我喜欢招惹吵闹的人。如果我听到
> 有个家伙高声嚷嚷而又废话连篇的话，我会心烦意乱。一旦这
> 种事情发生，我就想出去料理一下，跟那家伙较量一番，看看
> 他是不是一个夸夸其谈的家伙。我不怎么害怕任何人、任何
> 事，我看透了来来去去的人生⋯⋯每逢怒气上冲的时候，我就
> 是个发狂的动物；甚至就算冷静下来，我的行为也像是个野蛮
> 人⋯⋯
>
> 我奉行的哲学就是"从心所欲，为所欲为"。不管何时，
> 不管你想干什么；不管什么事，什么人。对我而言，这意味着
> 你有快意人生，你做了最残暴骇人的事情；换句话说，你就是
> 行走街头的最为可怕的混账东西之一。

是不是所有上述中世纪的暴力贵族和农民都患上了"反社会人格障碍"（antisocial personality disorder）或是"低自尊"症状？一名研究凶杀案长时期走势的荷兰历史学家给出了不同答案："我们不应当被我们当下的臆断结论带偏方向，根据这些论点，暴力行为总是毁灭性的，总是'官能失调'，毫无意义。这种不甚现实的暴力观，也仅仅只能贬低一下我们对过往攻击行为的历史性判断。"除非我们准备好了相信"暴力行为在某个世纪构成精神疾病，在另一个世纪却并不然"的说法，否则的话，不同时代和不同地点之间大相径庭的暴力发生率足以驳斥精神病学对暴力行为的"精神病理学"定性；这些数据同样也驳斥了"暴力行为的遗传归因"（genetic attribution）。

218

中世纪欧洲为何如此暴力？一位以色列历史学家在研究 14 世纪和 15 世纪的巴黎犯罪时总结说：

> 暴力在 1332 年（在巴黎）是全社会所有阶层的人解决私人纠纷的标准办法，1488 年亦然。言语挑衅和行为挑衅都是正常社会交往的一部分或一整套模式……多数案例都牵涉到吵架、街头斗殴和偶发暴力……随着人们很轻易就会诉诸暴力，暴力就不再是漫无目的，也不是情绪化的。暴力由情感驱使，基于形形色色的接触联系和所思所感。亲缘关系，职业化忠诚（coprofessional loyalty），妒忌和复仇都在其中扮演了相应角色。有时候如口角或是饮酒这样的微不足道之事，都足以引发暴力；而在其他时候里，暴力也许会是小心筹划、蓄谋已久之举。

同样地，历史学家泰德·罗伯特·古尔也发现，13 世纪的英格兰

"是一个男人能轻易被挑起暴力怒火（但女人很少），并且不加节制野蛮袭击对手的地方。人际暴力是乡间和城市反复上演的事实"。历史学家詹姆斯·吉文指出，当时几乎所有人都带着一把刀，它不仅是餐具也是工具："因此，每逢人们争吵的时候，总是存在参与者诉诸刀具的可能，这也将引发致命后果。"吉文研究了 13 世纪英国的巡回法庭记录——这是由王室法官小组召集的各郡巡回法庭留下的会审案卷。在那些列出了杀人武器的案卷里（2434 件里的 455 件），吉文发现有 30% 的死者死于刀伤。农具也会充作武器——斧头、干草叉、铁锹、鹤嘴锄和长柄大镰刀。"就算手里没有锋利的工具，"吉文写道，"人们也准备好了抄某种家伙，不管这家伙是什么。刀子之后最为流行的杀人武器是某些棍棒之类的凶器，死于棍下的人也有 100 人之多。石头（15 例）、三角火炉架（1 例）、凳子（1 例）、木柴棒（1 例），也都在某个时段派上了用场。有 40 人只是单纯被拳脚打死或掐死。"平民会犯下这些偶发的凶杀和误杀案；而绅士和贵族常常是用剑彼此攻伐。"暴力致死的杀人案是如此普遍，"另一位研究 13 世纪英格兰的历史学家芭芭拉·汉娜沃特发现，"在中世纪的伦敦或剑桥，人在街头行走却死于同胞之手的风险要大过意外事故。伦敦杀人案的次数要比意外事件高上 43 个百分点，在牛津则是 26 个百分点。在北安普顿郡的乡间，杀人致死的比例只比意外死亡少 10 个百分点。"

　　我所能找到最早的已出版的证词和起诉书要追溯到 17 世纪的英格兰和苏格兰了，但它们淋漓尽致地展现了上述历史学家描述的"暴力怒火"和"不加节制的野蛮"。比如说，英格兰北部罗瑟汉姆的工人亨利·汤普森就因谋杀罪遭到起诉，时间是 1663 年 1 月 19 日：

罗瑟汉姆的未婚女人安妮·阿什摩尔说，就在 12 月 30 日晚上约 11 点，她躺在自己罗瑟汉姆桥边养老院的床上，听到一个叫亨利·汤普森的工人（当时也是这家养老院的住户）极为狂暴地放倒、痛殴、虐打一个叫玛格丽特·希尔的老穷寡妇。他用一根竹竿或是木棒打了她几乎一个半小时，如此暴力的手段让这位玛格丽特·希尔痛苦哀号，说汤普森这样会让她送命的；但他不依不饶地继续虐打她，喊她"巫婆"，说她已经用巫术蛊惑了他的母亲，直到他让她跪地求饶之后才放过了她。[1]

汤普森妻子的证词说，她丈夫在这名寡妇指控他妹妹偷苹果之后对其施暴。玛格丽特于 1 月 18 日死于被长期虐打。

记载汤普森案的约克城堡档案馆也披露了"玛格丽特和伊丽莎白·平齐贝克案"，这对母女于 1671 年 10 月 29 日被以谋杀罪起诉。伊丽莎白对验尸官说：

> 上周五晚上约八九点的时候，被调查人（伊丽莎白）的父母在上床之前发生了争吵，彼此之间恶言相向，接着又有你来我往的肢体冲突。她父亲夺走了母亲手中的木棒，然后挥着木棒打了几下。但是，此时躺在床上的被调查人不甚确定，究竟是谁打谁更多一点。但她感觉到，母亲从柜橱下面拿走了一柄斧头（这斧头常常放在这里），将其带到了床边。母亲似乎

220

---

〔1〕 我在这里和之后转写的古旧史料，已经翻译了方言土语，采用了现代拼写方式。

非常安静地躺了下来，直到被调查人觉得父母二人已经双双入睡；但在次日凌晨三四点钟的时候，据伊丽莎白所言，她听到母亲跳下床来抄起利斧。被调查人一时间大为震惊，以至于根本记不得她是不是拿了一根蜡烛；但是这名被调查人听到了一声巨大的击打声，她相信这正是她母亲手持利斧给她父亲来的一下子。随着第一击的声响，她父亲发出了一声凄厉的尖叫。此后被调查人又听到了一到两次响声，但她父亲再也不出声了。

玛格丽特·平齐贝克接着叫醒了她的女儿，女儿起身着衣，帮助母亲将死去的父亲抬出屋子沿山而下，来到流经当地磨坊的深溪。他们将尸体扔进溪水后回了家，"母亲在家里命令女儿，永远不要将父亲被杀的事告诉别人。如果她胆敢走漏风声给任何人的话，母亲就会杀了她。"次日早晨一名路人发现了尸体，他的证词说，"他的头上有两个危险的伤口。"有个邻家女人去了死者的家，无意中听到玛格丽特说，"啊，平齐贝克，你曾经试图伤我的心，但我活得好好的，而你却自寻死路。"玛格丽特本人在审讯中向验尸官承认说，"她确实挥动了斧子，打得丈夫脑浆迸裂；丈夫曾给了她很大伤害，他是该死。"伊丽莎白被宣判无罪；玛格丽特被判有罪，并被火刑处死。

1619 年在苏格兰，一名男爵和他的儿子——约翰·马克斯韦尔和乔治·马克斯韦尔被控谋杀。本案牵涉的死者叫约翰·麦基，约翰·马克斯韦尔"用他奸诈狡猾的法子"引诱他将"他名下的全部世俗财富和地产"都转给了男爵。因此，这起罪行堪称是谋杀与背叛的累罪——叛杀（treasonable murder）。"从而吸引（麦基）与他每日举伴交游。"起诉书继续声若洪钟地说：

> 在他自己的宅邸……与他在乡下其他修缮、居住的各地时
> 一样，（约翰·马克斯韦尔）受其贪得无厌和暴躁乖戾的习性
> 驱动，对约翰·麦基心生厌恶和嫌隙。公元 1618 年 7 月，为
> 使自己从与（麦基）的交往中解脱出来、求得慰藉，男爵在
> 其邪恶的内心里筹划、下定了背叛并杀死可怜的死者约翰·麦
> 基的决心。

221　　　男爵父子及其帮凶"在一个阴云密布的寂静之夜"伏击了麦基，
当晚他正毫无疑心地回到男爵的宅邸。他们"出手对其人身施暴，绑
住了他的手足，之后又以最残忍暴虐的方式，扮演了绞刑吏和刽子手的
部分角色。他们用一根马鬃绞索（即一根由马鬃织成的马缰），将麦基
折磨缢死"，尸体则被抛入了临近的沼泽。父子二人被判有罪，在爱丁
堡斩首处死，"他们名下的所有土地、遗产、房屋、年租、税收、农
场、房间、财产、铸币、牲口、家具、货物和用具都被罚没"，交到了
英王手中。一位历史学家评论说，英国人之所以留下如此完备的记载，
是因为英王会从刑事判决中获益。

我在这些旧案卷里找到的最令人发指的罪行，乃是 17 世纪苏格兰
两大宗族（麦克法兰和布坎南）之间无休止争斗中，一系列暴力复仇
行为里的一起。1623 年，一群布坎南家族的父老子弟（向英王）呈递
了一份恳求书，为他们谋杀安德鲁·麦克法兰和邓肯·麦克法兰父子而
遭起诉的行为辩护，认为他们出手杀人合情合理。他们解释说，安德鲁
"在他不甚快乐的生命全程里，其窃贼流氓的恶名可谓是广为人知"。
安德鲁曾经"从英王陛下的某些良善臣民那里偷走了一些货物……有

些近至四五年前"。威廉·布坎南乃是其中一名请愿者的父亲，他"出于对这类盗窃行径的真切怨恨和厌恶"而做了调查，搜出并找到了失窃的货物。安德鲁因此被迫做出补偿并支付损失。结果，他便"滋生了针对威廉的……致命恨意和怨毒之情"，并且"出于他傲慢怨毒的邪恶心肠，在构想了一番最为恶毒残忍的复仇方式之后，他下定决心要向威廉复仇"。

在那个公共救济有限或是不存在的世界里，私人暴力起到了预防和解决纠纷的作用。"宗亲子弟乐于出手互助，"吉文评论说，"……或是为了某次负伤而去复仇。这无疑是社会大众对冲突加以管制的一大主因。人们不能指望自己可以伤害某个敌人而不受惩罚了。"吉文指出，仆人与宗亲一样会为他们的主人两肋插刀（就像贝尼尼的仆人做的那样）：

> 公元 1205 年 9 月 25 日，林肯大教堂的副助理主教、布朗菲尔德的威廉（William of Bramfield）就在圣彼得大教堂祭坛前，被另一位牧师杀死。类似地，发现牛津妓女贝阿特丽采·斯沃维齐内从大学学者的寓所中偷窃书籍之后，学者的仆人们将她殴打至死。

历史学家将近代欧洲私人暴力的渐次减少归结为几项同时发生而又相互关联的新事态。其中之一便是新兴君主国的中央集权。"都铎王朝的最大成就，"劳伦斯·斯通在撰写 16 世纪和 17 世纪英格兰历史时如是说，"就是最终成功确立了王室对公私暴力的垄断，这项成就不但深刻改变了政治的性质，还带来了日常生活的剧变。它们给英国人生活习性带来的改变，唯有 19 世纪的进一步举措可堪比拟：警力的增长最终巩固了对暴力的垄断，无论在通都大邑还是穷乡僻壤都行之有效。"伊丽莎白一世时代，英国的凶杀率已经降到了每 10 万人 6.8 人——斯通表示，这一效应乃是"指控的重担从死者亲属的肩头逐渐移转到某些公权机构"的结果。类似"王室垄断暴力"的情况也随着亨利四世、路易十三、路易十四的国家集权而在法国出现。在他纵贯 17 世纪和 18 世纪早期的漫长统治期里，路易十四甚至得以禁止贵族间的决斗，他要求贵族都要到凡尔赛宫出任他的侍臣。

埃利亚斯强调说，垄断暴力可不是君主出于追求内心良善而做的事情；这对确保他们的收入很有必要：

> 我们称之为"现代社会"的一大特征便是某种级别的"垄断"，这在西方尤其如此。个人对军事武器的自由使用遭到否定，这项权力唯有形形色色的中央集权方可保留。类似地，对个人财产或收入的课税也集中于中央社会权力机构之手。财政收入因此流入这个中央权力机构，被其用来维持对军事力量的垄断，同时又进一步维持了对税收的垄断。它们（暴力垄断和税收垄断）在任何意义之下都没有谁先谁后的问题；它们是同一种垄断的一体两面。

埃利亚斯评论说，君主垄断税收和暴力就像现代资本家垄断自然资源一样，新兴的中产阶级也要仰赖这两种垄断而存在；对暴力的控制乃是"人们彼此自由竞争时，将手段限制在经济和非暴力的前提条件"。不过如果不使用暴力的话，新兴中产阶级又将如何解决他们的争吵呢？

就像现在一样，他们选择"告那家伙"（sued the bastards）。对簿公堂是另一项颇为重要而又"相互关联"的新事态，它也慢慢地取代暴力成为一种解决纠纷的新方式。"（私人）暴力只是解决纠纷的一种方式，"吉文评论说，"而且并非是一个行之有效的方式，因为它充满风险，牵涉到可怕（常常还是不可估量）的后果。"对新兴的中产阶级而言，获得影响力就意味着得到了免于这类风险的自由。法国历史学家阿尔弗雷德·索曼观察到，私力正义和公力正义在中世纪曾一度共存，而私力正义在地方上占有主宰地位。"官方正义（official justice）介入（地方）个案的背景，是那些人犯下了骇人听闻且逾越当地公众容忍界限的罪行。"官方正义开始被"贵族、富有的小资产阶级和各级官僚越来越多地采纳，它并非是一种不名誉的手段"。

诉讼在今天已被贬斥为礼仪**崩坏**的推定证据，而事实上它是作为暴力的替代品而演化产生的，是为**增进**礼仪的。斯通观察到，"绝大多数近代的杀人案件都发生在家庭之外"，他也看到家庭之外的纷争越来越多地通过诉讼解决，暴力得以减少："因此在 17 世纪的新英格兰，法庭上某个特定家庭之内的案子相对不多，但是'邻里之间的案件却相对众多'。这个极端好讼的现象让约翰·德莫斯这样的历史学家如此描述 17 世纪村庄的特点，'竞逐成风，旷日持久而又不时炽烈的敌意。'"（直到晚近时代，家庭**内部的**暴力都一直被认为是私人事务；在某种程度上它现在也依然是，这使预防和禁止虐待儿童的问题变得复杂化。）

这三大事态的第三个则是紧随前两者之后。埃利亚斯称之为"文明进程"。索曼观察到，"（近代时期）教育的普及不仅仅带来了读书识字的普及；教育也意味着德育。"古尔写道，这是"一种对暴力敏感的文化进程"。斯通则指出礼仪、礼貌和礼节的压力从知识分子的贵族沙龙向下传播，赢得了更广社会人群的认同。16 世纪末之后，有关决斗

224

的法律驯服了上流社会的暴力，随之而来的是 17 世纪的行为方式大转换，再然后则是启蒙运动带来的人道主义意识形态。始于知识分子、律师、贵族和小资产阶级的提倡……这些新的处世态度渐渐渗透到社会各界，结果便是人际身体暴力在全部生活领域中的衰退。

225

上述每一位历史学家都不无委婉地指出，人们模仿地位高的人；随着欧洲上层阶级在近代时期越来越限制暴力，他们也将"个人的自我抑制"纳入评判社会优越度的"必备美德"之中。一旦暴力被理解为一项行为而非一种病理时，那么"暴力乃是对社会压力的回应"这个事实似乎也就不再神秘。

吊诡的是，过去三个世纪不仅是暴力的历史低落期，也是有名的公开处刑盛行期。如果说暴力场景促进暴力的话（正如对大众媒介的当代批评所言），历史本该反其道而行之——公开处刑本应促进暴力行为。荷兰历史学家彼得·斯皮伦伯格在他的著作《受难的场景》（*The Spectacle of Suffering*）里对这一悖论做了一番探索。

首先，斯皮伦伯格评述说，刑罚与复仇并不相同。复仇发生在平等主体之间；刑罚则暗示着主从关系，"从 12 世纪末直到 16 世纪早期，刑事司法的出现和巩固过程也意味着私人复仇的消失。最终，复仇权从受害者及其亲属那里转到了国家手中。从前，某人也许会杀死他兄弟的谋杀者，或是痛殴在自己家里抓到的窃贼；然而现在这些人则是由官方来鞭打、处死。"

私人复仇曾经是公开执行；刑罚亦然。"肉刑不过是被引入到了一个习惯了忍受身体伤害和肉体痛苦的世界而已。就这个意义而言，它可不是什么陌生事物……城市统治者和各大领主都已确保他们的人民接受了刑事司法系统。但一旦实现这一点之后，他们也并未落入'对抗一整套基于公开惩罚犯人身体的刑事制度'的心理障碍之中。"这即是说：公开的暴力场景并不**导致**私人暴力；私人暴力已将这些公开场景变得千篇一律。的确，公开展示（public display）具备某种广而告之的价值，向世人昭示暴力已经置于垄断之下：

> 当中世纪统治者剥夺私人复仇权并用刑事司法替代之的时候，他们喜欢公开（处刑），它的功能一举两得：既能警告潜在违法者刑事司法系统将如何执法；也能警示所有人，让大家记住是谁在执法……在中世纪晚期，（欧洲）绝大多数地区的权力都落在城市统治者和相对小型的公国手里，他们在各自领地上"垄断暴力"的努力往往轻易遭到挑战；这种挑战内外皆有。相对巨量的私人暴力、其他类型的违法行为依然存在。这些行政当局颁布的法律必须通过对违法者的公开刑罚而得以在"视觉上"实施。"刑罚的确得以实施"的可见事实也构成了维护这些权力机构那不甚稳定地位时的一项不可或缺的前提条件。在某些特定城市或是国家里，人们必须要看到"正义之治"（justice reigned）。这种正义之治也暗示了那些强大有力之人的存在，他们有足够的力量抓住并惩罚那些以身试法的人。

226

因此，绞刑、烙刑、鞭刑、瞽刑、截肢刑、斩刑、螺旋绞刑、火刑、锤刑、轮碾、割喉、车裂分尸——斯皮伦伯格在德国和荷兰史料中所找到的一部分清单——成了一石二鸟的公共事件：他们提醒当地人

"谁在统治"。同时，处刑之后挂在绞刑架上示众的尸体将沿着街道乡间一路巡行直到腐烂，警告恰巧路过的陌生人。

"尸体示众是为了阻止潜在罪犯，这一观点常有人言。"斯皮伦伯格指出。尤其是在斯特拉斯堡，尸体一度不再公开展示。1461 年，该市市议会颁布了一项政策调整，解释说："迄今为止，所有那些绞死的尸体都被放了下来。因此，这些立着的绞架空空如也，好像斯特拉斯堡这儿没有窃贼被惩罚似的。但是我们认为，如果那些被正法之人的尸体继续悬挂在那儿的话，悲惨的场景也许将制造焦虑和惊惧，这样一来许多人就会因此打消偷窃的念头，他们也害怕被吊在那里。""从此一来，"斯皮伦伯格补充说，"只有本市公民才有权利被从绞架上取下，如果他们家属提出要求的话。"

今天美国的"死刑威慑"明显承继了上述更为夸张的早期做法，同样也明显地带有其残留部分。不那么明显的是，死刑在当代美国的复兴也展现了暴力犯罪上升带给美国官方的不安全性（insecurity），这挑战了政府对暴力的垄断。

欧洲的暴力示众与私人暴力同步衰退，并随着近代民族国家在 19 世纪的巩固而趋于消失，这是"文明进程"的另一项表征。"民族国家，"斯皮伦伯格评论说，"因其对各地理区域的紧密整合、社会团体的更广泛参与，而要比近代国家稳定得多。此外，开明/布尔乔亚体制日益官僚化的政府机构也有着远胜以往的'客观性格'……公开处刑不仅是让人觉得讨厌；它们也不再有必要。"在那些依旧按照老一套危险办法施政的当代国家——伊朗、伊拉克、津巴布韦、沙特——公开处刑依旧上演着，人们依旧聚到一起为之喝彩。

　　历史学家检视历史事件，推定足以解释这些事件的社会力量。然而，复杂如私人暴力的行为，其转变既不简单也并非直截了当，这正如其在西方的长期转变历程所昭示的那样。人们并不会仅仅因为政府集权而决定停止暴力之举；这一进程是个别化的、渐进的，可能还需要世代进行。如果说大型社会力量推动了这一进程的话，那么他们又是如何将其千钧之力加诸人类社群、涵育人类个体的？在那些担忧暴力的地方，文明进程的机制又是什么？

第 17 章

# 童年的历史

"支配（dominance）是一项社会普遍现象。"朗尼·阿森斯在1998年的一篇论文中断言。这个单词源于拉丁词"*dominus*"，意为"一室之主"。阿森斯将人们对支配权的竞逐行为定义为"依照某人的偏好，影响社会行为的发展"。社会行为（social acts）乃是个体独立行为的集体协作，而"当人们将自己对社会行为发展的观点加诸他人的时候"，人们便处于支配地位。阿森斯接着写道，在这一过程之中，"在全球各地，人们总是会发展出一个统治阶层。占据更高职位的人可以让他们对社会当务之急的认同压过那些较低职位者的认同，于是便消解了支配权之争。人类社群在许多重要行事方式上彼此不同，但在这个关键面向上，他们则是全体一致的。"阿森斯继续讨论了现代城市中相当棘手的"暴力街区"难题——这篇论文的题目叫《支配、贫民区和暴力犯罪》——但是他的分析也用了同等篇幅讨论西欧更大规模的社群，过去五百年间私人暴力在那里有所衰退。

"人们用以解决支配权纠纷的规范，"阿森斯提出，"（就是）一个社群系统性的主要来源。"那些成功将自己弄到某个社群统治集团塔尖的个人决定了那些规范，"占据支配地位的个体类型（personal type）乃是有关某个社群唯一且最重要的关键因素。"支配性的个体类型有着"它们自身相对独特的幻象社群、自我画像、行为模式和统治符号。"基于支配性的个体类型，阿森斯在当代美国的大型社区之中又区分了三种类型的小型社区，他分别称之为"文明"（civil）、骚动（turbulent）和恶性（malignant）。

229 　　一个和平的郊区也许会是个文明的社区；变迁之中的老旧街区常常包括骚动的小型社区；荒凉寥落的街棚住宅和市中心的贫民区则可以是恶性社区。（无论是从个人经验还是就专业研究，阿森斯都强烈反对将社区的恶性与种族相联系。"暴力化"与种族无关——也与贫穷无关。）

　　在小型文明社区里首先是和平主义者当道，紧随其后的则是"边缘暴力者"。阿森斯发现，和平主义者"拒绝以严重暴力行为对待他人，哪怕是在生命受到威胁的情境之下"。他们甚至不会将人身防卫型的暴力行为付诸实践，他们会勾画出一幅反暴力的自我画像。边缘暴力者，文明社区里第二大支配性的个体类型。他们只会诉诸人身防卫型的暴力行为，画出一幅非暴力的自我画像。"在小型文明社区成员里，"阿森斯总结说，"对那些争夺支配权的纠纷而言，普遍的解决之道都是非暴力的，比如飞短流长、嘲弄、冷落、欺骗或是临时回避敌手。"在小型文明社区那些更为极端的纠纷里，敌手也许会被永久逐出群体，方式有解雇、断绝关系、羞辱、离婚、放逐、回避。当然了，文明社区也可能会发生暴力犯罪，因为暴力个体也许会游荡进来，甚至是试图定居——由于文明社区与他们的幻象社群不相一致，这些闯入的暴力分子堪称社会异类。

阿森斯笔下"社区光谱"的另一极端则是"小型恶性社区",这里首先当道的便是极端暴力者(ultraviolent person),紧随其后的则是暴力者(violent person)。极端暴力个体随时都准备好要将一整套暴力行为付诸实施,这也正是阿森斯在他与暴力罪犯交谈时鉴识的那四大类型——人身防卫型、挫败型、挫败-恶意型、恶意型——他们有着十足的暴力幻象社群,绘制了暴力自我画像。这意味着,他们愿意,也准备好了。"几乎任何有关支配权的挑衅,都能让他们本着重伤甚至是杀人的意图武力袭击他人。"

在 1998 年的这篇论文中,阿森斯透过"支配权竞争"这面镜子来折射他对暴力行为的定义。"人身防卫型暴力"抵制与"身体支配"相关的尝试。有人会将"挫败型暴力行为"付诸实施,"这是为了战胜他人对他支配权的抵抗,或是对抗别人支配自己的尝试。""挫败-恶意型暴力行为"则是用来"抵抗人们所感知到的恶意支配行为,或是去支配那些人们所认知的邪恶之人"。"恶意型暴力"则惩罚那些侮辱了暴力行为者的人(这正如他的幻象社群解读的那样),因为受辱丢脸"事实上否定了他支配他们的特权,在社区的统治阶层中将他的地位拉到了他们之下"。 230

暴力者则是小型恶性社区里居于第二大支配地位的个体类型,他们有着十足的暴力幻象社群和初始的暴力自我画像。他们准备好了"在有关支配权的极端挑衅之下"诉诸"人身防卫型"和"挫败-恶意型"暴力行为。

在小型骚动社区,也即阿森斯笔下的第三类(也是中间级别的)社区,没有任何个体类型居于支配地位;所有四种类型形成了一个骚动状的混合态——和平主义者、边缘暴力者、暴力者和极端暴力者——这让生活混乱不堪。"冲突,"阿森斯写道,"不仅仅出现在那些某人在社会等级中跌落的地方,也还出现于那些谋求高阶地位的适当手段之中……当有关支配权的纠纷在社区成员之间爆发时,他们对于作何期望不知所措。""骚动社区"常常处于朝着"文明"或是"恶性"社区过渡的阶段。"一切都是散漫自由的,"阿森斯引用罗伯特·帕克对这类地方的描述说,"但一切也都问题重重。"

就"恶性社区"而言,阿森斯有着进一步的观察:

> 这里的普遍规范是,身体暴力乃是解决支配权之争的最有效手段。在任何时候爆发的支配权之争里,大家都假定,你必须准备妥当:不仅要准备好使用致命暴力,也要准备好承受致命暴力……因此,小型恶性社区便形成了实际上的"战斗区域",所有类型的暴力犯罪行为都会在这里上演……其发生次数"频繁得令人压抑",以至于成为稀松平常之事……在小型恶性社区里,这种暴力的稀松平常也造就了社区成员之间对待暴力那毫不令人稀奇的冷酷态度。

阿森斯笔下的"恶性社区"让人想起托马斯·霍布斯在《利维坦》中提到的,政府强制力出现之前,永久不息的战争乃是人类的自然状态:

> 因此,在人人相互为敌的战争时期所产生的一切,也会在人们只能依靠自己的体力与创造能力来保障生活的时期中产生。在这种状况下,产业是无法存在的(或是其他建设性的

人类活动）；而最为糟糕的是，人们持续处于暴力死亡之恐惧
与危险之中，人的生活孤独、贫困、卑污、残忍而短寿。[1]

在那些"恶性社区"里，和平主义者或仅仅是"边缘暴力者"都　　231
成了社会异类，这也给那些在恶性社区还鼓励孩子们抵制采取暴力行径
的人制造了痛苦万状的两难境地。若没有"暴力化"带来的"保护性
训练"，那么他们在与"支配权纠纷"不期而遇的时候将会非常脆弱。

　　尽管阿森斯通过检视个体暴力的社会背景用以研究今天美国社区的
暴力犯罪问题，但他的研究也显然适用于西方暴力史。若将他笔下
"小型现代社区"的横截面图调转个 90 度，那么它们就会依照历史顺
序排成一行，展现出私人暴力从中世纪的"恶性"到近代的"骚动"，
再到现代"文明"逐次递减的进程。阿森斯定义的小型现代骚动社区
和小型恶性社区于是一一显现，正如斯皮伦伯格把这些地方描述成
"不太平的岛屿"，在那里，"今日的恶性暴力事件集中爆发……盛行于
20 世纪末那愈演愈烈的分化现象让这些"小岛"在（文明）社会里浮
出水面，一度由国家保证的安宁出现了某种程度的崩溃。"

　　中世纪欧洲堪称是个巨大的"恶性社区"。封建领主和小骑士们居
于统治阶层的塔尖，他们至少都是暴力（且常常是极端暴力）的男性
（有时则是女性），有着暴力的自我画像。正如埃利亚斯的评述，他们
依靠"战争、抢掠、武装袭击和洗劫"为生。他们统治的平民也是如
此——亨利·汤普森将一名女性殴打致死，只因她指控自己的妹妹偷了

――――――――

　　〔1〕　本段译文敬采商务印书馆 1985 年版《利维坦》，译者黎思复、黎廷弼，
杨昌裕校。——译者注

苹果。玛格丽特·平齐贝克趁她的暴力丈夫睡觉时用利斧谋杀了他。安德鲁·麦克法兰和儿子们将威廉·布坎南乱砍而死，只因布坎南揭发了他——人们"轻易就被激成暴怒"，再次引述古尔的话，"以及……他们以不加节制地野蛮袭击对手。"如果说在这个大型恶性社区里还有小型文明社区存在的话——所谓**太平孤岛**（pacified islands），可以说——它们都是类似修道院和修女院这样的宗教退隐地。尽管有史料证据表明，至少修士也会像他们身边居住的平民一样暴力。[1]

232　　自中世纪晚期开始，君主们开始垄断暴力，然后慢慢用了几百年的时间统治了与他们竞逐权力的暴力贵族阶层。埃利亚斯指出，他们得到了越来越多货币发行量的支持，因此抬升的物价让较低等级的贵族穷困不堪，这些贵族主要仰仗固定地租过活。随着物物交易让位于货币经济，君主们得以筹集税款，享用着几乎自动飙升的收入。税收预算也让君主们得以雇用垄断暴力所需的军团。

　　低等贵族并没有因此被送入监狱；他们来到了宫廷——"为上述时势所迫，"埃利亚斯写道，"也为新机会所吸引：（进入）能付得起薪酬的国王或亲王的服侍团队。"宫廷正在从'骚乱社区'向着'小型文明社区'演化的进程之中，身处其中的骑士们——或是他们的儿子和女儿、孙子和孙女们——受其教化，逐渐（常常是犹犹豫豫）地在行

---

〔1〕比如说："在13世纪下半叶的某个时候，约克郡方廷斯总修道院的院长去了一趟贝德福德郡，访问位于伍伯恩的子修道院。两位院长的仆人陷入了一场争吵。伍伯恩的院长与手下一位名叫威廉·德·拉·格劳厄的修士跑过来阻止此纷扰。威廉用了一种直截了当的办法解决问题，他拿起一把短柄小斧，劈向一名约克郡院长仆人的头颅。一个名叫约翰的人紧接着用一支箭射向这名修士（威廉），当场将其杀死。"

为举止上有所不同，因为要在宫廷里发迹，需要有着不一样的品质，遵守不一样的规则：

> （君主）现在拥有暴力的垄断权。因为这种垄断，贵族在竞争君主分配的机会时，很少再直接使用暴力了。竞争手段得到了完善或是升华。每位贵族都要依附于垄断［暴力］的统治者，这更加限制了他们对竞争手段的使用。现在，各位贵族都在游移徘徊：一方面是抗拒他们屈从的强制之力、憎恨他们的依附和不自由状态、怀恋他们的自由骑士竞争；另一方面，则是以他们习得的"自我控制"为荣。

亚瑟王和圆桌骑士的故事——亚瑟筹谋限制手下王国骑士的私人暴力，于是他以比个人荣耀和自吹自擂更高的标准来激励骑士们——这堪称是真实历史事件的"小说化"和理想化改编。

新的抑制并非只是冲着贵族而来。新进侍臣施展的技能是谄媚和操纵他人，而非身体暴力（顺便说一句，随着政府扩充权力、组织不断复杂化，这成了**必需**技能）。这种（暴力）抑制也适用于平民，它从一个个权力中心向外扩散，以那种"中央集权批准合法"的专业人士（埃利亚斯语）的方式——士兵、治安官、法官、警察——但也以"社会价值合法化"的方式，由越来越多行事平和的上流统治阶级实现之。

埃利亚斯对纵贯文艺复兴和欧洲近代时期的各种礼仪书籍来了一番 233 妙趣横生且意味深长的纵览，并以此阐述了这一扩散进程。比如说，鹿特丹的伊拉斯谟就于 1530 年出版了一本专著《论儿童的教养》（*On the Civility of Children*），这本小册子在此后 200 年里出现了 130 种版本。埃利亚斯据此指出，"在这一时期，社会行为举止的问题明显已经极受重视，以至于那些卓绝非凡的天才和声名显赫之人也不再排斥自己关心这个问题。"伊拉斯谟的专著是献给一名贵族的孩子。本书警告小男孩，不要吸着鼻涕走来走去，不要在嘴里说个不停的时候吃喝，不要在桌席上舔手指，不要在公共场合暴露私处，要"用咳嗽盖住放屁（的声音）"。更微妙的是，这本书还建议小孩掩饰自己，这可是侍臣的技巧，而非战士的技能。"睁大眼睛的表情是愚蠢的标志，盯着看则是惰性的符号，那些易怒的面容也太过尖利，太过活跃和动人的面容则不甚谦虚庄重，如果你的面容展现出从容冷静的精气神和谦恭的友善度，那就再好不过了。"

外表礼节首当其冲，在教化小孩子时亦然；但随着对小孩子的教化，外表礼节也就内化于心成为习惯，也即"无意识"：

> 对本能的抑制[1]一开始只是在与他人相处时才会发生。换言之，人们因为社交因素才会更为自觉……就在人们的社交距离越来越近、社会等级变得愈加松散的时候，这种抑制也在慢慢改变。人们的相互依赖随着劳动分工的与日俱增而日甚一日，所有人都变得更加依赖其他人，那些社会地位更高的人也更加依赖那些社会地位更低且更为弱势的人。后者的行为举止

---

[1] 对埃利亚斯而言，包括身体暴力在内的野蛮行为（barbarism）都是"本能"，这种高傲态度与他本人的论点不相一致。不过，"所有的现象都没有什么基准点（zero-point），"他的结论写得更为敏锐，"'文明'人的自我抑制机制，其整体意识和情绪在其整体结构上与所谓'原始人'的有着明显而确切的区别；但从可以看得清的构造来说，两者都有着几乎相同的自然功能。"我们出生时都是"动物"；我们"如何社会化"决定着我们将如何直接（本能地）表达自我——这是埃利亚斯的关键论点。

越来越向前者看齐，而社会等级高的人在比他们等级低的人面前甚至也会自觉羞愧。唯有到了这个时候，"抑制"的盔甲才牢牢地穿到了人的身上，以至于工业化民主社会的人们逐渐视其为理所当然。

当然了，那些"抑制"也包括对私人暴力的种种抑制。埃利亚斯回顾了礼节的历史，因为正是礼节史揭示了一项重要的机制，社会价值的转变正是凭着这个机制在人群中扩散开来。这一进程乃是全局性的，234 而非仅仅是合情合理而已：

> 文明和随之而来的理性化，并不是在"观念"或是"思想"的独立领域发生的一个过程。不仅仅涉及"知识"的变化或是"意识形态"的转变，简而言之，它不仅仅是"意识"内涵的转变，更且是人类整体面貌的改变，"观念"和"思想习性"只是其中的一部分。我们在这里关注的是全部人格在其所有领域之内的通盘改变。

埃利亚斯并未就人格的这一历史性深远转变给出相关的"心理机制"解释。不过，阿森斯的"幻象社群"概念则提供了一种解释。

这样一来，由极端暴力贵族支配的中世纪恶性社区便随着逐渐增强的中央集权和"暴力垄断"转换为骚动型的近代社区。伏尔泰甚至选用了法语中的相同词语（阿森斯将在两个世纪之后选用）来形容这一转变，他评论法王路易十四说，"这位国王成功地将一个此前**骚动不已**的国家变成了一个和平安宁、只对敌人危险的民族。"埃利亚斯总结说（有凶杀率数字为证明），从"骚动型社区"到"文明社区（或多或少）"的转换在拿破仑时代已经大体完成：

> 与这个概念（礼节）形成时的情境有所不同，自此之后各国都认为"文明"的进程已经在他们自己的社会完成了；他们在面对"他者"时自视为某种现存文明或是已终结文明的承载者、扩张文明的旗手。除了一些模糊的残迹之外，先前的全部文明进程在他们的意识之中片甲无存。（文明进程之）结果，仅仅被视为是他们自身"更高天赐"的表现；文明行为如何在数个世纪间达成的？事实上人们对这个问题并无兴趣。此外，他们自身的优越感和"文明"意识，此后便至少会服务于那些成为殖民征服者的国家，然后，他们便成了欧洲外的广大世界的"上流阶层"，（文明）也成了他们统治的理由，这与之前使用"文明"概念的祖先如出一辙。一度服务于宫廷贵族上流阶层的"礼数"（politesse）和"礼节"（civilité）成了他们（殖民者）的理论武器。

"文明"殖民主义留下的可悲记录证明，尽管"文明"国家的暴力大体上已经被垄断和隔离，但仍然如他们的暴力前辈一样，有效地利用了相同的暴虐潜能。

在那些因为内战或是殖民当局撤出而陷入"骚动"甚或"恶性"的现代社会，新兴政府的努力也酷似近代欧洲国家的所作所为：控制私人暴力和法外之徒。他们常常发现有必要收买军队，以此取得垄断暴力的权力：之前的政府就是靠着建立军事力量才做到了这一点。

如果阿森斯笔下各种类型的小型社区在历史上都有其各类先例，历史上的这些社区也同样由那些支配它们的各类个体所定义、由这些人决定它们的暴力等级的话，那么我在上一章结尾抛出的那个问题——"那么他们又是如何将其千钧之力加诸……人类个体的？"——答案就该一清二楚了。这些社区一定是通过儿童在社会化过程中的转变而做到了这些；特别是，以逐渐减少那些经受"暴力化"儿童之数量的方式。这个论点假定，既然现代暴力罪犯乃是靠着"暴力化"这一进程而制造出来，那么造就中世纪暴力贵族和暴力平民的必定也是此一进程。这个假设有没有什么依据？如果它成立的话，是不是在过去 500 年里，"暴力化"也随着凶杀率的减少而同步减少？

　　人们之前很少探查"童年的历史"。童年也许决定了人的未来，但绝大多数历史学家和人类学家都选择忽视，不去研究"儿童在不同时代和不同地点是如何各具特色地社会化"这个问题。最知名且被引用最多的一部历史——菲力浦·阿利埃斯的《儿童的世纪》（*Centuries of Childhood*）一书的错误令人震惊。阿利埃斯发现中世纪的童年是不受拘束、无知无识的（因为他错误地认为："童年"的概念还不为人所知），他还认为"与日俱增的暴虐"是自中世纪迄今的一大改变：

> 　　家庭和学校一起让儿童远离成人社会。学校将此前不受拘束的儿童关闭在一个有纪律且日益严格的体制中，这个体制的极端就是 18、19 世纪寄宿制学校的与世隔绝。家庭、教会、道德主义教育家和学校管理者的关怀剥夺了儿童此前和成人在一起时享有的自由。儿童被鞭打、被关禁闭，遭受类似社会最底层犯人那样的惩罚。但这种严厉表达的是与过去的冷漠完全不同的一种感情：一种过度痴迷的爱。它从 18 世纪开始在社

236

会中占据了统治地位。

我还听到浪漫主义对这一论点的呼应——"我们来自曳尾祥云,"接着"狱室的暮色开始笼罩"在我们身上——但不管其先入之见的来源为何,阿利埃斯的论点其实是错的。同样错误的还有他那个常被引用的概念,所谓中世纪艺术家"无法描绘一个儿童,除非将其当成某个'小大人'"的说法,这也被阿利埃斯当成了论证"不知童年为何物"(ignorance of childhood)的推定论据。

真相并非如此,而且残酷得多。英语世界最权威的儿童史学家是劳埃德·德莫斯(Lloyd deMause),他在《童年的演化》(*The Evolution of Childhood*)一文中写道:

> 我翻阅了超过 200 份 18 世纪之前有关儿童抚养的建议书,其中绝大多数都同意狠狠地揍孩子,所有人都同意在不同情况之下打孩子……而在我找到的 18 世纪之前的 70 个孩子里(在书信、传记和自传中),只有一位免于挨打……(一名德国学者)对体罚儿童史料的深入研究也得出了与我类似的结论……这些史料中记述的殴打,总体而言都很重,其中包括身体瘀青、流血。殴打很早就会开始,并成为孩子生活中的固定节目。

德莫斯热情昂扬地呼吁说,童年的历史"是个噩梦,而我们最近才对此如梦初醒。你越是往前回溯历史,你就发现人们对儿童的关心越少,儿童就更有可能被杀死、遗弃、殴打、恐吓和性虐待"。

德莫斯将过去所有针对儿童的暴力都视为是虐待(mistreatment)。

以现代文明标准来讲的话，这些当然是，但是，不论我们天生的同情心为何，以当下标准来评判过去行为都是以今当古：它会掩盖观点。而且不论如何，正如阿森斯强调说，暴虐化和"虐童"都不能画上等号，也不应混为一谈；阿森斯访问的暴力罪犯常常并不觉得他们的暴虐化是虐待性质，但也不认为这是父母在家中的必要管理。就连德莫斯（且不论他的愤怒）也承认，"所有这些并不是说过去的父母因为虐打孩子就不爱孩子。"他还颇有洞见地观察到，"对过去的父母而言，对孩子温柔以待的情况绝大多数都发生在孩子无欲无求的时候，特别是孩子入睡或是死亡之时。"我们回顾阿森斯对恶性社区的定义，"这里的普遍规范是，身体暴力乃是解决支配权之争的最有效手段。"并非只有酒吧里的醉鬼才为支配权争执不休；在抚养儿童的日常过程中，父母和儿童之间也可能会争个不停。

237

　　虐待儿童的习惯有《圣经》背书。"当你真的读了《圣经完全索引》（*Complete Concordance to the Bible*）里提到儿童的逾 2000 条引注中的每一条时，"德莫斯写道，"……你会发现大量有关献祭儿童、石刑儿童、虐打儿童，要求儿童严格服从、爱他们父母、扮演好家族姓氏传承者的内容，但没有一条引注显示出对儿童需求的同理心。"就连耶稣的告诫"让小孩子……到我这里来"，据德莫斯说，也是提到"一项习以为常的近东风俗：按立手臂驱邪赶鬼。许多神职人员都借此驱走儿童与生俱来的罪恶"。

　　德莫斯详尽入微地考索了古典时代和圣经时代对儿童的暴虐，杀婴在那时可谓家常便饭。一言以蔽之，德莫斯指出：在古希腊，家庭对其某位成员被杀负有寻求复仇的责任，这一传统在近代欧洲也大致沿袭下来；而在罗马，据爱德华·吉本在他的《罗马帝国衰亡史》中所说：

> 父亲对子女享有专属的、绝对的和永久的权力是罗马法特
> 有的。这种传统几乎和罗马建城同时产生……根据法律授予的
> 自由处置权，父亲可以对子女真正或是莫须有的过失施以责
> 罚，像是鞭笞、囚禁、放逐，或是将子女与最卑贱的仆役锁在
> 一根链条上，送到农村做苦工。父母的威严在于掌有（儿女
> 的）生杀大权；类似血腥处决的例子有时会得到赞扬，绝不
> 会受到惩罚。这些都可在罗马的编年史里找到相应记载，上溯
> 到庞培和奥古斯都之前的年代。

历史学家詹姆斯·吉文撰就的中世纪育儿编年史要比德莫斯的著作
更为细致入微，他的研究聚焦于 13 世纪的英格兰；他摘编的论据包括
了暴力镇压、个人恐惧和暴力规训：

238

> 中世纪欧洲人坚信，棍棒的使用是道德矫正和提升的一种
> 手段。乔巴姆的托马斯（Thomas of Chobham）在《听告解者
> 大全》中谈到"忏悔"时写道，教会法允许将身体暴力作为
> 一种惩罚和矫正手段，它也同时适用于僧俗两界。父母被允许
> 殴打孩子，主人可以虐打仆人，老师可以体罚学生，告解神父
> 可以殴打忏悔者……如果有人意外死于这类"矫正"，只要出
> 手的人在进行虐打时没有超出惯常限度，那么教会法认为杀人
> 者不必对命案负有罪责。

> 肉体惩罚的使用在中世纪家庭里蔚然成风。男人殴打他们
> 的妻子儿女。甚至于，村社有时会惩罚那些违反某个条规的女

性，命令犯错女性的丈夫殴打他……

中世纪人们广为接受的知识是：儿童和所有成人一样，在亚当堕落之后就天性向恶。博韦的樊尚（Vincent of Beauvais）在他有关教育的小册子里写道："人类心灵的所思所感自青少年起就天性向恶。因此就有必要在儿童身上抑制这一罪恶之花的绽放，用条规纪律打击抑制之。"施加给儿童的惩罚可以达到惊人的暴虐级别。牛津郡泰恩顿的牧师奥古斯丁之子叫拉尔夫，他拒绝学习课程。作为惩罚，父亲奥古斯丁及其职员将拉尔夫拴在一匹马的尾巴上。不幸的是，这匹马受惊逃跑，将拉尔夫拖拽致死。公元 1241 年的巡回法庭报告说，奥古斯丁已经逃到了白金汉郡。

棍棒可是中世纪学校里必不可少的教具。那些乐于学习的孩子会得到最好的评价，不会被粗暴对待。但是，那些被认为是"桀骜不驯小马驹"的孩子就会被"纪律惩罚"，以违背他们意愿的方式教他们礼仪……学生挨打是家常便饭。林肯郡主教（后获封圣徒）阿瓦隆的休（Hugh of Avalon）并不反对在仆人惹他生气的时候扇他们耳光，却还记得自己童年在勃艮第修道院里遭遇的一连串虐打……

并非只有儿童和犯错的妻子容易挨打。公开执行的肉体惩罚乃是中世纪教会赎罪制度的保留剧目。教会习惯对乱性者施以鞭刑，以此赎罪……在公元 1300 年五、六月间的 45—60 天里，德洛伊维奇的监理辖区庭就下令鞭笞了 79 人，这 38 个男人和 41 个女人几乎都被指控犯有通奸罪或是乱伦罪……体罚

239

在修道院的生活里也是司空见惯之事……修士出手殴打新来的
人，甚至要比那些以殴人为业的人还要凶狠……

13世纪的英国人接受了良好的暴力教育。他们从孩提时
代开始就屈从于父母老师的体罚，成为丈夫殴打妻子、主人殴
打仆人的目击者，也是"鞭刑赎罪"仪式的旁观者。他们深
知，准备诉诸暴力、蒙受痛苦都是稀松平常之事，也是成年人
生活必不可少的一部分。从让人愉悦的锦标赛到下等村民之间
的摔跤比赛，暴力运动的流行让这些印象在他们心中得到强
化，他们的暴力技能也得以锻炼。时刻准备诉诸暴力和殴斗因
此成为13世纪英国农民之间的共同性格特质。

"一条13世纪的法律，"德莫斯指出，"将殴打儿童带入了公共领
域：'如果某人打孩子打到出血，那么这会让人长记性；但若是某人将
孩子殴打致死，那么就适用这条法律。'"

另一位研究中世纪童年的学者玛丽·玛格丽特·麦克劳林记述了一
次颇不寻常的对话，这场对话在11世纪的坎特伯雷大主教安瑟尔谟
（后来成为圣徒）和一名修道院院长之间展开。这位院长"曾向安瑟尔
谟抱怨了他管控手下顽皮孩子的难题，他说，'我们日夜不休从无中止
地殴打他们，但情况只是变得越来越糟。'"麦克劳林说，安瑟尔谟的
回应"提到了使用武力的毁灭性后果，以及加诸他们年轻受害者人格
之上的'不明智压迫'"。安瑟尔谟的分析堪称是阿森斯"暴力化的交
战状态阶段"分析的先导：

他们在你的态度中感受不到爱意或同情、善意或亲切，他
们在未来也不会相信你的良善，而只会相信，你的所有行为都

始于对他们的恶意和仇恨；他们既然成长在对任何人都没有真 240
正慈爱之心的环境里，那么他们看待任何人都将是妒忌猜疑
……他们不是人吗？他们难道不是像你一样的有血有肉吗？难
道你也想要被这么对待，就像你对待他们一样吗？你也想成为
他们现在的样子吗？

在 15 世纪的意大利，一位名叫乔万尼·莫雷利的父亲有一篇日记。
他刚出生不久就失去了父亲；他回忆自己在五岁入学的时候曾经经受了
来自教师的"许多次殴打和惊吓"。儿子阿尔贝托的出世让他喜出望
外："而当他出生的时候，男性、健康、体格匀称的婴儿让我经历了何
等快乐和愉悦；之后随着他一天天长大、越来越好，他那孩子气的话语
流露出的那种自足和欢愉令所有人喜爱不已。他对父亲、母亲的爱意，
在他那个年龄堪称早慧。"但九岁能读拉丁文、早慧的阿尔贝托却在青
春期之前夭折，而慈爱的父亲乔万尼·莫雷利捶胸顿足地自责，他曾
"在学校搞得孩子精疲力竭，又曾频繁、多次残酷殴打他"。

"唯有在文艺复兴时代，"德莫斯发现，"真正要求减轻殴打儿童的
建议才出现，尽管这些建议一般是对'明智殴打'的肯定……17 世纪
出现了一些限制殴打儿童的尝试，但直到 18 世纪我们才见到殴童现象
最大规模的下降。我所见到的也许是最早的从未挨打儿童的生活记录都
要追溯到 1690—1750 年间了。"

让·艾罗阿尔是一名 17 世纪的医生，是路易十三在孩提时代的御
用医师。他留下的日记是一份有关"童年转变"的独特记录。艾罗阿
尔对王太子（也即法王亨利四世的长子）的生活有着格外详尽的记录，
路易十三从出生到 26 岁的人生历程在日记中巨细无遗。1610 年亨利四

世于巴黎遇刺，当时王太子年仅八岁；这个男孩立即继承了王位，但他的母亲玛丽·德·美第奇一直摄政到 1617 年，那一年路易十三流放了母亲，重掌大权。1643 年路易十三死于肺结核，继承王位的是他五岁的儿子、长寿的路易十四。

艾罗阿尔的日记披露了许多让现代读者震惊的内容。尽管身为王储的王太子毫无疑问是法国最尊贵的儿童，但他的侍从在充分照顾他以确保他能活着方面有些困难。于是他们定期、热情地对他进行性挑逗。本书在这里并不关注这类性挑唆给王太子的人格发展造成了何种影响，但他经受的身体惩罚似乎却经历了一番转变：这是法王和王后之间的地盘争夺战，以顺应时代的动荡。

伊丽莎白·沃思·马尔维克是德莫斯的同事，她对艾罗阿尔的日记有过研究：

> 宗教禁欲主义的复兴，在 17 世纪初强烈影响了受教育的男性和女性。它带来了教育方法的转变。人们做出了刻意为之的努力，将传统的外部威胁和处罚替换为儿童自己确立的内心节制。这种新策略被用来提升"罪感"，而非引发"耻感"。它也呼吁人们热情耐心地关注小孩子在一切事物上的行为举止，而这些在之前都是用来要求成年人的。

对王太子而言，这种转变意味着从"暴力镇压"之中不时解脱。"亨利四世的粗野抚养将小路易十三置于'孩子不打不成器'的传统之中，"马尔维克继续写道，"法王建议常常鞭笞他的王太子儿子，他也不反对亲自执行殴打。但只要时机允许，孩子的母亲就对国王的命令抗命不遵——有时是秘密进行——她的意见是，鞭打是最后迫不得已的选择，鞭打也标志那些侍从的失败。"

尽管如此，孩子还是遭到了鞭笞。鞭笞始于他 21 个月大、断奶前四个月。一条鞭子抽打着他的臀部。另一位研究艾罗阿尔的学者大卫·亨特说，"在经受了最严重的冒犯之后，王太子被迫露出他的后臀，这样鞭子就能抽在裸露的肌肤上。"亨特概括了艾罗阿尔对这位未来法国国王"为何会定期在每天早晨和白天需要的时候挨打"做出的解释：

> 任何越轨行为都可能引发鞭笞：哭个不停或是说个不停，拒绝进食，不情愿向大人致敬（比如王后，更常见的是对亨利四世本人）。最常见的抱怨是，这个孩子已经"冥顽不灵"（*opiniâ tre*）了：固执、顽固、任性。艾罗阿尔写道："早晨 8 点醒来的他有点顽劣，于是遭遇了第一次鞭打。"——但绝非最后一次。有关童年的讨论中常常可见"顽劣"（obstinacy）这个词……这个单词（及其反义词，"**变得聪慧**"）在儿童的生命中获得了几乎全部重大的意义。路易被告知，人们因为顽固而被投入监狱，基督被钉在十字架上正是因为人类整体上的**冥顽不灵**。

国王会羞辱他的儿子——往他脸上泼水，鞭打他，在他拒绝握住国王的手时会夺下他的帽子。不过，国王也常常避免实施严重的身体暴力，这也许是为了避免伤害他的继承人，也许是向王后示好。"每当他在王太子面前发火的时候，"亨特说，"亨利都只认一项法则：应由家庭教师来执行鞭笞。虽然，国王在彻底出离愤怒时会忽视这条规则。"国王担心家庭教师蒙格拉特夫人（Madame de Montglat）棍下留情。他给家庭教师写信说："我要抱怨一下：您没有提到曾经鞭打过我儿子。

我希望，我也命令您，每次他顽固任性或是行为不端的时候，你就要鞭打他。我自己深知，对他而言这个世界上没有什么事情比鞭打更好了。我是从个人受惠的经验中知道的，我本人在他这个年龄的时候也常常挨打，并且从中受益。这就是我为什么想让你鞭打他的原因，我要让他理解这是为什么。"

艾罗阿尔记载说，1604 年 10 月 23 日是小王太子一生之中的黑暗一天。这位医生先是告诉我们：这个孩子热爱他的鼓；"这是他最开心愉悦的事情之一。"小路易的看护人用引导线（leading lines）控制他，就像小马被缰绳牵着一样，会把他拉到他不想去的地方。这个 10 月的早晨里王太子闷闷不乐，他被带到父母面前两次，也做到了举止得体。然后国王就出去打猎了。他回来后召见了儿子。艾罗阿尔继续说：

> 因此（王太子）不情愿地被强制带去见国王。亨利王对孩子说："摘掉你的帽子。"孩子不太情愿，国王却将其一把扯下，这让王太子很恼火。接着国王拿走了他的鼓和鼓槌，事情就变得更糟糕了："我的帽子，我的鼓，我的鼓槌。"为了激怒他，国王将帽子戴到了自己头上，（太子说）"我要我的帽子。"国王用帽子打了一下他的头。现在王太子已是怒不可遏，国王也与他针锋相对。国王抓住他的手腕，将他拎到空中，他两臂张开着，（王太子说）"嘿！你在伤害我！嘿！我的鼓！我的帽子！"王后把他的帽子还回来，又将鼓槌还给他。这可是个小悲剧。

国王弄伤了他儿子的肩膀；王太子必须得带走了。亨特讲完了这个故事：

接下来的这一天里充斥着怒火和鞭笞。在某个间隙里，太子的（傅母）试图来一段道德说教："先生，您固执行事了，您不应该这样，您必须服从爸爸。"小路易满腔怒火："杀死我的芒加（蒙格拉特夫人）！她是个坏人。我会杀死所有人！我会杀死上帝！"最终他于十点半被放到床上，一晚上都没睡安稳，抱怨肩膀很疼，无法举起他的手臂，拿不住他手里的东西……

艾罗阿尔还注意到，王太子在此后的几个月里还担惊受怕了好几次，一直记着 10 月 23 日的那件事……当国王用他杯子的时候，"他极为生气，但他控制住了自己，并安静地让事态平息了。"第二天，"他又想哭出声来，但还是出于对国王的尊敬而克制住了。"还有一次，"义愤填膺"的他朝着一名贵族怒吼："'我要用剪刀杀了你，等着瞧！'接着他后悔嘴里蹦出了曾经招致责打的'杀'这个字眼，于是改口为'我要挖出你的双眼。'"

此后的两年里，亨利四世淡出他儿子的生活——这究竟是作为进一步的惩罚（他们之前常常在一起嬉戏打闹、温柔亲切），还是因为国王觉得有必要抑制自己的暴力，艾罗阿尔的解读者们并未明言。在这段"隔离期"，父子二人的互动颇为正式，就像主仆二人一样。之后，亨利四世再度进入了王太子的生活，开始为他登上王座做准备。亨特说得很清楚，这番"准备"也包括暴力规训。

王太子年约五岁的时候，亨利王开始对他久经磨炼、愈发守职的儿子重燃兴趣。这位国王着手向小路易传授有关"无

畏"和"勇气"的美德：他强迫王太子将指头猛然伸向烛火，
还说"想成为爸爸至爱的那个人，必须得熄灭这团火焰"；要
他与同父异母的哥哥们打架；跳过一条对他而言过宽的壕沟。
亨利王告诉他的儿子必须无惧于任何事情；他还密切注视保证
小路易在任何事情前都面不改色，比如不期而至的隆隆雷声。
王太子也第一次去打猎（乘着一辆四轮大马车），并且开始上
骑术课。最后，他开始参加国王召开的御前会议。

常规的殴打仍在继续。"他被鞭笞的时候眼睛很少睁着。"艾罗阿
244  尔报告说。王太子后来起床很早，躲躲藏藏，或是试图插上门闩。他身
材渐长以至于蒙格拉特夫人已无法管束，于是法王命令卫队士兵帮助夫
人管束他。后来在七岁那年，路易又被交给一名宫廷贵族、"男管家"
苏弗尔（Monsieur de Souvre）监护，但是对他的殴打仍在继续。加冕当
天早上，路易还是遭到了虐打，那一年他年方八岁。"我宁愿不要受到
如此之多的行礼和尊崇，"那一天他告诉艾罗阿尔，"如果他们不再鞭
打我的话。"对法国国王的殴打至少一直持续到了1614年，那一年他
13岁，身体块头足以对抗他们。德莫斯指出，就算身为成年人，"他还
是会在夜间恐惧地醒来，预感清晨会受到鞭笞。"

记述路易十三生平的可用史料，还不足以确证他是否经受了完整的
"暴力化"。21岁那年，路易十三统率军队镇压了一场胡格诺派叛乱。
与中世纪的做法相较，他的童年经历展现了17世纪的"缓和"。在17
世纪的法国，就连国王也常会做出"克制"的决定，以此免于暴力惩
罚他的孩子。

除了动用身体暴力以外，王太子的监护人通过让小路易直面那些让

他面有惧色的仆人将"对上帝的敬畏深植他的心中"——"一名驼背的卫兵",亨特提到,还有"服侍国王的一个石匠"。德莫斯引用了多种多样的史料,发现这个向"心理暴力"而非"身体暴力"的转向已是广为流行。"随着殴打开始减少,"亨特评述说,"人们必须找到替代品。比如说,'将孩子关进黑屋子里'在 18 世纪和 19 世纪变得颇为流行。"施加恐怖也是另一种流行的道德说教之法。德莫斯提到了流行于 19 世纪初的一部道德说教历史小说、玛丽·舍伍德的《仙童家族史》(*The History of the Fairchild Family*)之中的几个场景,"书中提到,孩子们被带去拜访绞刑架,观看那里吊着的腐烂中的尸体,同时被传授道德故事。"亨特说,绝大多数 19 世纪读者都没有意识到,"这些场景都来自现实生活,并构成昔时童年生活的重要组成部分。学校课程也曾拉到户外观摩绞刑,父母常常会将小孩带到绞刑现场,及至回家便会鞭打孩子,让他们记得自己目睹了什么。"

　　德莫斯报告说,这种心理兼生理的双重折磨带来了一大后果,那就是"我在史料中发现,孩子们经受了海量的噩梦和幻觉。尽管成年人很少记录与儿童情感生活相关的内容。但每逢类似史料现身,它们通常都揭示了'复发梦魇'甚至是'完全幻觉'。自古以来,儿科文献都常会留出一些篇幅讲述如何治疗孩子的'恐怖梦境',孩子们有时也会因为做噩梦而被虐打。"德莫斯发现,所有这些孩子的暴虐化都颇为费解。阿森斯的研究则澄清了问题,指出"暴虐化"的目的是为了"暴力化",让孩子们为成年做准备:他们得需要动用身体暴力来解决纠纷。

在 19 世纪，西欧的凶杀率已经降到了近现代的低点，人们或多或少"文明"了。正如今天的西方世界一样，当时大型文明社区里支配性的个体类型已是和平主义者和"边缘暴力者"。儿童依旧如今日一样遭遇着体罚。舍伍德夫人在向她 19 世纪读者发出忠告的时候，仰赖的可是世上最好的基督教权威们。她认为孩子天生邪恶，需要"击碎孩子的意志"来矫正。据英国历史学家玛格丽特·梅伊所说，定期虐打依旧是这种矫正的一部分。但是到了那时，"所谓'训练意志'的恰当方法（已开始涵盖）：时间不等的禁闭，地点是某个角落、地下室，或是某个黑暗密室里；饮食惩罚（面包和饮水）；罚孩子保持固定姿势不动。医学上的观点也不统一，有的建议温和疗法，有的则还是力主'休克疗法'：包括殴打、在冷水中浸泡，特别是对那些天生软弱或是懒惰的孩子而言。"现代的恐怖之事常常被证明是中世纪古老习俗的残留，梅伊在这里引述了 19 世纪有关"冷水浸泡"的医学观点。一个世纪之后，佩里·史密斯的拘留所房屋女主人便是用这一招来治疗他的尿床——这也助长了他的"暴力化"。

米歇尔·福柯和他法兰西学院的学生挖掘的一件 1835 年多重谋杀案证实了现代文明的到来。在法国西北瑟堡半岛的欧奈公社，一名 20 岁农民的详尽自供状以极具感情的句子开篇："我，皮埃尔·里韦埃，杀害了我的母亲、妹妹和弟弟，希望在此将我犯下此案的动机公之于众……"里韦埃在第一次受审时告诉审讯法官，他为何犯下这些弑亲案：

> 我犯案是为了帮我父亲解脱困境。我希望将他从一个恶女
> 人身边拯救出来，这个女人自从成为他的妻子以来就在持续折

磨他、毁灭他，让他坠入时而想要自杀的那种绝望之中。我杀了我的妹妹维克托瓦尔，因为她站在母亲一边。我杀了我的弟弟，因为他爱我的母亲和妹妹。

246

邻居们作证说，里韦埃的父母总是打架；据欧奈市长说，皮埃尔的父亲皮埃尔-马尔格林是个"天性极为温和的人，那些目睹他与妻子多次争吵的人总是说妻子是过错方"。一名邻居发现了颇不寻常的现象，"天性上极有耐心也极其温和的父亲从来不打（皮埃尔）。"皮埃尔按照时间顺序记述了他父亲在他母亲手上所受的虐待，这些记录冗长而深入，即便是简略摘编也颇具争议：

> 他们没办婚宴，新婚之夜他们也没同床……我母亲说："他只是来找我生孩子的，之后就会离开，那样的话我又会变成什么？"

> 那时我与父亲一起生活在欧奈。三四岁大的时候，母亲带着她的母亲来接我……接着，在没有向任何人打招呼的情况下，她就带着我跑掉了。随着我哭出声来，父亲就跑出来追她，说他不会让她带着哭成这样的我离开……我目睹了母亲对与她一起的外祖母说的话：打他，打他……

> 我叔叔比我的父亲更易怒，他没法忍受我母亲对父亲所说的所有话；每逢我听到她这样唠叨挑剔的时候，叔叔就会说，她欺我太甚，如果她继续如此的话，我就会把她的牙齿打掉让她闭嘴……我是所有上述争吵的目击者，我敢说我与母亲根本没有亲情可言。

> 我（祖母）一天天衰老……但有不少人说，曾经目睹我

母亲打她，并且揪着她的头发拖拽她。我父亲从来不打我母
亲，除了有时会在她挑起猛烈争吵时掌掴她……她在每一件鸡
毛蒜皮的小事上都会炸毛。

　　（她赶走了一名之前她让留下的租户，以此来恶心父亲，）
我父亲要她交出某个阁楼的钥匙，却遭拒绝。这时父亲从屋子
里拿出了一个箱子（攀缘而上），我母亲大加阻挠。接着父亲
在我摆好箱子的时候扭住她……就在父亲扭住她的时候，她开
始抓挠我父亲的脸颊，朝他身上的不同部位打去。我的弟弟朱
尔斯靠了过来，她对朱尔斯说：咬他，咬那个无赖……我父亲
打算爬窗户进入阁楼，但接着她抓住父亲的双腿，将他拽了下
来，弄坏了他的表链，扯烂了他的衣服。父亲根本没有打她，
但说他会将她关进一间屋子让她安静下来。父亲抓着她将她扭
走，但她的双手可以自由活动，于是她再次抓挠父亲，甚至比
上一次还要过分……我妹妹也加入战团阻止父亲。看到妹妹在
阻挡父亲，我便将母亲拉开，扇了她几个耳光。父亲将母亲拖走
的时候，她与我妹妹同声叫喊：我要报仇！他要谋杀我，他要
杀了我，报仇！我的上帝！报仇……我父亲回屋的时候已是精
疲力竭，口吐鲜血。

247

　　之后皮埃尔的母亲便着手大师举债，以此来摧毁他的父亲。她大获
全胜。皮埃尔-马尔格林既没有法律救济手段，也没有宪兵队来保护
他。他本应自己动手来管束妻子，但他显而易见是个和平主义者（用
阿森斯的术语来讲），并不愿这么做。

　　皮埃尔的自供状显示，他经历了完整的"暴力化"。他的母亲对他

和他父亲进行了暴力镇压，这也造成了他的"个人恐惧"。一个木匠对这一家人颇为了解，他暗示皮埃尔·马尔格林一度对儿子进行了暴力规训，与拉娜·特纳对她女儿的规训颇为相似："有一天他父亲告诉我，被告（里韦埃）对他妻子的敌意还要胜过他本人。如果他能有他儿子皮埃尔的性格的话，那么维克托瓦尔（皮埃尔的母亲）就不会如此有恃无恐。"皮埃尔对他父亲的委屈有着详尽的讲述，其中大部分只可能是源于皮埃尔-马尔格林本人。

　　这位木匠还观察到了皮埃尔进入"交战状态"的过程，其年龄与后来阿森斯采访的那些 20 世纪时的暴力新手的普遍年纪大致相同：

　　　　里韦埃还是个孩子的时候我就认识他了，他显得非常热爱学习，热爱读写。而他在 10—12 岁的时候却好像再也不是原来的那个人了。他似乎变成了一个傻瓜，表现得很固执，别人叫他也不理；他一个人去教堂，也一个人回来，面色常常看起来像是羞愧难当，而且几乎不与任何人说话。他总是耷拉着脑袋、眼睛斜视，有时对着他的马毫无来由地破口大骂；我有时觉得他的父亲对他的性格愁苦不堪，父亲曾经说自己永远也无法为里韦埃做些什么。

　　随之而来的是微暴力表现。一个邻家女仆曾经目睹皮埃尔用一把镰刀威胁他的某个弟弟。"这个小孩一边抽泣一边向我哭诉说：皮埃尔说他想砍掉我的腿。"这名女仆还从她主人的儿子那里听说，皮埃尔曾经"把他弄进喂马的马槽里，说要让他的马吃掉他；这个小孩哭着回了家，倍受惊吓，过了很长时间都不敢踏进皮埃尔的家门一步"。一个牧场工人发现，皮埃尔的另一个弟弟坐在壁炉前的椅子上，双脚却被绑在

248

一枚挂钩之上，"一团火焰正在熊熊燃烧，很快就将烧到他；这孩子已经感受到了炙热，哭个不停。（同时）皮埃尔·里韦埃却在屋子里来回踱步，开怀大笑。那是一种诡异的笑声，也是专属傻子的笑声……这个孩子……告诉我，正是皮埃尔将他绑了上去。"皮埃尔本人则承认自己虐待动物。"我折磨青蛙和鸟类，我曾经发明了另一种将它们折磨致死的办法，那就是将它们固定到某棵树上，以三枚锋利的钉子穿腹而过。我管这个叫穿心术（enceep-harating），有时我带着几个孩子一起干这个；有时则只是我一个人干。"

这场多重谋杀案，堪称是个人暴力反抗的升级版：

> 我非常爱我的父亲，他的苦难给我的创痛甚巨。……我设想出一幅由我处决人的可怖场景，大约一个月以前我就在思考此事了。我几乎将那些"应当尊重母亲、妹妹和弟弟"的原则忘了个一干二净，我认为我父亲正在被一群疯狗或是野蛮人统治，我必须要出手相助。宗教禁止弑亲这种事情，但是我对这些规则不屑一顾。对我而言这甚至是上帝派我做这件事，我会执行他的正义。

皮埃尔决定杀死他的母亲和他的妹妹，因为"他们串通起来让我父亲受苦受难"，但是此外考虑到他小弟弟朱尔斯对母亲的爱，皮埃尔认为杀死这个七岁的孩子（他知道父亲喜欢这个小儿子）会促使皮埃尔-马尔格林"对我恨之入骨，以至于他会庆祝我的死亡。这样一来他就会过得更快乐一些，免于悔恨之情"。拿破仑是一个榜样："我的脑海中浮现出了1815年的波拿巴。我……对自己说：那个人将数千人派去送死，只为满足他的反复无常。因此，我若是让一个正在骚扰我父亲

安宁与幸福的女人活着，那是不对的。"于是他"5月24日去欧奈铁匠 249
加宾那里拿了我那把磨得锋利的长柄剪枝锯（一种修枝砍刀，或是手
持镰刀），加宾习惯为我们工作"。

几次失败的尝试之后——他在渐渐鼓起勇气，并且想让他的父亲离
开本市——皮埃尔进行了这场屠戮："我抄起砍刀，冲进我母亲的屋
子，犯下了那桩可怖的罪行。先是砍倒了我母亲，然后是我妹妹，接着
是我的小弟弟，之后我又反复劈砍他们的尸体。"欧奈市法官报告说，
他和市长、医生和当地的卫生官员在1835年6月3日被召前往作案房
屋时发现：

> 我们发现三具尸体躺在地上（地板），也即是：（1）一个
> 约莫40岁的女人与壁炉相对仰卧在地，遇害的时候她似乎正
> 在忙着烹调一锅稀粥……这个女人衣着普通，头发散乱；脖子
> 和后脑壳都被劈开并留下"刀痕"（cutlassed）；（2）一个大
> 概七八岁的小男孩身着一套蓝色罩衫、裤子、长袜和鞋子，俯
> 卧在地上。他的头被一刀劈开，创口极深；（3）一个女孩穿
> 着一件白棉布裙和长袜，没穿鞋子或木屐，仰卧在地，双脚搭
> 在朝向庭院的门槛上指向南方，梭结花边搭在腹部，布帽和一
> 把头发落在她的脚上，头发似乎是在她遇害时被扯下来的；她
> 的右半边脸和脖子都留下了"刀痕"，创口极深。

医生进一步报告说，皮埃尔的母亲遭到了暴力袭击，以至于她的脖
子几乎被砍断了，她的头仅仅是靠着左半边的皮肉连着才不至于身首异
处。她的脑壳已被砍碎，几乎已是脑浆迸裂；她的面容在多次砍杀之后
"化作了一团血肉"；此外她还怀有六个半月的身孕。医生还发现，"多

次砍杀"已让小朱尔斯彻底体无完肤，皮埃尔妹妹脸上也落下了众多的镰刀伤口，以至于她的上下颚几乎都已彻底分开。

在确定上述暴力犯罪"现代性"的同时，一位名叫布夏尔的医生也对皮埃尔进行了详细的检查，这名医生是在巴黎的"皇家医学院通讯院士"。他注意到，皮埃尔因其个人暴力反叛的成功而倍感舒适，洋溢着阿森斯所说的"甜蜜胜利"："当我提到他的犯罪的时候，"这位医生报告说，"他以一种轻松沉静的语态谈论此事，这着实令人吃惊。"

250　讽刺的是，考虑到阿森斯同事弗兰克·哈通后来梳理的那个"无法抵挡的冲动"观念的演化史，布夏尔却为他不够熟悉最新的精神病学分析法而道歉："我没有做任何颅相学检查，这项科学尚未取得很大进展。我必须承认，我对颅相学的熟悉程度太不完整了，以至于我不敢犯险在如此严重的命案里应用这门科学。"

这位法国医生没有发现"任何精神错乱的迹象"，但是，尽管认识到皮埃尔对"他父亲不幸"的关心已经长期酝酿、瓜熟蒂落了，尽管知道凶手本人供述曾经为谋杀筹划了一个月，布夏尔医生还是得出结论，"我相信，这场他负有罪责的三重谋杀案只是出于一种因他父亲的苦难而起、短暂的过度兴奋状态罢了。"［他的说法］万变不离其宗，千篇总是一律（*Plus ça change, plus c'est la même chose.*）。

"支撑我学说的基本假设，"朗尼·阿森斯在《暴力犯罪及罪犯重访》一书中表示，"犯罪乃是**社会迟钝**（social retardation）的产物。每当人们以某种并不完善、原始的幻象社群为立足点，来指引他们对自己和他人的行为之时，有个'我们'会出来阻碍他们继续协作、进行后续的社会活动。这些社会活动植根于他们的暴力社区，或是他们生活的更大规模社会之中。"西方文明进程史有力地印证了阿森斯的学说。"暴力化"是个显而易见的普遍机制，儿童靠着这套机制被塑造成恶性社区里适者生存的成年人。如果更大规模的社会本身即恶性的话，那么"暴力化"就可与之适应。今天，暴力和极端暴力的个体则都是我们更大规模文明社会里的社会异类。探究童年历史的德默斯也得出了相似的结论。"鉴于有些人依旧在杀害、虐打并性虐儿童，"他写道，"任何想将育儿模式分阶段的尝试都必须首先承认，（儿童的）心理演化在不同家庭背景里的演进程度也各不相同，许多父母似乎'沉溺'在更早的历史模式之中。"如果说更大规模的社会在过去 500 年里"文明化"了自己的话，那么暴力家庭内部的进一步"文明化"也必定有可能实现。"特定的童年经历必将有意识地维系特定的文化特质，"德默斯证实说，"而一旦这些经历不复存在，那么这些文化特质也会随之消亡。"

第 18 章

# 原始暴力

"男人和女人都喜怒无常、容易吵架，可能的怠慢或伤害都会让他们很快怒气冲冲。他们都妒忌各自的名望，许多人际关系都伴随着潜滋暗长的紧张感，甚至是深藏不露的敌意。支配和顺从、敌对与镇压都是反复上演的戏码。尽管人们并不缺少更为温和优雅的美德，但生命中却有着显而易见的侵略基调。"中世纪的英格兰或是今天美国的某个小型恶性社区都配得上这番描述，但事实上它描绘的是新几内亚高地人的生活景象，作者肯尼思·里德是第一批踏足这一地区的人类学家之一，时在 1950 年代初。

绝大多数土著社会在与西方接触之前都是暴力社会，并且在接触之后的相当长时间里，暴力仍会持续。对比一下，1969 到 1974 年之间俄亥俄州克利夫兰市黑人男性的凶杀率——这是一个聚集于一个小型恶性社区的有名的暴力群体——是每 10 万人 141.2 人，14 倍于美国全国的凶杀率。不过，巴西的雅诺马米部落在 1970 到 1974 年间的凶杀率却高达每 10 万人 165.9 人；澳洲土著摩恩金部落（Murngin）在 20 世纪初的凶杀率达到了每 10 万人约 330 人；而在新几内亚低地的吉布西（Gebusi）部落，1940 到 1962 年间的凶杀率是 683；同属新几内亚的赫瓦（Hewa）部落，1959 到 1968 年间的凶杀率则是 778。是不是这些那些土著社会都以"暴力化"来训练他们的孩子，为应对这类恶意做准备？

如果人类学家多关注一下育儿实践的话，这个问题就更容易解答了。半个世纪之前，精神分析学家爱利克·埃里克森曾在他那里程碑式的研究著作《童年和社会》（*Childhood and Society*）一书中哀叹过这一疏忽。"就连那些在土著部落里生活多年的人类学家，"埃里克森怨叹说，"也未能以某些系统的方式观察这些部落对孩子的教育。专家们宁肯默示公众：那些野蛮人（savages）根本就没有儿童教育，原始人都'像小动物'一样成长。"

有证据证明这一点，最好的证据来自新几内亚，因为西方探险者直到 19 世纪下半叶才开始进入这个危机四伏而又郁郁葱葱的西太平洋岛屿，在近乎纯洁无染的状态之下对其土著部族进行现代观察便成为可能——比如说，法尔人（Fore People）之间的食人现象直到 1950 年代末才终止。高地（Highlands）是新几内亚的主要地区，这里也是数十万个部族的家园，他们被崎岖不平的地形分割成 100 多个语系，直到 1930 年代仍然遗世独立，彻彻底底与世隔绝。正当澳大利亚人沿着河流在群山之中逆流而上寻找砂金资源（河床冲积物）的时候，他们发现了富饶肥沃的河谷，以及与之一荣俱荣的茅草村庄，错落有致且花木扶疏的花园。高地人大为震惊地得知，就在限制他们的上千英里碎裂山系之外还有一个更大的世界。儿科医生、荣获诺贝尔奖的病毒学家卡尔顿·盖杜谢克曾在高地部族那里住过多年，他对他们大表欣赏。盖杜谢克还在一篇文章中记述说，高地人在他们被发现时曾是"石器时代的食人族"，他们"对轮子、纺织品、瓷器、金属或是谷物都颇为陌生"。

正如肯尼思·里德的描述所揭示，澳大利亚"平复"（pacified）之前的新几内亚几乎处于霍布斯般的永恒恶性战争状态之中。这里猎取人头（head-hunting）和食人（cannibalism）的声名远播，以至于密克罗尼西亚人（Micronesians）在海上迷航时宁愿走上四倍之远的距离——前往菲律宾——而不是向南去到新几内亚。威廉·布莱船长因"慷慨号"船员暴动而放逐漂流，缺食少水的他同样与这个岛屿保持了安全距离。新几内亚岛上的冲突无所不在——这是一个"长期残酷的杀人和被杀循环"，玛格丽特·米德形容说——所有人都会一直留心着自己的身后。法尔人与其他部族不同，他们认为无休止的争战是个诅咒，因此欢迎澳大利亚人的平复。但是别的新几内亚部族（比如达尼族）却对争战甘之如饴。

与东高地地区加胡库（Gahuku）族同住的一名澳大利亚人类学家评论说，"对加胡库人通常寻求的那种满足感而言，敌人似乎和朋友一样成了不可或缺之物。人们会从自己的朋友那里弄到女人，也会因为著名的交易大型牲畜和贵重物品的竞争活动而需要他们。但是，人们也需要敌人，因为战斗代表了'力量''侵略性'这些人们崇尚的品质，正是这些品质给部族和个体都带来了同等的至高声誉。"这些基于价值的论断显示，新几内亚土著互相杀个不停只是为了游戏娱乐而已。一个更 253 客观的冲突来源，也在敌对部族之间因争夺人口和领地的激烈竞赛中有所表现：战争是对资源的竞逐，而在一个部族对另一个部族取得了临时的人数优势或物质优势时，这一竞逐就会格外炽烈；若是这一优势消亡，那么竞逐也会随之终止。在这些基于家庭和宗族的社会里，私人暴力与部族暴力紧密相连；对战争动机和成因的两项跨文化调查在总体上说明，"国家形成之前的战争的主要动机乃是为凶杀复仇，或是各种各样的经济问题。"

土著社会里的暴力——我们称之为犯罪——消除了优势，制止了侵犯。更具侵略性的男人和女人更容易被指控是用了巫术，疾病带来的死亡也常常被归结为巫术的恶意。

L. L. 朗格尼斯是一名美国人类学家，他研究了新几内亚东高地地区的贝纳贝纳族，收集了一份有关高地暴力的概观，他发现暴力是"所有高地新几内亚社会的特质"。朗格尼斯的证据显示，育儿就包括了暴虐化。

朗格尼斯总结说，杀人"常常是在高地地区获得领袖地位的前提条件……与公正和道德一样，权力的范围仅仅是由行动确定的——暴力行动"。

在巴布亚和新几内亚于 1975 年赢得独立之前，澳大利亚的和平努力至少是大幅度减少了这两地的部族间的暴力。"他们戴上了假发和红色法袍，"盖杜谢克告诉我，"并在定期召集的露天法庭上执行正义。人们接受这个，因为他们热爱仪式，也厌倦了无时无刻的争斗。澳大利亚人应当为此获得诺贝尔和平奖；他们不用强力和入侵就让这个岛屿得以安宁。"当然，在红色法袍的后面还有地区官员和巡逻警察，不过对暴力的垄断微不足道。倒不如说，这是新几内亚人口中所说的"舶来品"——西方的货物、财富和显而易见的技术优势——促使他们停止暴力，这与近代欧洲的王室和上流社会用他们的财富和威望统治平民、引领他们进入文明社会的历史颇为相似。

爱利克·埃里克森花了 1937 年的整个夏天观察奥格拉拉·希奥克斯族（Oglala sioux）——达科他（Dakota）人——位于南达科他州的松岭保留地（Pine Ridge Reservation）。除了对人类学家有所抱怨，埃里克森对希奥克斯族育儿的评论也颇为有限，而且他满脑子都是弗洛伊德式的话题。不过，"暴力化"的成分还是在他对这些"凶猛之人成长历程"的观察中有所显现。"他们的暴虐广为人知，"埃里克森评述说，之后又补充道，"很难说同俘虏之间的残酷游戏对他们而言意味着什么。我们对人类的暴虐知之甚少，除非它们在'和平'娱乐乃至是色情娱乐之中，以及在战斗的狂暴中自我显现。"

埃里克森在访问希奥克斯的母亲们时，被告知了她们对各自婴儿施加的"早期暴力"：

> 为了能吃奶，婴儿必须要学会不咬乳房。希奥克斯族的祖母们讲述了她们在自己宠溺的婴儿开始用奶嘴"初次用力咬"的时候，她们对付这些婴儿时的麻烦。她们语带兴致地谈论，她们是如何"重击"婴儿的头，以及婴儿又是如何怒气上窜。正是在这一点上，希奥克斯的母亲们也会说出那些我们母亲在自己婴儿初生时老生常谈的话：让他哭，这会让他变得强壮。特别是优秀的未来猎人，从他们婴儿期怒火的力量就能看得出来。
>
> 希奥克斯的婴儿在怒气填膺的时候，脖子会被绑在婴儿板上。他不再能以惯常的四肢剧烈运动来表达怒气……与"慷慨"（generosity）相伴的（希奥克斯）美德是"坚毅"（forti-tude），在印第安人那里这是一种比简单的"勇敢"（bravery）

更凶猛也更坚忍的品质。它包括轻易就可唤起的充沛且足够快
速的狩猎和战斗精神，对敌人施加虐待式伤害的癖好，以及在
遭遇折磨和自我折磨时忍受极端艰难和痛苦的能力。是不是
"压制婴儿咬人愿望"的规定动作会促成部落"随时就绪的凶
悍"？如果是的话，那么这绝非毫无意义。慷慨大方的母亲本
人在她们出牙的婴儿身上激起了一股"猎人的凶悍"，正是这
股凶悍之气催动着一项终极转变：婴儿受激的怒气化为猎杀、
包围、捕捉、杀死和偷盗的理想图景。

埃里克森也报告了1942年执行的一次"主题统觉测验"的结果，
有200名松岭儿童接受了测验。他似乎假定这些测验结果反映了（他显
然美化了的）前现代社会的崩坏，但事实上这些测验揭示了"暴力幻
象社群"的证据，这更可能是土著人的特征，而非是对"文化崩坏"
的回应：

　　　达科他的孩子们……将世界描述为危险和敌意之地。早期
　　家庭生活中的亲情关系都成了乡愁怀旧。或者对他们而言，世
　　界似乎并没多少确定性，也没多少"目的性"……在孩子们
　　叙述的故事里，"行动"多半都是由他人挑起的，而且多半是
　　轻率不周、不甚可靠和不友善的行动并引起了争斗及玩具和财
　　产的毁坏，制造了叙述者的悲痛、恐惧和愤怒。叙述者的
　　"行动"几乎总能带来打斗、财产的损坏、规则的破坏和偷盗
　　行为。动物也成了"骇人"的象征……对他人死亡、疾病和
　　离去的担忧是仅次于他们描述的"来自人们或是动物的敌意"
　　之后的常见问题。

政治科学家马克·霍华德·罗斯检视了世界范围内 90 个前工业社会的民族志报告，从中提取数据，观察"私人暴力"究竟是不是与"战争习性"相关。这份数据来自一个标准的跨文化样本，其中包括人类学家对 150 多个被认为具备代表性的族群进行的类似研究。罗斯发现，"（族群）内部冲突是衡量外部冲突强度的一个良好指标，而外部冲突也是内部冲突的绝佳指标……这些研究成果清楚地支持了这个论点：这里有'暴力文化'……那些'心理和文化上倾向'暴力的族群无论对内对外都表现得更具侵略性。"

借助"心理文化倾向"这个概念，罗斯表示，他在他所分析的族群里找到了三个与内部和外部高层级冲突相关联的变量（variables）。第一个变量是严厉的社会化实践（socialization practices），其中包括强加剧痛、使用体罚、不纵容儿童、责骂他们、将孩子交给看护人而不是他们的母亲，强调"坚毅"和"侵略性"的价值。第二个变量则是"低感情"（low in affection）的社会化实践，其中就包括不注重信任和宽容的价值、不看重诚实、远离父亲、更少表达爱意、更少重视儿童。第三个变量则伴随着有关男性性别认同的高层级冲突。

> 我们的证据是，各个族群之间在社会化实践上的明显差异，比如爱意、热情、惩罚、侵略、性别角色之争这些问题，都对理解冲突行为格外关键……社会化给了每个个体一面镜子，他们透过这面镜子观察自己和他人，以及……这些认知对塑造他们成人时的行为颇为关键。人生早年习得的性情不仅仅与知觉层面相关，它们还会牵涉特定的行为模式，比如，如何回应侮辱，如何进行身体攻击，以及该信任谁。这些都是终生

会产生作用的行为模式。

259　　　　罗斯对世界各地土著社会的综合研究也支持了阿森斯在与美国西部和中西部暴力罪犯对谈时得出的特定论据。罗斯还将暴力行为者的"解读"单独认定为解答他们行为的关键。"绝大多数冲突情境都很模棱两可。"参与者很容易就因所谓的"客观"因素介入一场冲突（"她、他、他们，弄走了我的土地、水、女人"），但对某个局外人而言，令人震惊之处在于，同样的情境发生过多次，却**并不会**导致暴力。因此罗斯总结说（一如阿森斯的说法），"客观情境并不招致蓄意冲突，对这类情境的**解读**才是关键。"鉴于人们会从他们的初级群体那里学会"如何解读冲突"——用阿森斯外延更广的术语说就是，咨询他们的幻象社群，以此达成"解读"——重要的是要了解这些术语之下，那些亲近的（幻象社群）实体们是如何运作的。阿森斯认定，"暴力化"乃是暴力幻象社群的形成过程。罗斯在对更大规模、更具代表性的土著族群样本的检视中也发现，一定程度的"暴力化"在那些族群里也与更高层级的"私人暴力"（"内部冲突"）高度相关，群体暴力（"外部冲突"）亦然。

　　　　我是不是论证了凶杀率更高的土著部族会让他们的孩子暴力化？巴布亚新几内亚的高地族群至少确实是在"暴虐化"他们的孩子，而随着这一"暴虐化"而来的高凶杀率之事实也表明，那些族群的部分成员也都经历了"交战状态""暴力表现"和"恨意"这三个阶段。埃里克森对希奥克斯族的简略评论、罗斯对90个族群的"关联性研究"都未能全面论证，但他们都佐证而不是否证了阿森斯的发现。

有一个值得进一步研究的现象，即广泛存在的、社会认可的鼓励对女孩和女性实施"暴力表现"——尤其是强奸——目的是为了促进男孩和男性的"暴力化"。鉴于自给型社群资源有限，手头可以利用来培训男性战士的一类资源——以此支持和保卫族群，便是——它们自己的（女性）成员，这些受害女孩比战俘可靠而且随手可得，她们还被鼓励不要为了保护自己而阻止男性的"暴力化"。利用本族女性资源的另一项好处在希奥克斯的例证里显而易见，他们训练女性的依赖性。埃里克森记述了类似后果："希奥克斯的女孩都被教导要成为猎人的帮手、未来猎人的母亲。她们被教授缝纫、烹饪、保存食物和支帐篷。同时，她还会接受严酷的训练，成为羞怯莫名而又完全害怕男人的人。"这种原始的"性经济"在当代文明社会也有残留，那就是对"约会强奸"（date rape）的容忍，对高中成功运动员越轨行为的忽视，某种程度的配偶虐待，以及文明进程所修正过的、男孩对女孩长久以来的优势。在这种暴力训练的"劳动分工"里，也许就潜藏着女性不平等的起源。

人类学家们持续争论，"社会化，特别是通过惩罚性育儿、冷漠/专横的父子关系而形成的成人侵略范型"对暴力成因的重要性。阿森斯的研究则为这场争论中的术语提供了大量潜在而又基于事实的"订正"（recasting）。

比如说，人类学家布鲁斯·M. 瑙夫特就在一篇名为《重思简单人类社会中的暴力》（*Reconsidering Violence in Simple Human Societies*）的论文中指出，吉布西族，也就是那个拥有极高凶杀率[1]的新几内亚低地族群的社会化"是充满爱意而非严苛的"。吉布西族人对他们的儿童爱意绵绵，不殴打他们，也允许他们享有超大自由。全族约 450 人，没有领袖且人人平等，大家一起维系着"好伙伴"的气氛，瑙夫特说这是他们的基本文化价值。"与之相对的负面价值特质是所谓'高夫'（gof），这个词喻指愤怒、严厉和暴力。暴力和愤怒被认为是反社会和丑陋之举，被怀疑是心神不宁的个人常常会极力否认这一点。"

　　不过，极端暴力在吉布西族群里还是颇为稀松平常。"这种社会生活模式，"瑙夫特写道，"总体上是安宁平静的，但也会被侵略打断。一旦这种事情发生，那么他们就会不受约束，而且常常杀人行凶。"瑙夫特在他进行的一项谱系调查中记录了 394 名死亡的成人，"接近 1/3……都是凶杀致死。"吉布西人杀死其他吉布西人，主要是因为他们相信那些人是巫人，据说这些巫人会让族群里的其他人死于疾患。"更具侵略性、直言坦率或是性格刚毅"的男人和女人都"更大可能成为'巫术指控'的靶子"。如果一名吉布西人被其他人指控是个巫人的话，那么便不大会有"一致性异议……没有强壮男人或是战斗领袖会组织复仇性杀戮，对先发制人的暴力也没有任何物质补偿"。完全缺少社会禁止的结果就是，杀人者有了公开的理由。"暴力之起其疾如风，常常造成极端毁灭，各方在后续处理时也倾向于表现得若无其事一样。"

　　想象一下你是这种社会里的一名儿童。尽管你被深情爱护并且没有

---

〔1〕 正如前文引述，1940 到 1962 年之间的凶杀率为每 10 万人 683 人。据瑙夫特估计，这个数字在澳大利亚平复吉布西之后降到了每 10 万人 419 人。澳大利亚的平复始于 1963 年。

遭受殴打，但若是经常目睹父母长辈被公开且出其不意地殴打致死、没有人上前阻止的话，（瑙夫特在一则脚注中提到，丈夫也"偶尔"殴打他们的妻子。）那么你的父母又何必以殴打你的方式让你有样学样呢？他们只需以"个人恐惧"就足以"暴力镇压"你了，他们要做的不过是对你侧目而视而已。瑙夫特证实——他无意中表示，正因为他将注意力聚焦于武力镇压而非"心理镇压"之上——而事实上"心理镇压"才发挥着作用："任何成人发怒或是潜在暴力的迹象都会刺激（儿童）产生一种名为'阿比维达'（abiwida）的情绪状态，这情绪从不适、焦虑、尴尬再到极端惊恐，不一而足。"还有，在证实"透过个人恐惧的暴力镇压"才是吉布西人"首选项目"的同时，文章接着说，"吉布西人公开鼓励使用、展示'阿比维达'行为，并以此将'脆弱'广而告之，鼓励人们重归于好。"这即是说，吉布西人会在孩子成长的时候确保他们经受大量的"阿比维达"。瑙夫特非但未驳斥"社会化是吉布西暴力的来由"这一论点，反而是确认了社会化是以暴力形式进行的。鉴于他的论文还包括了其他有着超高凶杀率但又似乎以"慈爱模式"育儿的"简单"人类社会——非洲的"昆族布须曼"族，美洲的中爱斯基摩族——这些部族大概也都采用了这类更为隐秘的暴力镇压模式，这与他们崇尚伪善是一致的。儿童可没上当。

　　盖杜谢克既是个本于兰波[1]传统的浪漫主义者，也是个第一流的科学家。他有过与各土著部族同住的经历，特别是安加族（Anga）。盖

---

[1]　19世纪法国诗人，以超现实主义和象征主义闻名。——译者注

杜谢克与土著人士的亲密程度达到了其他人类学家罕有其匹的程度，他
深深抱憾于土著文化的现代化，视其为知识的损失。"奇异，独特，现
在却快速消失的人类原始文化。"他在一篇文章中写道。

> 他们的儿童保育方法和儿童养育实践都已被连根拔除……
> （方法和实践）展现着空前的"人类婴幼儿神经系统规划实
> 验"。一旦这些原始社会烟消云散，我们的风俗禁忌和宗教伦
> 理都不会允许我们以发育之中的神经系统来模仿，甚或是试图
> 再现这类实验。

而在一条私人日记里，盖杜谢克更为感性地提及了这些"介入伦
理"：

> 如果不走近他们，我们就无法治愈他们的雅司病和溃疡
> 病，救助他们垂死的儿童，拔除他们的箭头，处理他们的伤
> 口；而如果我们不将我们自己和我们的生活带进他们的边界，
> 我们将无法走近他们，我们也就无法拒绝他们看一看外部世界
> 的请求，我们也无法不同意那些前来此地研究他们、观察他
> 们，特别是那些想要以任何方式"帮助"或是改变他们的人
> （其中包括停止战事、谋杀、恐惧、迷信、饥荒或是瘟疫），
> 无法不同意有人想要"让他们保持原样，继续原始，继续风
> 景如画"的做法（将是）对它们人类心智和志向的侮辱，也
> 绝不会有人这么做。到来之后，我们便致力于改变之中，我们
> 也是改变的代理人。这种改变让我们深受困扰，因为我们比他

262

们更懂得，有时候文明的果实会是多么苍白、贫瘠、不惬人意。[1]

　　埃利亚斯有时也哀叹现代文明更为灰暗的色调，这与中世纪多彩多姿的情感形成了鲜明对比。他的同事赫伊津哈也在其经典著作《中世纪的秋天》（*The Autumn of the Middle Ages*）一书的开篇中表达了这种怀恋之情："对生活于五百年前的人们而言，他们对一切事物的看法都比我们要泾渭分明得多。痛苦与欢乐、好运与噩运之间的差别似乎比我们今天要大得多；一切人生经历都意味着直接的、绝对的快乐和痛苦，而这些体验今天依旧驻留于孩子心中。"

　　但是，"暴力化"在中世纪和没有文字的时代分布广泛（如果不是海内皆然），并继续在今天文明社会郁积的证据恰恰从反面证明，人类过去 200 万年演化历程里发明的应对策略极少真正地丢失了。我们也有我们的食人族（杰弗里·达默涌上心头），我们的嗜粪癖，我们的幻觉人、狂战士和恋童癖，他们是正常时代的遗留，但被当今的我们视为精神病。我们的暴力罪犯是不是也属于濒危物种？想要世界重归原始社会，不管是多么希望，确实是对人类理想的侮辱。

　　在阿森斯亲自研究之外的那些案例里，在横跨数百年间的历史变迁模式档案里，在西方之外或是非现代的文化中，"暴力化"都一再显现，成为"造就严重暴力之人"的普遍机制。"暴力化"是不是也是大

263

───────────

　　[1]　盖杜谢克亲身体验了这些冲突。他从西太平洋各土著部族非正式地收养了超过 50 名儿童，在美国抚养他们也令盖杜谢克本人陷入穷困。1996 年他被逮捕，其中一项指控就是性虐待儿童。不过靠着辩诉交易，他在狱中只待了很短的时间。

多数人（如果不是全部的人）在其一生中经历的某种更为普通的（不一定是暴力的）成长过程的一个特例？这就是阿森斯着手解答的下一个问题了。

# 第三部分

# 作为独白的自我

独白供给着重要的养分，

失去它们，自我将无以为生。

——朗尼·阿森斯：《作为独白的自我》

第 19 章

# 自我激变

艺术作品，常常源于创造它们的艺术家生命中的具有深远意义的蜕变的经历。科学成就恰好也是如此，特别是科学理论。这本没有什么奇怪之处：科学创造和艺术创作是一对孪生兄弟，尽管它们各自的成果会经历不同的验证，其呈现和展示的过程不尽相同。

1989 年初劳德里奇出版社出版《危险暴力罪犯的诞生》一书后，阿森斯自身境况的"急速滑坡"（steep descent）仍在持续。他原本希望这本书会帮他转运，为他带来补助金和教职。《暴力犯罪和暴力罪犯》一书未能赢得犯罪学圈子的认同，这让阿森斯痛苦不堪。他已经抛弃了乔治·赫伯特·米德和赫伯特·布鲁默的术语，转而撰写一本分析暴力犯罪形成过程的著作，这是一本简约、纯粹的书，并且转换了范式。少有人注意到这本书，部分原因在于它是在国外出版（美国境内曾于 1992 年由伊利诺伊大学出版社出过一个平装版）。学术刊物上出现了一些评论。有些信奉定量研究的犯罪学家将其批得体无完肤——他们抱怨案例不够，好像阿森斯只不过是将警局记录制成了表格而已，他的对照组（control group）组在哪里？而刊登在一份符号互动论（symbolic interactionist）期刊上的书评则用"实至名归"的赞誉之语夸赞了本书："我本人研究 500 名暴力者的经历让我觉得，（本书）代表了一项具备深远创造力和原创理论的成果，与本世纪其他任何犯罪学成果相比亦不逊色。"

　　就像之前《暴力犯罪和暴力罪犯》一书一样，阿森斯说："无济于事。这本书失败了。一切都失败了。我是个失败者。事情开始变得一团糟。"他依旧在尝试寻找一份教职，还在投送简历，但他的婚姻却结束了。他和妻子在本书出版之前就已分居。现在，身为政府执业律师的玛丽莲不愿再到处搬家。"现在情况已经变了，"阿森斯分析她的情况说，"她已经做了力所能及的一切来帮助我成功，然而我失败了。现在该考虑她的事业了，要将她的事业放在第一位。她现在是我们家庭这艘船的船长，事情本该如此。她说了不少实情。我已经自我毁灭了。但我告诉她，好吧，如果你是本船的船长，那么我就弃船，这也是一条出路。她给了我 700 美元，我取走了那辆旧车，将我的东西放进了车后面，然后去了里士满。"当时他的母亲艾琳也已经与"希腊佬彼得"离婚。阿森斯与母亲同住，继续找工作。他已经 40 岁了。

　　彼得已经迁居到一处房车公园，他的"巡回马戏"角色也得以全面展现。彼得顺利地走上了成为一名户外艺术家的路，他靠着在跳蚤市场出售小装饰品和自制标牌为生。彼得自称为"金刚旗手"（King Kong Flagman），开着一辆老爷车四处兜风，车上插着各色旗帜，一只全尺寸毛绒大猩猩算是他的同行乘客，他还是带着他的枪。彼得依旧杀气腾腾、威胁外露，但 1984 年阿森斯前去看他的时候，父子二人在相聚之后达成了"休战协定"。

"他掏出一把枪对着我，"阿森斯回忆说，"我告诉他，'继续，杀了我吧，我不在乎。'他扔掉枪亲吻了我，说他不会伤害我。我不知道他为什么这么做。我想他只不过是为了试试我的胆量。"直到现在为止，阿森斯都保持着对他父亲的尊重。"彼得本人的疯狂之道值得敬重，"他说，"他对自己的那一套规则一以贯之。这是一种乡下人的荣誉观。"（彼得罗斯·阿森斯死于——无疾而终——1996 年 12 月 8 日。阿森斯的外祖父龙布罗·扎哈里亚死于 1977 年，95 岁高龄。）彼得是阿森斯幻象社群的一部分，也是重要一环，更是阿森斯让学术圈同僚们不舒服的一大成因。"学术圈是个可以接受说谎的世界。"阿森斯指明了这个问题，换作彼得或诺伯特·埃利亚斯也多半会如此；这一差异，与中世纪骑士的粗鲁直率和之后继承他们的宫廷侍臣的外交礼仪也颇为相类。彼得同样有着中世纪式的暴力；阿森斯没有选择暴力，但他依旧透过自己古老的幻象社群"棱镜"来看待社会关系和职业关系，这让他直率、生硬，有时出言刺耳。在那段灰暗的日子里的某一天，阿森斯去看了一名心理咨询师。这位咨询师将他的问题诊断为"高贵野蛮症"（noble savagery）。"你没什么问题，"他告诉阿森斯，"你只是属于某个阿帕奇（Apache）部落罢了，你会成为一名英雄，你会成为科奇斯（某印第安领袖人物）。"但是，身在当代世界的阿森斯不无悲伤地用无意的讽刺口吻说："他们会杀了你。"

阿森斯重燃了与迈克·马科维茨之间的友情，后者现在是一名成功的麻醉师。"我叫他出来，告诉他我只是来拜访——我羞于向他谈及的是我已失业并正在经历离异的事情。我有二十年没见过他了。我们相约餐叙。我们吃了饭，一切都很好。数周之后我又打电话给他，告诉他我有事对他说。他说那在购物中心见。我们坐在他价值六万美元的车里。我告诉他，我的婚姻结束了。他很难为情地承认说，他的婚姻也结束了。我还说了我的遭遇。"他们又重拾那个他们一度终止的话题，最好的朋友之间辩论谁的哲学能创造最佳的人生，"固执己见的希腊斗士对精明委婉的犹太人"——"古板老套"再度直面"彬彬有礼"，结果弄得两相困惑。

　　艾琳鼓舞了阿森斯的法医生涯。她一直关注着里士满报纸上有关"南郊扼杀犯"的报道——那个被指控奸杀一名高中女孩和三个职业女性、却又被联邦调查局的"心灵神探"（mindhunter）搞错身份的保释窃贼。"她一直给我看报纸，"阿森斯回忆，"还说，'去那里吧，帮那些人抓住这家伙——他是个坏蛋，你得做点什么。'"其中一件凶杀案将在切斯特菲尔德郡审理，这里位于城乡结合的过渡区域，横跨里士满市的南缘。阿森斯联系了县检察官威廉·W. 达文波特，说自己是一名法医犯罪学家，主动要求帮忙。达文波特曾经是一位钢铁厂工人，冷静魁梧、一脸胡须，还有一头黑发，他小心翼翼地同意了跟阿森斯见面。

　　"我觉着他们是把我当成个骗子了，"阿森斯说，"因此我拿了一张我在伯克利的学位证书复印件，带上了我的著作。"达文波特在他高大威猛的总检察长沃伦·冯·舒赫的陪同之下面试了阿森斯。舒赫出生于新泽西，是俄克拉荷马大学的橄榄球明星，也是办过 300 多件杀人案件诉讼的资深检察官。"他们认为我是从被告方那儿来的卧底，来这是为了弄清楚他们的案卷。"阿森斯证实说。他们找来了阿森斯的推荐人，其中就包括乔治城大学的希斯科特·瓦尔斯。就在他们忙着查证阿森斯的时候，为了体现自己的价值，阿森斯收集了尸检报告、案卷卷宗、花

了整整三天三夜的漫长时间搞出了南郊扼杀犯——也就是那位蒂莫西·
W. 斯宾塞的犯罪特征。阿森斯证实，斯宾塞使用同一种怪异作案方法
连犯四案——将受害者的双手绑住，然后握住绕在她们的脖子上的带
子，这样他从后面强奸她们的时候就可以慢慢将她们扼死。这份犯罪特
征帮助检方在其他尚未证实的案子里判定了斯宾塞的罪行。"从那以
后，"冯·舒赫说，"我们就很买他的账了。"

　　达文波特聘用阿森斯做了顾问，对重大刑事杀人案件的被告进行简
述，不过这份工作零星分散。1989 年 9 月，阿森斯加入了切斯特菲尔
德郡受害人/目击者援助项目，帮助受害人及其家人以及其他目击证人
准备审讯。在他接受这份兼职职位的一个月后，受害人/目击者办公室
来了一名新主管，31 岁的警长女儿，来自南里士满的伊丽莎白·伯恩
哈德，她也是一名活泼可爱的单身母亲。两人立即就紧密联系在一起。
伯恩哈德 28 岁时就做了寡妇，当时她的丈夫在一次交通事故中不幸遇
难，如今的她也刚刚从短暂的二婚中离异。因此，她和阿森斯颇有共同
之处。

　　伯恩哈德将所有杀人案都分配给阿森斯，她也走马上任成为阿森斯
人生中一系列"职场教练"的最后一位。她生动地回忆了这段经历：

　　　　我用了一天时间，意识到朗尼对这里的这份工作而言资历
　　是过高了。我直截了当地问了他，"你究竟为什么会在这儿？"
　　最终我意识到，在他生命中这个特殊的时间节点，他并不需要
　　一份高强度的工作。我们相处得很融洽。他的性格与众不同，
　　我也在许多场合向他指出了这一点。我认为他是个非常优秀的
　　人，但他缺乏社交技巧。他会吓到别人。当你同连环杀人犯打

270

交道的时候，我会假设你必须呈现出非常强大有力的气场。但我们并不是同连环杀人犯打交道，而是与犯罪受害者打交道。我个人最喜欢朗尼的一点就是他的说话习惯，"你说这个是什么意思？你说这个是什么意思来着？""朗尼，"我会告诉他，"我刚才是说，'也许现在该去吃午饭了。'你觉得我说这个是什么意思呢？我饿了，我该去吃东西了。"他有暴躁倾向，这在同罪犯交谈时非常有效。这会增强你的控制力，但也会将普通的受害人吓得六神无主。

虽说阿森斯有时比较好战，但在办公室里他颇能逗笑。"他会使我笑出声来。我会一笑再笑。我发现他非常好玩。我管他叫'心不在焉的教授'。他的领带通常都会卷成一团球状，要去法庭的时候他就会把它放进口袋里。有那么几次他的袜子与鞋根本都不搭，我觉得他常常穿着相同的鞋子。"

阿森斯在重铸他的人生。彼时的他正在读托马斯·沃尔夫，并着手撰写一系列短篇小说，故事场景设定在曼彻斯特咖啡馆及其周边地区。那时这些咖啡馆已经拆毁无存，原地盖起了一座小型公园，旁边则是高耸的混凝土防洪堤，里士满市修筑这座防洪堤是为了防止从市区蜿蜒而过的詹姆斯河的河水泛滥。伯恩哈德也在她的业余时间里帮他打字录入，这些老套的故事起着类似"熔炉沸腾了""多情售货员""贪心克伦肖跌入曼彻斯特饭馆"和"疯狂希腊佬揭竿而起"这样的标题，将阿森斯的童年重铸成一段谐趣灰暗的喜剧。

不过除了练手写小说以外，阿森斯依旧执着于乔治·赫伯特·米德那个"自我分类"的难题，特别是米德莫名其妙地将"集体态度"归结为某个"概化他人"。这个"概化他人"已让阿森斯如鲠在喉了 20 年，20 年来他都在勉力理解这一概念。他曾在行动中检视米德有关"自我"的观点，研究暴力罪犯。现在，因重组自我的必要性而获得洞见，他开辟了理解之道。他的成果便是两篇论文，《作为独白的自我》（*The Self as a Soliloquy*）和《自我激变》（*Dramatic Self-Change*）。这两篇文章将他之前两本书的发现拓展成了一个兼具独创性和说服力的人类行为一般理论。

伯恩哈德对她与阿森斯就遣词造句展开争执，以及录入无穷无尽的草稿记忆犹新。"我尝试录入的时候会毫不难为情地告诉他我的所思所想。我会大叫说，'来这儿，朋友！'他会踱步过来。我会说，'这句话毫无意义。要么是你漏了一句话，要么就是你脑子短路了。'我们曾争论过一些他的用语，我常常是居于下风的那个。有时候我争论并不是因为我相信什么，而只是为了激怒他，因为我知道他会爆发。这会是件好事。如果你在某个过于狭窄的立场过于专注的话，也许你需要摇摆一下。我在专业上并不够格与他辩论，但我可以告诉他，有些词句是不是有意义。"成稿的论文言之成理。"他是个好反省的人，也是个非常私密的人，"伯恩哈德总结说，"但是我认为，一旦他认定你是他的朋友的话，这就是一段深沉持久的友情。"

阿森斯在完成这两篇论文之前就离开了里士满，他继续关注大学招聘公告。1990 年初他得知，位于新泽西州南奥兰治镇的天主教大学西东大学（Seton Hall University）已在其刑事司法学系开放了教授职位。阿森斯申请了一个准聘助理教授职位。西东大学聘用了他。1990 年 9 月，阿森斯开始在那里教书。1996 年，身为副教授的阿森斯赢得了终

272

身教职。

然而，终身教职的任命似乎又将阿森斯抛进了新一层的绝望之中。获得终身教职的那个夏天，阿森斯写了一首题为"徒劳"（Futility）的散文诗，认为他过往的人生过得徒劳无功。"我仍然觉得我正在碰壁，"他给诺曼·邓津写信说。"我年近半百，依旧没有在我的领域留下什么真实印记……我的感觉就像是世界上第三好或是第四好的马鞭制造者，然而全世界已经有一百年不需要马鞭了。犯罪学家依旧习惯性地忽视我的暴力研究，就像心理学家一样……尽管你会认为被拒绝得越多就越容易接受，但事实上恰恰相反，因为你会觉得这永远没有尽头。"忠友邓津在回信中建议阿森斯，"别自怨自艾了……你不会想要在现在这样的犯罪学领域里受到认可吧……你的两本书都是巨著……投入到工作中去吧。"即便阿森斯将他过往人生归结为"徒劳无功"，他的课程仍被排得很满，修订着《暴力犯罪及暴犯重访》的剩余部分，将一个个夏天泡在里士满，为达文波特和沃伦·冯·舒赫整理罪犯画像。迈克·马科维茨将他介绍给了一位美丽、镇定、暗金色头发的手术恢复室护士——詹妮弗·韦瑟福德。一段旋风式的追求之后阿森斯就求婚了，登巴里斯神父主持了他们的婚礼。夫妻二人在婚后于西奥兰治郡购置了一套舒适的战前砖瓦房。虽说他仍没什么银行存款，但他有一份稳定的工作并在为之奋斗。

"我从不是为了犯罪学而研究犯罪学，"我们讨论这两篇论文的时候，阿森斯告诉我。"我发现犯罪学多彩有趣，但我总是想要回到一般人类行为——事实上是人性，这一课题上。我认为这是我研究的一大特色。你很难持续致力于同一问题并渐次构建理论，因为你得承受你所做的一切，每时每刻你都得超越你自己。这是很难的，但从另一方面来讲，如果成功了的话，你的研究就会深入深入再深入。这也是我认为的科学研究的样子。"《作为独白的自我》一文始自《暴力犯罪和暴力罪犯》；《自我激变》则出自《危险暴力罪犯的诞生》。尽管阿森斯也经历了其中某些阶段：跌入人生低谷、心烦意乱、自我的毁灭与重建。两篇论文在同行评审的时候，匿名评审员认为它们将成为经典之作。最终，两篇文章分别于 1994 年和 1995 年刊登于《社会学季刊》。

# 普遍进程

　　"独白"（soliloquy）源自拉丁语的"soliloquium"，一个由圣奥古斯丁创造的单词，意思是"对你自己说话"。我们之中的绝大多数人都是从戏剧的模仿中知道这个单词（比如哈姆雷特独白），独白在戏剧中模仿了一段观众熟知的思维过程，同时也解决了剧作家的难题：如何能在不求助于某个全能讲述者的情况下，反映某个角色的内心话语。"意识流"（Stream of Consciousness）——一个威廉·詹姆斯创设的流行概念，用来形容我们的内心独白（interior soliloquies）——也即"内心私语"（internal monologue）。这一文学技法的发明权传统上要归之于詹姆斯·乔伊斯和弗吉尼亚·伍尔夫，它也在叙事小说中解决了一个类似难题。独白事实上是"内心话"，对孩子"内心谈话"的现代研究也证明了这一点：特别是，孩子们都会在上学之前大声自言自语，而一旦他们学会内化这一过程，他们就会变得沉默，以防被人听到——也即是说，将他们的观点藏于己心。戏剧独白发生效力是因其天生的"戏剧性"，它并不是对观众的演说，而是我们被允许"偷听"的隐秘对话；表演得当的独白会让舞台上挤满了"不可见"的他者，他们辩论主角所面临的选择难题，给主角建议。朗尼·阿森斯在《作为独白的自我》一文中明确论述了：那些"不可见"的他者都是谁。[1]

　　阿森斯在《作为独白的自我》中直面了一个古代哲学难题："自我"的本质。他以乔治·赫伯特·米德开篇，（阿森斯写道）"米德比其他任何人都更多地认识到了自我的显现，并借由独白而得以存续。独白具有将自我'视觉化'的功效，任何人在任何时间和地点都可以确证它的存在，只需沉淀于一到两个'自我审视'的时刻即可。人们只需询问自己：'我是不是在与我自己交谈？'如果答案肯定的话，那么他们就已证实了他们'自我'的存在。"阿森斯指出，这一谨小慎微的自我审视确立了"自我"的来源，而不至于将其弄成"一个神秘而又形而上学、没法确证的实体"。

　　但是米德的解释还不完整。我们同自己进行的对话——所谓"独白"——使我们得以组织、协商我们的行动。米德未能识别出一种机制，能解释"我们的行动为何有时大体上与'社群'的态度相一致，但有时又会反其道而行之"的机制。他的"概化他人"，阿森斯评论说——那个似乎传达着"社群集体意见"的所谓"希腊式合唱"（the Greek chorus）——足以解释"一致性"，但正如我之前指出的，它并不能解释"个体性"（individuality）。米德把自我视为一个过程而非一个结构的视角，未能考虑到"自我"之连续性，以及我们所拥有的"这

274

---

　　[1] 因此，第八章有关于"幻象社群"的讨论就有些过时了，因为阿森斯在写作《暴力犯罪和暴力罪犯》时，还没能把自己的理论分析构建完整。他在1997年修订了这本书，以便纳入这些研究。我怀疑除了犯罪学历史学家以外，是否还有其他人有兴趣重温他的研究过程。

就是我们"以及"这就是一直以来的我们"的意识——至少，从我们
通过成长，应对危机，或者经历蜕变，或者不管怎样我们到达了我们当
下呼唤的那个自我。米德的模型需要的是一块稳固的"组件"（compo-
nent）。"自我（self）应当被视为是一个流动的过程，"阿森斯接着说，
"这包括了一个虽然可变但关键的常量（constant）……照我的看法，
'自我'的流动性须被视为源自我们常变不止的'独白'；而'自我'
的稳定性则必须被视为来自那个我们与之独语的'他者'的稳定。"此
外，那个"他者"必然能说明我们的一致性和个体性。

　　为了描述这个"他者"，阿森斯接着确定了 13 条适用于"独白"
的基本原则。其中有些是取自米德；有些则是从其他原则中推导而来；
还有一些源自内省；所有这些原则都能在他同暴力罪犯的访谈中找到证
据支持。

　　第 1 条原则：人们同自己交谈就像是同别人交谈一样，除非他们是
与自己简略交谈。阿森斯说，这一原则也许能解释"指明方向"何以
如此之难。它也足以解释，为什么有人会拒绝同自己交谈——因为他们
的独白与他们的言语不尽相同，要更加精简。

　　第 2 条原则：人们互相交谈的时候，他们会同时告诉自己讲话的内
容。否则的话，他们就无从得知（交谈内容）。阿森斯补充说，这条原
则的结果是：人们在同自己默默交谈的时候，也会重复他们跟其他人说
的话。这样一来，他们对别人说了什么，或是别人对他们说了什么，都
已经未必是说话者的所思所想了。

　　第 3 条原则：人们同我们交谈的时候，我们必须得告诉我们自己
"他们在说什么"。若不如此，我们便无从得知他们对我们说了什么。

275

阿森斯说，我们称其为"听其他人的话"，这也或多或少就是米德那句"站在别人角度"（taking the attitude of the other）的意思。阿森斯指出，第 2 条原则与第 3 条原则共同"表明'自我'将如何积极参与向他人传送/信息和接受他人传递的信息"。

第 4 条原则："独白将我们原始的、身体的感觉转化为情绪。"我们经常如此迅速地识别和归类身体感觉，以至于它们似乎源自情绪。（比如说，在陌生社交情境里发生的身体感觉——脸红、心颤、胃痉挛——害羞的人将其归结为他们羞赧的证据，而在那些有着同等强度感觉的人却不认为自己害羞。）平时我们需要努力向我们自己解释身体的感觉。阿森斯评论说："其实，我们若不是有独白的能力，便无法体验那五色织锦般既困扰又丰富我们存在的富足的情绪。那么我们只能体验一连串模糊的身体感觉，它无疑会在强度上变化，但并不会在总体形式或是形态上有所变动。"阿森斯还补充说，像是"思维"和"情绪"之间的比较分类乃是由"自我"建构的类别，而非各自独立的实体。"事实上，在体验上它们是同时产生的。"

第 5 条原则：我们在独白的时候总是会与一名对话者（interlocutor）交谈。"所有说给我们听的话（包括我们说给自己听的话）都是由某一对话者告诉我们的。"有一类对话者与我们正在交谈的那些人有所关联；这些中间人（go-betweens）通过重复其他人说的话，来告诉我们正在聆听的内容。另一类对话者则由"幻象他人"构成。这些虚拟之人并非物理性地存在，但他们对我们的影响至少不在真人之下。甚至，他们在我们生活之中的影响力还要超过真人，因为人们来来往往，但只要我们的"自我"完好无损，我们的"幻象他人"就会长伴我们左右。

通常而言，我们也不会注意到他们的存在。

第 6 条原则：幻象他人是一人，也是多人。"说是一人，是因为我们在独白时通常每次只能与一名幻象同伴交谈。"说它是群体，是因为我们身边不止一名幻象同伴已经准备就绪。为了社交灵活性，我们需要一群幻象他人组成一个顾问团队，因为不同的"幻象他人"会给我们不同的专业知识。我们的"幻象他人"聚在一起，便组成了一个"幻象社群"，一个或多或少灵活的"的意见箱和参谋官，让我们得以弄清各色各样的社会经历"。

第 7 条原则：我们的独白既肤浅又深刻。从表面上看，我们通过与熟知熟识之人日常交往的经验来进行自我交谈。但在通常情况下，我们并没有意识到我们的"幻象同伴"。阿森斯发现："绝大多数时间里，我们将他们在我们生命中的存在视为理所当然，以至于他们深藏于我们正常的意识层次之下……就在我们继续浑然不觉的时候，我们的幻象同伴影响了我们内心最深处思维和情绪的生发。这样一来，无论幻象社群对我们的影响是好是坏，他们都常常是背着我们进行的。"只有当发生自我激变的时候，才会意识到幻象社群的存在，正如下文所述。

第 8 条原则：我们的"幻象他人"是我们情绪的隐秘来源。如果说我们通过对"身体感觉"的独白而生发情绪的话（第 4 条原则），如果说我们的"幻象他人"在我们的独白中扮演了关键角色的话（第 5 条和第 7 条），那么"幻象他人"也必定大大塑造了我们生发的情绪。阿森斯写道，我们的幻象他人"告诉我们，我们正在经受的一段经历将在实际结束之前如何呈现。这将在我们心中制造一股强有力的'自我应验预言'（self-fulfilling prophecy）"。这番预言随后将深深地触动

276

我们，我们将在感召之下将预言实现，如果没有它那强大的影响力，我们或许就不会这么做。因为"幻象他人"站在暗处，因此我们也许无法察觉他们对我们的支配之力。

第 9 条原则：自言自语让我们得以创作自画像（self-portraits）。如果没有独白的话，我们就无法向我们自己进行自我描绘。然而，我们的自画像并不能与我们的自我等量齐观，这就像油画根本无法与其描绘的人物（living subject）相提并论一样。也即是说，我"如何看待自我"并不必然就是"世人如何看待我"。

"我们认为我们是谁"强有力地影响着我们的行事方式和行事内容，因此阿森斯相当详细地对我们的"自我肖像"（self-portraiture）探查了一番。阿森斯评述说，我们"会在以我们自己为谈话主题的特别独白时"绘制自画像。首先我们会问自己，我们的至亲好友如何看待我们。接着我们会询问我们的幻象社群，如何评价那些意见。唯有将我们亲友的意见在我们的幻象社群中过滤一番之后，我们才会达成一幅完工的自画像。"人们会从他们幻象社群的视角来评判自己，他们会再度逐字逐句地告诉自己：按照那些至亲个体对他们的想法和情感，他们的幻象社群在总体上会对他们有何种所思所感。"如果我们的幻象社群是分散的——也就是说，如果我们的幻象同伴意见不统一的话——那么绘制一幅自画像也就不大可能了。我们会成为一个自己都解不开的谜语、一个复杂矛盾体、一个"分裂的自我"。通常而言，我们会将我们的自画像视为理所当然，它们会在"自我激变"的时候变得疑问重重。除了那些罕见时候，"我们独白的主题都是大事、偶事、事件、事物和除了我们自己之外的他人。"

　　第 10 条原则：幻象社群规则，无论我们独处还是与他人在一起，幻象社群都占据着中心舞台。将某段我们正在共同经受的经历告诉他人，"对我们理解其浮现意义（emergent meaning）绝对重要"，但唯有在与我们幻象社群的交谈中，我们才能确定其最终含义。

　　第 11 条原则：独白必然都是"多方对话"，因此观点的冲突常常是可能的。我们幻象社群之外还有米德的"概化他人"，阿森斯称之为"我们所居社区的官方发言"。阿森斯将其重命名为"他们"（them），以便与米德的"主我"和"客我"相一致。阿森斯指出，我们也许不会常常在我们的独白中听到"他们"。即便我们听到了，"他们"也许会、也许不会与我们的幻象社群——我们的"我们"（us）——的提议相一致。如果这个"他们"与"我们"融洽无缝的话（"完美融洽是一件不可能之事"），那么这两个实体也许就会像是一个声音，我们或许也就无法将他们区分开来。如果他们水火不容——"我们"反对"他们"——我们通常就会将他们区分，但前提是我们的幻象社群（我们的"我们"）不把"他们"抽离出去。阿森斯说，我们或将"都会痛苦地意识到"这种不一致——也即是，在我们更大文明社群之中的荣誉和价值，与我们幻象社群的荣誉和价值之间存有差异。阿森斯提醒说，这些不一致不再是假想的存在，它们"存在于自我中（尽管并不总是在相同的人中发生），自我又存在于社交世界中，而不仅仅存在于人们的头脑之中运转。"如果"他们"和"我们"都在顷刻之间朝我们狂吼，"猛然给出相互矛盾的指令"的话，那么这种冲突便会麻痹或是击碎我们。

　　第 12 条原则：绝对的服从者（conformities）和绝对的个人主义者

（individualists）都颇为罕见。我们在特定社会经历进程中的如何行事，这要取决于我们幻象社群如何告知我们。当我们的"我们"（幻象社群）不同意"他们"（我们的"概化他人"）的时候，我们就像个人主义者一样行事，重挫"他们的"期待；而当"我们"和"他们"相一致的时候，我们的行事就像是个服从者，符合"他们的"期待。

第 13 条原则：重大社会经历塑造了我们的幻象社群。阿森斯完善了托马斯·沃尔夫的观点以阐明这条原则。沃尔夫在《天使，望故乡》（*Look Homeward, Angel*）一书中这样描述他的人物角色，"他们生命之中的每一个时刻不仅仅由他们在当时的经历所限定，也加进了他们在此之前的全部经历。"阿森斯写道，沃尔夫的评述雄辩有力但尚不精准。"社会经历"永无止境，但其中绝大多数都微不足道、转瞬即逝。不过，重大社会经历"却影响深远且铭刻肺腑"。它们将给人们打下永久的烙印。产生"幻象他人"的那些社会经历"毫不奇怪会是重大经历，而非那些微不足道的经历"。

阿森斯在结论部分提出，"独白（soliloquizing）乃是自我的关键所在。"自我仰赖独白而存在："独白供给着重要的养分，失去它们，自我将无以为生。"不过，我们的自我要比我们的"独白"还要丰富；它既是"主我"和"客我"，也是"我们"，也即我们的幻象社群。"在每段新经历期间，'自我'都会表达自己，但'自我'的表达内容远远超过即时经历。"400 年前，蒙田就预先说出了阿森斯口中的"拥挤的内心意识剧场"。"我们皆由碎片组成，"这位法国散文家写道，"无形万状而又不可思议地装配起来，以至于每个瞬间、每段碎片都得其所哉。'我们'和'我们'之间的差异，与'我们'和'他们'之间的差异要一样多。"

"自我激变"始于对'自我'的分类，继之则是'自我'的动态（dynamics）。阿森斯用"自我激变"这个术语意指"自我的改变既激烈又突然"，这时，（阿森斯引用一名同行社会学家）"'某人行事如此异于往常，以至于亲友都快认不出他了。'"社会学家接着说，"'这些改变还伴随着一次心理上的重新定位：这个人以一个不同的视角看待他本人和世界。他保留着许多个人习性，但他形成了一套新的价值观和大异于前的评判标准。'"最受公认的"自我激变"形式就是（宗教）皈依体验（conversion experience），这也是获得某个群体或是体制接纳的过程。"至少，"阿森斯提到皈依时说，"准皈依者必须要被置于导师的监管之下，服从教化，经历一套仪式。"不过，"自我激变"通常是私下发生的，没有得益于制度性支持，它是对大量特别痛苦的社会经历的反应。阿森斯讨论这个并不是要将他自己限定在"皈依经验"里，而是要辨识出一套适用于"私下转变"和"制度性转变"的普遍模式。他区分出了环环相扣的五个阶段。

第一阶段是"破碎化"（fragmentation）。为了创建新自我，旧自我必须瓦解。对任何经历过"自我激变"的人而言，这一阶段最熟悉的通常是"痛不欲生之感"，阿森斯评论说。人们在回顾的时候会更好地意识到这一点。改变是痛苦的，这也是人们为何不喜欢改变的一个重要因素。因此，"人们不会认真考虑痛苦地打造新自我，更不必说开始着手了，除非（人们）被迫进入这一过程，被迫部分毁灭他们之前的自我。"

279

自我的碎裂乃是回应"一次使人痛苦的社会体验，它是如此彻底地陌生"，以至于令人大惑不解。"鉴于人们的自我和维系自我的社交世界已经不同于前"，阿森斯在一则脚注中补充说，他们对厄运的反应因人而异，但阿森斯给出了一份不完全的清单，列出了从社会学或心理学对这类事件的研究中总结出的或多或少具有普遍性的创痛社会体验：

> 潜在的创痛体验有如恒河沙数。它们包括战俘或集中营的拘押……爱人的不幸死亡……慢性疾病，身体畸形或是病弱……自然灾害……亲密关系的结束……出自至亲之手的暴虐……降职或是遥遥无期的失业期，对酒精或是毒品吞噬一切的渴望……之后对酒精毒品使用的禁制……骤然而至的声望和财富。

这类体验之所以陌生，是因为他们与我们之前对世界理所当然的想象不一致。我们无法吸纳它们，因为我们的幻象同伴并不同意，这样一来也不能给我们任何清楚、连贯的指引，告诉我们该如何行事。我们静止不动的观念被汹涌而来而又相互冲突的所思所感取而代之。我们无法行事，行事的压力却增长不息，直到"幻象社群"土崩瓦解。我们之前对世界的假设再也不能维系我们的存在，我们与"自我"出现了分歧，困惑不已，"在一个似乎骤然之间天地翻转而又变得陌生的世界里，无助无依且脆弱不堪。"

第二阶段则是"临时一致"（provisional unity）。阿森斯写道，如果我们之前的自我已经土崩瓦解，如果我们"陷入自我危机的漩涡之中不能自拔"，至少我们已经从那场灾难之中解脱出来，那场因我们对此前视为理所当然之假设的"潜在抑制"而招致的灾难。如此解脱之后，我们现在便能审视之前那些不言而喻的假设，严肃认真地将它们与全新而陌生的社会体验之证据一一比较，正是这些新证据才迫使旧假设重现天日。通过反复再三的审视，我们开始意识到：我们之前对这个世界的假设已经不足以让我们理解我们的新现实。

然而，这种认识只是前往"临时一致"的第一步。为了形成一个新的临时自我，我们还必须将我们旧有的假设换成新的——也就是说，至少要将我们之前的一些幻象同伴换成新的——"这个，"阿森斯评论说，"将是同样痛苦的经历。"新的社会体验继续在我们追求重塑的时候轰炸我们，我们也许会觉得从之前幻象社群的崩塌之中得到了解脱，我们大概也会因为失去了我们那个与之交谈的熟悉的"自我"而感到压力和恐惧。

阿森斯说，因此我们转而向他人"寻求帮助和安慰"，我们知道或是相信这些人一直在那里等着我们。那些"他人"也许只是记忆，"智慧……不过是在当下危机爆发之前很久的低语，但直到现在才有了意义。"或者，我们可能会倾尽全力地寻找有经验的人，"向他们求问建议……现在这场危机充满了痛苦。"若是找不到他们，那么我们"也许会考虑听从那些可能提供建议之人的建议"。无论我们是在哪里得到了帮助和安慰，都会在遵从之前先过滤它们。比起囫囵吞枣全盘接受，我们会将其用作"寻找（我们）**自己**出路时的关键外援……人们必须总是痛苦地一一检视他们获得的建议，决定谁的建议（如果有的话）遵从起来最明智……因此，最终达成的解决方案便在经历了一番迂回进程之后化为个人启示"。这一进程就个人而言犹如世界末日，因为它牵涉到将新的幻象同伴纳入一个全新的临时幻象社群；任何不够激烈的进程

280

都不大可能激发出足够的自信，支撑人们在真实的世界里测试操演。

在"临时一致"阶段的末期，我们暂时得出结论：我们的新视角可以理解之前似乎一直令人费解的创伤社会体验。我们的自我再度完整起来，如果说只是临时的话。

第三阶段是"实践阶段"，它是对新形成的临时问题的回应："当我再度面临与之前那个将先前的自我撕裂的创痛体验相似的社会体验时，我新近形成的自我能否应对这次挑战，带我安然走出这次危险体验?""实践"（praxis）这个专业术语（从希腊语"行动"或"练习"而来），乃是阿森斯从瑞士心理学家让·皮亚杰的研究成果中借用过来的：我们将新的"临时自我"置于关键的"体验测试"之中。靠着指引我们的新任幻象社群，我们或能成功穿越一段与之前重创我们的那次相类似的体验。发出这类信号即是表示：我们新的临时自我是一次成功重整，"没有什么比通过这一测试更能迅速地培养某位正在'建构新自我'者的自信了。"反复的成功进一步增长了自信。

但我们也可能输掉测试。我们的新任幻象社群也许并不称职，我们也许经不起最新的挑战。"如果说没有什么比成功更能培养信心的话，"阿森斯评论说，"那么也许就没有什么比失败更能摧毁信心了。"也许我们会接着得出结论说，我们只需对我们的新"临时自我"做出"微小但关键的调整"，以便增加我们成功的机会。如果我们照此行事并成功的话，我们也许会将之前失败归结为我们需要改正不足，我们输了战役却赢了战争。但是，重复失败会迫使我们得出结论，"（我们自我）的全部构造都必须推倒重来，必须撤换（我们）当前幻象同伴的绝大多数或是全部。"这种结果是灾难性的：我们不仅仅将之前的自我弃如敝屣，而且我们的崭新自我也并不灵光。我们一直以来致力于建构新自我而投入的精力和忧虑也已浪费殆尽。"除非坚韧之心能以某种形式集结起来，彻底重启'汇聚（另一个）不同的统一（自我）'的艰险进程的话，"阿森斯写道，"那么（这个）当前的分裂（自我）就会维持下去。"绝望之举将自我置于"一种永久解体的状态，如果这种状态持续足够久的话，那将以精神病告终"。

如果我们既没有通过这项关键"体验测试"也没有失败的话，我们就会陷在有如"灵簿狱"（limbo）的幽冥地带：

> 这取决于，颇不寻常的创伤社会体验与曾在他们社交世界里摧毁了他们之前"自我"的那个体验有何种相似度。人们也许会、也许不会立即得到重新"测试"的机会。又或者会经历某次类似的社会体验，但又并非**完整**经历。人们或可再度经历某项相似的创伤社会体验，但这次体验也许会在登峰造极之前中断，这样一来，尽管他们新近统合的"自我"经历了某些类型的测试，但是他们的"自我"并没有经历**关键**的测试。

除非人们经历了一项关键的"测试体验"并且通过，否则的话后续的"巩固"就会停滞不前。这种"灵簿狱"与但丁笔下的那个有所不同，它还有一扇暗门通往地狱："在灵簿狱长时间停留，可能会最终给人制造足够的焦虑气氛，造成一种事实上与'永久解体'相类似的最终结局（即便程度会有不同）。"

第四阶段则是"巩固"（consolidation）。每当人们完成"实践"，通过关键的"体验测试"之时，"他们会兴高采烈、自得自足，更不必说纯粹的解脱了。（他们意识到）他们已经最终成功穿越了一次与之前曾让他们'自我破碎'的那一回极其相似的社会体验（如果说并不相同的话）。"结果，"他们的崭新自我在他们的眼前绽放，更重要的是在他人的眼皮底下绽放。"在依旧"临时"但显然已经"胜任"的幻象社群的陪伴下，"他们现在可以将此前互相冲突而且支离破碎的思维和情绪整合起来……将这些所思所感（归并）为一套连贯可行的行动方案，这套方案在他们成功之前绝无半点可能。"不过，其"永久化"有赖于他人"如何反应"。"不管人们私下里会为他们的成功多么惊奇、愉悦或是解脱，只有**他人**才能给他们留下成功的深刻印象。"社会认同很关键，但只有认同是不够的。"其他人不仅必须认同我们的功绩/不法行为，也一定要将这种认同反映到他们对我们的具体行动之上……这是成功在（我们的）体验世界投下的一片涟漪，它将给（我们的）心灵留下永久的印记；投下的涟漪越大，印记的时间就越持久。"

在这个"巩固阶段"，我们依旧需要扪心自问，我们是不是想要拥抱我们的新角色——这即是说，我们依旧有选择的自由。阿森斯写道，通常而言我们都会接受我们全新的自我，"原因不难想象。"我们已经跨越了地狱（也许是灵簿狱）；如果现在我们拒绝成为那个即将成为的人，那么我们不仅会浪费掉此前遭际的全部苦难，还可能要从头再来冲着另一个方向再受一遍苦——或者堕入另一选项，那就是陷入永久性的心理瓦解之中。

因此，人们常常会选择拥抱而非拒斥他们的新"自我"。不论是好是坏他们都会如此，于是：

> 剧烈的转变发生了。那些幻象同伴成了人们新"自我"

的"准永久居民"，人们一开始正是依照这些人的意见通过了关键的"体验测试"。一旦这种事情发生，人们新找到的幻象同伴就会逐渐消逝在人们意识的阴影里。最终，他们的幻象同伴一同移出了他们的意识范围。随着他们的幻象同伴从意识界中消泯不见，他们现在赖以观瞻他们社会体验而（透过）那面棱镜也同时从视野中消失。因此，人们再度将他们应对世界的观念视为理所当然而习焉不察，就像他们在开启自我激变进程之前的做法一样。幻象同伴从他们意识界的消失是一个信号：他们的"新自我"已然完全巩固了。对他们而言，剩下唯一的任务便是让自己抽离他们觉着不舒服的社交群体，转入他们与自己的"新自我"和谐相处的群体之内。

这个终极任务便构成了第五个阶段：社交隔离（social segregation）。283阿森斯评论说，罗伯特·帕克"很好地运用了'隔离'的概念。他将隔离定义为一个'筛选和分类的过程'，人们本质上是经由这一过程而被吸引到最适合他们背景经历的那些群体里"。社交壁垒（social barrier）以"挑战进和出"的方式让这一过程复杂化，阿森斯在里士满和西东大学撰写《自我激变》的时候，用两个取自当下个人经历的例证阐述了这一观点。"法庭没有将真正的魔鬼放在电椅上，"他评论说，"类似的是，大学也无视有创造力的天才。"尽管存在社交隔离的障碍，"人们通常会发现，自己正在被一些新社交群体所完全接纳，享受到了所有随之而来的社交特权和义务。"而在此同时，人们逐渐从部分或是全部之前隶属的社交群体中抽离出来。如果他们不这么做的话，他们也许会发现很难维系自己的新角色；"很少有人可以在一个敌对的环境里长时间生机勃发。"创设这些"阶段"理论的时候，阿森斯本人就正在经历自我激变；恰如其分的是，他在社会学顶级期刊上发表了两篇论文，跳出了更为有限的犯罪学圈子，这个群体曾经对他的研究充满敌意，现在他进入了更愿接纳他的更大规模的社交群体和职业群体。

阿森斯总结说，我们的传记就是我们经受激变的历史；在"最为遗世独立的生命中"，他们的自我激变是一生一次的大事。我们的存在是一本"开放式的书籍"，其中"我们开启新的章节……每一回我们都经历了自我激变"。如果我们成功迈进一个崭新而一致的"自我"的话，"那么它在之后也可能会经历同样的'破碎化'，重新开启全部进程。"

自我激变的分阶段进程学说显然是源于"暴力化"，尽管阿森斯也采用了另外一些证据，其中就包括社会学和心理学的其他研究，他的自传和近期的苦痛私人经历——离异、失业以及未获认可的成就。就"暴力化"而言，"破碎化"是由"暴虐化"导出，"临时性"则与"交战状态"相应；交战状态的新手会从他的暴力教练的建议那儿找到新的价值，"临时一致"则随着"暴力决策"出现；暴力新手的"实践"则由"暴力表现"组成，它也许成功也许失败，或是归于悬而不决；成功会带来"巩固"，这对应着包括了"暴力恶名"和"社会恐惧"的"根意"；社交隔离则随着"恶意达成"而出现。

不过，自我激变同样也适用于更有益处的转变。富兰克林·罗斯福从小儿麻痹症中经受的精神创伤迫使他进入了自我激变；而在重建自我之后，他成为一名更为深邃且更具怜悯心的人物，指引着国家度过了大萧条和世界大战。但哪怕在自我激变之后，我们也会保留一些之前的幻象同伴：罗斯福面对不断积聚的纳粹种族灭绝证据却没太大反应，这一悲剧昭示着：他的幻象社群依旧存有部分阶级边界。

　　爱利克·埃里克森对青年时代马丁·路德的经典研究用证据显示，这位新教运动的创始人经历了多次自我激变的人生插曲。21 岁那年，刚刚拿到埃尔福特大学博士学位的路德在一次暴风雨期间恐慌发作，他对此的回应是违逆专横强势的父亲给他立下的计划，不再做一名律师而是选择进入修道院。在突遇暴风雨期间，"路德本人从未声言他见到或是听到了什么超自然现象，"埃里克森指出，"他只是记载说，**他内心中的什么东西**让他出言立誓，而他在说话的时候，**他的其他心神**甚至还不知道此事。"在那次暴风雨期间，幻象同伴显然笼罩了年轻的路德。埃里克森注意到，路德对他经历的描述与杀人犯有时对"是什么驱使他们杀人"的说辞相类似——内心里的什么东西**让**他们这么做。"他后来就立即感觉到，"埃里克森报道说，"他并不是真的想要成为一名修士。"

　　在修道院的路德至少躲过了出自父母之手的持续"暴虐化"，这可是 16 世纪小孩子们的普遍经历；路德后来抱怨说，特别是他母亲的暴虐才促使他进入了"修道院生活"。似乎正是他的幻象社群建议他成为牧师，规避进一步的暴力化。等到他已经是一名学者时，他的上级指派他做一名教士。23 岁那年，路德主持了他的第一次弥撒。"紧接着，"埃里克森总结说，"（他）就陷入了严重的怀疑和顾忌之中，这也许导致了所谓的'唱诗班中的痉挛'（fit in the choir）。"痉挛事件乃是某次"实践失败"之后的又一次"崩塌"，随之而来的是一段旷日持久的自我激变期，其中包括他 28 岁时的一次重要神启。此后的路德便于 32 岁时显现出"完全转换"，那一年他将他的《95 条论纲》钉在了维登堡城堡教堂的大门前，就此开启了一场宗教革命。

　　阿森斯还在雷·查尔斯和马尔科姆·埃克斯的自传中找到了"自我激变"的证据。这一模式也在洛斯阿拉莫斯实验室（第一批原子弹的研制地）首任主管罗伯特·奥本海默和物理学家尼尔斯·波尔的青年时代危机中清晰可见，他们二人都在就读研究生时经历了让人无力的自我否定期，而后又脱颖而出，成为理论物理学界富有魅力的领军人物。

　　阿森斯将自己的研究发现从暴力犯罪扩展到人类体验的方方面面，以此阐明自己的研究乃是"一阶发现"（first-order discovery）——真正的普遍理论（true universals）。《作为独白的自我》和《自我激变》奠下了一项崭新的统一理论（general theory）[1]，它不仅仅囊括了埃里克森所说的"认同危机"，也还涵盖了心理学家丹尼尔·J. 莱文森里程碑式研究著作《男人一生诸阶段》（*The Seasons of a Man's Life*）和《女人一生诸阶段》（*The Seasons of a Woman's Life*）提出的"跨时代转变"（cross-era transitions）理论，盖尔·希伊也曾在她广为人知的著作《旅程》（*Passages*）对此有进一步说明。

　　尼尔斯·玻尔一度评论说，科学的目标绝非普遍真理这样的宏伟目标。玻尔表示，相较而言，谦卑而坚定的科学目标乃是"逐步祛除偏

---

　　〔1〕 我的妻子金格尔·罗兹是临床心理学的博士生，她发现阿森斯的研究为新的心理疗法打下了基础，这种新心理疗法基于科学理论，而非仅仅是经验证据。一名阿森斯式的治疗师也会是一名富有经验的"帮助和安慰之源"，他将指引客户重建一个更能胜任的幻象社群（他也大概会名列其间，成为新的幻象同伴）。

见。"偏见可以是"地球是宇宙的中心"（哥白尼着手祛除），也可以是
"人类乃是被单独创造的"（达尔文出手祛除）。还有一项偏见一度让我
们感到宽慰，那就是罪犯与我们之中的其他人全然不同——他们或是有
精神病，或是脑损坏，或是妖魔鬼怪，道德沦丧，或是干脆由基因或是
亚文化决定。朗尼·阿森斯反其道而行之地阐述说，暴力之人之所以走
向暴力，乃是经历了与我们这些"其他人"一样的"独白和自我激变"
的普遍进程，正是这些普遍进程将其他人塑造成了顺从、和平主义、崇
高、古怪或是圣徒——他们都对自己的选择负有平等的责任。

# 第 21 章

# 慈悲之门轰然关闭

慈悲之门将完全关闭，

我嗜血的士兵粗暴而狠心，

将伸着血污的手肆无忌惮地四处扫荡，

把你们鲜艳的处女和初生的婴儿，

像草一般地芟除殆尽。

——威廉·莎士比亚，《亨利五世》

"战争就是杀人的活计，" S. L. A. 马歇尔在他 1947 年影响深远的
《向火之人》（*Men Against Fire*）一书中主张说，马歇尔还补充说，这是
"本书最平淡无奇的真相"，也是那个"我们不愿承认"的真相。我们
对于过近距离观察"战争杀戮何以进行"的犹犹豫豫并不令人惊奇，
但这也遮蔽了我们的调查：为什么人们会在战争中铁了心要从事杀人的
活计，而这种残酷无情而又牺牲人命的胁迫之举又将有何种后续效应。

马歇尔·克利纳德是朗尼·阿森斯的第一任研究生导师，他在读了
《危险暴力罪犯的诞生》一书之后写信给自己曾经的学生，对阿森斯的
这本书称赞不已，克利纳德称本书为"最为重大的贡献"，还说"想知
道你可否在（你的）分析中删掉'无缘无故的暴虐事件'，这些事件通
常是战争的特征，尤其是在中世纪时期，甚至今天也有。"阿森斯的复

信表达了不同意见：

> 尽管我从一开始绝没有打算让我的学说来解释士兵和恐怖
> 分子在战争情境之下的暴行（它们可以被视为是"准体制化
> 暴力行为"），我还是愿意打赌说，犯下这些行径的加害者事
> 实上都已经历了"暴虐化"体验。我的书里对此有所描述，
> 这番体验乃是他们非正式（如果并非正式的话）军事训练的
> 一部分。露丝（克利纳德）或是您有没有看《野战排》这部
> 电影？……我觉得你会发现，影片证实了我的理论。其实当我
> 看这部电影的时候，我一直在思考我的理论如何为一个系统化
> 的程序提供原理基础，这个程序设计出来正是为了把人变得极
> 端暴力，不管其目的是为了战争还是犯罪。

中央政府垄断暴力的前提是将暴力隔绝在专门的军事组织之内——军队和警察力量——他们将持续接受训练，并在心理上具备职业执行暴力行动的条件。如果政府没有类似控制机构的话，那么极端暴力的个人将迅速杀个回马枪，直抵统治阶级的塔尖，事实上这正是他们在政府倒台时的所作所为。暴力化、对这个进程的某些体制化或是准体制化的调整在多大程度上被应用于"训练军事力量以施行暴力"？暴力化与军事屠杀之间存在着怎样的关系，比如越战时期臭名昭著的暴行（类似美莱村惨案）？至少，军事训练引发了一种特殊类型的自我激变，也就是所谓的心理皈依（conversion）；不过，暴力化又是在什么地方闯入了这幅图景，如果这个地方存在的话？

在"国家批准动用暴力的职业暴力组织"这个语境之下讨论"暴力化"，这会冒上给那些英勇荣耀的男女战士们抹上所谓"犯罪心理"

恶名的风险。我绝没有这类诽谤的意图；现在很明显的是，所谓的
"心理缺陷导致人们暴力"的犯罪心理的说法乃是毫无证据支持的伪科
学教条。正如阿森斯给克利纳德的回信所说，他在暴力罪犯的先前经历
里发现的特殊形式的自我激变，或许也被应用于训练专业人员为更受社
会接受的目的使用暴力。就像我之前已说明的那样，土著族群的战士文
化正是在做这种事情。

　　不过这些职业组织——军队和警察——训练他们成员使用暴力有一
个很明显的问题，那就是如何将这些暴力限制在授权标准内。未经授权
的国内暴力是暴力犯罪，而当警察的行为是犯罪时，我们都有理由担惊
受怕。战争期间的未授权暴力就是屠杀和暴行，尽管将这些行为标榜为
犯罪的国际法仍在发展中，它们对动用未授权暴力的士兵带来的影响常
常是毁灭性的。阿森斯的研究让我们有可能理解"这些组织如何限制
未授权暴力"，以及在何种情境之下，意外、不适当或是蓄意的政策会
助长这些未授权暴力的出现。

　　近年来，有两位观察者研究了美国海军陆战队的基础训练——托马
斯·E. 里克斯 1997 年的著作《打造陆战队》（*Making the Corps*）和韦
恩·戴尔 1985 年的著作《战争》（*War*）——各自独立地将军事灌输认
定为一种"皈依经历"。"（基础训练）在本质上是一种几乎宗教式的皈
依过程，"戴尔评论说，"就像所有皈依现象一样，情绪远远要比特定
的观念来得重要。"里克斯则将海军陆战队的训练描述为"一个转变的
过程，（也即是说）更多是一种文化灌输，而非训导士兵，训导要在之
后才有……在（新兵）学会战斗之前，他们先得学会成为陆战队士
兵"。

288

用阿森斯的话说，"基础训练"是为了引发自我激变而设的，这种自我激变足以修正新兵的幻象社群，将新的有"军事价值观"的幻象同伴纳入其中。幻象同伴乃是将某人初级群体成员的态度纳入"自我"的产物，而基础训练中的"刻意疏离""刻意迷向""刻意丈量的基础训练体验"都是在助长"破碎化"，新兵会在此期间与新兵战友们打成一片，并将他们和训练教官（drill instructor）吸收为自己的初级群体。"所有的东西都被带走了——头发、衣服、食物和朋友，"一名海军牧师在帕里斯岛上告诉里克斯，这里是海军陆战队位于南卡罗来纳州的新兵训练营，"这是和之前生活的全面切割。"阐述着"破碎化"的牧师还补充说，"这就是为什么你会有如此之多的孤独感，也有如此之多的自杀倾向。"新兵们将训练期的第一部分称为"成型"（forming）。里克斯发现，教官们（DIs）会用言语攻击野战排的新兵们：

> 当教官将所有过去的联结切断、并不可撤销地确立在这段时间新兵要按照自己的规则负责训练的时候……五名教官表现得狂躁暴怒。他们大吼大叫，指指点点，抬起一只脚重踩在地，来回疾走训斥下一个倒霉蛋，他们永远停不下来——也永远不会因为新兵疯狂执行自己颐指气使的命令而稍感满意。他们成功地把新兵报到时带来的普通装备，变成了一种超乎寻常紧张乃至苦痛的体验……对于岛上每一个新野战排而言，这都是一种重复进行的让人震惊的体验，也是他们余生铭记的那种体验。

如果教官的恶意嘶吼并未彻底淹没新兵自我对话（self-talk）的话，那么新兵就得反复念诵里克斯称之为"新兵训练营俳句"的一段

话："荣誉、勇气、承诺。杀敌、杀敌。海军陆战队！"里克斯写道，
最终，这段诵词"就将刻在他们的脑子里，他们每次坐下来上课或是　289
点名的时候都会大声喊出"。复诵和教官大喊大叫的命令通常被解释成
一种"自动服从"的训练，但它们更直接的目的（与绝大多数体制的
"皈依程序"共通）显而易见是灌输并开始修正新兵的独白。"我认为，
你可以说我们对他们有一点洗脑。"一名教官向戴尔承认说。戴尔还在
一名海军上校对新兵的训词中无意听到了对这一修正进程的更直白的解
释："我们将会让你们宏图大展，"这位上校告诉新来的人，"我们也将
向你们展示如何建设一支陆队。你们得建设一支陆战队——明白
了吗？"

军事组织鼓励新兵修正他们的幻象社群，将军队幻象同伴纳入其
中，部分原因是为了重建一种深厚的、基础性的、绝大多数人至少会对
他们部分家庭成员抱有的一种信任之感——信任随即便会被用来进行战
斗动员。"有一种爱的关系是在战斗中培养起来的"，后来成为罗德西
亚雇佣兵的越战老兵约翰·厄尔利上尉告诉戴尔，"因为你身边的那个
男人——你所拥有的最重要的东西，也就是你的生命，都在依赖着他。
如果他让你失望的话，你将或死或残。如果你犯错误的话，同样的事情
也会发生在他身上。因此，信任关系必须极其紧密才成，我得说这种纽
带几乎强于一切事情，除了父子关系。（战友）比夫妻关系要牢固得
多。"厄尔利是个战争狂，他的说法也许有些浪漫化了。不过，战友之
间的亲密关系是战斗经历中的司空见惯之事。美国陆军中校戴夫·格罗
斯曼在他的著作《论杀戮》（*On Killing*）一书中以"海量篇幅的研究"
证实了这一点。"促使一名士兵在战斗中去做那些心智正常的人不**想去**

做的事情（也即杀戮和死亡）的主要因素，并不是本能自卫的力量，而是在战场上对战友们强有力的责任感。"19 世纪法国军官、军事理论家阿丹·杜·皮克更为实用主义地描写了这种"互相监视"。"当他们告诉你'起来'的时候，"里克斯引用一名海军陆战队越战老兵描述战斗关键时刻的话说，"在海军陆战队里，你根本不必担心自己左右两侧家伙们是否会立即起身战斗。"

　　肉体暴力镇压曾经是军事训练的标配。"只要想一想士兵是如何被对待的，"戴尔引用了一篇三千五百年之久的埃及文献，"还是个孩子的时候他就被关在军营里。训练期间他总是被殴打。哪怕他犯下最轻的错误也会被虐打，他的身体挨了猛力一击，眼角也挨了一下，也许他的头上会留下一块皮开肉绽的伤口。他被虐待，并留下鞭打后的瘀伤。"现代文明社会严禁暴力（哪怕是军事训练所需），身处其中的军事组织只得进行心理上的暴力镇压，文明进程的不断演化让这一改变复杂化。里克斯到访帕里斯岛的时候，当地的陆军准将杰克·克林普告诉他，"我在 1978 年和 1980 年训练的孩子截然不同于"今天的新兵。"当时的许多新兵都是坚韧冷酷的孩子——比今天的孩子体格结实得多，也不像今天的孩子那么弱不禁风……许多（今天的孩子）都从未打过人，或是挨过打。"为了让新兵适应身体暴力，美国陆军和海军陆战队已经将"隔离拳击"和"角力棒训练"加进了训练日程。

　　训练教官的功能类似于暴力教练。他们通常都是战场老兵，因此身上带着权威性的暴力资格。他们谈论杀戮也教授杀戮。里克斯记述道，在"格斗击技"这门课上——"重要的是一系列拳击比赛，在一座三面围挡、比电话亭大不了多少的木质环形拳击场之内进行"——始于

"成型"之后的第一周，与角力棒训练同时进行。"角力棒是个约 4 英尺长的双头棍棒，两端都有着重重的绿色衬垫。"击打角力棒的新兵"两两组队进行"，戴尔指出，"他们戴着头盔和手套……然后彼此以一种若没有那些衬垫就一定会造成大量伤亡的方式互相殴打。"有个教官告诉他们："你必须非常有侵略性！一旦你让对手疲于奔命，那就意味着你继续下去能给他第一次致命一击……你不能打得他不痛不痒！不要给他喘息的机会，要压过他一头……持续抢那条棒子。那意味着今天在这里不应该有别的，除了大声呻吟、悲泣和一大堆掉落的眼球——还有掉落一地的头颅。"

　　里克斯发现，绝大多数他所观察的新兵都会在训练营的末期将他们的教官内化于心。"在从查尔斯顿回家的飞机上，"里克斯描述了一名新受训完毕的陆战队士兵说，"他戴上耳机，靠在椅背上休息时，'我闭上眼睛，然后看到教官中士凯利正在冲着我大吼大叫。'（这一番鲜活的"内化"场景乃是第 3086 野战排成员的普遍体验。）"一位来自美属萨摩亚的列兵查尔斯·李斯在请假回家时，"惊讶于他竟可以如此有侵略性。李斯在圣十字教堂向老友们炫耀他的陆战队军服，随后他们去酒吧喝了一杯。李斯在酒吧盯着一个女人看，丝毫没留意到她有个男伴。这个男性伴侣挑衅般地冲李斯瞪眼，李斯立即就会意了。'看什么看，怪胎。你想现在就滚出去吗?'李斯咆哮着说。这个男人退缩了。回忆这段场景的时候，李斯甚至惊讶于他自己的行为，'我张开嘴，然后兹瓦耶中士就跑了出来。'"就连里克斯描述为"来自华盛顿特区东南内城暴力街区的黑人新兵"的小恩内斯特·温斯顿亦然。尽管他发现训练营的暴力训练相较于他从小长大的小型恶意社区的暴力化体验而

291

言尚显温和，但他还是将他的教官内化于心了。"这很有趣，"他在退伍回家后告诉里克斯，"昨天我们这伙人出去抽烟（大麻）的时候我还想到了他。我觉着他一定会说，'你在干什么，温斯顿?'他就是真理。他可以原地爆炸，尽管他是个白人。"里克斯还写道，就在一位野战排的新兵逃跑之后，"夜里，陆战队上士罗兰德和中士凯利都在他的负罪之梦里若隐若现。'你给我滚回来'，两位教官告诉他。"

基础训练也许会触动新兵修正他们的幻象社群，但无论是接受基础训练还是进阶训练，都明显无法让之后的新兵得以完全充分地准备绝大多数杀人格斗，除非他们已经经受了私人的"暴力化"。第二次世界大战期间，S. L. A. 马歇尔还是一名军官。他对欧洲和太平洋战场的约400个美军步兵连进行了即时战后访谈（以个人和分组形式）。马歇尔得出了一项震惊的发现：

> 我们发现，平均而言至多只有15%的人真的在整个军事行动期间向敌军阵地开了火，或是用过步枪、卡宾枪、手榴弹、反坦克火箭筒、勃朗宁自动步枪、机枪。哪怕将伤亡士兵也算上，并且假设他们也有着与生者相同的"积极开火者比例"的话，这个数字也不会超过20到25个百分点（就任何军事行动的总人数而言）。最英勇和最具侵略性的那些连队最能说明这一现象，在那里每四个士兵中有一个人至少用过一些他的火力。

马歇尔补充说，战斗经验也无法提升这一比率。

尽管拥有权威证据，马歇尔的数据（四个人里只有一个人真正试

过杀敌）还是备受质疑。他在本书后来的修订版中为自己辩护说，一 292
本美国陆军手册引用了他的发现，这些数据成为官方内容。格罗斯曼还
给出了更为直接的证据。他写道，"英国国防部作战分析局野战研究室
（British Defense Operational）于 1986 年所做的一项研究"重新检视了
"19 世纪和 20 世纪总计逾 100 次战役的历史研究"，并在以激光取代武
器的兵棋推演中再现了这些战役，看看马歇尔的启示是否适用于更早时
代的更早军队。"研究者的结论公开支持了马歇尔的发现，它们提到，
'不愿参与（战斗）是一个主要因素'，它将历史上的实际杀戮率保持
在显著低于激光推演的水平之下。"

　　在离家更近的地方，格罗斯曼研究了美国内战期间的葛底斯堡战
役。这场战役是用前装式滑膛枪打的，士兵准备开火的时候需要先撕开
黑火药的弹壳纸，将火药倒进枪管，放进一枚子弹，用通条压实子弹，
填装、扣动扳机，并将举枪抵肩瞄准射击。战斗结束后人们从战场重新
拾回了 27 574 把火枪。"在这些火枪里，"格罗斯曼发现，"接近 90%
（24 000）都已装填子弹。有 12 000 把枪装填了不止一次（枪管里不止
一枚子弹），其中有 6000 把重复装填的火枪枪管里都有 3 到 10 发子弹。
有一把火枪甚至已经装填了 23 次。"马歇尔"15% 到 25% 开火率"的
数据乃是取自一场士兵们都在散兵坑里各自为战的战争，这样一来他们
的战友就无法看到他们究竟有没有开火。不过在美国内战战场，士兵们
肩并肩列队直面敌人，装填和开火的景象都是一览无余，因此不愿开火
的士兵必须要假装射击并一次次地装填子弹——"还可能会这样，"格
罗斯曼合理推测说，"士兵甚至会在旁边有人开火的时候，假装自己的
武器有后坐力。"——如果他的厌战情绪还没被发现。

马歇尔的反直觉发现让那些负责指挥士兵作战的军官们非常震惊，因为士兵只要是在被紧盯着的时候都会拿起武器开火。这个重大的区别也足以解释低开火率与联结战友们的互相保护的公开誓言之间那显而易见的分歧。士兵们的行为也明显地——阿丹·杜·皮克所说的"互相监视"——表现出来。"人们以团队或是小组的形式工作，"马歇尔证实说——机枪队，迫击炮队，狙击队——"绝不像那些单个步兵一样有哑火倾向。"

293　　　为什么士兵们会选择"除非被紧盯着，否则就不开火"？也许他们认为，如果他们不向敌人开火，敌人也就不会向他们开火。马歇尔却认为，这个常识意义上的解释至少只能说是第二因素。"他们并非装病开小差的人，"他在解释哑火主因之前说道，"他们并不会从危险地点退缩。如果敌人的火力搜索并找到他们的话，他们就会在那里阵亡。"尽管他们有良好的意图，但因为各种恐惧导致的无能使他们未能开火。恐惧的士兵什么都不想做；甚至于他都不关心考虑行动的事情。马歇尔总结了这种无能的源起，阿森斯会将其称为士兵的"概化他人"和"非暴力幻象社群"，而诺伯特·埃利亚斯会称其为"文明进程"：

> 穿上美军地面士兵军服的一个普通的正常人……他的家庭、宗教和教育，他所在社会的道德准则和道德理念都塑造了他。军队无法改变他。必须正视的事实是，他来自一个文明社会，事关取人性命的侵略在这个文明社会里是禁止和不可接受的。文明的传授和文明的理念都反对杀戮、反对利用。"侵略恐惧"（fear of aggression）已经如此之强地显现给他，他也至深至广地吸纳了它——几乎是随着母乳开始——这便是正常人

情感构成的一部分，也是他进入战斗时的极大障碍。它让他的手指停留在扳机上，就算他浑然不觉他受到了它的抑制。正因为这是一种情感障碍而非智识障碍，因此像"杀人或是被杀"这样的理智思维也无法清除这一障碍。

马歇尔在二战随军精神医生的研究中找到了证据，这些研究关注的是欧洲战场上的"战斗疲劳症"（combat fatigue）案例：

> 他们发现单兵战斗疲劳症的最普遍缘由乃是"**害怕杀人，而非害怕被杀**"，而"**害怕失败**"也构成了第二强缘由。[1]

> 因此我们有理由相信，一个普通的正常健康个体——一个可以忍受战斗的精神压力和身体压力的人——依旧在内心怀有一种不易察觉的、对杀戮同类的抗拒之意，如果能逃避那一责任的话，他将不会出于自己的意志而取人性命……在这个关键时刻，他便不知不觉地成了一名良心反对者（conscientious objector）。

294

马歇尔的研究促使美军军方修正了其训练项目。他们之前是教授士兵用武器对着固定目标开火——这是第二次世界大战的路子——现在则开始在拟态战场环境里教士兵用武器对着突然出现的目标开火，这是一种"操控条件"（operant conditioning）的训练形式。更重要的是，训练

---

〔1〕"战斗疲劳症"或是"作战疲劳症"——战斗经历导致的创伤崩溃——与自我突变的"破碎化阶段"相通。这种崩溃也许可以直观地视为是士兵内心"平民幻象同伴"和"军事幻象同伴"之间的冲突。

开始强调杀敌，而非简单的职责和勇气——也即是说，它将赤裸裸的暴力规训引入了战斗训练。马歇尔在朝鲜战争期间进行了后续调查，发现用武器开火的士兵数量已经增长到了 55% 以上。在越南战场的相似研究也得出了高于 90% 的开火率。引用这些数字的格罗斯曼却给这些数字加上了重要的限定，但是，他指出，这些数字只表示"开火率"，而不是士兵是否瞄准。不情愿杀人的士兵也许会以"空中乱射"代替"开火杀人"，格罗斯曼称之为"姿态式"，因为他在抑制着火力。有关空中乱射的可能证据是，越南战场上射杀敌人的子弹的高比率。"阿丹·杜·皮克，"格罗斯曼写道，"成为最早记载'士兵们将子弹无害地射向天空，只是为了开火射击'这一现象的人之一。"格罗斯曼报道说，在 19 世纪和 20 世纪出现"姿态式射击"的战役里，"子弹-射杀比率"（bullet-to-kill ratio）从 13 比 1 到 252 比 1 不等。而在越南战场，射出子弹与死亡敌军之间的比率却超过了 50000 比 1。格罗斯曼说，分区防御战略、机枪的火力覆盖、M-16 自动步枪都是造成如此之高比率的部分成因，但并非全部成因。"其中一件事情让我大吃一惊，"一名越战老兵、陆战队军医告诉格罗斯曼，"那就是在一场交火中，可以有如此之多的子弹打了出去却无人受伤。"

　　马歇尔的研究显示，在战斗中杀人需要"暴力化"。他发现有少数作战的士兵确实试图杀敌，很显然他们在开始服役前已经上演了一定程度的"暴力表现"，军事训练和战斗经历帮助他们完成了"暴力表现"这一阶段。"我在二战期间遇到的一部分最为英勇的孤胆战士，"他报道说，"将他们的绝大部分时间都花在了警卫室……我们遇到一个又一个连队……在训练期间一贯是'坏人'（bad actor）的那些士兵，也即那些被打上懒惰、任性、无秩序等缺点标签的人，却也拥有所有……
（战斗）美德，比如持久的侵略性，热诚的服从度，以及计划周到的行
动。不过在战斗结束后，随着时间流逝，他们几乎都会故态复萌。他们
可以像地狱恶魔一样战斗，但他们却成不了士兵。"除了这些也许在参
军或是应征入伍之前就已完全"暴力化"的少数"坏人"之外，马歇
尔也发现了那些更为负责而非堕落败坏的士兵们："与粗野的队友并肩
作战，并且在军事行动中同样展现英雄气概的人的人数甚至更多，他们
早期的行为给他们打上了'好兵'的标签。战斗白热化的时候，这些
坚强有力的个体彼此吸引，战斗就是他们的报偿。"

马歇尔看到了这些行为礼仪上的差异，但他未能辨识是何种"训
练特征"（feature of training）可以在战斗打响之前将"开火者"与"不
开火者"相区分。马歇尔所谓的"坏人"显然在参军入伍之前就已比
那些"好兵"经受了更深的私人"暴力化"，但这两种类型的士兵在积
极参加战斗时，都表现出来了一定程度的暴力（准备好了从事人身防
卫型的暴力行为）。相较而言，"不开火者"符合阿森斯对"和平主义
者"的描述（不情愿使用严重的暴力，哪怕是在生命受到威胁的情境
之中）。

士兵会在"致死受困"（mortal captinty）的情况下作战。面前的敌
人会以最大努力恐吓、摧毁他们。而在身后，他们自家的组织也准备好
了狠狠惩罚他们——甚至是杀死他们——如果他们胆敢尝试私自退却的
话。这些胁迫确实纾解了他们从事合法暴力行动时的个人责任。士兵之
所以使用暴力，是因为他们被强迫这么做。马歇尔的发现也显示，绝大
多数人如何猛烈地抵制这一强迫。"哪怕是在他珍视的所有事物都处于

风险的时候，普通人也不会动手杀人，"格罗斯曼评论说，"这一点大多被那些试图理解战场心理学和社会学压力的人忽视了。凝视另一个人的双眼，独立地做出'杀了他'的决定，眼睁睁地看着他因为你的行动而死去，这一切加起来就形成了一个最基本的、重要的、原始的并潜具创伤的战争事件。如果我们能理解这个的话，那么我们便能理解战斗中出现的大量的'恐惧杀戮'的现象。"让士兵们变得适当暴力的责任，应当归属于命令他们作战的政府——也即是说，属于待在家里的我们所有人，士兵们正是为了我们的集体主权去冲锋、防御的。他们为了我们经受创伤（包括"暴力化"），这就是为什么我们说他们的"重大牺牲"的原因——也正是我们为什么敬重他们的原因。

绝大多数退伍老兵都带着杀人的经历回家，并在平民社区里开始正常生活。"我们与数百万曾经冷酷高效杀死人类同胞的人生活在一起，"戴尔写道，"……但我们却并不畏惧这些人。绝大多数的杀人者（现在或是在过去任何时候）都是以士兵的身份在战争中杀人，我们承认这些杀人经历在实际上与那种威胁我们这些同胞公民的'个人侵略性'并无关联。"阿森斯的研究揭示，战争杀人与暴力犯罪杀人之间的差异要比戴尔似乎所认为的差异要更窄一些。不过，这种差异究竟**是什么**？还有，为什么有些退伍老兵无法重新适应和平年代的文明法则？

理想状态来说，代表一个文明社会的一个军事组织，向那些它命令代表自己执行杀戮的人做出了一项道德承诺（ethical commitment）。它承诺自己将限制直接的人际暴力，并以此要求这些士兵。回顾阿森斯对暴力解读的诸类型：人身防卫型、挫败型、恶意型和挫败-恶意型。暴力行为者得出受害者"将很快武力袭击他，或是他的至亲"或是"已在武力袭击他，或是他的至亲"这两个结论的时候，随之而来的便是"人身防卫型解读"。"人身防卫型解读"的关键特质是，"受害者做出了一项让施害者本人认为是武力袭击之铺垫或组成部分的肢体动作，这在施害者心中制造了深深的恐惧感，认为这将威胁到他本人或是他至亲的人身安全。"就阿森斯揭示的"四类型"而言，唯有这一类型让暴力行为者得以维系一幅"非暴力"的自我画像。那项让士兵得以重回非暴力平民生活的道德承诺，便是要求士兵将个人杀戮和直接杀戮仅限于敌军战斗人员的承诺——按照定义而言，武装对手（armed opponent）就是威胁他们本人生命和亲密战友生命的人。正是因为对付他们，士兵的人身防卫型暴力才因此被正当化。将士兵限制于"人身防卫型暴力"，也就限制了人们（暴力者）必须经历的"进阶恨意"之程度。这一限制让士兵们得以维系一个可以带着一起解甲归田的非暴力幻象社群。

　　但这并不是说，战斗人员只能以自卫式的战斗保护自己免于"进阶恨意"。阿森斯的术语"人身防卫型"与战斗性质是进攻还是防御并无关联。一支许下道德承诺的军队也许会要求其士兵主动出击敌人，或是等待敌人先进攻他们。不过，如果说要限制士兵经历中的"恨意"的话，那么，待杀的敌人就必须是确信的武力威胁。　　　　　　297

　　在历史上，军事机构理解这些限制，并尝试将战斗限制在战斗人员之间进行，将平民排除在外。现代民族国家的军队是靠着感召平民而组建的，这些军队认为将战火烧向平民名正言顺，理由是由这些平民组成的整个国家都在打仗，因此，整个国家负有罪责。即便如此，立下道德承诺的军队还是会寻求一些途径保护战斗人员免于"进阶恨意",办法是引入"距离机制"(distancing mechanisms):比如枪械小队和机组人员的群体责任,比如将战斗人员和受害者在物理上机械地分离开来。这些制度性的保护措施显系防止战斗人员将显而易见的暴力行为视为个人胜利,如此便可阻止他们进入"恨意"阶段。这些举措与处决死囚的习惯颇有共通之处:增加行刑队的人数,或是将处决地挪到电椅上,这样一来"究竟是哪个人事实上完成了杀戮"这个问题便无法解答了。作为对此类保护的报偿,军队希望其士兵即便在面临死亡危险时也要服从命令,并且不要私下动用严重暴力。

士兵和其军事组织之间的伦理契约(ethical compact)从本质上说便是军人所指的"荣誉"。这些默示协议由人类漫长的军事经验发展而来,却在现代战争中遭到违反。对美国军人而言,迄今为止最为严重的违反莫过于越南战争。乔纳森·谢伊是一名精于治疗战争创伤的波士顿精神科医生,他于1994年出版的《阿喀琉斯在越南》(Achilles in Viet-nam)一书便对这次恶名昭彰的违反做了一番探寻。[1]谢伊的洞见可称深邃,但阿森斯的研究进一步阐明了许多越战老兵之所以遭受严重心理损害的成因。这种损害是如此之大,以至于谢伊恭敬但又严肃地写为"人格的毁灭"。至少有1/3的越战老兵一直在与"战斗创伤"(combat trauma)做斗争〔现在这个术语多少有点不恰当地被命名为"战争创伤

---

〔1〕 谢伊发现,他治疗的越战退伍老兵所说的"战斗和背叛经历"与《伊利亚特》所记载的希腊和特洛伊勇士们的那些经历有着清晰的相似之处。我在这里不会回顾《伊利亚特》的相似之处,这部史诗提供了进一步的证据,证明"暴力化"乃是一个普遍进程。有兴趣的读者可以参考谢伊的著作,雅典娜出版社出版。

后应激障碍"（PTSD）]，这是暴力行为的一大表现。"20 世纪 80 年代末由国会命令进行的'越战退伍军人再适应研究'在调查抽样中指出，超过 40% 的越战老兵，"谢伊写道，"据闻都在过去一年里介入了三次乃至更多次数的暴力行为。我们在这里谈论的是 30 万名老兵。平均每月犯下一次以上暴力行为的人在老兵之中的比例，几乎是平民抽样案例的五倍之多。"

298

　　谢伊从他诊疗老兵的工作之中得出结论：永久性伤害的严重战斗创伤并非单单出于战场上的恐惧，而是士兵和军队之间"道德契约"遭到违反所导致的混合恐惧。在古希腊，这个道德律令被称为"忒弥斯"（the mis）。谢伊将"忒弥斯"在当代军队中的对应物称为"何为正当"（what's right）。"荷马时代战士的忒弥斯，其具体内容常常与越南战场上美国士兵的那种律令大不相同，"他解释说，"但三千年来并未改变的是，当士兵内心深处对'何为正当'的认定遭到违反之时，暴力之火（social withdrawl）和社交疏离（violent rage）便会随之产生。"谢伊还补充说，现代战争中对"何为正当"的违反甚至还要更为普遍，因为更多的人都能够以"威胁其肉体和心理生存"的方式背叛战斗中的士兵。"退伍老兵通常会在重回平民生活的那一刻从惊骇、恐惧和哀伤之中恢复，"他说，"只要他们的'何为正当'的信念并未遭到违反。"对"何为正当"的背叛将消除或是破坏对士兵免于"进阶恶意"的保护，这是伦理交易中军事组织一方的责任。结果，士兵们可能会遭受"集中暴力化"的创伤体验。

　　谢伊评论说，"何为正当"绝不仅仅是一个"感觉美好"（niceties of feeling）的问题。战争中的公平在致命危险中运行。　"排头兵

（walking point），"他引用一名老兵的说法——也就是带着一队士兵巡逻的人——"是一项极其危险的工作……决定都是出于政治考量……绝大多数都是政治性的。某些人分到这类狗屎工作，某些人则不会。某些人则站到了正确的某些人的那一边。"不管违反"何为正当"的结果导致的风险是将士兵们置于肉体上还是仅仅心理上的危险处境中，这种来自士兵初级军事群体军事的背叛都堪称残暴。谢伊发现，它唤起了"义愤之怒"。

谢伊从他诊疗越战老兵的经验中证实，"现代士兵对军事组织有着致命的依赖，他所有赖以生存的东西都来自军事组织，"依赖的程度犹如"小孩子依赖他们的父母双亲"。这种依赖为士兵"幻象社群"的毁灭性重组创造了条件。"孩子和父母之间的脆弱关系，也是对士兵和军事组织之间关系的隐喻。而当我们考虑'良好品格'的形成和维系时，它常常就不仅是一种隐喻了。父母通过乱伦、虐待或是忽视而对'忒弥斯'的背叛，会将孩子置于极度危险之中。"谢伊引用的一名老兵的话说出了相似点："（在越南的）美国军队就像个将孩子们出卖给（他们）父亲强暴，并以此来保护她自身利益的母亲。"

谢伊提供了越南战场上形形色色"背叛信任"的案例。比如说，许多美国职业军官并不分担战斗风险。那些参与战斗的军官每六个月就会更换军事任务，这既限制着他们的经历，也增加了他们麾下士兵的风险。

装备的不足也成了进一步的背叛。"我的个人武器……是 M-14（步枪），"一名老兵告诉谢伊，"它很笨重，但至少你还能依赖它。后来我们分到了 M-16，它有各种故障，根本就不应该运到那里……我开始讨厌这个糟糕的政府……我开始觉得，政府真的不想要我们回家，只需要一小部分的人能回家就行。"

　　所谓的"友军炮火"也是特别骇人的背叛。谢伊抄录了一份普通的案例："（X）野战排的第一批阵亡就是由毗邻防御领域的'友军炮火'造成的；军官一时疏忽并未告知友军：他正在狭道上派兵出击……（X 野战排）从未进行任何侦查或是训练行动。"

　　越南战场上最为重要且最具毁灭性的"信任背叛"则随着美国决定打一场"消耗战"而来：美国试图以尽快杀死越南士兵、让对手来不及补充兵员的方式来赢得战争。"人头统计"（body count）败坏了道德契约，鼓励士兵一旦在平民可被算作越南军队参与者或是支持者，甚至仅仅在无法将平民与参与者或支持者相区分的时候，就对平民施行毫无防护的杀戮。对人头统计的贪婪驱使野心勃勃的指挥官在士兵痛失亲密战友的时候，不是表达自己的悲痛，而是鼓励以进一步的杀戮来寻求复仇。"'不要悲伤！杀够本！'都是军官下达的露骨指令，也是军士们给那些痛失战友的垂泪士兵的建议，"谢伊报道说，"……这显然代表了越战期间部分美国军官着意用来鼓舞士气的工具……且反复使用。退伍老兵描述说，他们的军官、战友甚至是随军牧师都敦促他们为了倒下的战友，要让敌人血债血偿——要赚回来（payback）。"

　　这番恶意的暴力规训给许多士兵造成了谢伊所称的"狂暴状态"（the berserk state），正是阿森斯所说的"恨意体验"——这是在"暴力化"的"恨意"阶段形成彻底的暴力决心，这也是恨意的终极发展状态。阿森斯和谢伊都证实，很难有人能逃得出这座地狱的深渊。"我对越战老兵的诊疗经验，"谢伊写道，"促使我在治疗他们最为严重的心

300

理和精神生理伤害的时候，将这一'狂暴状态'置于问题的核心。"在诊疗经验的基础上，谢伊总结说："狂暴状态具有破坏性，导致士兵在战斗中或残或死——这是最为常见的后果——并将持续终生……的伤害，如果他活下来的话。我相信，一旦有人进入这种狂暴状态，那么他或她将永久改变。"

谢伊写道，进入狂暴状态的人会在发怒的时候生出一股"对复仇的躁狂迷恋"，并失去一切限制。他引用了一些"狂暴"老兵的痛苦证词，这些证词清楚地揭示了他们建构的暴力自我画像：

> （我的亲密战友踩上一枚地雷之后）我们反复端详，看了又看。唯一剩下的东西几乎像是团假发。这正是他的头发。他的头发。我们将这东西装进尸袋。我哭得像个婴儿……我哭了又哭，再三哭泣……随后我止住泪水。之后我大概有20年都没哭过了。我变了。我麻木无感。我想伤人，我想伤人，我还是想伤人。

> 在（我的战友）死后，我受到了伤害，受到了深深的伤害。随后我踏上了仇杀之旅。我想干的事情只有伤人。所有我想做的事情就是让这个国家毁灭。如果烧着了，我就烧毁它。此后三个月里我用掉了比我在那里度过的所有时间里更多的弹药……还有许多空中力量。

> 随着时间流逝，情况越来越糟。我的确喜欢杀人，永不知足。每杀一个人我都感觉更好一些，就让一些伤痛随之消逝好了。每次你失去一名朋友，都像是你的一部分生命消散了。让他们之中的某个人来补偿他们对我造成的伤害。我变得非常冷

酷、冷血、无情。我已经没有一点悲悯了。

这些叙述证实了"完全的暴力幻象社群"的作用，它们助力（士兵）施行了"恶意"和"挫败"的暴力行为。谢伊列出的"狂暴状态特征"一览表也源自老兵证词，说明"暴力恶名"和"社会恐惧"与"自大狂"一样，都是随着这些成功的暴力行为而来："似兽；似神；社会孤立；疯狂，癫狂，精神病；暴怒；残忍，没有抑制和辨别力的残忍；贪得无厌；胆大妄为；怠慢疏忽于个人安全；心不在焉；好坏不分；粗野，觉得自己无懈可击；兴奋，忘乎所以，疯狂；冷血，冷漠；对痛苦麻木不仁；怀疑朋友。"

"对'何为正当'的背叛，"谢伊指出，"乃是将一名士兵推向狂暴的"前情事件"……我不敢肯定地说，那种背叛是必不可少的前提条件。但是，我曾碰到一名老兵，他仅仅因为悲伤就走向了狂暴……或是仅仅背叛就导致了他的狂暴，尽管这背叛并未招致死亡或是负伤。"那些导致死亡或是负伤的背叛将提升"暴虐化"的等级——如果背叛冲着士兵本人来的话就是暴力镇压，如果冲着他亲密战友的话就是个人恐惧——阿森斯的研究证实，这些内容与暴力规训一道，都是实现"暴力化"的必需条件。在《危险暴力罪犯的诞生》一书中阿森斯提出了"假想可能性"的概念，"（暴力化的）全过程在数月之内就能完成，会产生**激变体验**。"谢伊对战斗中"狂暴战士诞生"的记录证实，"激变体验"在越南很不幸地非常普遍。

倘若"在一开始就防止战争"已被证明是不可能，那么"将其限制在战斗人员之间的对抗"的论述就脱颖而出。它既具备实用和人道的优点，也有着道德上的分际：遵从这类传统界限保护了我们的父兄子

302

弟免于堕入恶毒。悲剧的是，战争在其本质上倾向于突破这类界限，特别是在当代技术加持之下；类似霍布斯式的情境之下，不称职的领导、"友军炮火"和恶毒个体总是层出不穷，一名随军精神科医生称之为"精神变态者天然的支配地位"。不过，要求"人头统计"的"消耗战"也摧毁了我们战争"为何而战"的价值追求。"如果战争目标、作战方法和军事文化都是如此不公正的话，"谢伊在控诉那场让他极力抢救其老兵的战争时说，"纽伦堡原则（规定何为战争罪）笼罩在每一位越战老兵的心头，我们必须承认我们手上也沾着鲜血。"这番控诉与阿森斯的控诉遥相呼应。阿森斯写道，一个容忍危险暴力罪犯诞生的社会，就是"悄无声息地成了制造这些罪犯的共谋"。于是，那个急迫而又终极的问题就呼之欲出了：有哪些举措可以防止或是中断"暴力化"？

# 第 22 章

# 预防与控制之道

朗尼·阿森斯列出的证据涉及暴力罪行的成因、暴力行为和行为者的类型、暴力生涯的进阶，以及暴力社群的等级，这些证据第一次为构建暴力预防、中断和控制项目打下了坚实的科学基础。

数百个这样的项目——包括联邦、州、地区和当地的级别，公共和私人两方的赞助——都在今天的美国运作着，获得了公共和私人基金会数亿美元资金的支持。尽管并没有哪个项目明确基于阿森斯的研究成果，不过卓有成效的项目几乎都吸收了阿森斯从实际经验之中独立得出的研究成果。实际经验要好过糟糕理论（糟糕理论已经有很多了），但是，依据经验构建的优秀理论要好过形单影只的实际经验。

在《暴力犯罪及罪犯重访》一书的最后一章里，阿森斯简略地探究了一番他研究工作所蕴含的政策意味。他指出，一项适应社区需要的项目将把"总体预防、选择性感化和选择性剥夺"混合在一起来控制暴力犯罪。

阿森斯相信，防范或是中止暴力化的地方不是别处，正是学校。"尽管社区无法保证每个孩子都有一个好家庭，"他写道，"但可以给他们保证一个好学校。"此外"一个好学校可以在修补一个坏家庭时派上很大用场。"虐童显然是社区必须处理的一大罪恶，然而"暴虐化"却并不能与虐童画上等号。将受到虐待的儿童与他们的家人隔离并不必然

314 能防止他们的"暴虐化"。"暴虐化"也许会始于家庭之外的替代场所，或是在那里变本加厉：例如托育中心和集体家庭，尤其是以"加剧暴力化"而臭名昭著的拘留中心。同龄人施加的"暴虐化"（特别是在街头混混那里）也会脱离以家庭为中心的防治项目，立足于学校的防治项目则将克服上述限制。

当然了，家庭暴力仍然需要解决。纵使"暴虐化"与虐童不能等量齐观，严重的虐童行为常常也是潜在的暴虐因素。如此一来，以"保持家人团聚"为第一要务的社会福利政策就将促成而非防止"暴力化"。阿森斯的研究证实，故意将儿童伤害到了需要医疗护理程度的看护人，其本身已经经受了"暴力化"。他们相信使用暴力可以维系支配、解决争端，这几乎肯定将导致他们进一步伤害，甚至是杀害自己看护的儿童。若是给这些暴力看护者第二次机会（就像社会工作者和法官们常常出于最好的意愿所做的那样）——将他们的暴力归结为贫穷、种族偏见，并且以咨询服务、家政帮扶等社会资源支持他们的话——并不能逆转他们的"暴力化"。恰恰相反的是，这些支持之举将有意无意地授权进一步的暴力行为，让国家与这些违法者成为共谋。

阿森斯提出，立足学校的防治项目，其功能将是培育"非暴力幻象社群"的生成，同时制止"暴力幻象社群"的滋长。为达到这一目的，防治项目不仅将直接教孩子如何阅读、写作、计算，也将教给孩子"如何履行他们身为社区成员的职责与义务"。尤其是在小型恶意社区，

阿森斯写道，"覆盖面广、社区导向的教育项目总是包括特别课程，传授那些总体上规范一切致命和不致命武力的法律知识，以及那些无论使用任何暴力都会予以规范的法律（特别是在性关系范畴）。人们亟需消解那些流传在社区里的观念，所谓'人们有权彼此以暴力相向'的观念。"

有一个人们常常忽视、阿森斯也并未涉笔的"施暴儿童"拥护者，那就是保守基督教。"孩子不打不成器"（Spare the rod and spoil the child）——这句古老的教条认为孩子天生邪恶，需要暴力镇压来惩戒他们——依旧以原教旨主义者和福音派信仰的教条形式而持续存在。（《圣经》撰写于一个野蛮时代，身体暴力在当时是解决争端的主要手段。《圣经》宣扬暴力镇压，并不令人奇怪。）历史学家菲利普·格雷文在他 1991 年的著作《放过孩子》（Spare the Child）一书里检视了当代美国对这一教条"持之以恒"的热情。"福音派和原教旨主义新教教徒育儿观的焦点，"他写道，"常常都放在孩子新生的意志之上。'摧毁孩子意志'成了一代又一代传教士传授给父母的核心要务，这些管教（discipline）的逻辑依据基于《圣经》，反映了'自我意志（self-will）邪恶且有原罪'的教义。"

格雷文回顾了这一类基督教畅销书，比如心理学家詹姆斯·邓布森的《勇于管教》（Dare to Discipline）、拉里·汤扎克的《上帝、棍棒、你孩子的身体：基督徒父母爱意矫正的艺术》（God, the Rod, and Your Child's Bod: The Art of Loving Correction for Christian Parents）和拉里·克里斯滕森的《基督徒家庭》（The Christian Family）。这些自封的权威通常都会鼓吹"摧毁（孩子）意志"的观点——将他们惩罚到"无条件投降"乃至于绝对服从的地步——它始于婴儿时期，早在孩子学话之前。"如果惩罚方法得当，"克里斯滕森断言，"它不仅将在身体上发挥效力，也将通过心理恐惧和伤痛（原文如此）唤醒并加重我们的意识：有一种道德力量凌驾着我们，它是正义的裁判和不可打破的律令。"某教会学校的教务长 J. 理查德·福盖特在他对此正典信条的诠释中详述了这一"神兵利器"的诸多面向："棒子应当是一条形如鞭子的细长木棍。当然了，这条棒子的规格应当随着孩子的块头相变化。一根柳条或是桃枝也许对一个两岁大的叛逆儿童而言够用了，但小型胡桃木杖或是硬木杆就更适用于肌肉发达的十几岁少年了。"邓布森对皮带青睐有加。

　　依照这些作者的建议，如有必要的话，惩罚可以一直持续到留下鞭痕为止，而且在任何时候都不应该少于 10 或 15 分钟。"在孩子身上留下鞭痕可不是惩戒的目的，"福盖特辩白说，"但是父母必须合理期许，这些鞭痕能成为孩子在某些叛逆场合时必不可少的副产品。"据邓布森的说法，超越了"真诚情感释放"的哭泣乃是一种进一步的叛逆："哭泣迅速从内心之泣转变为外在武器，它成了惩罚敌人的抗议工具。真正的哭泣通常只持续两分钟甚或更短时间，但也可能会持续五分钟之久。过了五分钟这个节点，孩子仅仅就是在抱怨了……我会要求他停止这种抗议性的哭泣，我的做法常常是再多给他一点导致最初眼泪的那些东西，不管这东西是什么。"正如格雷文的评述所说，这些作者之中没有一位能详述"什么时候惩戒才足够了"。"惩戒"是计划要一直持续到孩子"无条件投降"的——"如果孩子反复抗命不遵的话，"邓布森评

论说，"惩戒就不够痛"——据说若是未能达到此一目标（惩戒），就
会危及孩子的灵魂。

阿森斯提出，除了担纲"社区犯罪防治中心"的功能之外，学校
也应在感化（rehabilitation）尚存可能的时候，指引好战的学生去参与
"社区感化项目"。"至少在离开中学的时候，暴力者常常会发展出'缓
和的幻象社群'"，他写道，"教师们处在一个至关重要的位置：基于
他们在校的不当行为（小型暴力表现）辨识他们。"这一识别过程至关
重要，因为'感化机会'将（因此）在上述个体身上成为可能，此时
的他们依旧还有着真正的时机从中受益。"阿森斯回忆起了自己上学时
因为好勇斗狠而遭遇苦痛羞辱的往事，这只是增加了他的疏离感而已。
今天绝大多数的公立学校的典型做法都是开除捣乱学生，将未经感化的
他们丢到大街上弃之不顾。

好的科学无关政治。阿森斯的研究同时支持了自由和保守两派有关
"防范和控制暴力"的一些立场（这也暗示，自由和保守两派在暴力犯
罪成因上的观点都是有对有错）。阿森斯强调说，唯有完整经历"暴力
化"的四个阶段，才能造就一名危险的暴力罪犯。"仅仅进入任何一个
阶段并不能保证完成这一阶段，更不必说完成整个（暴力化）进程了。
每一个阶段的告成与否，都取决于当事人能否完整经受构成这一阶段的
所有必备经历；'暴力化'全部进程的告成与否，也要取决于当事人能
否经受所有四阶段。"由此推论，只有通过"恨意"阶段完成"暴力
化"进程，"并因此经历了全部体验性进程"的人，才会成为危险暴力
罪犯。"不管人们的社会阶层、种族、性别、年龄和智力水平为何，只
要他们的心理和生理状况对他们而言够得上完成一项暴力犯罪行为的

317

话，"阿森斯写道，"这条结论就依旧适用。""全程经历暴力化"的要求解释了为什么只有一部分暴力家庭养大的孩子、一部分暴力团伙中的成员、一部分在战斗中接触暴力的士兵才会变得危险暴力。

对于关注暴力防范（prevention）的自由派而言，阿森斯的研究支持了在通往和经历"暴力化"之路上的任何时间节点"适时干预"（timely intervention）的观点。减少家庭暴力和学校暴力，提供"非暴力规训"，比如对谈判能力、控制怒气和冲突化解的训练，阻止霸凌，为危机中的孩子提供（非暴力）训导，阻止学校运动员的暴力规训，提高儿童福利，忠告好斗的年轻人，支持枪支管控，消解或是安抚街头团伙，以及更多类似的反暴力行动，都应当是行之有效的。

不过，一旦暴力化完成——一旦某人已经犯下了严重的"人身防卫型"或是"挫败-恶意"暴力犯罪行动，并且可能也有严重的"恶意"或是"挫败"之举的时候——阿森斯的研究就将他们置于"任何当前可行的长期感化计划范围之外，更不必说是短期计划了"，阿森斯写道。他认为，在这一点上他支持保守派的观点，"社区再也担不起对这些个体或是它们暴力犯罪行径无动于衷或是原谅宽恕的安全代价了。如果允许这些暴力罪犯逃避他们罪有应得的严厉惩罚的话，那在非暴力社区成员看来，这将摧毁更大规模文明社区的合法性基础。"在这种状况之下，不论"防范"还是"感化"都无法成功：

> 极端暴力罪犯侵犯他人的暴力行为要么会阻止教育性项目（educational）和感化性项目（rehabilitative）达成其目标，要么就会让这些项目在实施过程之中可能达成的一切成果都付诸东流……当社区成员和他们的邻居们每天都受到谋杀、强奸、

抢劫和攻击威胁时，他们对教育性项目和感化性项目的信念将
会摇摇欲坠……这些项目的成功将取决于……将极端暴力罪犯
移除出这个社区。

不过阿森斯并未鼓励一股脑儿地囚禁罪犯。他与许多法律专家[1]
合作，提出三条实的替代方案，将刑事司法体系资源选择性地用于逮
捕、宣判和囚禁危险罪犯：

> "某位社区成员是极端危险罪犯"的警告讯号，便是他犯
> 下了"恶意型或是挫败型的严重暴力罪行"。警官、地方检察
> 官或是法官在仔细检视一场暴力罪行事件的发生细节时，可以
> 从"暴力罪行是不是恶意型或是挫败型"来判定"嫌疑人或
> 是被告是不是危险暴力罪犯"。基于这一判定，他们或许可以
> 随即以更为严厉的举措来处理他的案子。说得更明确一些，警
> 官会对他进行特别调查并逮捕他，地方检察官会对他提起可能
> 最严重的指控，法官会对他判处可能最重的刑罚。

阿森斯的研究反驳了保守派的论点，这些论点仅仅凭借定量数据来
在犯罪学理论中找支持，认为所有罪犯都同等危险。事实上有的罪犯确
实要比别的罪犯更为危险，这也证明，将社区有限资源的更多份额投入
到"锁定、囚禁"这些更为危险的罪犯身上要更合理。

阿森斯强调说，文明社区和骚动社区、恶意社区需要一样多的

318

---

[1]　比如，可参见马克·穆尔、苏珊·埃斯特利奇、丹尼尔·马克吉利斯和
威廉·斯佩尔蒙的合作成果《危险罪犯：难以捉摸的正义目标》（*Dangerous
Offenders：The Elusive Target of Justice*），马萨诸塞州坎布里奇：哈佛大学出版社，
1984 年。

"防治和感化项目"来维系和传扬非暴力价值观。所有社区都会有人进也有人出，那些人里有的是暴力者，他们会将暴力复制给他们的孩子。因此，即便是文明社区也应当维持一些防范犯罪的项目，就像他们在疾病发生率很低的时候也要维持疾病防治项目一样。惧怕惩罚——威慑——也许将促使某些暴力罪犯在某些时候做出自我抑制的决定，阿森斯写道，但是"人们更有可能是出于对非暴力生活方式的偏爱而从暴力中抽身而退，而不是出于对惩罚的惧怕而这么做"。

319        阿森斯的研究并不支持所谓"媒体的暴力描述导致暴力行为"的论调。纳税人数百万美元经费投入的定量研究被用来鉴识"电视节目暴力"和"节目后即时暴力行为"那微不足道的关联性，研究结果既不意外也没多少启发作用：我们所有人都会时不时表现出侵略性，但只有那些已经"暴力化"的人才会付诸严重的暴力行为。绝大多数孩子都看了许多个小时的电视节目，但只有少部分的儿童长大后才会成为暴力罪犯，这个事实让"媒介暴力"（media violence）这一成因不能成立。中世纪的凶杀率要远远高于今天，那可是远远早于电子媒体的时代。凶杀率在数个世纪之间逐渐下降，儿童在此期间参加了旨在道德提升的"**真实暴力示众**"。暴力者也许会在公开暴力中寻得亲和；在中世纪禁止这类示众也就意味着在今天不仅要禁止那些让审查者不悦的电视节目和音乐，也还要禁止新闻报道、身体接触的体育运动、战争、死刑、莎士比亚和《圣经》。将人祸的起因归结为故事和图像并予以责备，这常常是镇压异见并规避严重问题和艰难抉择的手法。

        阿森斯的研究足以解释：为什么美国的暴力犯罪率要比其他工业化民主国家要高，但其他罪行（比如入室行窃）的犯罪率却与这些国家处在同一水平，甚至更低：因为经受了"暴力化"的美国人为数更多。这个解释并非同义反复，而是启发之见。学者和社会科学家们已经就美国人的暴力成因找到了无数种原因，却单单漏掉了"暴力化"：我们的多元性、贫穷、种族差异、城市状况、区域性、大男子主义，还有我们对枪支的贪婪。

　　"暴力化"将上述所有类别都囊括其中。随着美国的多元化而来的社交隔离为诸多小型社区的涌现开了方便之门，其中有一些社区成了"骚乱型"或是"恶意型"，吸引并出产着暴力罪犯。我们的多元化源自多元化的移民，"暴力化"在中低阶层和乡土文化中抵制"文明进程"的时间要更久一些，而我们的祖先正是来自这些阶层和文化。贫穷和城市状况也反映着社交隔离。曾遭暴力奴役的非裔美国人社区，其生存一度要部分仰赖于鼓励体罚的基督教保守价值观，种族偏见也曾将其隔离为贫穷的"小型骚乱社区"和"小型恶意社区"，警方在这里既零星分散又出手更重。（据政治科学家詹姆斯·Q. 威尔逊的说法，成年黑人男性的凶杀率在 1990 年代末要比白人凶杀率下降得更快。对于这一进展，威尔逊在诸多原因中找出了"社会进步"和"居民区重划"两大原因。）从统计学上看，南方是美国最暴力的地区，这里集合了贫穷、热衷兵役、保守基督教价值观和社交隔离等多项元素。的确，所谓"黑人暴力"也许可以视为是"南方暴力"的一个子集，因为非洲裔美国人文化直接源自南方文化，在非洲裔美国人向北方城市大迁徙之前，他们的文化起初都深深植根于南方文化。

　　并非睾酮本身，而是"父权偏好"才让男性容易"暴力化"。此外，男人在"早期成功的暴力表现"，用体力优势也足以解释，为什么

320

男人远比女人更有可能变得危险暴力。枪支所有（gun ownership）似是而非地标明了某种程度的暴力化：有枪的家庭的凶杀率更高证明了这一点。毕竟，认为他们手里应当拿着一把枪的人才会持枪，因为他们倾向于用枪支来解决纷争。

设立防治暴力化、感化部分暴力化的年轻人和选择性囚禁极端暴力罪犯的项目，那么一来，最终衡量美国社交障碍的美国的犯罪率也会下降，会向更为文明化、低犯罪率的西欧和日本看齐。说说容易，做着难。人类暴力管控在本质上是个公共健康问题，可以直接与控制流行性疾病相提并论。20世纪的工业民主国家至少都在应对"防范并控制这类生物暴力"这一挑战上进步甚大；比如说，如果不是因为20世纪公共卫生的大幅进步，美国将足足有一半人口在生育年龄之前就已死去或是根本不会出生。"人为暴力"（man-made violence）持续恶化，其治疗之所以裹足不前，部分原因要归结于其"病理学知识"的不足。阿森斯的研究补上了这部分缺失的知识，至少考虑到了私人暴力。我敢说（但不能证实），阿森斯的研究也为晦暗不明的"群体暴力"和"机构暴力"领域带来了启示。任何自称与"人类暴力"相关的学科都毫不例外地要从阿森斯的基石性研究中汲取养分，参考他的成果。

对暴力实现更大规模的社会控制意味着靡费金钱，这是当然。不过，我们总是会受那些劣质研究一知半解的误导，在那些临时将就的项目上浪费了不少钱。防范并限制暴力，这意味着在一个体罚孩子依旧可被接受的国度里，保护孩子免遭"暴虐化"；这意味着动员大家关爱好斗的孩子，而非孤立和拒斥他们；这意味着将学校变为他们社区的道德

中心和社交中心（校园暴力事实上在美国正在衰减之中，尽管偶尔还

有耸人听闻的枪击事件；随着积极主动、信息完备的暴力防治项目的推行，那一天或将到来：安全门、背包搜索将与"卧倒藏好"的核战演习一起丢进人类愚行的档案之中）。防范并限制暴力意味着将项目聚焦于小型骚乱社区和小型恶意社区的社会支持和警力防护，而非修建更多的监狱大牢。

精神病学应当抛弃其不成功的"暴力犯罪精神病模型"，将其替换为阿森斯式基于证据的"符号-互动者模型"，并且不要再做这样的生意：帮助暴力罪犯免于承担罪责。阿森斯的研究出炉之后，我们便有可能说，有些人既暴力**也有**精神病；但是，如果说人们之所以暴力**是因为**他们得了精神病，就再也不能是什么抗辩理由了。

暴力防治项目并未吸收阿森斯的研究成果，因为阿森斯的研究没法通过听证会（它理应通过，这太明显不过）。没能赢得听证会青睐的部分原因在于，阿森斯的研究让当下那些风靡一时但又确实一无所成的"定量/统计社会科学范式"声名扫地。尽管定量研究的犯罪学家手里只有暴力犯罪成因的线索，但他们太多时候都像占星家一样，宁愿粗制滥造出无穷无尽而又毫无启发性的"影响力图表"。不幸的是，期刊、研究经费和拨款项目的把关人却绝对青睐这类食谱式的"科学"。如果人员物资经受着什么东西的危险，但其破坏力又逊于暴力犯罪的话，那么这些"科学理论"只不过是"斯威夫特式"的边角料。（我想起了《格列佛游记》里的勒普泰岛，那里人们的衣服都破碎不堪：因为他们沉溺于"数学把戏"，所以裁缝们就用四分仪和圆规来定做衣服。）

阿森斯堪称是犯罪学领域的罗宾·沃伦和巴里·马歇尔，这两名澳大利亚病理学家曾于 1980 年代初发现，一种名为"幽门螺杆菌"（He-

*licobacter pylori*）的细菌才是招致慢性胃炎和胃溃疡的原因。这样一来直截了当的抗生素疗程便能治愈疾病，而非那种只是控制病情（而且并不总是成功）却要终生用药的昂贵抗酸剂药物疗法。流行的医疗理论认为是（某种精神）压力导致了胃溃疡，而医疗机构承受的压力也非常大：即便过去数十年来为数不少的溃疡患者都因流血穿孔而死于非命，他们还是拿不出什么替代性的解释。马歇尔自己吞下了幽门螺杆菌的培养基，并让胃炎显影之后，医界花了整整十年时间才不情不愿地认可了两名医生的证据，治疗方案才得以修正，在抗分泌药物之外加进了抗生素疗法。犯罪学界刻意对阿森斯的研究冷漠以对，同样也使上了怀疑和猜忌，甚至是蔑视。犯罪学研究接受了数百万美元的公共经费，这笔投资的回报却是微乎其微。阿森斯几乎全是靠着自掏腰包，才"资助"了他那突破性的研究。

1996 年，我和妻子金格尔·罗兹出版了《力拼尊严》（*Trying to Get Some Dignity*）一书。本书收集了十七位美国人的访谈，他们都是从童年虐待中生存下来的人，在我出版自己的童年回忆录《世界的暗洞》（*A Hole in the World*）之后联系了我。包括我本人在内的男男女女们都有过"暴虐化"的经历，但没有人完成了暴力化。他们身为儿童时各自都有一些私人的应对之道（包括智谋），但将他们拯救出来的似乎都是"适时干预"，几乎总是私力的、志愿性质的适时干预：有人看到了他们的苦痛，并鼓起勇气（或仅仅是慷慨精神）介入了。他们还不足以"得救"，但他们或是得到了支持，或是有了相信"他们被珍视"的理由，或是见示了暴力之外的选项——阿森斯会说，这是"非暴力规训"（nonviolently coached）。就我本人而言，我的哥哥斯坦利就在经受太多次的殴打之后勇敢地去找了警察；还有一名女性遭遇了母亲的身体折磨和性虐待，她能活下来靠的是"陌生人偶尔回应"带给她的力量。陌生人格外留意于她，正因为她是个颇不寻常的漂亮女童；还有一名女性，姨母曾迫使她和姐妹们在酷热的室内楼梯一天罚站 14 个小时还不许靠墙，她将一名警官艺术家拜访她学校时对她艺术作品的赞美奉若珍宝（才活了下来）。绝大多数受访者的成长期都早于社会福利项目关注虐童之前，因此老师就成了他们的救生索。

世界上的一切官方举措都无法取代"个人见证"（personal witness）在文明价值观中的作用；归根结底，文明社区正是靠着"个人见证"才维系了他们的公序良俗，"文明进程"也正是赖以继续。所谓"暴力存续缘于贫穷、种族和文化"的铁口直断，或是"暴力存续基于'那些地方那些人'的基因传承，与你我都毫不相干"的大言不惭，都在阿森斯的研究面前不攻自破。暴力犯罪源自社会经历，最为普遍的是不期而至找上脆弱儿童的"暴虐社会经历"。我们对他们安全健康的忽视让他们受苦受难，于是他们便报以复仇怒火，并以此折磨我们。如果正如阿森斯的阐述、暴力以及随之而来的个人责任都是他们的选择的话，那么我们没能保护他们、没能让他们免于做出这一选择，这也是我们做出的选择。这就好比，如果我们没能提供疫苗和抗生素的话，疾病的传染也就隐隐然成了我们的选择。这种选择——正如我们继续容忍儿童暴虐化的选择一样——便是等同暴力和邪恶的行为，我们是自作自受。

1997 年暮春，朗尼·阿森斯前往北加州看望他的女儿莫琳，一名自信出众的 18 岁姑娘。父女二人在共度的时光里一起去了加州大学校园散步，阿森斯曾在这里攻读犯罪学博士。

"我拾回了伯克利的昔日记忆，"阿森斯回东海岸的时候写信给我说，"坐在巴罗斯礼堂里梦想解决暴力犯罪谜题的日子，驾驶我的大众甲壳虫在监狱之间兜兜转转，与一个又一个暴力罪犯交谈的岁月。我生生地看着我蠢蠢地成了犯罪学领域的达尔文。那个时候，一切似乎都有可能。"阿森斯在困难条件之下完成的工作与愚蠢绝对沾不上边，他对那些也许是基础性难题的梦寐以求也绝不愚蠢。阿森斯记下了自我的独白，辨识并绘制了一幅深刻的普遍人性图谱，这幅图谱无论在古代还是现代、简单抑或复杂社会、所有种族和社会阶层、战时或是平时都清晰地呈现出来，他的成就已经超出了犯罪学。如果说"罪恶"是对人类的直接或间接毁灭的话，朗尼·阿森斯的峥嵘才气已将"罪恶"这架机器的浮泛表层芟除殆尽，让隐藏其中的齿轮和杠杆大白于世。

写于 1997 年 5 月到 1998 年 10 月

# 致谢

　　我的造访令朗尼·阿森斯大吃一惊，从惊诧之中回过神来的他慷慨地将他的生活和工作经历对我和盘托出，他在讨论、电话会谈、书信、电子邮件和旷日持久而又时而费心费力的访问中知无不言，言无不尽。阿森斯带着我去里士满考察，借给我书籍，同我争论，回答我的问题。他的确是个古希腊斗士。本书若有任何传记和知识上的疏漏缺失或是画蛇添足，错误都将由我承担。

　　威廉·达文波特、沃伦·冯·舒赫、伊丽莎白·伯恩哈德、康斯坦丁·登巴利斯神父都慨然应允接受采访，并提供手头的文件。斯坦利·罗森布鲁斯和菲利斯·罗森布鲁斯夫妇亦然，我要向他们二人道歉，因为我的著作没有将他们的儿子儿媳（理查德·罗森布鲁斯和丽贝卡·罗森布鲁斯）遇害的凶杀案写进去。尽管如此，他们还是助我良多，向我展现了暴力犯罪过后留给他们的终生苦痛，好像是扩散开来的片片涟漪一样。

　　我要感谢我的编辑乔纳森·西格尔和索尼·梅赫塔，正是他们不吝引荐了克诺普出版社的莫顿·L. 杨克罗夫，安妮·西巴尔德也出色地完成了代理工作。我从与莫琳·阿森斯、詹妮弗·阿森斯、戴夫·格罗斯曼、普里希拉·约翰森·麦克米兰、埃里克·马尔库森和爱德华·O. 威尔逊的对谈中获益良多。耶鲁大学的斯特林纪念图书馆和耶鲁大学医学图书馆都提供了很多弥足珍贵的资料。

我的妻子金格尔和我们一起飞到里士满，管理着旅行和访谈（海伦·哈弗萨特娴熟地誊录成文）计划，分享了她本人有关凶杀和损害的阅历，阅读、争论并提出了建议。虽然她是我"幻象社群"的一名亲密成员，但从来都不只是"幻象同伴"而已。

# 参考文献

Acocella, Joan. 1998. "The Politics of Hysteria." *The New Yorker,*April 6, 64–79.

Alford, C. Fred. 1997. *What Evil Means to Us.* Ithaca, N.Y.: Cornell University Press.

Anderson, Elijah. 1990. *Streetwise: Race, Class, and Change in an Urban Community.* Chicago: University of Chicago Press.

Archer, Dane, and Rosemary Gartner. 1976. "Violent Acts and Violent Times: A Comparative Approach to Postwar Homicide Rates." *American Sociological Review* 41(6): 937–63.

Ariès, Philippe. 1962. *Centuries of Childhood.* New York: Vintage.

Athens, Lonnie. 1974. "The Self and the Violent Criminal Act." *Urban Life and Culture* 3(1): 98–112.

———. 1975. "Differences in the Liberal-Conservative Political Attitudes of Prison Guards and Felons: Status versus Race." *International Journal of Group Tensions* 5 (3):143–55.

———. 1992. *The Creation of Dangerous Violent Criminals*:Urbana: University of Illinois Press.

———. 1994. "The Self as a Soliloquy." *Sociological Quarterly* 35 (3): 521–32.

———. 1995. "Dramatic Self-Change." *Sociological Quarterly* 36 (3): 571–86.

———. 1997. *Violent Criminal Acts and Actors Revisited* :Urbana: University of Illinois Press.

———. 1998. "Dominance, Ghettos and Violent Crime." *Sociological Quarterly* 39 (4):673–91.

Aubrey, John. 1680 (1972). *Brief Lives.* Woodbridge, England: Boydell Press.

Baldwin, James Mark. 1895. *Mental Development in the Child and the Race.* New York:Macmillan.

Banay, Ralph. 1952. "Study in Murder." *Annals of the American Academy of Political and Social Sciences* 284: 26–34.

Beattie, J. M. 1974. "The Pattern of Crime in England 1660–1800." *Past and Present* (62):47–95.

Becker, Howard. 1963. *Outsiders: Studies in the Sociology of Deviance.* New York: Free Press.

Beveridge, W. I. 1957. *The Art of Scientific Investigation*. New York: Vintage.

Bilton, Michael, and Kevin Sim. 1992. *Four Hours in My Lai*. New York: Viking.

Blaser, Martin J. 1996. "The Bacteria Behind Ulcers." *Scientific American Online*.

Bloch, Marc. 1940 (1961). *Feudal Society*. Translated by L. A. Manyon. Chicago: University of Chicago Press.

Blumer, Herbert. 1969. *Symbolic Interactionism: Perspective and Method*. Berkeley: University of California Press.

———. 1978. "Social Unrest and Collective Protest." *Studies in Symbolic Interaction* 1:1–54.

———. 1981. "George Herbert Mead." In *The Future of the Sociological Classics,* edited by B. Rhea. London: George Allen & Unwin.

Bohr, Niels. 1958. *Atomic Physics and Human Knowledge*. New York: John Wiley.

Brothers, Leslie. 1997. *Friday's Footprint*. New York: Oxford University Press.

Brown, Keith M. 1986. *Bloodfeud in Scotland 1573–1625*. Edinburgh: John Donald Publishers.

Bruce, Vicki. 1988. *Recognizing Faces*. East Sussex, Eng.: Lawrence Erlbaum.

Butterfield, Fox. 1996. *All God's Children: The Bosket Family and the American Tradition of Violence*. New York: Avon Books.

———. 1997a. "Report Links Crime to States with Weak Gun Control." *New York Times,* April 9.

———. 1997b. "Crime Keeps On Falling, but Prisons Keep On Filling."*New York Times ,*September 28.

———. 1997c. Drop in Homicide Rate Linked to Crack's Decline." *New York Times,* October 27.

Capote, Truman. 1965. *In Cold Blood: A True Account of a Multiple Murder and Its Consequences*. New York: Modern Library.

Christie, Nils. 1997. "Four Blocks Against Insight: Notes on the Oversocialization of Criminologists." *Theoretical Criminology* 1 (1): 13–23.

Cicourel, Aaron V. 1964. *Method and Measurement in Sociology*. New York: Free Press.

Cleckley, Hervey. 1982. *The Mask of Sanity*. Rev. ed. New York: New American Library.

Clinard, Marshall B. 1966. "The Sociologist's Quest for Respectability." *Sociological Quarterly* (Fall): 399–412.

Cockburn, J. S. 1991. "Patterns of Violence in English Society: Homicide in Kent,1560–1985." *Past and Present* 130: 70–106.

Comer, James P. 1988. . "Educating Poor Minority Children." *Scientific American,* November, 42.

Cook, Gary A. 1993. *George Herbert Mead: The Making of a Social Pragmatist*. Urbana: University of Illinois Press.

Crane, Cheryl, with Cliff Jahr. 1988. *Detour: A Hollywood Story.* New York: Arbor House/William Morrow.

Currie, Elliott. 1998. *Crime and Punishment in America.* New York: Henry Holt.

Davison, Jean. 1983. *Oswald's Game.* New York: W. W. Norton.

deMause, Lloyd, ed. 1974. *The History of Childhood.* Northvale, N.J.: Jason Aronson.

———. 1980. "Our Forebears Made Childhood a Nightmare." In *Traumatic Abuse and Neglect of Children at Home,* edited by G. J. Williams and John Money. Baltimore: Johns Hopkins University Press.

Dewey, John. 1948. *Reconstruction in Philosophy.* Enlarged ed. Boston: Beacon Press.

———. 1985. "George Herbert Mead as I Knew Him." In *John Dewey: The Later Works,1925–1953,* edited by J. A. Boydston. Carbondale: Southern Illinois University Press.

Douglas, John, and Mark Olshaker. 1995. *Mind Hunter: Inside the FBI's Elite Serial Crime Unit.* New York: Scribner.

Dyer, Gwynne. 1985. *War.* New York: Crown.

Easson, William M., and Richard M. Steinhilber. 1961. "Murderous Aggression by Children and Adolescents." *Archives of General Psychiatry* 4: 27/1–35/9.

East, Norwood. 1951. *Society and Its Criminals.* London: Blakiston's Sons & Co.

Elias, Norbert. 1939a (1978). *The History of Manners.* Translated by Edmund Jephcott. New York: Pantheon.

———. 1939b (1994). *The Civilizing Process.* Translated by Edmund Jephcott. Oxford: Blackwell.

Erikson, Erik Homburger. 1950. *Childhood and Society.* New York: W. W. Norton.

———. 1958. *Young Man Luther: A Study in Psychoanalysis and History.* New York: W. W. Norton.

———. 1973. "Observations on Sioux Education." *Journal of Psychology* 7: 101–56.

Fenton, James. 1998. "How Great Art Was Made." *New York Review of Books Online.*

Fine, Gary Alan, ed. 1995. *A Second Chicago School? The Development of a Postwar American Sociology.* Chicago: University of Chicago Press.

Fleming, Donald. 1967. "Attitude: The History of a Concept." *Perspectives in American History* 1: 287–365.

Foucault, Michel, ed. 1975. *I, Pierre Riviere, Having Slaughtered My Mother, My Sister, and My Brother . . . : A Case of Parricide in the 19th Century.* Lincoln: University of Nebraska Press.

Gajdusek, D. Carleton. 1963. "The Composition of Musics for Man, or Decoding Primitive Cultures the Scores for Human Behavior." *Pediatrics Pediatrics* 31 (1): 84–91.

————. 1968. *New Guinea Journal, 2.x.61– 4.vii. 62, Part 1.* Bethesda, Md.: National Institutes of Health (NIH).

————. 1978. "Micronesians Adapt Easily to Change." *Ekistics* 272 (Sept.): 350–51.

————. 1980. *Journal of Further Explorations in the Kuru Region and in the Kukukuku Country, Eastern Highlands of Eastern New Guinea, and of a Return to West Guinea, 25.xii.63–4.v.64.* Bethesda, Md.: National Institutes of Health (NIH).

————. 1993. *Melanesian and Micronesian Journal: Return Expeditions to the New Hebrides,Caroline Islands and New Guinea,29.vii.65–20.xii.65.* Bethesda, Md.: National Institutes of Health (NIH).

Gardner, Robert, and Karl G. Heider. 1968. *Gardens of War: Life and Death in the New Guinea Stone Age.* New York: Random House.

Gault, William Barry. 1971. "Some Remarks on Slaughter." *American Journal of Psychiatry* 128 (4): 450–54.

Gibbon, Edward. 1788 (1994). *The History of the Decline and Fall of the Roman Empire.* Vol. 2. London: Penguin.

Gillies, Hunter. 1976. "Homicide in the West of Scotland." *British Journal of Psychiatry* 128: 105–27.

Given, James Buchanan. 1977. *Society and Homicide in Thirteenth-Century England.* Stanford, Calif.: Stanford University Press.

Goffman, Erving. 1967. *Interaction Ritual: Essays on Face-to-Face Behavior.* New York: Doubleday.

Gold, Martin. 1957–58. "Suicide, Homicide and the Socialization of Aggression." *American Journal of Sociology* 63: 651–61.

Goldstein, Abraham S. 1967. *The Insanity Defense.* New Haven: Yale University Press.

Goldstein, Abraham S., and Joseph Goldstein, eds. 1971. *Crime, Law, and Society:Readings.* New York: Free Press.

Gough, Harrison G. 1948. "A Sociological Theory of Psychopathy." *American Journal of Sociology* 53: 359–66.

Greven, Philip. 1991. *Spare the Child.* New York: Alfred A. Knopf.

Grossman, Dave. 1995. *On Killing: The Psychological Cost of Learning to Kill in War and Society.* Boston: Little, Brown.

Gurnick, Ken. 1998. "A Relaxed Tyson Sets His Return to the Ring." *New York Times,* December 9.

Gurr, Ted Robert. 1981. "Historical Trends in Violent Crimes: A Critical Review of the Evidence." In *Crime and Justice: An Annual Review of Research,* edited by M. Tonry and Norval Morris. Chicago: University of Chicago Press.

Hagstrom, Warren Olaf. N.d. "Social Control in Modern Science." Ph.D. dissertation, University of California, Berkeley.

Hammersley, Martyn. 1989. *The Dilemma of Qualitative Method: Herbert Blumer and the Chicago Tradition.* London: Routledge.

Hannawalt, Barbara A. 1979. *Crime and Conflict in English Communities,1300–1348.* Cambridge, Mass.: Harvard University Press.

Hartung, Frank E. 1966. *Crime, Law and Society.* Detroit: Wayne State University Press.

Helfer, Ray, and Ruth S. Kempe, eds. 1987. *The Battered Child.* 4th ed. Chicago: University of Chicago Press.

Heller, Peter. 1995. *Bad Intentions: The Mike Tyson Story.* Rev. ed. New York: Da Capo Press.

Herbert, Bob. 1997. "Connect the Dots." *New York Times,* August 24.

Herlihy, David. 1972. "Some Psychological and Social Roots of Violence in the Tuscan Cities." In *Violence and Civil Disorder in Italian Cities 1200–1500,* edited by L. Martines. Berkeley: University of California Press.

Hobbes, Thomas. 1651 (1968). *Leviathan.* London: Penguin.

Horowitz, Craig. 1997. "Show of Force." *New York,* September 27, 28–37.

Huizinga, Johan. 1921 (1996). *The Autumn of the Middle Ages.*Translated by Payton, Rodney J., and Ulrich Mammitzsch. Chicago: University of Chicago Press.

Hunt, David. 1970. *Parents and Children in History.* New York: Basic Books.

James, William. 1890, 1918. *The Principles of Psychology.* 2 vols. New York: Dover.

Jenkins, Philip. 1994. *Using Murder: The Social Construction of Serial Homicide.* New York: Aldine de Gruyter.

Joas, Hans. 1980. *G. H. Mead: A Contemporary Re-examination of His Thought.* Cambridge, Eng.: Polity Press.

Johnson, Eric A., and Eric H. Monkkonen, ed. 1996. *The Civilization of Crime: Violence in Town & Country Since the Middle Ages.* Urbana: University of Illinois Press.

Johnson, John M. 1990. Review *(The Creation of Dangerous Violent Criminals). Symbolic Interaction* 13 (2): 293–95.

Keeley, Lawrence H. 1996. *War Before Civilization.* New York: Oxford University Press.

Kempe, Ruth S., and C. Henry Kempe. 1978. *Child Abuse.* Cambridge, Mass.: Harvard University Press.

Knauft, Bruce M. 1985. *Good Company and Violence: Sorcery and Social Action in a Lowland New Guinea Society.* Berkeley: University of California Press.

―――. 1987. "Reconsidering Violence in Simple Human Societies." *Current Anthropology* 28 (4): 457–500.

Langness, L. L. 1972. "Violence in the New Guinea Highlands." In *Collective Violence,* edited by James F. Short, Jr., and Marvin Wolfgang. Chicago: Aldine Atherton.

―――. 1981. "Child Abuse and Cultural Values: The Case of New Guinea." In *Child Abuse and Neglect: Cross-Cultural Perspectives,* edited by J. E. Korbin. Berkeley: University of California Press.

Lawson, F. H., ed. 1969. *The Roman Law Reader.* Dobbs Ferry, N.Y.: Oceana Publications.

Lester, David, and Gene Lester. 1975. *Crime of Passion: Murder and Murderer.* Chicago: Nelson-Hall.

Levinson, Daniel J. 1978. *The Seasons of a Man's Life.* New York: Ballantine.

―――. 1996. *The Seasons of a Woman's Life.* New York: Alfred A. Knopf.

Lewin, Tamar. 1995. "Parents' Poll Shows Child Abuse to Be More Common." *New York Times,* December 7.

Lewis, Dorothy Otnow. 1998. *Guilty by Reason of Insanity: A Psychiatrist Explores the Minds of Killers.* New York: Fawcett Columbine.

Lewis, Dorothy O., Ernest Moy et al. 1985. "Biopsychosocial Characteristics of Children Who Later Murder: A Prospective Study." *American Journal of Psychiatry* 142 (10): 1161–67.

Lewis, Dorothy O., Jonathan H. Pincus et al. 1988. "Neuropsychiatric, Psychoeducational and Family Characteristics of 14 Juveniles Condemned to Death in the United States." *American Journal of Psychiatry* 145(5): 584–89.

Lewis, Dorothy O., Shelly S. Shanock, Jonathan H. Pincus, and Glibert H. Glaser. 1979. "Violent Juvenile Delinquents: Psychiatric, Neurological, Psychological and Abuse Factors." *Journal of the American Academy of Child Psychiatry* 2 (Spring): 307–19.

Lindesmith, Alfred R. 1957. *Opiate Addiction.* Evanston: Principia Press of Illinois.

―――. 1981. "Symbolic Interactionism and Causality." *Symbolic Interaction* 4 (1): 87–96.

MacDowell, Douglas M. 1963. *Athenian Homicide Law in the Age of the Orators.* Manchester, Eng.: Manchester University Press.

Marder, T. A. 1997. Cambridge, Eng.: *Bernini's Scala Regia at the Vatican Palace.* Cambridge Eng.: Cambridge University Press.

Marshall, S. L. A. 1947 (1978). *Men Against Fire: The Problem of Battle Command in Future War.* Gloucester, Mass.: Peter Smith.

Matthews, Fred H. 1977. *Quest for an American Sociology: Robert E. Park and the Chicago School.* Montreal: McGill–Queen's University Press.

Matza, David. 1969. *Becoming Deviant.* Englewood Cliffs, N.J.: Prentice-Hall.

May, Margaret. 1978. "Violence in the Family: An Historical Perspective." In *Violence and the Family,* edited by J. P. Martin. New York: John Wiley & Sons.

McCord, Joan. 1979. "Some Child-rearing Antecedents of Criminal Behavior in Adult Men." *Journal of Personality and Social Psychology* 37 (9): 1477–86.

McKinney, J. C. 1966. *Constructive Typology and Social Theory.* New York: Appleton-Century-Crofts.

McMillan, Priscilla Johnson. 1977. *Marina and Lee.* New York: Harper & Row.

Mead, George Herbert. 1922. "A Behavioristic Account of Psychology and the Significant Symbol." *Journal of Philosophy* 19: 157–63.

———. 1934. *Mind, Self and Society.* Chicago: University of Chicago Press.

———. 1936. *Movements of Thought in the Nineteenth Century.* Chicago: University of Chicago Press.

———. 1964. *Selected Writings.* New York: Bobbs-Merrill.

Mitchell, G. Duncan. 1968. *A Hundred Years of Sociology.* Chicago: Aldine.

*Morbidity and Mortality Weekly Report.* 1998. "Suicide among Black Youths—United States, 1980–1995." *Morbidity and Mortality Weekly Report* 47 (10): 193–96.

N.a. 1997. "Biologists Cut Reductionist Approach Down to Size." *Science* 227 ( July 25):476.

National Institutes of Health Consensus Development Conference. 1994. "*Helicobacter pylori* in Peptic Ulcer Disease—Interim Draft Statement." *NIH Consens Statement Online* 12 (I): 1–23.

*New York Times.* 1994. "Murderer Put to Death in Virginia." April 28.

*New York Times.* 1997. "In 90's, Prison Building by States and U.S. Government Surged." August 8.

Osterberg, Eva. 1983. "Violence among Peasants: Comparative Perspectives on Sixteenth-and Seventeenth-century Sweden." In *Europe and Scandinavia: Aspects of the Process of Integration in the 17th Century,* edited by G. Rystad. Lund, Sweden: Esselte Studium.

Oswald, Robert L. 1967. *Lee: A Portrait of Lee Harvey Oswald by His Brother.* New York: Coward-McCann.

Panzram, Carl. 1996. "Autobiography." In *Lustmord: The Writings and Artifacts of Murderers*, edited by B. King. Burbank, Calif.: Bloat.

Park, Robert E., and Ernest W. Burgess. 1921. *Introduction to the Science of Sociology*.Chicago: University of Chicago Press.

Payne, George Henry. 1916. *The Child in Human Progress*. New York: G. P. Putnam's Sons.

Pfuetze, Paul E. 1954. *Self, Society, Existence*. New York: Harper Torchbook.

Philips, Derek L. 1971. *Knowledge from What?* Chicago: Rand McNally.

Pitcairn, Robert. 1833. *Ancient Criminal Trials in Scotland*. Vol. 3, part 2. Edinburgh: Bannatyne Club.

Polanyi, Michael. 1958, 1962. *Personal Knowledge*. New York: Harper Torchbook.

Posner, Gerald. 1993. *Case Closed: Lee Harvey Oswald and the Assassination of JFK*. New York: Random House.

Prawdin, Michael. 1940. *The Mongol Empire: Its Rise and Legacy*. New York: Free Press.

Raine, James, ed. 1861. *The Depositions From the Castle of York*. Vol. 40, *The Publications of the Surtees Society*. London: Surtees Society. *Depositions*

Raushenbush, Winifred. 1979. *Robert E. Park: Biography of a Sociologist*. Durham, N.C.: Duke University Press.

Read, Kenneth E. 1954–1955. "Morality and the Concept of the Person among the Gahuku-Gama, Eastern Highlands, New Guinea." *Oceania* 25 (1–2): 233–82.

———. 1965. *The High Valley*. London: George Allen and Unwin.

Reuters. 1998. "Tapes Raise New Doubts about 'Sybil' Personalities."*New York Times*, August 19.

Rhodes, Ginger, and Richard Rhodes. 1996. *Trying to Get Some Dignity: Stories of Triumph over Childhood Abuse*. New York: William Morrow.

Rhodes, Richard. 1980. *The Last Safari*. Garden City, N.Y.: Doubleday.

———. 1990. *A Hole in the World: An American Boyhood*. New York: Simon & Schuster.

Ricks, Thomas E. 1997. *Making the Corps*. New York: Scribner's.

Roper, Marilyn Keyes. 1969. "A Survey of the Evidence for Intrahuman Killing in the Pleistocene." *Current Anthropology* 10 (4): 427–59.

Ross, Marc Howard. 1985. "Internal and External Conflict and Violence." *Journal of Conflict Resolution* 29 (4): 547–79.

———. 1986. "A Cross-cultural Theory of Political Conflict and Violence." *Political Psychology* 7

(3): 427-69.

Sampson, Robert J., Stephen W. Raudenbush, and Felton Earls. 1997. "Neighborhoods and Violent Crime: A Multilevel Study of Collective Efficacy." *Science* 277 (15):918-24.

Satten, Joseph, Karl Menninger, Irwin Rosen, and Martin Mayman. 1960. "Murder without Apparent Motive: A Study in Personality Disorganization." *American Journal of Psychiatry* (July): 48-53.

Schouten, Ronald. 1998. "Independent Medical Evaluation of Michael Gerard Tyson for the Nevada State Athletic Commission." Boston: Massachusetts General Hospital.

Schutz, Alfred. 1954. "Concept and Theory Formation in the Social Sciences." *Journal of Philosophy* 51 (9): 257.

Sendi, Ismail B., and Paul G. Blomgren. 1975. "A Comparative Study of Predictive Criteria in the Predisposition of Homicidal Adolescents." *American Journal of Psychiatry* 132 (4): 423-27.

Shalit, Ben. 1988. *The Psychology of Conflict and Combat*. New York: Praeger.

Sharpe, J. A. 1985. "The History of Violence in England: Some Observations." *Past and Present* (108): 206-24.

Shay, Jonathan. 1994. *Achilles in Vietnam: Combat Trauma and the Undoing of Character*. New York: Atheneum.

Sheehy, Gail. 1984. *Passages*. New York: Bantam.

Simon, Linda. 1998. *Genuine Reality: A Life of William James*. New York: Harcourt Brace.

Smith, Timothy W. 1998a. "With a Warning, Nevada Lets Tyson Return to Boxing." *New York Times*, October 20.

———. 1998b. "Will Vargas Be Up to the Challenge?" *New York Times*, December 11.

Soman, Alfred. 1980. "Deviance and Criminal Justice in Western Europe,1300-1800."*Criminal Justice History* 1: 1-28.

Sorenson, E. Richard. 1976. *The Edge of the Forest: Land, Childhood and Change in a New Guinea Protoagricultural Society*.Washington, D.C.: Smithsonian Institution Press.

Soulié, E., and E. de Barthélemy, eds. 1868. *Journal de Jean Héroard sur l'Enfance et la Jeunesse de Louis XIII*. Paris.

Spierenburg, Pieter. 1984. *The Spectacle of Suffering*. Eng.: Cambridge University Press.

Stafford, Jean. 1966. *A Mother in History*. New York: Farrar, Straus & Giroux.

Stone, Lawrence. 1965. *The Crisis of the Aristocracy 1558-1641*. New York: Oxford University Press.

―――. 1983. "Interpersonal Violence in English Society 1300–1980." *Past and Present* (101): 22–33.

―――. 1985. "A Rejoinder." *Past and Present* (108): 216–24.

Swanson, Guy E. 1991. "The Powers and Capabilities of Selves: Social and Collective Approaches." In *Philosophy, Social Theory, and the Thought of George Herbert Mead,* edited by M. Aboulafia. Albany: State University of New York Press.

Tanay, Emanuel. 1972. "Psychiatric Aspects of Homicide Prevention." *American Journal of Psychiatry* 128: 49–52.

Turner, Jonathan H., Leonard Beeghley, and Charles H. Powers. 1981, 1989. *The Emergence of Sociological Theory.* 2nd ed. Chicago: Dorsey Press.

Turner, Ralph. 1953. "The Quest for Universals in Sociological Research." *American Sociological Review* 16 (6): 604–11.

Warren Commission. 1964. *Hearings Before the President's Commission on the Assassination of President Kennedy.* 23 vols. Washington, D.C.: USGPO.

―――. 1964. *Report of the Warren Commission on the Assassination of President Kennedy.* New York: McGraw-Hill.

Watson, Alan. 1970. *The Law of the Ancient Romans.* Dallas: Southern Methodist University Press.

Weller, Sheila. 1997. "The Making of a Serial Rapist." *New York,* November 3, 28–35.

―――. 1997. *Saint of Circumstance.* New York: Pocket Books.

White, Kevin M., and Samuel H. Preston. 1996. "How Many Americans Are Alive Because of Twentieth-century Improvements in Mortality?" *Population and Development Review* 22 (3): 415–28.

Wiley, Norbert. 1986. "Early American Sociology and *The Polish Peasant.*" *Sociological Theory* 4 (Spring): 20–40.

Williams, Gertrude J., and John Money, ed. 1980. *Traumatic Abuse and Neglect of Children at Home.* Baltimore: Johns Hopkins University Press.

Wilson, James Q. 1997. "Hostility in America [Review of Franklin E. Zimring and

Gordon Hawkins, *Crime Is Not the Problem: Lethal Violence in America,* Oxford University Press, 1997]." *New Republic,* August 25, 38–41.

Wilson, James Q., and Richard J. Herrnstein. 1985. *Crime and Human Nature.* New York: Simon & Schuster.

Wolfgang, Marvin. 1957. "Victim-precipitated Criminal Homicide." *Journal of Criminal Law,*

*Criminology and Police Science* 48: 1–11.

———. 1958. *Patterns of Criminal Homicide.* Philadelphia: University of Pennsylvania Press.

———. 1969. "Who Kills Whom." *Psychology Today,* May, 54–56, 72, 74–75.

Wolfgang, Marvin, and Franco Ferracuti. 1967a. *The Subculture of Violence: Towards an Integrated Theory in Criminology.* London: Tavistock.

———. 1967b. "Subculture of Violence—A Social Psychological Theory." In *Studies in Homicide,* edited by M. Wolfgang. New York: Harper & Row.

Wong, M., and K. Singer. 1973. "Abnormal Homicide in Hong Kong." *British Journal of Psychiatry* 123: 295–98.

Wundt, Wilhelm. 1897 (1969). *Outlines of Psychology.* Translated by Charles Hubbard Judd. Leipzig: Wilhelm Engelmann.

———. 1973. *The Language of Gestures.* The Hague: Mouton.

Zigas, Vincent. 1990. *Laughing Death: The Untold Story of Kuru.* Clifton, N.J.: Humana Press.

Zimring, Franklin E., and Gordon Hawkins. 1997. *Crime Is Not the Problem: Lethal Violence in America.* New York: Oxford University Press.

# 译名表

A

阿巴拉契亚，Appalachian

阿布米埃莱克·萨乌塞多，
  Abmielec Saucedo

埃德·奥尼尔，Ed O'Neill

爱德华·霍普，Edward Hopper

爱德华·O.威尔逊，Edward O. Wilson

爱德华·沃贝尔，Edward Voebel

阿德里安妮·巴克，Adrienne Bak

安东尼·奎恩，Anthony Quinn

奥蒂斯·卡尔顿，Otis Carlton

埃德温·A.艾克达尔，
  Edwin A. Ekdahl

埃德温·萨瑟兰，Edwin Sutherland

埃尔克，Elko

阿尔贝托，Alberto

阿尔弗雷德·林德史密斯，
  Alfred Lindesmith

阿尔弗雷德·舒茨，Alfred Schutz

阿尔弗雷德·索曼，Alfred Soman

艾芙琳·斯特里克曼，Evelyn Strickman

阿方斯·拉韦朗，Alphonse Laveran

奥贾伊，Ojai

阿卡普尔科，Acapulco

奥拉尔·罗伯茨，Oral Roberts

爱利克·埃里克森，Erik Erikson

埃里克·马尔库森，Eric Markusen

艾琳·莫斯比，Aline Mosby

奥拉西，Olathe

艾伦·西库里尔，Aaron Cicourel

阿里斯泰尔·库克，Alistair Cooke

艾米·莫丽托，Amy Molitor

艾曼努尔·塔奈，Emanuel Tanay

安妮·阿什摩尔，Anne Ashmore

安妮·西巴尔德，AnneSibbald

艾瑟尔·格林格拉斯·罗森堡，
  Ethel Greenglass Rosenberg

安瑟尔谟，Anselm

B

北安普敦，Northamptonshire

贝阿特丽采·斯沃维齐内，
  Beatrice Swalwechine

芭芭拉·汉娜沃特，Barbara Hanawalt

威廉 • 布坎南，William Buchanan
威廉 • 布莱，William Bligh
威廉 • 德 • 拉 • 格劳厄，
　　William de la Graue
威廉 • 达文波特，William Davenport
沃伦 • 冯 • 舒赫，Warren von Schuch
威廉 • 拉乌斯 • 卡利，
　　William Laws Calley
威廉 • 摩根，William Morgan
W. 米切尔 • 琼斯，W.Mitchel Jones
威廉 • 托马斯，William I. Thomas
威廉 • 伊安 • 贝弗里奇，W. I. Beveridge
威廉 • W. 达文波特，
　　William W. Davenport
瓦尼古拉姆 • 达尼，Wangulam Dani
维克托瓦尔，Victoire
瓦卡维尔，Vacaville
沃斯堡，Fort Worth
威斯康星，Wisconsin

## X
小恩内斯特 • 温斯顿，
　　Earnest Winston, Jr.
谢丽尔 • 克兰，Cheryl Crane
希拉姆 • 康威，Hiram Conway
希拉 • 韦勒，Sheila Weller
希斯科特 • 瓦尔斯，Heathcote Wales

## Y
伊尔文 • 罗森，Irwin Rosen
伊曼努尔 • 塔纳伊，Emanuel Tanay
伊利诺伊，Illinois
伊丽莎白 • 伯恩哈德，

Elizabeth Bernhard
伊丽莎白 • 平齐贝克，
　　Elizabeth Pinchbeck
伊丽莎白 • 沃思 • 马尔维克，
　　Elizabeth Wirth Marvick
约翰 • 埃德加 • 胡佛，J.EdgarHoover
约翰 • 德莫斯，John Demos
约翰 • 厄尔利，John Early
约翰 • 费茨杰拉德 • 肯尼迪，
　　John Fitzgerald Kennedy
约翰 • 赫伊津哈，Johan Huizinga
约翰 • 麦基，JohnMckie
约翰尼 • 斯通潘纳托，
　　Johnny Stompanato
约翰尼 • 韦斯穆勒，Johnny Weissmuller
约克郡，Yorkshire
约瑟夫 • 萨藤，JosephSattern
伊萨克 • 雷，Isaac Ray
伊万德 • 霍利菲尔德，Evander Holyfield

## Z
珍 • 哈露，Jean Harlow
茱莉艾塔 • 玛西娜，Giulietta Masina
朱利叶斯 • 罗森堡，Julius Rosenberg
詹姆斯 • 邓布森，James Dobson
詹姆斯 • 丰顿，James Fenton
詹姆斯 • 吉文，James Given
詹姆斯敦，Jamestown
詹姆斯河，James River
朱诺，Juneau
珍 • 斯塔福德，Jean Stafford
詹妮弗 • 韦瑟福德，Jennifer Weatherford

**图书在版编目（CIP）数据**

他们为什么杀人：人们何以变得暴力，我们对此能做什么/（美）理查德·罗兹
（Richard Rhodes）著；王兢，张晓宁译. —北京：中国民主法制出版社，2020.6
ISBN 978-7-5162-2208-9

Ⅰ.①他… Ⅱ.①理… ②王… ③张… Ⅲ.①暴力行为-研究 Ⅳ.①C912.68

中国版本图书馆 CIP 数据核字（2020）第 061619 号

Why They Kill：The Discoveries of a Maverick Criminologist
© 1999 by Richard Rhodes
This translation published by arrangement with Alfred A. Knopf, an imprint of The Knopf
Doubleday Group, a division of Penguin Random House, LLC., through Bardon-Chinese
Media Agency.
本书中文简体版经过版权所有人授权北京麦读文化有限责任公司，由中国民主法制出版社
出版。
著作权合同登记号：01-2020-3149

图书出品人：刘海涛
出版统筹：乔先彪
图书策划：曾 健
责任编辑：逯卫光　柳承旭
特约编辑：黄晓思
装帧设计：组配的匠

书名/他们为什么杀人：人们何以变得暴力，我们对此能做什么
作者/［美］理查德·罗兹（Richard Rhodes）
译者/王 兢　张晓宁

出版·发行/中国民主法制出版社
地址/北京市丰台区右安门外玉林里 7 号（100069）
电话/（010）63055259（总编室）　63057714（发行部）
传真/（010）63056975　63056983
http：//www.npcpub.com
E-mail：mzfz@npcpub.com
经销/新华书店
开本/32 开　880 毫米×1230 毫米
印张/13.5　字数/308 千字
版本/2020 年 8 月第 1 版　2020 年 8 月第 1 次印刷
印刷/三河市东方印刷有限公司

书号/ISBN 978-7-5162-2208-9
定价/79.00 元